# TACTICS

How To Win? Ball, Space and Player!

# TACTICS

 택틱스 어떻게 승리할 것인가
이 질문을 향한 축구전술의 모든 것

한준 지음

**bs**
브레인스토어

# 프롤로그
## : 어떻게 승리할 것인가

"놀이의 성격을 갖고, 그리고 자기 또는 타인과의 경쟁, 혹은 자연의 장애
와의 대결을 포함하는 운동은 모두 스포츠이다."

○ 스포츠 선언, 국제스포츠체육협의회

오락이자 여가생활인 스포츠는, 유희인 동시에 경쟁이다. 놀이의 성
격을 갖고 출발했다는 점에서 스포츠는 애초 해당 종목의 본질에 집중
해야 한다. 본질은 기능이고, 훈련과 경쟁은 해당 스포츠가 요구하는 신
체 능력의 향상을 추구한다. 문제는 이 과정에서 발생한 경쟁이 과열되
면서 생긴다. 성장의 척도는 절대적인 동시에 상대적으로 작용할 수밖
에 없다.

스포츠의 목적은 인간 신체 능력의 한계에 대한 도전이다. 결과는 이
본질을 훼손해서는 안 된다. 스포츠는 결과를 위해서가 아닌 기능을 위

해 존재하며, 그렇기 때문에 공정하고, 정정당당하게 수행하여 결과를 내야 한다. 그래서 모든 스포츠에 규정이 존재하고, 본질을 훼손하는 시도를 막기 위해 끊임없이 개정되어 왔다. 규정 개정은, 규정 안의 허점을 노려 해당 스포츠가 가진 기능의 본질적 가치를 저해하는 현상이 벌어질 때 논의되고, 합의를 거쳐 확정된다. 그래서 중요한 것이, '어떻게' 이길 것인가이다.

> "우리는 '축구'를 하는 팀(hacer futbol)이고, 스웨덴은 신체 능력을 통해 역습하는 팀이다."
>
> ○ 로베르트 프로시네츠키

2018년 6월 1일 전주월드컵경기장에서 대한민국 축구 국가대표 팀의 2018년 FIFA 러시아 월드컵 출정식 경기에 나선 보스니아 헤르체고비나 대표팀 감독 로베르트 프로시네츠키(Roberto Prosinecki)가 기자회견에서 한 말이다. 프로시네츠키는 1998년 FIFA 프랑스 월드컵에서 크로아티아의 4강 진출을 이끌었던 천재적인 미드필더이다. 레알 마드리드와 FC 바르셀로나에서 모두 선수 생활을 했던 프로시네츠키의 프로 경력 근간은 스페인이다. 그는 크로아티아 통역사를 구하기 어려웠는지, 이 기자회견에 스페인어로 이야기했다. 한국은 본선 F조 첫 경기 상대인 스웨덴을 대비해 보스니아 헤르체고비나를 초청했는데, 스웨덴과 보스니아 헤르체고비나가 비슷한 팀인지 묻자 '스페인스러운' 대답을 내놓았다.

축구를 하는 팀이라는 말은, 스페인에서 '플레이(play)'를 뜻하는 '후에고(juego)'라는 용어와 연결해서 이해해야 한다. 프로시네츠키 감독은 '축구를 하는 팀'이 무엇인지 이어서 설명했다.

"우리는 공을 소유하고, 터치(toque, 스페인어로 공을 다루는 것을 의미한다)하는 것을 중시하며 경기한다. 라인을 높이고 공을 이동시키며 공격한다."

○ 로베르트 프로시네츠키

스페인 팀들은 프로시네츠키 감독이 말한 것처럼 공을 다루는 기능을 바탕으로 경기하는 것을 '축구하는 것', '플레이 하는 것'이라고 부른다. 여기서 또 하나 중요한 용어는 영어로 터치라는 단어로 대응되는 '토케(toque)'이다. '후에고'가 팀 차원에서 공을 소유하고 운반하는 것이라면, '토케'는 개인 차원에서 공을 컨트롤하는 의미를 담고 있다. '토케'하고, '후에고'해서 골을 넣는 것이 스페인이 말하는 '축구'다.

스포츠가 '프로(직업)'화 되면서 승패로 내려지는 상대평가가 최고의 가치로 여겨지는 상황이 됐다. "역사는 2등을 기억하지 않는다."는 스포츠 격언은 "졌지만 잘 싸웠다."는 위안을 공허하게 한다(주제 무리뉴 감독은 심지어 2위는 꼴지 중의 1등일 뿐이라고 말하기도 했다). 그렇기 때문에 제기할 수 있는 문제가 어떻게 '이길 것인가'이다.

"축구계에는 철학자들로 가득 차 있다. 나보다 훨씬 더 이해력이 높은 이들이 많다. 환상적인 철학 이론으로 무장한 사람들이 많다. 하지만 현실은 언제나 현실이다."

○ 주제 무리뉴

이기는 것에만 집중한 축구는 '안티풋볼(Anti-futbol)'로 변질되기 쉽다. 안티풋볼은 관전자로 하여금 축구의 미학적 가치를 즐기지 못하도록 하며, 축구의 기능 발전을 방해하는 요소로 지탄을 받는다. 작고한 요한 크루이프(Johan Cruijff)는 2010년 FIFA 남아공 월드컵에서 준우승을 차지한 네덜란드가 거친 수비로 일관하자 직접적으로 비판하기도 했다.

"네덜란드 선수들은 공을 만지길 바라지 않는 것 같았다. 슬프게도 네덜란드는 매우 끔찍하고 거친 태클을 했다. 한 두 선수는 퇴장 당해야 했다. 그렇게 끔찍하고 천박한 플레이는 축구라고 할 수도 없었다. 그런 플레이로 스페인을 흔들어 놓은 것은 사실이지만, 네덜란드는 결국 패배했다. 이런 것이 바로 안티풋볼이다." ○ 2010년 7월, 엘 페리오디코

프로스포츠는 대중의 인기를 먹고 산다. 인기를 얻으려면, 우선 '잘' 해야 한다. 잘하는 것은 두 가지 측면으로 평가 받는데, 결과와 내용이다. 승리해야 하고, 멋진 플레이를 보여줘야 한다. 두 마리 토끼를 다 잡을 수 있다면 더할 나위 없다. 하지만, 프로스포츠의 결과에 절대평가는 없다. 상대를 이겨야 하는 스포츠에서, 결과적으로 패배했다면 성찰과 발전이 요구된다. 과정의 가치도 결국 승리를 통해 공인 받는다. '이겨야 한다'는 것이다.

1차적으로는, 잘하기 위해 노력해야 한다. 그런데, 상대보다 실력이 부족한 상황이라면 그대로 패배를 받아들이는 것이 최선일까? 그렇지는 않다. 스포츠는 기본적으로 기능 대결이지만, 가진 기능을 활용해 규정 안에서 최대치의 성과를 내기 위한 전략과 전술의 영역이 적지 않은 비중을 차지한다. 11명과 11명이 그라운드 안에서 경쟁하며, 그 어떤 구기종목보다 평균 득점이 적은(심지어 한 골 차 승부가 대부분이다) 축구는 상대적으로 전력이 낮은 팀이 강한 팀을 꺾는 이변의 가능성이 높다.

선수의 기량만큼이나 전략과 전술의 영역이 매우 중요하다. 장기 레이스인 리그보다 단판 승부의 결과로 탈락이 가능한 토너먼트 형태의 단기 대회에선 더더욱 그렇다. 그렇다면, 이기기 위한 전략과 전술을 어떻게 구성할 것인가의 문제가 결정적일 수밖에 없다.

'공을 발로 다룬다'는 축구의 본질적 가치를 추구하는 순수주의자와, 어떻게든 합법의 테두리 안에서 승리를 얻으면 된다는 실리주의자의 충돌은, 축구 전술의 발전을 함께 이끌어왔다. 순수주의자들은 실리주의자의 축구를 '안티풋볼(Anti-futbol)'이라고 부르고, 실리주의자들은 순수주의자들의 주장을 '이상주의'라고 반박하며 서로의 방식으로 승리를 거두기 위한 방법론을 개발하며 상호 발전해 왔다.

순수주의자의 관점에서 보자면, 상대의 플레이를 방해하는 것을 전술 포인트로 잡는 실리축구가 기능발전을 위한 장애물이라 볼 수도 있을 것이다. 축구라는 스포츠의 기능적 본질을 훼손하고, 나아가 경기의 재미적 요소와 창의적, 예술적 요소를 말살하는 축구로 여기는 것이다.

축구를 방해하기 위한 플레이, 축구에 반하는 축구라는 의미를 담고 있는 안티풋볼은 축구 전술 발전사에 중요한 역할을 한 아르헨티나와 스페인을 중심으로 사용되어 현재는 널리 퍼진 개념이다. 원시 축구가 애초에 대규모 군중이 서로를 때려눕히는 것을 용인하며 공을 몰고 돌진해 상대 골문 안에 집어 넣는 형태로 진행되었다는 점을 떠올리면, 실리적인 축구를 '안티풋볼' 규정하는 것은 주관적인 판단일 수 있다.

어떻게 플레이 할 것인가는 가치의 문제다. 이상과 현실이 같을 수는 없다. 가치를 추구하되, 결과도 얻어야 한다. 가치와 결과 사이의 줄다리기가 필요하다. 그래서 가치가 어떻게 이길 것인가와 곧바로 연결될 수는 없다. 앞서 말했듯이 모든 경기의 최대 목적은 승리이고, 동일한 방식으로 대결해서 승산이 없다면 다른 방식을 취할 수밖에 없다. 축구 경기 궁극의 목적은 골을 넣는 것이고, 상대보다 더 많은 골을 넣어 승리하는 것이다. 위험을 감지하고서도 똑같이 라인을 올리고 공을 소유하고자 하는 경쟁에 임해 처참하게 패한다면, 경기 상황에 따라 실리적으로 대처하지 못한다면, 누구에게도 박수를 받을 수 없다.

유소년 선수를 육성하는 과정에는 어떻게 플레이 할 것인지의 가치를, 순수주의자와 마찬가지로 기능 향상에 두지만, 성인 프로 단계의 경기를 준비하면서 장기 계획이 필요한 기능 연마에 시간을 들이기는 어렵다. 어떻게든 이겨야 한다.

승리의 경험이 주는 자신감 또한 선수를 성장시키는 자양분이다. 승리의 노하우가 쌓이면서, 기능도 향상될 수 있다. 현대 축구 최고의 전술가로 꼽히는 주제프 과르디올라(Josep Guardiola) 감독은 "내겐 신체 컨디션 보다 정신 컨디션이 더 중요하다."고 말하기도 했다. 그는 FC 바르셀로나 유소년 코디네이터를 지낸 알베르트 푸즈(Albert Puig)가 낸 유소년 선수 지도서에 "육성은 승리의 경험과 함께 이루어져야 한다."고 주장하기도 했다. 유소년 레벨에선 결과 보다 내용을 강조해야 하지만, 좋은 내용으로 승리를 할 수 있다는 확신을 스스로 느끼는 것이 수반되어야 최상의 결과를 낼 수 있다.

그래서 다시 원점으로 돌아와 '어떻게 승리할 것인가'를 고민한다. 어떤 가치가 더 우선하느냐가 아니라 승리를 위한 방법론을 정리하는 데 집중했다. 이 책은 전술 발전이 어느 때보다 빠르고 활발하게 전개되고 있는 21세기 현대 축구에서 승리하기 위한 방법론을 공, 공간 그리고 사람이라는 세 가지 큰 개념을 바탕으로 정리했다.

 그 동안 축구는 순수주의자의 좌익 축구, 실리주의자의 우익 축구를 축으로 삼는 이분법적 시선이 주를 이뤄왔다. 흔히 공격 축구와 수비 축구로 양분된 개념이기도 하다. 아르헨티나에 각각 한 번씩 월드컵 우승을 안긴 세사르 루이스 메노티(Cesar Luis Menotti)와 카를로스 빌라르도(Carlos Bilardo)의 철학적 차이가 20세기 축구를 규정하기도 했다. 20세기 말부터 진행되어 21세기에 이르러 현대 축구는 이 두 가지 방식이 혼재되어 작동하고 있다.

 21세기에 이르러 축구 규칙은 훨씬 엄격하게 적용되고 있다. 파울의 기준이 엄격해졌고, VAR 시스템(비디오 판독 심판)의 도입은 심판이 빠트린 부정한 행위로 인한 이득을 최소화하고 있다. 실제로 상대 팀의 주요 선수에 위해를 가하며 경기를 망가트리는 유형의 안티풋볼은 현대 축구에서 퇴출되고 있다. 21세기 축구의 중요한 경향은 급격히 진행된 세계화와 상업화 그리고 과학화를 통해 승리를 위한 방법론이 혼합되고 있다.

 여전히 축구 경기를 준비하면서 '어떻게' 이길 것인지에 더 중점을 두는 이들, 어떻게 '이길 것인지'에 더 중점을 두는 이들이 있지만 경기 전술 자체를 놓고 본다면 적용 비중의 차이가 발생할 뿐 승리의 방법론은 통합되고 있다. 팀 운영의 방향성은 철학의 문제를 떠나 각자가 처한 상황에 따라 언제든지 바뀔 수 있다.

 축구 전술에는 특허도 없고 독점도 없다. 누가 어떻게 성공적으로, 효과적으로 준비하고, 구현하느냐에 따라 승리와 패배가 엇갈릴 뿐이다.

 평준화, 단일화, 융합과 복합의 시대다. 공격과 수비를 분리할 수 없다. 완벽한 축구를 꿈꾸는 시대다. 축구 전술도 가치에 따른 지향점이 달라도, 플레이 방식으로 명확하게 선을 긋기 어려워졌다. 그래서 어떻게 승리할 것인가를 기반으로, 무엇을 통제할 것인가에 기준을 두고 구분하기 위한 틀을 생각했다. 축구 경기의 구성 요소인 공, 공간 그리고 사람이다.

> "우리 선수들은 공, 공간, 상대, 팀 동료 등 4개의 레퍼런스 포인트를 갖고 있다. 모든 움직임은 이러한 기준점과 관련하여 발생한다. 각 선수들은 이 기준점 중 자신의 움직임을 결정한다." ○ 아리고 사키, 전 이탈리아 대표팀 감독

공을 소유하면 경기를 지배할 수 있다. 90분 경기에서 볼을 소유하고 보낸 시간의 비율을 '볼 점유율'로 수치화해 양 팀의 경기 패턴을 구분한다. 공간을 소유하면 경기를 통제할 수 있다. 상대가 공을 소유했지만 공간을 공략하지 못하면 골이라는 궁극의 목적을 달성할 수 없다. 공을 오래 소유해도, 공을 잃어버리는 순간 빈 공간을 공략당해 실점할 수 있다.

공과 공간을 장악해도 결국 사람이 하는 경기다. 선수와 선수의 일대일 대결에서 밀리면 공과 공간에 대한 통제가 결과로 이어질 수 없다. 이 책은 공, 공간, 사람을 중심으로 현대 축구의 경기 운영법을 정리했다. 아리고 사키는 "승리는 책에 남지만, 승리를 이룬 방법은 사람들의 머리 속에 남는다."라고 했다. 이 책은 21세기 현대 축구에서 승리를 이룬 방법을 남기고자 썼다.

| CHAPTER 1 | 전술의 역사<br>: 누가 축구를 바꿨나 |
|---|---|

| CHAPTER 2 | 공을 지배하는 축구<br>: 소유, 지배, 포지션 플레이 |
|---|---|

───── **MASTER CLASS | 감독의 전술판** ─────

| CHAPTER 3 | 공간을 장악하는 축구<br>: 통제, 압박, 역습 |
|---|---|

**MASTER CLASS | 감독의 전술판**

| CHAPTER 4 | 선수를 활용하는 축구<br>: 포지션, 유틸리티, 개인기 |
|---|---|

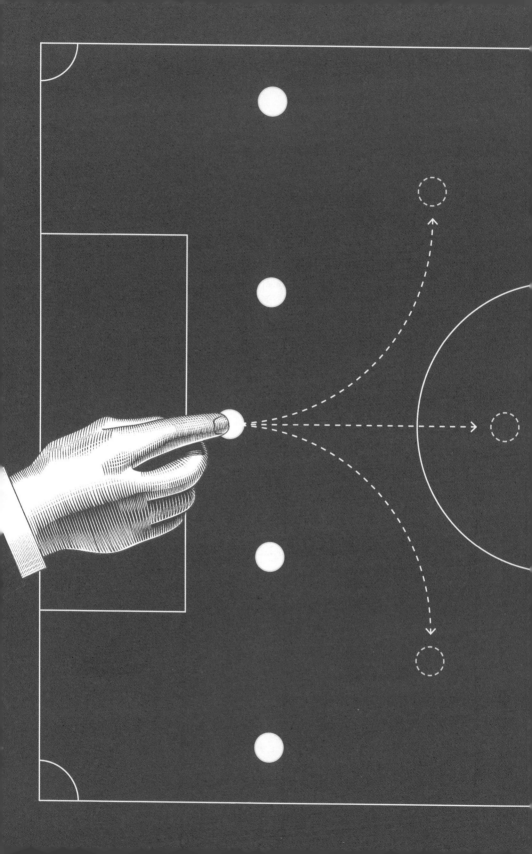

# CHAPTER

## 1

### 전술의 역사

: 누가 축구를 바꿨나

축구는 전쟁과 같다.
너무 적절하게만 행동한다면
패하고 만다.

—

Rinus Michels
리뉘스 미헐스

## 전술의 혁명
## : 1974년 FIFA 서독 월드컵

"1974년 FIFA 서독 월드컵을 취재했던 일입니다. 그때 요한 크루이프가 뛰었던 네덜란드 대표팀이 토탈 풋볼을 들고 나왔어요. 그때를 기점으로 축구는 완전히 달라졌습니다. 축구가 변화하게 된 대회를 직접 취재한 것이 가장 의미가 있었어요."

ㅇ 가가와 히로시, 일본 축구 기자

근대 축구를 넘어 현대 축구의 시대를 취재하고 있는 일본의 90대 노기자를 만날 기회가 있었다. 프리랜서 기자로 2014년 FIFA 브라질 월드컵까지 현장에서 취재했고, 그해 FIFA 회장상(공로상 개념)까지 받은 가가와 히로시는 전 세계를 통틀어 가장 오랜 기간 월드컵을 현장에서 취재한 인물이다. 그는 펠레와 마라도나부터 호나우두와 지단, 메시와 호날두를 모두 두 눈으로 지켜본 세계 축구사의 산 증인이다. 월드컵 취재경력이 무려 10회에 이른다. 햇수로만 40년. 그에게 현장에서 월드컵 중 가장 기억에 남는 대회를 꼽아달라고 묻자, 망설임 없이 1974년 FIFA 서독 월드컵을 꼽았다.

축구를 변하게 만든 주역, 크루이프의 오렌지 군단은 전원 수비, 전원 공격의 패러다임을 전파하기 시작했다. 전술적 의미에서 '현대 축구'는 이때 발현했다고 해도 과언이 아니다. 이 대회 전까지 세계 축구를 지배했던 것은 현란한 개인 기술을 앞세웠던 브라질, 수비 라인 뒤에 스위퍼를 자물쇠처럼 배치해 빗장 수비(카테나초)라는 전술 개념을 창조한 이탈리아였다. 공격 축구와 수비 축구로 뚜렷하게 대조되었던 축구 전술은, 네덜란드의 토탈 풋볼의 등장과 성공으로 새로운 국면을 맞는다.

> "내가 본 팀 중 유일하게 다른 것을 보여준 팀이 1974년 FIFA 서독 월드컵의 네덜란드다. 그 이후 그보다 더하거나 덜한, 비슷한 팀이 있었을 뿐이다. 그들이 선보인 회전목마 스타일의 축구를 보는 것은 놀랍고 경탄스러웠다."
> ㅇ 카를루스 아우베르투, 전 브라질 대표팀 주장

토탈 풋볼이 하루 아침에 만들어진 것은 아니다. 미헐스와 크루이프의 작품으로 알려진 아약스의 토탈 풋볼의 기원을 따라가면, 20세기 초 아약스가 이미 축구에 대한 혁신적인 생각을 가진 이들의 부단한 노력이 있다. 아약스의 아버지로 불리는 인물은 잘 알려지지 않은 잉글랜드 출신 감독 잭 레이놀즈(Jack Reynolds)이다. 1881년 맨체스터에서 태어난 레이놀즈는 맨체스터 시티 2군 선수로 뛰었고, 버턴 유나이티드, 그림스비 타운, 셰필드 웬즈데이, 왓퍼드 등에서 선수 생활을 하다 1912년 스위스에서 만 30세의 나이로 코치가 됐다. 1916년 열릴 베를린 올림픽에 독일 대표팀 코치를 맡을 수 있었던 레이놀즈는 제1차 세계대전으로 인해 행선지가 바뀌었다. 아일랜드인 존 커완이 네덜란드 클럽 아약스를 떠나 영국으로 돌아갔고, 아약스의 빈 자리에 레이놀즈가 감독으로 가게 됐다. 만남은 우연이었지만 레이놀즈는 이후 30여 년을 아약스에서 보내며, 어쩌면 토탈 풋볼의 모태가 될 수 있는 현대 아약스의 토대를 다진다. 레이놀즈는 윙어를 활용한 공격적인 포메이션을 운영했는데, 1920년대 네덜란드 언론이 레이놀즈의 아약스가 잉글랜드 프로 팀들의 스타일과 전술과 흡사하다며 호평한 기사가 근거로 남아있다. 레이놀즈는 당시 네덜란드에는 생소했던 체력 훈련 기법과 유소년 선수 육성 체계를 아약스에 도입했고, 아약스를 네덜란드의 가장 앞서가는 팀으로 만들었다. 레이놀즈는 1915년부터 1925년까지 아약스 감독을 맡으면서 두 번의 리그 우승과 한 차례 KNVB컵 우승을 이뤘고, 1919년에는 네덜란드 대표팀 감독을 맡았다. 1928년 다시 아약스 감독으로 돌아와 1940년까지 다섯 번의 리그 우승을 안겼고, 전쟁이 끝난 뒤 1945년부터 1947년까지 아약스 감독으로 한 차례 더 일했다.

레이놀즈는 토탈 풋볼의 선구자로 불리는데, 1946년 공격수로 아약스에 입단한 미헐스가 레이놀즈가 이끈 팀에서 뛰었다. 암스테르담에서 태어난 미헐스는 어려서부터 아약스의 팬이었고, 1940년에 아약스 주니어 멤버로 입단해 축구를 배웠다. 이때도 아약스는 레이놀즈의 영향권 안에 있었고, 레이놀즈의 축구가 자연스럽게 미헐스에게 영향을 미쳤다. 1958년까지 프로 경력을 온전히 아약스에서 보낸 미헐스는 그때까지 아마추어 수준이던 네덜란드 축구계에서 활동력과 기술력을 겸비한 스트라이커로 높은 평가를 받았다. 아약스의 주축 선수로 264경기에서 122골을 넣은 미헐스는 두 차례 네덜란드 리그 우승의 주역이었다.

미헐스는 선수로 뛰면서도 은퇴 이후 지도자에 대한 꿈을 갖고 있었다. 레이놀즈가 떠나고, 그 자신도 현역 선수를 그만둔 이후 아약스 감독을 맡아 토탈 풋볼의 진화에 기여하고, 어린 요한 크루이프를 발견하고 발전시키는 데 일조한 빅 버킹엄 감독에게서도 영향을 받았다. 버킹엄 감독은 1969년 바르셀로나 감독을 맡아 1970-71시즌 코파델레이 우승의 성과를 내기도 한다. 미헐스는 은퇴 이후 아마추어팀 JOS와 DWS 감독을 거쳐 1965년 1월 아약스 1군 감독으로 부임한다. 부임 초 미헐스는 브라질 대표팀의 영향을 받은 공격적인 4-2-4 포메이션을 도입했다. 그러나 그대로 쓸 수 없었다. 미헐스는 브라질식 4-2-4 포메이션이 균형을 갖춘 4-4-2나 4-3-3으로 변형되어 쓸 수밖에 없는 고위험 전술이었다고 진단했다. 1994년 FIFA 미국 월드컵에서 우승한 브라질의 4-4-2가 보여준 혁신은, 브라질식 4-4-2가 현대 축구의 덕목을 적용해 안정성을 갖췄다고 분석했다. 다음은 미헐스가 분석한 브라질식 4-4-2의 변형 과정에 대한 설명이다.

"1970년에 브라질은 월드컵을 우승할 때 혁명적인 4-2-4 시스템을 사용했다. 이 시스템은 다른 나라들이 따라 하지 못했는데, 시스템이 가진 수비적 취약점과 높은 수준의 선수를 필요로 하기 때문이었다. 자갈루 감독은 수비 시 공간을 커버하고, 각각 선수들이 예측 수비를 하도록 결정했다. 이것이 좋은 것은 이토록 공격적인 스타일의 추구를 한다면 공격적인 선수들도 수비에 포함해야 하기 때문이다. 난 펠레, 토스탕, 히빌리누, 자일지뉴 같은 선수들이 공을 잃고 나면 자기 진영으로 곧바로 이동하는 것을 목격했다."

ㅇ 리뉘스 미헐스

미헐스는 1970년 FIFA 멕시코 월드컵을 우승한 화려한 브라질에서 공격수들이 빠르게 수비에 가담하는 점을 주목했다. 화려한 공격 축구를 위해, 공격적인 선수를 많이 투입하기 위해선 공격수들이 수비해야 한다는 점을 포착했고, 이를 토탈 풋볼의 아이디어로 연결한다.

"오직 아약스 만이 이 시스템을 4-3-3으로 변형하며 구성했다. 1982년 스페인 월드컵 첫 경기에서 브라질은 4-3-3에서 4-4-2 시스템으로 변경했다. 이전에 보지 못했던 콘셉트였다. 월드 클래스 레벨에서 4-2-4, 4-3-3 또는 3-4-3 시스템은 수비적으로 취약하고 퀄리티에 민감하다는 것을 분명하게 보여줬다. 이는 1994년 미국 월드컵과 유로1996 대회에서 네덜란드가 고통스럽게 보여준 것이기도 하다."  ○ 리뉘스 미헐스

토탈 풋볼에서 강조된 것은 골키퍼와 수비수의 빌드업 능력과 공격 능력이지만, 미헐스는 이러한 토탈 풋볼의 공격성의 반대급부인 취약한 수비 문제를 해결하지 못하면 완전할 수 없다고 생각했다. 그래서 수비수들은 본업인 방어 능력, 대인 수비 능력을 동시에 향상할 필요가 있다고 생각했다.

"거스 히딩크가 이끈 1998년 FIFA 프랑스 월드컵에서도 네덜란드 대표 팀은 4-4-2 포메이션을 썼는데, 수비적으로 취약한 점이 경기의 결정적 요소였다. 모든 것은 디테일에 관한 것이다. 네덜란드 축구는 수비수와 일대일 대결에서 충분히 강한 문화를 발달시키지 못했다. 네덜란드의 유소년 교육에서 강조되는 것은 수비수들이 자기 지역을 방어하고 빌드업에 기여하는 것이다. 이 것은 매력적인 선택이지만 진짜 톱 레벨 축구에서 대인 수비력이 뻬어난 수비수가 부족한 것은 경기 결과에 위험을 안기는 요소가 된다. 그런 이유로 대부분의 나라가 3-5-2나 4-4-2 시스템에서 대인 방어를 채택한다."  ○ 리뉘스 미헐스

미헐스는 월드컵 우승을 이뤘던 브라질 대표팀 사상 가장 지루한 팀이었다고 지목된 1994년 FIFA 미국 월드컵의 브라질 대표팀이 전술적

으로 매우 치밀했던 팀이었다고 설명한다.

"1994년 FIFA 미국 월드컵을 준비하면서 카를루스 파헤이라는 4-4-2 시스템을 선택했다. 그는 상대가 공을 소유하고 있으면 팀 전체가 수비하도록 했다. 파헤이라가 제시한 또 다른 가이드라인은 빌드업 과정에서 최대한 적게 공을 내줘야 한다는 것이다. 따라서 개별적 액션이 가능한 여지가 없었다. 팀 효율에 도움이 되지 않기 때문이다."
　　　　　　　　　　　　　　　　　　　　　　　　　　ㅇ 리뉘스 미헐스

"브라질의 4-4-2 시스템은 대부분의 4-4-2 시스템 조직과 많이 다르다. 빌드업하는 동안 수비수들의 플레이가 중요하다. 센터백은 관련된 선수들의 포지션을 커버한다. 중앙 수비는 중앙 미드필더가 커버한다. 그의 임무는 스위퍼와 같은 것으로 짧은 패스와 롱패스를 배분하는 핵심적인 역할이다. 그가 첫 번째 플레이메이커다. 미드필더는 더 공격에 집중하고, 중앙 미드필더가 공격수의 개성을 만들기 위해 브라질 미드필드 라인을 통솔한다."
　　　　　　　　　　　　　　　　　　　　　　　　　　ㅇ 리뉘스 미헐스

미헐스의 설명에 따르면 1994년 FIFA 미국 월드컵의 브라질은 풀백의 공격 가담과 중앙 미드필더의 센터백 커버 및 빌드업으로 현대 축구 전술의 핵심 요소인 라볼피아나와 중원 수적 우위를 위한 전술적 균형이 이뤄지고 있었다. 단지 호마리우와 베베투의 투톱의 결정력으로 기억되고 있으며, 콤팩트했던 4-4-2 포메이션으로 기록된 1994년 챔피언 브라질의 작동원리는 알려진 것보다 정교했다.

1960년대에 선수 개개인의 기술에 대응한 철저한 대인 방어 축구에 대응한 집단적이고 유기적인 공격 축구에 대한 연구가 진행되고 있었다. 축구 전술의 역사를 탐구한 조너선 윌슨에 따르면 1940년대 초 보리스 아르카디에프 디나모 모스크바 감독이 공격수와 미드필더가 앞에서 수비하고, 수비수가 공격에 가담하는 유기적인 축구에 대한 아이디어가 태동했다. 그의 뒤를 이은 미하일 야우신은 개인의 개성보다 팀 전체가 하나의 유기체로 팀의 목표를 위해 플레이하는 소비에트 축구 시스템을 구축했는데, 1950년대 초 헝가리 대표팀을 이끈 구스타브 세베스(Gustav Sebes)는 무려 5년 간 패배하지 않는 팀을 만든 뒤 '사회주의자 축구'라는 이름을 붙여 포지션별 최고의 선수가 아닌, 경기 중 공격과 수비, 특정 포지션을 구분하지 않고 유기체처럼 자리를 바꿔가며 플레이하는 경기 스타일을 선보였다. 이때 헝가리는 1954년 FIFA 스위스 월드컵에서 준우승을 차지하며 끝내 챔피언이 되지는 못했다.

집단주의적 축구는 당시 사회주의 국가에서 먼저 체계를 확립했는데, 디나모 키예프를 UEFA 컵위너스컵 우승으로 이끈 발레리 로바노프스키가 공간을 활용하고, 상대 팀을 조정하는 전술적 축구를 구현했고, 이를 위한 방법론을 구축한다. 로바노프스키는 "상대팀 선수들을 우리가 원하는 조건으로 위치하도록 만드는 것이 필요하다. 그렇게 하기 위해 가장 중요한 것은 플레이 영역의 사이즈를 변형시키는 것"이라고 했다. 이러한 아이디어가 구체화하고, 완성한 인물이 미헐스와 크루이프다.

경기장 피치의 사이즈는 고정되어 있지만, 필요에 의해 조정할 수 있다는 아이디어를 바탕으로 공을 소유한 상황, 그리고 공을 잃은 상황의 플레이를 유연하게 조정했다. 공을 소유했을 때는 최대한 넓게 활용하고, 공을 내줬을 때는 최대한 좁혀 경기한다. 공을 가졌을 때 모든 선수들이 공격에 가담해 경기장의 최대한 넓은 영역에서 습격하고, 공을 잃었을 때도 모두가 달려들어 공을 주변으로 최대한 공간을 축소해 빼앗아 오는 토탈 풋볼의 기본 개념이 된다.

지금이야 축구 전술의 기본으로 여겨지지만 당시에는 혁명적인 개념이었다. 소련 축구는 이러한 유연성을 좌우 측면 영역에서의 이동으로만 적용했으나 미헐스의 토털 풋볼은 상하좌우를 가리지 않고 선수들이 역동적으로 이동해 공격과 미드필더, 수비의 경계가 흐려지고 모든 것에 관여하는 '토탈 풋볼'을 구현했다. 누가 어디에 서느냐가 아니라, 누구든 자리를 바꿔 대형을 유지할 수 있는 축구다.

"축구는 전쟁과 같다. 너무 적절하게만 행동한다면 패하고 만다."

○ 리뉘스 미헐스

소련 축구가 개인보다 팀을 강조했고, 토탈 풋볼도 기본적으로는 자유로운 위치 이동 속에 팀의 틀을 유지하고 팀을 위한 이동을 중시했으나 개인의 창조성을 고양시키는 것도 잊지 않았다. 이는 피치 위에서 천재적인 플레이로 토탈 풋볼에 영감을 불어 넣은 크루이프의 존재가 큰 역할을 했다. 자유자재로 방향을 바꾸고 템포를 바꾸고 마법같이 볼을 다루는 크루이프는 경기장 전역에서 영향력을 발휘했다. 물론 토탈 풋볼이 크루이프의 원맨쇼로 가능했던 것은 아니다. 당시 아약스에는 피트 카이저, 샤크 스바르트, 헹크 그로트 등이 공격 4인조를 이뤄 네덜란드 리그를 휩쓸었고, 유로피언컵 3연속 우승의 위업도 이룬다.

"그가 축구를 바꿨다. 우리는 시계 태엽 오렌지였다. 그는 사고방식을 바꿨다. 우리는 단지 앞뒤로 움직이는 선수들이 아니었다. 상대팀을 엄청나게 압박했고, 대신 배후에 엄청난 위험을 감수했다. 수비수들이 전진했고, 공격수들은 뒤로 내려갔다. 우리는 축구를 했다. 심지어 골키퍼까지 리베로로 활용했다. 골키퍼를 페널티 에어리어 바깥까지 나와서 플레이하게 했다."

○ 빔 리스베르겐(Wim Rijsbergen), 네덜란드 대표팀 수비수

미헐스는 1970-71시즌 유로피언컵 우승만 이룬 뒤 FC 바르셀로나로 떠났다. 크루이프는 1972-73시즌까지 3연속 우승을 이룬 뒤 바르셀로나로 따라간다. 그리고 1973-74시즌 미헐스 감독과 크루이프가 라리가 우승을 합작했다. 아약스와 미헐스, 크루이프의 성공은 곧 1974년 FIFA 서독 월드컵에서 네덜란드가 보여준 센세이션으로 나타난다. 1974년 FIFA 서독 월드컵에 참가한 네덜란드의 수장이 미헐스 감독이었고, 크루이프가 주장이었다. 미헐스에 이어 크루이프가 바르셀로나의 감독으로 부임하게 된 것은 네덜란드에서 개발된 토탈 풋볼이 스페인에서 숙성되어 진화하게 되는 단초가 된다.

크루이프의 드림팀에서 빌드업 미드필더로 기용되어 바르셀로나의 주장을 역임하게 되는 주제프 과르디올라는 21세기 최고의 전술 혁명가로 성장한다. 크루이프의 축구적 '적자'로 꼽히는 과르디올라가 FC 바르셀로나를 지휘하며 세계 축구를 제패했고, 그와 맞물려 스페인 대표팀의 독주 시대가 열렸다. 스페인 축구의 철학이 하나의 교본처럼 세계로 퍼졌고, 과르디올라 감독이 바르셀로나를 떠나 바이에른 뮌헨, 맨체스터 시티로 자리를 옮기면서 독일과 잉글랜드에도 뿌리를 내렸다. 그리고 각기 다른 축구 문화와 결합하고 적응하며 완성체로 진화했다. 1970년대 세계에 모습을 알린 토털 풋볼은 40년의 세월이 흐른 뒤 하나의 스타일에서 축구 전술의 기본이 됐다.

"창조적인 선수와 파괴적인 힘을 가진 선수의 균형, 수비와 공격을 구성하는 균형, 그리고 상대 팀의 능력과 각 경기의 압박에 대한 것을 잊지 말아야 한다. 이것을 기반으로 팀을 구성하는 것은 하나의 예술이다."

ㅇ 리뉘스 미헐스

## 게임의 법칙
## : 1992년 축구가 바뀐 해

"게임의 법칙(the laws of the game)은, 규정이 승리 개연성(probability)을 높이기 위해 무엇을 할 수 있는지 설명합니다."　　　　o 후안마 리요, 전 알메리아 감독

규정의 변화가 전술의 변화를 불러왔다. 크루이프가 선수로 뛴 1970년대에 이미 수비수가 공격을 시작하고, 공격수가 전방에서 수비하는 기조가 탄생했지만, 확산되고 정착된 것은 1990년대 이후다. 축구 경기의 특성과 전술의 유행을 선도한 것은 몇몇 뛰어난 영감을 가진 지도자이지만, 그러한 영감의 동인이 된 것은 축구 경기 규칙의 변화다. 축구 전술의 역사는 규칙 개정과 흐름을 같이 한다. 당장 유용한 것이 실전 경기의 해법이라고 해도, 변천사를 알아야 새로운 트렌드가 등장한 이유를 이해할 수 있다. 전술은 규정과 관련을 맺는다. FIFA는 축구가 더 공격적이고 흥미진진한 스포츠로 대중의 사랑을 받길 원한다. 규정 개

정은, 규정의 허점을 이용해 부족한 실력을 실리적인 전술로 극복해 승리하는 팀들의 '변칙'을 제한하는 방식으로 진화해 왔다고도 볼 수 있다.

전술은 경기장 위의 11명과, 벤치에 앉은 대기 선수를 묶어 구성하는 전략과 선수의 개별 역량, 경기 중 돌발변수까지 대비하는 플랜을 확립하는 것이다. 19세기에 출발해 20세기에 완성된 축구는 21세기에 전술적 진화의 절정에 이르렀다. 그리고 축구 전술의 역사는 축구 규칙 개정과 흐름을 같이 했다.

축구 전술 역사에는 몇몇 중요한 분기점이 있는데, 1925년 오프사이드 규정이 현재의 형태로 확립된 시기가 그 첫 번째다. 개인 드리블 기술이 가장 중요했던 시대에서 패스의 중요성이 커졌고, 라인 콘트롤이 가능해지면서 본격적으로 집단 전술의 중요성이 대두됐다. 22명의 선수들이 뒤엉켜 공을 몰고 다니며 이리 뛰고 저리 뛰며 골대 안으로 슈팅을 하던 원시적인 축구를, 지적인 스포츠로 바꿔 놓은 첫 번째 규정은 오프사이드였다. 오프사이드 규정으로 인해 수비 라인의 높이가 설정되고, 공간을 활용하기 위한 지적인 고민이 시작됐다. 공과 사람만 중요했던 축구에, 공간의 개념을 심어준 것이다. 백패스 규정 변화는 다시 공과 사람의 관계를 설정하게 한 중대한 변화다.

오프사이드 규정 개정 이후 50년의 시간이 지나 토털풋볼이 완성되었고, 다시 축구가 극적인 변화를 맞이하게 된 시기는 1992년이다. 개인적으로 축구사적으로 현대 축구의 기점으로 삼을 수 있는 해가 1992년이라고 생각한다. 1992년은 영국의 축구 전술 전문 저널리스트 마이클 콕스(Michael Cox)도 남다른 의미를 강조한 바 있다.

1992년은 상업적으로 '축구종주국' 잉글랜드가 프리미어리그를 출범시켰고, 유럽축구연맹이 유러피언컵을 UEFA 챔피언스리그로 명명하며 확대 개편한 시기다. 그리고 '축구'를 변화시킨 중대한 규정 변화가 있었다. 바로 골키퍼를 향한 백패스의 처리 방식이다. 1992년 이전까지 골키퍼는 필드 플레이어가 준 패스를 손으로 잡을 수 있었다.

1992년 골키퍼를 향한 백패스는 필드 플레이어와 마찬가지로 발로 처리해야 한다는 규정이 생기면서, 축구 전술은 큰 폭으로 변했다. 21세기 축구의 최대 화두가 된 전방 압박과 후방 빌드업에 대한 인식이 생겨났다. 1992년 이전의 축구는 공격수가 공을 빼앗기 위해 수비수를 강하게 압박하는 것이 무의미했다. 수비수가 뒤로 돌아 골키퍼에게 공을 길게 차면, 골키퍼가 이를 손으로 잡고 롱패스로 전개해 단숨에 상대 진영을 격전지로 만들 수 있었다.

공이 없는 공격수는 많이 뛸 필요 없이 공격 상황을 위해 체력을 비축하고 있을 수 있었다. 그러다 보니 최종 수비수와 골키퍼는 굳이 공을 소유하기 위한 콘트롤 능력과 짧은 패스로 경기를 풀어가는 능력을 발전시킬 필요가 없었다. 그런데 골키퍼가 백패스를 손으로 잡을 수 없는 규정이 생기면서 수비수와 골키퍼에게서 공을 빼앗기 위해 달려드는 공격수들의 전방 압박이 유효해졌다. 공을 다루는 빈도가 적고, 그에 대한 기술 발전보다 힘과 높이, 대인방어에 집중한 타입의 선수들이 많아 공을 지키기 어려운 상황을 맞이했다.

골키퍼도 공을 찰 줄 알아야 하는 시대가 오면서 공격 하는 법, 수비 하는 법의 패러다임이 전환됐다. 수비수부터 공격하고, 공격수부터 수비한다는 토털풋볼의 철학이 훨씬 효과를 볼 수 있게 된 규정 변화다. 방법론적으로는 1970년대에 태동했지만, 본격적으로 진화해 자리를 잡고, 일반화된 것은 1990년대를 지나 21세기가 도래하면서다. 규정이 바뀌자마자 선수들의 습관과 행동양식이 바뀔 수 있는 것은 아니기 때문이다. 새로운 규정에 맞춰 선수들이 변하고, 새로운 규정에 맞는 교육을 받은 선수들이 성장하고, 이 선수들을 바탕으로 새로운 전술과 전략을 구사하는 지도자가 자리를 잡기까지 시간이 필요하다.

그래서 2000년대 중반 들어 미드필더 못지 않게 패스 플레이를 전개하는 센터백이 등장했고, 필드 플레이어와 섞여 뛰어도 어색하지 않은 발 기술 좋은 골키퍼가 프로 레벨에 등장하기 시작했다. 프란츠 베켄바우어, 로타어 마테우스, 홍명보와 같은 리베로 수비수를 모든 팀이 보유한 시대가 됐다.

2014년 FIFA 브라질 월드컵 우승을 차지한 독일 대표팀의 주전 골키퍼 마누엘 노이어는 자신을 압박하는 상대 공격수를 드리블로 제치고, 공격 상황에 하프라인 부근까지 전진하는 폭 넓은 활동 범위를 자랑했다. 처음 나타났을 때 변종으로 꼽혔던 기술적인 수비수와 발 잘 쓰는 골키퍼는 2010년대를 지나 2020년대를 앞둔 현대 축구에는 모두가 지향하고 추구해야 하는 모델이 되었다.

주제프 과르디올라의 전술적 멘토이자, 스페인 라리가의 기본 포메이션으로 자리잡게 되는 4-2-3-1 포메이션의 '창안자'로 유명한 후안마 리요(Juanma Lillo)는 "축구 규칙서야 말로 최고의 전술서이자 유일한 전술서"라고 말했다. 전술이 규칙 안에서 나온다는 이야기다.

"게임의 법칙(the laws of the game)은, 규정이 승리 개연성(probability)을 높이기 위해 무엇을 할 수 있는지 설명합니다. 승리 가능성(possibility)은 모든 팀이 똑같죠. 내가 9명의 친구들과 함께 내일 바이에른 뮌헨과 경기한다면 우리가 그들을 이길 가능성은 50대50이죠. 하지만 우리가 이길 개연성(probability)은 아주 낮습니다." ○ 후안마 리요

리요가 가능성과 개연성의 정의를 구분하여 축구 규칙과 전술 이야기를 꺼낸 이유는, 승리의 개연성을 최대치로 높이기 위한 방법을 고안하

는 것이 축구 전술의 목표이기 때문이다.

"10명의 선수를 뒤로 빼두고 1명의 외로운 영혼을 앞에 두더라도, 이길 수 있는 가능성은 있습니다. 축구는 규칙서에 이기기 위해서 상대 지역을 가로지르지 않아 된다고 하는 유일한 스포츠입니다. 물론, 그렇게 경기해서 이길 수 있고요. 하지만 공산은 미미합니다."　　　　ㅇ 후안마 리요

리요는 경기가 펼쳐지는 공간에 대한 규정, 그리고 앞서 언급한대로 오프사이드 규정이 축구라는 스포츠가 원하는 경기의 논리를 제공한다고 설명했다. "게임의 법칙은 게임의 영역에서 길이보다 넓이를 말하고 있습니다." 리요의 말에 따르면 축구 규칙은 하프라인까지의 길이(length)는 조정할 수 있다는 규정이 있다. 이 거리는 규정을 통해 수정이 가능하다. 그러나 경기장 넓이(width)는 수정할 수 없다. 여기에 오프사이드 규정이 맞물리면 윙어를 사용하는 측면 플레이가 상대를 공격하기 위한 필수 옵션이 된다. 리요는 "축구 규칙이 성공개연성을 증대하는 포메이션을 암묵적으로 설명하고 있는 것"이라고 주장했다.

"스타일의 호불호에 대한 문제가 아닙니다. 규칙입니다."　　　ㅇ 후안마 리요

공을 소유하고, 뒤에서부터 빌드업하며 주도적인 경기를 하는 것에 대해 좌익 축구라는 사상적 개념이나, 축구 심미주의라는 철학적 개념도 등장했지만, 리요는 철저히 승리를 위한 확률적으로 가장 유리한 방식이라는 점에서 자신이 지향하는 전술적 방법론을 말했다. 아르헨티나 축구계의 거장 세사르 루이스 메노티는 리요를 두고 "올바른 방식으로 축구를 말하는 사람"이라고 했다.

## 사상적 결합
## : 우익 축구와 좌익 축구의 투쟁사

"축구에도 우익과 좌익이 있습니다. 우익 축구는 우리에게 삶을 투쟁이라고 믿기를 원하죠. 희생을 요구합니다. 우리가 어떤 방법으로든 이기는 강철이 되라고 하죠."

○ 세사르 루이스 메노티

"난 1등이 되고 싶습니다. 1등만 생각해야 합니다. 2등이 되는 것은 실패입니다. 좋은 게 아니죠. 지고 나서 기분이 나쁘다는 것은 내겐 좋은 일입니다. 나쁜 감정이 들면 울고 불고 자신의 감정을 표현할 수 있어요. 당신을 고용한 사람, 그리고 팬들을 실망시킬 수는 없으니까요." ○ 카를로스 빌라르도

1970~80년대는 축구 전술 변화의 격동기다. 1974년 FIFA 서독 월드컵에서 네덜란드의 토탈 풋볼이 발현했으나, 결국 서독에 밀려 준우승을 차지하게 되는 과정은 아르헨티나에 각기 다른 방식으로 월드컵 우

승을 안긴 두 감독의 축구 철학을 통해 심미주의와 실용주의로 갈라진다. 메노티의 방식을 추종하는 메노티스타(Menotista)와 빌라르도의 방식을 추종하는 빌라르디스타(Bilardista)가 생겨나 두 감독의 철학은 메노티즘과 빌라르디즘이라는 이름으로 하나의 이론이 된다.

메노티는 경기 방식의 사상적 측면과 사회적 영향을 고려했고, 빌라르도는 경기의 목적인 승리 그 자체에 철저히 집중했다. 축구라는 스포츠가 대표해야 할 기능적 본질까지 고려해 승리를 위한 정당한 방법을 주창한 메노티는 빌라르도식 축구를 '안티 풋볼'이라 명명했다. 메노티는 축구가 사람들의 꿈을 대표해야 한다고 생각했고, 아름다운 경기를 하며 승리해야 한다고 생각했다. 그렇지 않은 승리는 가치가 없다고 여겼다. 메노티는 축구를 예술로 여겼다. 그러나 빌라르도는 승리를 위한 노동으로 바라봤다. 자유주의자인 메노티와 실용주의자인 빌라르도의 성향이 축구에 그대로 반영되었다.

메노티가 1978년 FIFA 아르헨티나 월드컵에서 이끌게 되는 아르헨티나 대표팀은 직전 대회인 1974년 FIFA 서독 월드컵에서 토탈 풋볼의 위력을 직접 느꼈다. 조별리그 통과 후 8강 2차 조별리그에서 아르헨티나는 네덜란드, 브라질, 동독과 함께 A조에 속했다. 1차전에서 네덜란드에 0-4로 박살이 났다. 브라질에 1-2로 패했고, 동독과 1-1로 비겨 4강 진출에 실패했다. 이후 유럽식 실용주의로 노선을 바꾼 아르헨티나 대표팀은, '라 누에스트라(La Nuesta, 우리 것)'로 불리던 그들의 기술 축구 개성을 상당수 잃어버린 상태였다. 결과에 집중했고, 신체 조건이 좋은 선수들로 구성되었다.

1974년 FIFA 서독 월드컵에서 화려한 네덜란드에 흠씬 두들겨 맞고서야 1920년대 그들의 첫 번째 전성 시대를 연 '풋볼 크리올로(Futbol Crilollo)'의 재생 필요성을 느꼈다. 영국에서 축구가 전래됐을 때 아르헨티나는 혼혈 선수들을 기반으로 공을 다루는 기술에 집중해 그들만의 현란한 드리블 스타일을 고안했고, 영국 축구 언어에 없었던 감베타와 같은 활강 드리블 기술을 구현했다. 에두아르도 갈레아노는 "선수들은 마치 발이 가죽을 땋는 것처럼, 공을 차기 보다는 공을 간직하고 소유하기로 선택한 그 좁은 공간에서 그들만의 언어를 창조해냈다."고 아르헨티나의 크리올로 축구를 설명했다.

1930년 출범한 FIFA 월드컵 결승까지 진출했고, 아르헨티나와 마찬가지로 라틴의 정서를 입힌 기술 축구를 구사한 우루과이와 결승에서 겨뤘다. 이후 핵심 선수들이 대거 이탈리아로 이주하는 등 흩어지면서 침체를 겪은 아르헨티나는 1978년 자국에서 대회를 개최하기 전까지 월드컵 무대에서 고전했다. 1966년 FIFA 잉글랜드 월드컵에서 8강에 올랐으나 1970년 멕시코 대회는 남미 예선도 통과하지 못했다.

1958년 FIFA 스웨덴 월드컵에서의 참패는 아르헨티나 축구가 '라 누에스트라'를 포기하는 결정적인 계기가 된다. 당시 조별리그에서 아르헨티나는 서독에 3-1로 패한 뒤 북아일랜드에는 3-1로 이겼으나 체코슬로바키아에 1-6 참패를 당하며 조기 탈락했다. 아르헨티나 축구는 1974년의 실패로 다시 전환점을 맞는다.

처음으로 직접 개최하는 1978년 FIFA 아르헨티나 월드컵은 중요했다. 당시 호르헤 비델라 독재 정권 입장에서도 결과가 필요한 대회였다. 이 대회를 이끌 인물로 메노티가 선택됐다. 1960년대 아르헨티나 축구는 에스투디안테스에서 실용주의적 축구를 구사한 오스발도 수벨디아(Osvaldo Zubeldia)와 그의 뒤를 이은 카를로스 빌라르도의 영향권에 있었다.

수벨디아는 1965년 아르헨티나 대표팀 감독이었고, 1965년부터 1970년 사이 에스투디안테스를 3회 연속 코파 리베르타도레스 챔피언으로 이끌었다. 1968년에는 맨체스터 유나이티드를 꺾고 인터컨티넨탈컵 우승까지 이뤄 세계 챔피언 타이틀까지 가졌다. 수벨디아는 휴식기를 거쳐 1974년 산로렌소에 부임해 곧바로 아르헨티나 리그를 제패하며 결과를 내는 탁월한 능력을 입증했다. 그러나 1974년 FIFA 서독 월드컵에서의 실패는 아르헨티나 축구계에 패러다임 전환의 기회가 된다.

1974년 FIFA 서독 월드컵에서 실패한 뒤 그해 10월 아르헨티나 지휘봉을 잡은 메노티는 '엘 플라코(호리호리한 사람)'라는 별명대로 야윈 체구의 스트라이커였다. 외양에서 요한 크루이프를 떠올리게 한 메노티가 추구한 축구도 네덜란드식 토탈 풋볼이다. 1969년 프로 선수에서 은퇴한 메노티는 1970년 뉴웰즈 올드보이스의 코치로 지도자 경력을 시작하는데, 당시 감독이던 미겔 기타노 후아레스를 따라 1970년 FIFA 멕시코 월드컵을 현장에서 지켜본 뒤 펠레가 이끈 브라질 대표팀의 플레이에 매료됐다. 브라질은 이탈리아와 결승전에 4-1 대승을 거두며 기술 축구의 우월함을 결과로 입증했다. 메노티는 브라질이 보여준 플레이를 축구의 이상향으로 여겼다. 그는 펠레를 가장 이상적인 선수이자 최고의 선수라고 평가했다. 펠레의 브라질이 펼친 축구를 아르헨티나에 도입하고자 마음을 먹었다. 창조성과 기술로 무장한 브라질 대표팀의 축구를 펼치기 위한 전술과 훈련법 고안에 나섰다.

1972년 우라칸(Huracan)의 감독으로 본격적인 감독 경력을 시작한 메노티는 1973년 당시 아르헨티나 전기리그 형태로 열린 토르네오 메트로폴리타노에서 32전, 19승, 62득점의 결과로 우승했다. 당시 보여준 경기력을 통해 아르헨티나 언론과 팬들로부터 '역대 최고의 팀'이라는 찬사를 받았다. 그가 프로 경력을 시작한 팀 로사리오 센트랄을 5-0으로 꺾었을 때는 상대 팀 팬들도 기립박수를 보낼 정도였다. 이 성과를 바탕으로 1974년 아르헨티나 대표팀 신임 감독으로 지명됐다. 당시 우라칸의 중심 선수였던 카를로스는 "감베타와 원터치 움직임, 상대 다리 사이를 공략한 패스, 원투 패스, 오버래핑이 구현된 축구였다."고 회고했다. 우라칸의 압도적인 축구를 막기 위한 거친 축구에 안티 풋볼이라는 별칭이 명명되기 시작한 게 1973년이다. 1974년 아르헨티나 대표팀을 맡은 메노티는 좋은 축구로 우승하겠다는 원대한 야심을 품는다.

> "팀이 곧 아이디어다. 아이디어 이상의 것은 헌신이고, 헌신은 감독이 선수들에게 아이디어를 지키도록 반드시 전해야 하는 분명한 신념이다. 내가 우려하는 것은 감독들이 위험을 피하고자 축구와 동의어인 화려한 경기를 포기하는 것이다. 축구는 위험을 수반한다. 위험을 피하기 위한 유일한 방법은 경기를 하지 않는 것이다."
>
> ○ 세사르 루이스 메노티

월드컵을 준비한 4년 동안 메노티 감독은 공격적인 4-3-3 포메이션으로 팀을 단련했다. 마리오 켐페스, 레오폴도 루케, 오스카 오르티스 등 세 명의 공격수는 전방에서 많은 활동량을 통해 전술적 역할을 했고, 중원에서는 오시 아르딜레스의 창조성과 레네 하우스만의 스피드가 다양한 공격 패턴을 만들었다.

당시 아르헨티나 전역을 흥분시킨 만 17세의 신성 디에고 마라도나가 등장해 월드컵 대표팀에 발탁해야 한다는 여론이 일었고, 메노티 감독도 기회를 줬다. 결국 메노티 감독은 꾸준히 발을 맞춰온 선수들의 조직력을 우선했다. 1차 조별리그에서 헝가리(2-1 승)와 프랑스(2-1 승)를 연파한 아르헨티나는 이탈리아에 0-1로 졌으나 2차 조별리그 B조에서 폴란드에 2-0, 페루에 6-0 대승을 거두며 브라질과 0-0 무승부에도 1위로 결승에 진출했다. 그리고 결승에서 크루이프가 불참한 네덜란드를 만나 연장전으로 이어진 접전 끝에 3-1 승리로 사상 첫 월드컵 우승을 이룬다.

결승전에서 두 골을 넣은 마리오 켐페스는 총 6골로 대회 득점왕을 차지했다. 레오폴도 루케도 4골을 넣었고, 다니엘 베르토니, 레네 하우스만, 다니엘 파사레야, 알베르토 타란티니 등 6명의 선수들이 월드컵 우승 과정에 고루 득점하며 팀으로 강했다는 것을 증명했다. 독재 정권 아래 이룬 우승이지만 아르헨티나는 좋은 축구로, 페어플레이를 유지하며 누구도 이의를 제기할 수 없는 승리를 거둬 진정한 챔피언으로 인정받았다. 메노티는 1982년까지 아르헨티나 대표팀을 이끌었다. 1982년 FIFA 스페인 월드컵 2차 조별리그에서 이탈리아에 1-2, 브라질에 1-3 패배를 당하며 탈락한 후 아르헨티나는 다시 변화를 택한다.

메노티의 뒤를 이은 인물은 수벨디아 감독 체제에서 선수로 뛰며 코파 리베르타도레스 3연속 우승을 이룬 뒤 에스투디안테스의 감독이 되는 카를로스 빌라르도다. 빌라르도는 메노티가 아르헨티나 대표팀에 선임되기 전 우승한 1982년 메트로필리타노 대회 우승을 이뤘고, 메노티가 물러난 자리에 선임됐다. 메노티와 달랐던 것은, 빌라르도가 "축구는 승리 외에 다른 것은 없다."는 생각을 가진 감독이었다는 점이다. 그리고 전성기에 이른 디에고 마라도나를 기용했다.

"경기는 이겨야 하고, 그게 전부다."                    ○ 카를로스 빌라르도

아르헨티나 축구계에 라 누에스트라가 퇴조하고 실용주의 축구가 싹을 튼 것은 앞서 설명한대로 1958년 FIFA 스웨덴 월드컵 직후다. 체코슬로바키아에 굴욕적인 1-6 참패를 당한 뒤 당시 아르헨티나 대표 선수였던 호세 라모스 델가도는 "유럽 팀들은 간결하게 경기했고 정밀했다. 아르헨티나는 공을 잘 다뤘지만 앞으로 나가지 못했다."고 진단했다. 1959년 아르헨티나에서 열린 코파 아메리카 지휘봉을 빅토리오 스피네

토가 잡았고, 펠레가 8골을 넣은 브라질을 제치고 아르헨티나가 남미 챔피언이 되어 명예를 회복했다.

스피네토는 승리에 집착했던 감독으로, 이후 아르헨티나 축구가 실용주의로 치닫는 계기가 됐다. 어린 시절부터 싸움을 좋아했고, 남자다움을 강조했던 스피네토는 부에노스아이레스 출신으로 1930년대부터 1950년대 사이 아르헨티나 축구의 사상적 기조를 이끈 라 누에스트라에 대항해 골문을 지키는 데 집중했던 센터백이었다. 라 누에스트라는 축구를 화려한 쇼로 여겼지만, 1942년 벨레스 감독으로 부임한 스피네토는 오직 승리에만 관심이 있었다. 1943년 벨레스를 2부 리그 우승으로 이끈 뒤 1부 리그에서 경쟁하게 했고, 비록 그의 체제에서 리그 우승을 이루지는 못했으나 최초 준우승을 달성하며 우승권 팀으로 성장시켰다. 그리고 1949년부터 1955년 사이 벨레스에서 뛴 공격수 오스발도 수벨디아에게 그의 축구 철학을 사사한다.

수벨디아는 스피네토의 방식을 더 발전시켰는데, 그가 이끈 1960년대의 에스투디안테스는 가장 추악한 팀으로 불렸다. 심판의 눈에 보이지 않는 교묘한 파울, 경기 흐름을 끊는 전술적 파울, 상대를 괴롭히는 축구로 승리해 악명을 얻었다. 이 방법론은 수벨디아의 에스투디안테스에서 미드필더로 뛴 카를로스 빌라르도의 '안티풋볼'로 이어진다. 빌라르도는 스피네토와 수벨디아에게 계승받은 실리 축구에 메노티 축구의 장점을 일부 접목해 월드컵 챔피언이 된다. 그리고 감독들의 영향이 남은 벨레스에서 유소년 시절을 보냈고, 프로 선수가 된 이후 스페인 클럽 세비야와 아르헨티나 대표팀에서 빌라르도의 직접 지휘를 받는 디에고 시메오네에게 스타일이 전수된다.

선수와 감독으로 벨레스에서 활약한 스피네토는 벨레스 감독직에서 물러난 뒤에서 클럽 운영에 관여했고, 벨레스의 유소년 시스템 구축에 남은 경력을 보냈다. 그리고 이 유소년 시스템에서 시메오네가 성장했다. 스피네토는 겨우 만 15세였던 시메오네가 유소년 팀에서 뛰는 것을 목격한 뒤 1군에서 뛰게 해야 한다고 말했던 인물이다. 실용주의 축구에는 이와 같은 거대한 계보가 있다.

1939년 3월 16일 아르헨티나 부에노스 아이레스에서 태어난 빌라르도는 이탈리아 시칠리아 이주민 가정 출신이다. 그는 어려서부터 축구에 빠져 살았지만, 부모의 영향으로 공부도 게을리하지 않았다. 의학을 전공한 빌라르도는 부인과 전문의로 5~6년간 일했던 것으로 알려져 있다. 병원에서 일하면서 축구선수 생활도 했다. 그는 축구 선수가 되는 것만큼이나 의학적으로도 관심이 많았지만 산로렌초의 주전 선수로 뛸 정도로 축구적인 재능도 컸다. 본래 공격형 미드필더로 뛰었던 빌라르도는 1965년 에스투디안테스에 입단했고, 이 팀에서 수벨디아의 지도를 받으며 수비형 미드필더로 전업해 플레이 스타일과 축구 철학이 달라진다.

아탈란타에서 은퇴한 뒤 곧바로 아탈란타 감독으로 지도자 경력을 시작한 수벨디아는 1965년 아르헨티나 대표팀을 이끈 뒤 에스투디안테스 감독으로 부임했다. 만 38세의 나이로 이미 5년 차 감독이었던 수벨디아는 철저한 상대 분석과 체계적인 훈련 방식으로 성과를 내고 있었는데, 빌라르도를 무자비한 중원 수비 열쇠로 활용하며 안티 풋볼의 선봉에 섰다.

"모든 경기는 데뷔전처럼 뛰어라. 팬들은 한 번 정도 나쁜 플레이를 용서해
주겠지만 너희가 경기에 모든 것을 쏟지 않는 것은 용서하지 않을 것이다."
ㅇ 오스발도 수벨디아

수벨디아는 1960년대에 이미 현대 축구에 통용되는 팀 운영 기법을

쓴 선도적인 감독이었다. 수벨디아 감독은 일찌감치 상대 팀 경기 비디오 분석으로 경기를 준비했다. 그는 매 경기 발생하는 선수들의 실수를 교정하고, 경기력을 개선하기 위해 훈련 시간을 늘렸고, 훈련 도중 개별적 플레이를 세세하게 지시했다. 그는 더불어 선수들이 경기장에서 전력으로 뛰도록 동기를 부여하는 능력도 탁월했다. 새벽 4시에 훈련을 소집한 적이 있었는데, 훈련이 아니라 사실은 지역 기차역으로 선수들을 데려갔다. 수벨디아는 선수들에게 "너희들이 얼마나 행운아인지 볼 수 있을 것이다. 너희는 너희가 사랑하는 축구를 하는 것으로 돈을 벌고 있지 않느냐."라며 고단한 노동자들의 삶을 보게 했다.

선수들의 모든 것을 끌어내는 동기부여 기술 외에 수벨디아는 전술적으로도 공격적인 오프사이드 트랩을 아르헨티나에서 처음 실시한 감독으로도 유명하다. 철저한 상대 분석과 훈련 연구 결과 오프사이드 트랩으로 라인을 높이고 상대 공격을 무력화하는 자신만의 방법론을 만드는 데 성공했다.

"나는 오프사이드를 믿는다. 상대를 정신적으로 찌그러뜨리기 때문이다. 포워드가 다섯 번이나 오프사이드에 걸리면 그 영역으로 들어가는 것을 두려워하게 된다."　　　　　　　　　　　　　○ 오스발도 수벨디아

철두철미한 분석가이자 연구가였던 수벨디아는 1958년과 1962년 월드컵에서 연이어 우승한 브라질 대표팀의 4-2-4 포메이션을 연구했다. 브라질의 미드필더가 창조적이고 빠른 전환의 중심에 있다는 것을 포착했는데, 이들이 소유를 통해 수비한다는 점도 간파했다. 수벨디아는 브라질 축구 클럽 산투스의 경기 비디오를 구해 팀 미팅에서 여러 번 선수들에게 보여줬는데, 상대의 탁월함을 감상하려는 게 아니라 약점을 찾

기 위해서였다. 더불어 이 약점을 개선한 자신만의 4-2-4 운영법을 개발했다. 소유에 집중한 브라질의 미드필더들과 달리 두 명의 중앙 미드필더를 압박하게 전진시키고, 네 명의 수비수를 가깝게 끌어올린 뒤 오프사이드 규정을 활용해 오프사이드 함정을 만드는 전략을 선구적으로 적용했다. 수벨디아의 4-2-4에서 최후방 수비수들은 상대 최전방 공격수를 대인 방어로 상대하기도 했고, 라인을 함께 올려 상대 공격수를 아예 무용지물로 만들었다. 이를 위해 수많은 비디오를 분석했고, 이 과정에서 체코 대표팀이 시도한 오프사이드 트랩도 참고했다.

> "난 상대 팀에 행운을 빌지 않는다. 우애를 전하는 방법이지만, 우리도 이기려면 그 행운이 필요하거든."
>
> ○ 오스발도 수벨디아

승리를 위한 모든 것을 준비한 수벨디아는 세트피스 공격 전술도 가다듬었다. 코너킥과 프리킥 기회를 얻으면 신속하게, 상대가 정비되기 전에 처리하는 게 중요하다고 여겨 빠르게 진행했다. 공간을 활용해 흐르는 공을 선점하는 포지셔닝과 공 투입으로 변칙을 만들었다. 키가 작은 선수를 활용하기 위해 니어포스트로 잘라 들어가는 움직임을 개발하고 골 에어리어 근방에 다수 선수를 배치해 상대 골키퍼를 고립시키는 전략도 시도했다. 수벨디아의 축구에 현대 전술의 원형이 상당수 발견된다.

하지만 이러한 전술가적 면모에도 불구하고 경기장에서 상대 선수들을 발로 차고, 거친 플레이로 무력화하는 플레이는 수벨디아의 축구가 안티 풋볼로 불리고, 존경받지 못한 이유가 됐다. 승리를 위해 상대 팀은 전혀 신경쓰지 않았고, 심판의 눈을 속일 수 있다면 파울도 서슴지 않았다. 특히 중원에서 폭력적인 플레이를 한 빌라르도의 경우 상대 선수를 막기 위해 핀까지 소지했다는 의혹을 받았다.

"꽃길이 너를 영광으로 인도하는 것은 아니다."      ㅇ 오스발도 수벨디아

수벨디아의 이 유명한 격언은 수벨디아의 에스투디안테스에 인터컨 티넨탈컵에서 패한 맨체스터 유나이티드의 박물관에도 남겨져 있다. 수 벨디아의 팀은 상대 팀의 플레이를 괴롭히기 위해 모든 수단을 동원했 는데, 심지어는 상대 팀 선수를 조롱하고 모욕하는 일도 벌였다. 빌라르 도는 라싱과 경기 중 선수 로베르토 페르푸모의 아내를 모욕하는 언사 를 했고, 걸어 차이기도 했다. 맨체스터 유나이티드와 경기에서 빌라르 도는 노비 스타일스에게 걸어 차였는데, 이전에 그가 수도 없이 가격을 하며 자극한 결과였다. 빌라르도는 "주고 받는 것"이라며 자신이 걸어 차인 것에 개의치 않았다. 그는 "경기 후에는 절대 관련된 이야기를 하 지 않는다. 심판 판정에 대해 징징거리지도 않는다."며 경기는 경기로 끝 나고, 자신이 저지른 플레이에 책임을 진다고 했다.

이러한 부정적 측면에도 불구하고 혁신성을 가진 수벨디아는 1976년 콜롬비아 클럽 아틀레티코 나시오날에 부임한 뒤에는 훈련 시간을 늘리 고 아침 식사를 통한 선수들의 영양 보충을 위해 선수들의 시에스타(낮 잠) 전통을 끝내버리는 등 경기력을 높이기 위한 모든 방법을 강구했고, 성과를 냈다. 이러한 수벨디아의 감독 이력은 빌라르도는 물론 알레한 드로 사베야와 디에고 시메오네 같은 후대의 아르헨티나 감독들에게 매 우 큰 영향을 끼쳤다. 시메오네가 빌라르도의 제자로 여겨지지만, 그의 축구적 조부를 수벨디아로 꼽는 이유다.

토탈 풋볼의 아버지로 꼽히는 리뉘스 미헐스 역시 수벨디아가 현대 축구 전술사에 미친 영향을 인정했다. 그는 토탈 풋볼의 기원에 대해

1974년 FIFA 서독 월드컵 기간 중 인터뷰에서 6년 전의 에스투디안테스 감독인 오스발도 수벨디아가 창조한 토탈 풋볼에 대해 질문해 달라고 말했다. 안티 풋볼은 토탈 풋볼의 반대 개념으로 알려져 있지만, 사실은 사악한 버전의 쌍둥이로 표현되기도 했다. 수벨디아 감독이 팀을 발전 시키기 위해 발휘한 통찰력과 시도에 대한 헌사다. 실용주의 축구도 쉽게 이룰 수 없는 것이다.

수벨디아의 제자인 빌라르도는 이러한 실용주의 축구의 이상을 한 단계 더 발전시켜 월드컵 우승을 차지한다. 빌라르도는 부임 당시 전임 감독인 메노티의 업적을 공개적으로 칭찬했지만, 본인은 정반대의 방식으로 팀을 운영한다. 빌라르도와 메노티는 1983년 세비야에서 만나 우호적 분위기에서 대화를 나누며 향후 아르헨티나 대표팀의 운영에 대해 이야기했다. 메노티는 몇몇 조언을 했는데, 빌라르도가 칠레와 친선 경기에서 알베르토 타란티나와 우고 가티를 배제한 것을 포함해 그의 조언을 완전히 무시한 정반대의 행보를 보이며 사이가 완전히 갈라진다. 메노티는 이후 아르헨티나 신문 클라린에 기고한 칼럼을 통해 직접적으로 빌라르도를 비판하기도 했다.

결과적으로 빌라르도 감독 체제는 성공적이었다. 1986년 FIFA 멕시코 월드컵에서 아르헨티나에 두 번째 월드컵 우승을 안겼고, 1990년 FIFA 이탈리아 월드컵도 결승전까지 진출했다. 하지만 여정 도중에 비판이 적지 않았다. 빌라르도 감독은 "우리의 경기 방식과 선수 선발에 대해 비난을 받았다. 어떤 이들은 디에고 마라도나를 주장으로 택한 것도 비난했고, 우리가 우승 후보 전력이 아니었음에도 마라도나의 존재로 우리가 유리하다고 말하는 이들도 있었다."고 항변했다.

빌라르도 감독이 적용한 3-5-2 포메이션은 유럽 투어 경기를 진행한 1984년에 구축됐다. 수비 숫자를 늘리고, 중원에도 창조적인 선수보다 잘 뛰는 선수를 배치한 빌라르도의 3-5-2 포메이션은 마라도나와 호르헤 부루차가, 호르헤 발다도 등 세 명의 선수만 공격에 집중하고 나머지 7명이 수비하는 형태로 운영됐다.

그런 이유로 빌라르도 시대 아르헨티나가 월드컵 2회 연속 결승 진출이라는 성과를 내고도 그들의 축구는 흐름을 만들거나 경기력으로 회자되지 못했다. 마라도나의 재능이 주목 받았고, 의문스런 경기력에도 결과적으로는 승리라는 결과가 따랐다. 1986년 FIFA 멕시코 월드컵 우승 당시에도 결승전에서 서독을 꺾은 업적에도 잉글랜드와 8강전에서 마라도나가 낳은 '신의 손' 논란과 경이로운 단독 드리블 돌파만 회자됐다.

결과만 좋으면 문제 없다는 철학을 가진 빌라르도지만, 서독과 결승전에서 3-2로 승리할 때 내준 두 골에 대해서는 이례적으로 불만을 표했다. 서독에 대비해 훈련 내내 준비한 세트피스 수비가 효과를 보지 못했기 때문이다. 아르헨티나는 서독에 내준 두 골을 모두 코너킥 공격에서 내줬다. 그가 원하는 수준의 규율을 유지하지 못했다. 하지만 빌라르도는 "월드컵 우승이 감독으로 겪은 내 생애 가장 위대한 순간"이라고 훗날 회고했다. 역시 그에게는 과정보다 결과가 우선이었다.

우승이라는 결과에도 스타일과 내용에 대한 비판으로 사임 여론이 생겼지만 빌라르도 감독은 다음 월드컵까지 지휘했다. 그 사이 치른 1987년과 1989년 코파 아메리카 대회에선 부진한 경기를 보이며 우승하지 못했다. 빌라르도는 1990년 FIFA 이탈리아 월드컵 결승 진출로 자신의 가치를 보여줬으나 독일과 재대결에서 0-1로 졌고, 이길 자격이 있는 경기를 하지 못했다. 빌라르도 감독은 이 대회를 끝으로 아르헨티나 대표팀 감독직에서 물러났다.

메노티 축구는 화려했고, 빌라르도 축구는 지루했다는 이미지를 남겼지만 그들의 축구가 꼭 그렇지만은 않았다. 메노티 축구도 실리적인 운영을 했던 순간이 있고, 빌라르도 축구도 화려한 경기를 펼치며 멋진 플레이를 보여주기도 했다. 경기 스타일은 보유한 선수의 특성에 영향을 받고, 월드컵 우승을 이루기 위해선 기술과 조직력, 투지가 모두 필요하다. 물론 둘의 지향점이 극과 극이었지만 실제 축구는 명확히 선을 그어 구분하는 게 쉽지 않다.

아르헨티나가 낳은 또 다른 사상가 마르셀로 비엘사는 메노티와 빌라르도의 덕목을 한 몸에 갖춰 진화한 인물로 설명된다. 둘 모두의 영향을 받아 그만의 방법론을 구축했다. '하이재킹 라리가'를 쓴 스페인 축구 전문가 유안 맥티어는 디에고 시메오네를 설명하면서 빌라르도의 제자로 불리지만 메노티의 영향을 받은 것으로 보이는 부분도 적지 않다고 썼다. "시메오네는 많은 이들이 생각하는 것 보다 더 메노티와 비엘사 스타일의 전술을 사용한다."

메노티가 더 이상주의적이고, 빌라르도가 더 실리적인 감독이었지만 글로 표현하는 것과 달리 축구는 더 복합적으로 펼쳐진다. 현역에서 물러난 이후 빌라르도의 축구 논평을 보면 그 역시 이기는 축구를 지향하지만 축구에서 기술과 창조성의 가치를 강조했다. 2005년 인터뷰에서 빌라르도는 "최근 수년간 플레이의 질이 분명히 나빠지고 있다. 브라질과 스페인에서도 진정으로 창의적인 선수를 보기 어렵다. 현대 축구는 달리기만 할 뿐이고, 기술은 외래어처럼 느껴진다. 요즘 축구는 12살 선수에게도 이기라고 요구한다. 플레이가 아니라 달리고 레슬링하고 돈을 쓰는 것만 신경 쓴다. 창조성과 천재성은 낡은 것처럼 보인다. 불운하게도 그게 진실"이라고 지적했다. 그는 실리주의를 강조했지만, 그에게서도 축구에 대한 열정과 애정은 의심의 여지가 없다.

## 메노티와 빌라르도의 융합,
## 비엘사의 등장

"1950년대 말과 1960년대 초 브라질의 백포(Back-4) 이후, 21세기 첫 10년 동안 비엘사만큼의 영향력을 발휘한 남미인은 없었다."

○ 조너선 윌슨, 영국 축구 전술 전문 기자

스페인과 이탈리아와 문화적으로, 무엇보다 축구적으로 크게 영향을 주고 받은 아르헨티나는 두 번의 월드컵 우승을 통해 우익 축구와 좌익 축구라는 현대 축구의 사상적 구분을 발현한 무대가 된다. 아름다운 축구를 추구한 세사르 루이스 메노티가 '신동' 디에고 마라도나를 기용하지 않고 1978년 FIFA 아르헨티나 월드컵 우승을 이뤘고, 카를로스 빌라르도는 수단과 방법을 가리지 않고 승리를 추구하는 실용주의로 1986년 FIFA 멕시코 월드컵 우승을 이뤘다. 그리고 아르헨티나가 낳은 또 한 명의 중요한 축구 사상가가 마르셀로 비엘사다. 21세기의 두 번째 10년에 축구 역사상 최고의 전술가라는 타이틀을 얻게 되는 주제프 과르디올라의 발언이 이를 보증한다.

> "마르셀로에 대해 말하는 것은 내게 아주 중요한 일이다. 그가 경력 내내
> 얼마나 많은 타이틀을 가졌느냐는 중요하지 않다. 우리는 타이틀로 판단되
> 지만, 그가 축구에 미친 영향, 그리고 그의 선수들에게 미친 영향에 비하면
> (타이틀은)훨씬 영향력이 적은 것들이다." ○ 주제프 과르디올라

축구에 미친 사람이라는 의미에서 '광인(el loco)'이라는 별명을 얻은 마르셀로 비엘사는 아르헨티나 로사리오 태생으로 현대 축구 전술의 발전사를 통째로 학습하며 성장했다. 그 역시 1974년 FIFA 서독 월드컵에서 준우승을 차지한 네덜란드의 토탈 풋볼에 매료되어 리뉘스 미헐스 감독의 방법론을 탐구했고, 아르헨티나에 두 번의 월드컵 우승을 각각 안긴 메노티즘과 빌라르디즘은 자연스레 체득했다. 미헐스의 토털 풋볼에 영감을 받아 수비적 방법론을 발전시킨 아리고 사키 감독의 압박 전술에도 공감했다.

비엘사 역시 축구는 팀의 미학이며, 선수들이 특정 역할에 매몰되지 않고 위치와 역할을 가리지 않고 공격하고 수비하며, 창조하고 습격하는 축구를 추구했다. 그러나 그가 경기를 준비하는 방식은 치열하고 철저했고, 선수들을 한계까지 몰아붙였다. 비엘사의 축구에는 메노티즘과 빌라르디즘이 섞여 있고, 토탈풋볼과 사키이즘의 덕목이 녹아있다. 소유하면서 수직적이고, 창조적이면서 근면한 비엘사의 축구는 우익과 좌익이라는 사상적 구분이 불가능하다. 양자의 장점을 결합한, 어느 한 성향에 치우치지 않는, 균형잡힌 축구를 추구했다. 20세기에 이미 공개된 방법론의 총합이지만, 비엘사 감독이 단순히 이를 수집한 것만은 아니다.

이를 통해 칠레 축구의 전성 시대를 연 3-3-1-3 포메이션을 완성했고, 체계화된 훈련과 게임 모델에 스카우팅 방법론, 상대팀 분석법까지 정립해 21세기 축구의 패러다임을 제시했다. 비엘사는 득점으로 가는 11가지 방법, 29개의 실질적 구현 가능 포메이션은 물론 경기를 위한 4가지 핵심 원칙(Concentración, Permanente movilidad, Rotación, Repenitización, 집중력, 끊임없는 움직임, 로테이션, 즉흥성)을 이론화했다.

비엘사의 업적은 타이틀로 평가해선 안 된다고 말하지만, 그는 1991년과 1992년에 뉴웰즈 올드보이스를 아르헨티나 챔피언으로 이끌었고, 1992년에는 코파 리베르타도레스 결승까지 진출시켰다. 1998년에는 벨레스 사르스필드를 아르헨티나 챔피언으로 만들어 그의 방식이 결과로 이어진다는 것을 증명했다. 아르헨티나 대표팀을 이끌고 2002년 FIFA 한일 월드컵 조별리그 탈락으로 처참한 실패를 맛봤으나 2004년 아테네 올림픽 금메달을 이뤘고, 그해 코파 아메리카 준우승을 차지했다.

칠레의 2010년 FIFA 남아공 월드컵 본선 진출 및 16강 진출을 이끌며 남미 올해의 감독상을 받은 비엘사는 이후 클럽 축구로 돌아가 선 굵은 축구를 해오던 아틀레틱 클럽을 개조해 2011-12시즌 코파델레이 준우승과 유로파리그 준우승으로 선풍을 일으켰다. 두 대회 모두 우승 문턱에서 좌절했으나 매력적인 경기 방식으로 다시 전 세계의 시선을 사로잡았다. 그 뒤 비엘사는 프랑스 마르세유, 이탈리아 라치오, 프랑스 릴을 거쳐 잉글랜드 리즈 유나이티드로 여정을 이어갔다. 비엘사는 여전히 현역 감독이지만, 지금 세계 축구계를 선도하는 감독 상당수가 그의 영향을 받았다고 말한다는 점에서 축구를 바꾼 몇몇 위대한 사건 그리고 인물 리스트에 오를 만하다.

지도자 준비 과정에 비엘사 감독을 찾아가 직접 면담하며 배움을 얻은 과르디올라 감독 외에 뉴웰즈 올드보이스와 RCD에스파뇰, 아르헨티나 대표팀에서 직접 비엘사 감독의 지도를 받으며 그의 전술과 훈련법을 익힌 포체티노도 비엘사를 자신의 '축구 아버지'로 여긴다. 물론 비엘사 감독의 방법론과 철학을 고스란히 이어 받은 '비엘시스타'는 아니라고 부인하지만 비엘사 감독의 영향권에 있는 감독이라는 점은 이론의 여지가 없다. 비엘사 감독이 떠난 뒤 칠레 대표팀을 이어 받아 코파 아메리카를 석권한 호르헤 삼파올리 감독은 스스로 비엘시스타라고 자부하는 대표적인 인물이며, 그는 또한 과르디올라의 멘토였던 후안마 리요를 수석코치로 초빙해 칠레 대표팀과 세비야에서 함께 일하기도 했다.

21세기 두 번째 10년의 축구 전술을 양분하고 있는 과르디올라와 디에고 시메오네 감독이 나란히 그에게서 영향을 받았다고 말하는 것은 특히 주목할 만하다. 현대 축구에서 수비 방법론의 신 교본으로 여겨지는 시메오네 감독도 아르헨티나 대표 선수 시절 비엘사 감독과 함께하며 많은 영향을 받았다. 비엘사 감독이 메노티즘과 빌라르디즘을 한 몸에 담고 있듯, 그의 몸 안에서 과르디올리즘과 촐리즘(Cholism, 시메오네 주의)이 파생된 것도 이상한 일은 아니다.

비엘사는 능동적인 축구를 추구하면서도 상대 분석에 집중해 상대 팀 전술에 대응형 전략을 적극적으로 시도했고, 강한 압박과 많은 활동량을 요구하면서도 창조적인 10번을 자신의 팀에 빼놓지 않았다. 전방 압박과 중앙 집중형 압박은 물론 빠른 역습과 공수 전환은 공 소유를 중시하는 능동형 축구, 공간 장악을 중시하는 반응형 축구 모두에 큰 아이디어를 줬다.

## 토탈 풋볼은 좌익도 우익도 아니다

요한 크루이프는 이상주의와 심미주의를 이끈 인물이지만, 토탈 풋볼이라는 방법론 자체가 좌익 축구라는 사상을 대표하는 것은 아니다. 비엘사의 축구가 메노티즘와 빌라르디즘을 하나로 융합한 것과 마찬가지로, 1960년대 축구 전술의 진화를 이끈 토탈 풋볼의 창시자 리뉘스 미헐스가 이를 구현하기 위해 시도한 훈련법과 축구 철학은 좌익도 우익도 아닌 축구를 잘하기 위한 노력에 지나지 않았다.

아약스는 유로피언컵 3시즌 연속 우승을 이루기 전, 스페인 마드리드의 산티아고 베르나베우 경기장에서 열린 1969년 유러피언컵 결승전에서 카테나초를 대표하는 네레오 로코 감독의 AC 밀란에 패배한다. 이 경기는 축구 전술사에 심미주의와 실용주의 축구의 대결, 공격 축구와 수비 축구의 대결로 집약됐다.

아약스가 결승에 오르는 동안 6골을 넣었고, 득점 이상의 공격 영향력을 발휘한 요한 크루이프를 막기 위해 AC 밀란은 이전 경기보다 훨씬 철저한 대인 방어 수비를 전개했다. 이때 네레오 로코 감독이 "상대의 라커룸부터 화장실까지 쫓아가라."고 말했고, 이 말이 요즘 축구에서 악착 같은 대인방어를 지시할 때 감독들의 클리셰와 같은 말로 쓰이고 있다. 첫 유로피언컵 결승전에서 크루이프는 밀란의 수비에 꽁꽁 묶였고, 밀란이 4-1 완승으로 두 번째 우승에 성공했다.

크루이프가 묶이는 상황을 대비하기 위해 미헐스 감독은 요한 네스켄스를 영입했다. 밀란과 결승전에서 그들의 경기 목표인 공간 창출에 실패한 아약스는 중원 전역을 뒤덮은 활동력을 보인 네스켄스를 통해 이 문제를 해결했다. 그는 단지 많이 뛰는 선수가 아니라 영리하게 적재적소에 존재를 드러냈던 현대의 박스 투 박스형 미드필더였다. 네스켄스가 아약스에 자리를 잡은 뒤, 아약스는 1971년 결승전에서 파나티나이코스를 2-1로 꺾고 첫 유러피언컵 우승을 이룬다. 득점은 최전방 공격수였던 딕 반데이크와 교체로 투입된 아리에 한이 했지만 중앙 미드필더로 뛴 요한 크루이프와 오른쪽 사이드 백으로 배치된 네스켄스가 전개한 공격이 아약스가 첫 유럽 챔피언으로 등극하는 열쇠였다.

1972년 결승전에서 아약스는 다시 결승전에서 카테나초를 마주하는데, 미헐스 감독이 바르셀로나 감독으로 떠나 스테판 코바츠 감독이 지휘봉을 이어 받은 상황이었다. 전술적 기조는 그대로였다. 인터 밀란은 카테나초의 완성자로 불리는 엘레니오 에레라 감독이 떠났지만 조반니 인베르니치 감독 역시 이 기조를 유지하고 있었다. 토탈 풋볼과 카네타초의 대결로 부르는 데 문제가 없는 대결이었다. 이 경기는 아약스가 완전히 지배했다. 최전방 공격수로 배치된 크루이프는 공격 전역에 영향을 발휘하며 홀로 두 골을 넣었고, 네스켄스가 그 뒤에서 보조했다. 아약스가 2-0 완승으로 2연속 우승에 성공했다. 이 승리는 토탈풋볼의 가장 위대한 순간으로 불린다.

　그런데 이러한 토탈풋볼을 경기에서 펼치지 위해선 아주 고되고 격렬한 훈련이 필요했다. 아약스와 네덜란드 대표팀의 주축 왼쪽 윙어로 활약했던 피트 카이저는 "내가 경험해본 신체적으로 가장 힘든 훈련이었다."고 회고했다.

> "때로는 하루에 네 차례나 훈련 세션을 진행한 적도 있었다. 미헐스는 큰 경기 전에 집중 훈련 기간에 수비를 위해 이탈리아 시스템을 도입하기도 했다. 아침부터 훈련을 시작해 저녁이 될 때까지 계속했다. 미헐스 감독은 굉장히 엄격했고, 규율에 대해서도 논쟁이 많았다. 그의 메시지는 명확했다. 마음에 들지 않는 사람은 떠나라는 것이었다."
> ○ 피트 카이저

　토탈 풋볼은 크루이프의 우아한 플레이가 대변해왔고, 전원 공격에 포커스가 맞춰져 있었지만 전원 수비도 그만큼이나 중요한 요소다. 토탈 풋볼은 전방 압박의 시초이기도 하다. 상대 공격이 전개될 때 자기 진영으로 내려와 막기보다 적극적으로 상대 패스 줄기를 차단하기 위한 집단적 움직임을 펼쳤다. 최대한 빨리 공 소유권을 되찾기 위한 즉각적 압박을 훈련했고, 시도했다.

　다시 공을 되찾고 나면 모두 공격 태세로 전환해 패스 코스를 다양화했다. 이미 토탈 풋볼의 시대에 공을 쥔 선수를 중심으로 삼각형을 만드는 패턴 플레이가 시도됐다. 그렇기 때문에 그의 훈련에는 늘 공이 있었다. 공이 전환되는 순간이 경기 모델의 핵심이다. 공격과 수비를 모두가 한다는 것은, 공격과 수비가 분리되지 않는다는 얘기로 이어진다. 어느 누구도 자신의 포지션에 갇히지 않고 빠르고 이동하고 상대를 습격하며 하나의 팀으로 화려한 플레이를 펼치는 토탈 풋볼은 축구의 유토피아를 보여줬다.

당시 아약스의 핵심 멤버인 샤크 스바르트(Sjaak Swart)는 "우리는 모든 것을 공과 함께했다."고 회고하며 "시즌 초에는 일주일 내내 아주 강한 훈련이 이어졌다. 하루에 다섯 번 운동할 때도 있었다. 군부대 같았다." 고 말했다. 공을 소유하고, 높은 곳에서 압박하는 현대 축구의 원형을 위해 미헐스 감독은 기술적으로 뛰어난 것은 물론 신체적으로 강하고, 영리하며, 터프하고 다재다능한 선수를 필요로 했다. 토탈풋볼은 그때부터 지금까지 질적으로 우수한 선수들로 고된 훈련을 하지 않고는 표현할 수 없었다.

예술로 표현된 축구를 위해 군대식 훈련이 진행됐다는 것은 아이러니하다. 그러나 이것이 진실이다. 그리고 이 방법이 효과적이라는 것은 미헐스와 크루이프가 함께 바르셀로나로 이동해 이룬 성과, 그리고 크루이프가 감독이 되어 바르셀로나에서 집대성한 축구를 통해 입증되었다. 이 축구는 다시 과르디올라가 계승하여 21세기 축구를, 최소한 장기 레이스인 리그 레벨에서는 압도적 결과로 증명하고 있다.

그러나 네덜란드가 결국 1974년 FIFA 서독 월드컵에서 아르헨티나와 브라질을 제압하고도 서독과 결승전에서 패배한 것은, 토탈 풋볼이 갖고 있는 위험 요소를 드러내기도 한다. 실용주의 축구는 단판전에서 토탈 풋볼이 가진 전술적 허점을 파고들 수 있었다.

"사람들이 생각하는 것보다 내 축구는 더 수비적이다."　　ㅇ 요한 크루이프

아약스는 공격적인 팀이었지만, 즉각적 압박과 오프사이드 트랩을 통해 수비에 대해서도 공격 못지 않게 큰 비중을 두고 훈련했다. 훈련이 군대 같았다고 말한 것은 네레오 로코의 AC 밀란, 엘레니오 엘레라의

인터 밀란에서 뛴 선수들도 했던 말이다. 아약스에서도 선수들의 입에서 같은 말이 나왔다는 것은 팀을 만드는 과정에는 우익 축구나 좌익 축구의 사상적 기조가 통하지 않는다는 것을 보여준다. 경기적 측면에서 축구는 수비만으로 승리할 수 없기에 카테나초 역시 효과적인 공격을 위한 연구와 노력, 준비가 있었다.

에레라는 자신의 경기 스타일을 설명하면서 "가능한 빠르게, 최소한의 패스로 상대 골문에 도달해야 한다. 드리블할 공간은 없다. 드리블은 시스템이 아니라 도구다. 공은 언제나 멀리, 뒤에 선수가 없을 때는 더 빠르게 이동한다."고 했다. 신속하고 간결한 공격 전개는 토탈 풋볼이 공을 개인이 아니라 팀이 소유하며 빠르고 주고 받으며 전진하는 형태의 공격과 큰 틀에서는 차이가 없다. 브라질이나 아르헨티나 등 라틴 축구가 시도한 선수 개인의 창조성과 드리블 기술을 활용한 공격은 토탈 풋볼과 카테나초에는 없다.

축구 전술은 상호 관계 속에 발전한다. 작용과 반작용일 뿐 아니라 상대의 시스템에서 필요한 요소를 그대로 도입하기도 한다. 상대 팀에 대한 철저한 연구와 분석은 로코 감독이 적극적으로 실행했다. "빠르게 생각하고, 빠르게 행동하고, 빠르게 플레이하라."는 에레라의 격언은 이후 토탈 풋볼을 창안한 미헐스, 포지션 플레이의 기반을 다진 루이 판할, 그리고 완성한 주제프 과르디올라의 마음을 울렸을 것이다. 디에고 시메오네에게도 마찬가지다. 언론은 흔히 스타일 대결의 결과가 나오면 "카테나초의 죽음"이나 "티키타카의 종언"과 같은 표현을 써왔지만, 시스템 대결의 승패는 언제나 일방적이지 않았고, 끊임없이 동반 발전해왔다. 그리고 축구 전술은 점점 더 통합적으로 진화하고 있다.

# 과르디올라 축구 vs 시메오네 축구

"축구는 피지컬적으로나 전술적으로 개척됐습니다. 이제 개척해야 할 것은 기술, 왜 일이 일어나는가, 어떻게 공격하느냐 하는 것입니다. 그게 재능이에요! 그리고 그것은 아직 충분히 개발되지 않았습니다. 왜냐하면 최고의 축구에는 과르디올라형 지도자보다 시메오네형 지도자가 더 많기 때문입니다."

○ 차비 에르난데스, 전 FC 바르셀로나 주장

"이름을 거론하지는 않겠지만 경기 시간의 절반 동안 슈팅 없이 패스만 하는 팀을 보다 보면 난 늘 잠이 들곤 한다. 시메오네와 나는 비슷하다. 직접 포인트를 노리고, 더 격렬한 플레이를 하는 전술이다. 시메오네가 나쁜 축구를 한다는 것은 거대한 거짓말이다."

○ 조반니 트라파토니, 전 이탈리아 대표팀 감독

21세기는 전체 100년 중 이제 겨우 20년을 보내고 있지만, 사람들은 축구 전술의 발전이 한계에 도달했다고 말한다. 축구 전술은 스포츠 과학의 발전과 함께 발전했는데, 선수들이 더 빠르게, 더 오래 뛸 수 있도록 과학적으로 관리될 수 있게 되었기 때문이다. 객관적 지표와 통계를 통해 선수의 움직임을 조정하고 활동량을 개선할 수 있게 되면서 공격과 수비 전술이 고도화되었고, 무엇보다 선수들의 신체 능력을 최대로 활용할 수 있게 되었다. 이제 크고 잘 뛰는 선수들이 공도 잘 차도록 기술적 발전이 이뤄지고 있다.

이렇게 축적된 자료를 바탕으로, 이제 세계는 다시 두 가지 유형의 축구를 하는 시대를 맞이 했다. FC 바르셀로나와 바이에른 뮌헨, 맨체스터 시티를 이끌고 최고의 선수들로 독주 체제를 구축한 주제프 과르디올라, 아틀레티코 마드리드를 이끌고 라리가의 양강 구도를 깨트리며 두 차례나 UEFA 챔피언스리그 결승전 진출을 이뤄 그의 방식이 보편적으로 효과적이라는 것을 입증한 디에고 시메오네다.

과르디올라의 축구가 이를 수행할 수 있는 축구 지능과 기술력을 확보해야 한다는 점에서 난이도가 높다면, 시메오네의 축구는 그러한 선수들 없이 적용해 강팀을 상대로 결과를 낼 수 있는 방법이라는 점에서 더 널리 퍼졌다. 실제로 아리고 사키의 고전적 4-4-2 형태의 압박 방식에 카테나초의 수비 전통, 빌라르디즘의 승리를 향한 극한의 열망을 총합한 시메오네의 축구는 레스터 시티의 동화 같은 프리미어리그 우승을 비롯해 이후 라리가에 등장한 여러 돌풍 팀의 이변 방정식에 영향을 줬고, 국가 대표 레벨의 토너먼트와 각종 예선전에서 그의 방식을 모사한 축구를 양산했다. 시메오네 축구의 모방을 시도한 많은 팀들이 실제 전력 이상의 결과를 냈다. 최소한 허무한 대량 실점으로 패하는 일은 없었다. 그러니 기술적으로 훌륭한 선수를 보유한 팀도, 이들을 활용해 역습 과정에 적용하고 우선은 자기 진영을 확실히 지키는 축구를 하고 있다.

정보와 자료의 실시간 공유가 가능한 5G 시대에, 과르디올라 감독의 방식보다 시메오네 감독의 방식이 더 많이 확산되면서 축구 경기의 평준화는 다시 축구를 지루하게 만들고 있다는 지적으로 이어지고 있다. 전력 우위의 팀이 자기 진영에서 지키고 있는 팀의 수비를 열지 못해 지루하고 공을 돌리는 시간이 길어지고, 공을 지키는 팀이 일거의 역습으로 득점해 전력 차이를 상쇄하는, 과거 심미주의와 실용주의의 대립 양상이 재현되는 패턴이다.

여기, 축구를 바꾸고 싶은 강한 신념과 철학으로 무장한 차세대 지도자가 있다. 과르디올라의 제자로 이제 막 감독지휘봉을 잡고 무대에 선전 FC 바르셀로나의 주장 차비 에르난데스다. 차비는 스페인 신문 엘파이스와 인터뷰에서 공간을 극도로 좁힌 수비 축구 전술의 발현이, 오히려 압도적이고 지배적인 축구로 상대를 저항할 수 없게 만든 강력한 팀을 등장시킨 과르디올라 시대 바르셀로나의 책임이 아니냐는 질문에 이렇게 답했다.

"전술적 수준이 개척되었습니다. 과르디올라는 모든 세부사항에 초점을 맞췄습니다. 모든 것을 통제했습니다. 저는 한 번도 코너킥 수비를 해본 적이 없습니다. 그가 당신에게 명령한 것은, 우리가 코너킥 수비를 할 때는 모두가 제자리에 있으라는 것입니다. 때때로 상대 편은 이렇게 말하곤 했습니다. 젠장! 무슨 일이야? 빼낼 공간이 없잖아! 과르디올라는 모든 것을 통제하고 있었습니다. 무슨 일이 일어났냐고요? 모든 사람들이 우리를 보고, 우리에게 찾아왔던 뢰브 감독처럼 약간은 과르디올라 스타일을 따라 하고 싶어 했습니다. 어떤 사람들은 그것을 베꼈죠." ㅇ **차비 에르난데스**

시메오네 감독의 축구를 모방한 이들만큼이나, 과르디올라 감독의 축구를 동경하며 따르려는 지도자도 전 세계에 수없이 많다. 공을 소유하고, 경기를 지배하는 축구. 하지만 언급한대로 이를 위해선 뛰어난 선수들이 필요하고, 뛰어난 선수들로 고도의 훈련을 장시간 지속하며 숙성해야 한다. 이를 위한 지원과 기다림이 가능한 팀은 많지 않다. 현실과 타협해야 하는 상황이 많고, 끝내 꿈을 이루지 못하고 물러나게 되는 경우가 더 많다.

차비는 지도자들이 더 도전적이고 모험적이어야 한다고 주장하지만, 현실은 그렇지 않다.

"프리미어리그를 보세요. 어떤 팀이 과르디올라처럼 경기를 합니까? 3개? 4개요? 그리고 어떤 팀들이 시메오네처럼 경기를 합니까? 아니면 당신에게 게임의 영역을 남겨줍니까? 70% 같은 일이 라 리가에서도 일어납니다. 이 코치들의 변명은 '나는 맨체스터 시티나 바르셀로나와 경쟁할 수 없다' 입니다. 하지만 그들은 레가네스와 경기에게도 똑같이 합니다!"

○ 차비 에르난데스

차비는 이미 과르디올라 축구를 시도할 수 있는 재능 있는 선수가 많다고 주장한다. 하지만 이 선수들로 시메오네 축구를 하는 쪽을 선호하는 지도자가 더 많은 것이 문제라고 지적한다. 선수 피지컬과 축구 전술의 발전이 더 이상 개척되기 어려운 수준에 이른 가운데, 차비는 이제 최고의 피지컬과 최고의 전술을 수행할 최고의 기술을 갖춘 선수를 육성하는 것, 선수들의 기술력을 발전 시키는 것이 미래 축구의 목표가 될 것이라고 내다봤다. 누구나 과르디올라 축구를 할 수 있는 것은 아니지 않냐는 질문에 차비는 "그러니까 훈련을 해야 한다는 겁니다!"라고 답했다.

전술적 명민함에도 불구하고, 등장 당시 몇몇 스페인 하부리그 팀에서 성과를 낸 이후 감독으로는 부진한 성적으로 경질의 연속을 겪은 후안마 리요는 과정이 아닌 결과론을 통한 평가와 분석, 판단이 이뤄지는 환경이 축구 지도자들이 제대로 일하지 못하도록 한다고 지적했다.

"우리가 결과에 미치는 요인을 말한다면, 그것은 거짓말입니다. 저널리즘은 성공을 통해 모든 것을 분석합니다. 그리고 결과적으로 저널리즘은 언제나 승리합니다. 분석과 리포트는 성공을 통해 도출됩니다. 그래서 늘 옳을 수밖에 없는 것이죠. 누구도 결과의 프리즘 없이 과정을 보지 않습니다. 대단히 기회주의적인 것이죠. 그리고 틀린 것입니다. 사회에서 그것이 정상적으로 여겨지지만 그것은 병든 것이라고 나는 느낍니다. 목적은 여행이고 과정입니다. 일이 중요한 것이죠. 당신을 풍요롭게 만드는 것은 경기이지 결과가 아닙니다. 성취감은 과정에서 옵니다. 결과가 아니라 경기에 대해 토론해야 합니다." ○ 후안마 리요, 2011년 블리자드 인터뷰

차비와 리요의 주장은 이상적이다. 그들은 심미주의와 실용주의의 경계가 흐려지기 시작한 요즘 시대의 축구계에서도 극단적인 이상주의자다. 여전히 두 축구 사이에는 구분선이 보이지만, 이 두 감독 모두에 영향을 받고, 이 두 감독이 퍼트린 방법을 혼합하며 운영하는 팀들이 많다. 아름다운 축구를 위해 기계처럼 치열하게 훈련해야 하고, 기계적인 경기를 하면서도 아름다운 플레이를 펼쳐 보이는 순간이 있다. 공격과 수비를 구분할 수 없고, 우익과 좌익도 구분할 수 없게 된 현대 축구는 과르디올라와 시메오네라는 서로 다른 두 안경 알을 하나씩 끼고 균형을 맞춰 앞을 바라보는 시대로 나아가고 있다.

과르디올라와 시메오네는 21세기 축구의 패러다임에 두 기둥으로 존

재하지만, 둘 만이 이 시대의 유일한 선구자인 것은 아니다. 2018-19시즌 UEFA 챔피언스리그 결승전에 오른 마우리시오 포체티노 토트넘 홋스퍼 감독은 아르헨티나 축구의 방법론을 몸에 담고, 과르디올라식 포지션 플레이를 자신의 방식으로 구현하면서 주도적이면서 효율적인 축구를 했다. 이 결승전에서 승리한 위르겐 클롭 리버풀 감독은 이미 게겐프레싱으로 보루시아 도르트문트 재임 시절부터 센세이션을 일으켜 공간을 통제하고 장악하며 속도감 있는 직선적 축구로 또 다른 변주를 만들었다.

훈련 시간이 부족하고, 단기간 집중도 높은 경기를 연이어 치러야 하는 국가 대표 레벨의 국제 대회에서는 더욱 보수적인 전술로 경기가 진행된다. 특정 플레이 스타일이 독립적으로, 일관적으로 적용되기 어려운 시대다. 여전히 독특한 개성을 가진 팀들이 존재하고, 두각을 나타내지만, 서로가 서로의 장점을 탐색하고 차용하고 변형되며 축구 전술은 하나로 뒤섞이고 있다. 축구에 정답은 없다. 전술이 경기 결과를 결정짓는 유일한 요소이지도 않다. 다만 전술이라는 틀 없이 경기를 준비하는 것, 그리고 분석하는 것은 불가능하다. 지금부터 공을 지배하는 과르디올라식 축구, 공간을 통제하는 시메오네식 축구를 중심으로 21세기 축구 전술의 핵심 요소를 자세히 살펴보자.

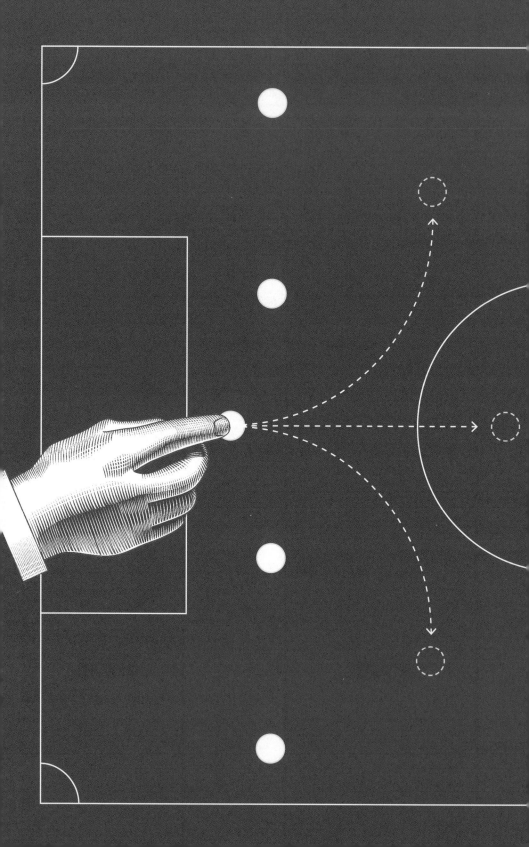

# CHAPTER

## 2

### 공을 지배하는 축구

#### : 소유, 지배, 포지션 플레이

팀의 균형은 공으로 결정된다.
공을 많이 잃는 팀은
불균형해질 것이다.

—

Johan Cruyff
요한 크루이프

## 왜 공을 소유해야 하나

"공은 하나뿐이다. 그러니 공을 가져야 한다. 공 없이는 승리할 수 없다. 우리가 공을 가지고 있다면 상대는 득점할 수 없다."  ○ 요한 크루이프

현대 축구의 정수로 표현할 수 있는 크루이프 사상의 중심에는 '공 소유(possession)'가 있다. 크루이프가 말하는 축구를 구현하는 것은 매우 까다로운 일이지만, 그의 접근법 자체는 복잡하지 않다. 왜 공을 소유해야 하냐고 묻는다면, 축구는 공을 상대 팀 골대에 넣어야 하는 경기이고, 우리 팀이 공을 갖고 있으면 상대 팀이 절대 공을 우리 팀 골대에 넣을 수 없기 때문이다. 반대로 우리가 득점을 올리려면 공을 가져야 하고 상대 팀 골대에 넣어야 한다. 단순한 원리다.

물론, 볼 점유율 100%는 존재하지 않는다. 경기 중 전반적으로 상대보다 공을 소유하는 시간이 적더라도 상대보다 더 많은 골을 넣고 승리

할 수 있다. 공을 최대한 오래 소유하고 경기하는 것이 유리하다는 개념은 하나의 관점에 가깝다. 선수비 후역습의 '양보하는 역습 축구(counter attack)' 패턴이 라인을 높인 상대의 배후 공간을 공략하기에 더 수월한 상황도 자주 연출된다. 축구 경기는 객관적 전력을 뛰어넘은 이변의 승부가 심심치 않게 나온다. 그래서 기술적으로 부족한 팀이 주체적인 축구를 시도할 때 부작용이 더 크다고 주장하는 이들도 있다.

공 소유는 경기의 주도권을 누가 쥐느냐의 문제다. 흔히 능동적 축구와 수동적 축구로 구분하는 현대 축구의 형태에서 상대의 플레이에 반응하는 축구가 아니라 달려들어 공략하는 축구로, 대중의 지지를 받는다. 크루이프는 "대중이 원하는 축구를 해야 한다."고 했다. "네덜란드 사람인 내가 독일이나 이탈리아에 가서 내 방식대로만 해서는 안 된다."라며 결국 축구 경기는 관중을 위한 '엔터테인먼트'라는 점을 강조했다. 경기장에 관중이 가득찰 수 있도록 경기하는 게 중요하다는 것이다. 그가 고집하는 좋은 축구는 존재하지만, 축구에 절대적인 정답이 있다고 주장하지는 않았다. 이 점은 완고한 철학을 가진 아르헨티나 출신 마르셀로 비엘사 감독도 언급한 바 있다.

"축구에 '자신'을 투영하는 것은 권장할 만한 일이 아니다. 믿는 것이 꼭 이뤄지는 것이 아니기 때문이다. 사람들을 기쁘게 하는 것이 감독이 해야 할 가장 중요한 일이다. 그것이 아마추어와 프로의 차이다. 경기장에 오는 관중들은, 선수들과 물리적으로 떨어져 있지만 선수들과 함께라고 느끼면서 기뻐야 한다. 항상 만족감을 줘야 한다. 지역 사람들을 기쁘게 하는 것이 영원한 목표다. 선수들에게 내가 강조하는 부분이다."　　o 마르셀로 비엘사

크루이프는 추한 승리보다 아름다운 패배를 택할 사상가다. 그 자신

의 철학이기도 하지만, 그런 축구를 원하는 문화에서 살아왔다. 하지만 프로가 포기할 수 없는 또 다른 가치는 승리다. 대중은 경기 스타일의 기호를 따지는 것만큼이나 승리를 원한다. 대부분의 관중들은, 그리고 선수와 지도자들은 결국 승리를 위한 방법론을 연구한다.

공 소유가 중요한 것은 승리를 추구하는 관점에서, 실리적인 이유도 있다. 선수의 체력 관리에 유리하기 때문이다. 축구는 전반전 45분, 후반전 45분, 총 90분을 긴 시간을 중간 15분 휴식 시간을 두고 펼쳐지는 경기다. 경기장 규격도 길이 최소 100m에서 110m, 너비 최소 64m에서 75m로 넓다. 한 팀에 11명씩 경기에 임하지만 이 넓은 공간을 90분 간 뛰어다니는 일은 체력 소모가 크다.

팀 전체가 평균 100km 가량을 뛰는데, 한 선수가 많게는 14~15km, 적게는 8~9km 가량의 거리를 달리고 있다. 선수들은 경기를 치르고 나면 체중이 줄어들 정도로 많은 에너지를 쏟아낸다. 공을 소유하고 경기하면, 상대 움직임에 반응해야 하는 주의력과 스트레스는 물론, 뒤로 물러서며 실점하지 않기 위한 자세로 경기하는 팀보다 체력적으로 유리하다. 공을 갖고 있을 경우 계속해서 패스를 연결하며 뛰는 거리가 적은 반면, 공을 갖지 못한 팀은 공의 이동 방향에 따라 끊임없이 움직여야 하기 때문이다.

과르디올라는 팀의 안정성을 위해 반드시 필요한 선수가 볼을 잘 관리할 수 있는 선수라고 강조했다.

"정말로 좋은 선수란 공을 끝까지 자기 것으로 만드는 선수입니다. 패스하는 법을 알고 공을 절대로 빼앗기는 일이 없죠. 바로 그들이 좋은 선수이고, 당신이 항상 기용해야 하는 자원입니다. 설령 다른 선수들에 비해 이름값이 떨어지더라도요."

○ 주제프 과르디올라

대한민국 국가대표 미드필더 기성용도 그 점에서 공 소유가 중요하다고 말했다.

"물론 축구 팀마다 스타일이 다르고, 나라마다 스타일이 다르지만 결국엔 '톱 팀(Top Team)'들이 하는 플레이를, 더 좋은 축구를 하기 위해 따라 하는 거잖아요. 배우려고 하고. 뒤에서부터 빌드업을 해야 상대방을 더 많이 뛰게 하고, 우리가 볼을 소유해야 우리가 좀 많은 공격 찬스를 잡고, 리드할 수 있어요. 축구는 확률의 경기인데, 이길 수 있는 더 많은 확률을 만들 수 있는 거죠. 저도 반대로 아스널 같은 팀들과 경기할 때, 상대 팀이 계속 볼을 갖고 있으면 수비하는 입장에서 계속 뛰어야 하니까, 그게 되게 힘들거든요. 초반에는 버틸 수 있는데 시간이 지나면 지날수록 체력적으로 무리가 오게 되고, 60분, 70분이 지나면 더 많은 찬스를 내줄 수밖에 없어요."

ㅇ 기성용

기성용은 축구에 대해 이야기할 때 '확률의 경기'라는 말을 자주 쓴다. 공을 오래 소유하는 것은 체력적으로 우위를 점하는 것은 물론, 공격 빈도를 높일 수 있다는 점에서도 승리 확률을 높일 수 있는 방법이다. 더 많은 공격 장면을 만들고, 슈팅 상황을 만들수록 득점할 확률이 높아진다. 축구를 통계로 표현하는 데 거부감을 갖는 이들은 득점에 근접한 슈팅과 위력이 떨어지는 슈팅 모두 하나의 유효 슈팅으로 기록되는 오류를 지적하는데, 그렇다고 해도 상대 골문으로 향한 슈팅의 절대 수치가 높다는 것은 그만큼 빈번하게 상대 수비를 제치고 기회를 만들었다는 이야기가 된다.

그렇게 많은 기회를 만든 것 자체가 상대의 체력을 떨어트릴 수 있는 요인이기도 하다. 볼 점유율과 더불어 슈팅 숫자가 중요하다. 높은 볼 점유율을 기록하고도 슈팅 숫자가 미미하다면, 공을 소유했지만 상대의 수비 조직을 흔들지 못하고, 흔들리지 않은 수비 조직은 체력 소모가 덜하고, 자신감이 상승하는 영향을 줄 수 있다. 비엘사가 주체적 축구를 강조한 이유도 여기에 있다.

"축구는 시퀀스의 조합이다. 한 팀은 공을 되찾으려고 하고, 한 팀은 공을 소유하려고 한다. 좋은 팀을 상대할 때 최고의 방법은 상대가 공격하는 시간보다 수비하는 시간을 더 많이 갖도록 하는 것이다. 상대에게 많은 점유율을 내주면 공격 잠재력이 높아지고 우리를 이길 가능성이 높아진다. 예를 들어 브라질은 공을 다루는 데 전문가다. 그들에게 공을 내주면 분명 팀으로 우리를 앞설 것이다. 우리가 공격하는 상황은, 상대가 좋아하지 않는 상황이다. 상대가 공을 되찾기 위해 뛰도록 만든다. 이 상황은 그들이 수비를 해야 하는 공간이 넓어지게 한다. 공을 어떻게 다뤄야 하는지 아는 팀을 상대할 때는, 상대 팀이 공을 되찾기 위해 위험을 감수하고 플레이 하도록 만들어야 한다."

○ 마르셀로 비엘사

공 소유는 경기를 지배하기 위한 첫 걸음이지, 그 자체는 아니다. 더 중요한 것은 공을 소유했을 때 상대 골문에 슈팅할 수 있는 공격 장면을 만드는 것이다. 이것을 '빌드 업'이라고 한다. 공을 쥐고 차근차근 만들어가는 플레이다.

우리가 흔히 말하는 빌드업은 수비 지역부터 공격 지역으로 공격을 공을 전개하는 플레이 형태를 말한다. 이 역시 공격의 성공 확률을 높이는 방식이다. 단순히 설명하면 패스는 전달 범위가 길어질수록 성공 확률이 떨어지고 근거리의 동료에 패스하는 것이 안정적이다. 짧은 패스로 경기를 전개하는 편이 패스가 차단되어 상대에 공 소유권을 내주고,

상대에게 공격을 당할 확률을 낮추는 것이다. 빌드업을 중시하는 축구를 이야기할 때 짧은 패스가 연속되는 축구를 떠올리는 것은 그래서다.

"축구에서는 속도와 패스를 가능하게 해주는 게 바로 공입니다. 농구에서 우리가 계속 드리블만 하고 있으면 상대 수비는 더 쉬워지거든요. 하지만 공을 재빨리 다른 선수에게 패스하면 상대방을 괴롭힐 수 있는 거죠. 그건 축구에서도 똑같습니다. 아무것도 하지 않는 것처럼 보일지라도, 둘이서 패스를 탁탁 주고받기만 하면 상대 수비가 줄줄 따라다닐 수밖에 없거든요. 그래서 제가 상대 진영에서 공을 그렇게 자주, 빨리 패스하라고 선수들에게 말하는 거예요. 저는 우리 공격수 두 명이 상대 수비수 네 명을 바쁘게 만들어주길 바라니까요. 더 좋은 건 공격수 혼자서 그렇게 해주는 거죠. 물론 그렇게 하려면 완전한 달인의 경지에 올라야 하겠지만요. 그러면 다른 공격 자원들이 공을 돌리면서 중원에서 기회를 만들어 줄 수 있어요. 패스, 또 패스. 공을 지키기 위해서가 아니라 상대를 죽이기 위한 거죠. 그렇게 공을 돌리면 우리가 전열을 가다듬고 상대를 혼란에 빠뜨릴 수 있어요."

○ 주제프 과르디올라

빌드업 축구가 짧은 패스 축구를 의미하는 것은 아니지만, 부정확한 롱패스, 측면으로 시원하게 치고 들어가는 직선적이고, 직접적인 형태의 공격을 주로 하는 축구는 대부분 상대의 공격을 차단한 뒤 역습을 전개하는 상황에 주로 쓰인다. 공간이 크게 열려 있어야 효과적이기 때문이다. 공을 소유한 상황에 고민해야 하는 것은 어떻게 공을 상대 골문까지 안정적으로 도달시키느냐이다. 이 과정이 공을 쥐고 그라운드를 통과하며 경기를 지배하는 것으로 연결된다. 공을 소유하는 시간이 길어지면, 상대가 체력 소모를 줄이기 위해 자기 진영에 내려 앉아 위험 지역을 잠근다. 그리고 역습을 노린다. 상대가 물러서기 전에 빠르게 전개하고, 상대가 내려 앉은 상황에도 골을 넣을 수 있는 기회를 만들어야 한다. 이것이 빌드업이다.

> "팀의 균형은 공으로 결정된다. 공을 많이 잃는 팀은 불균형해질 것이다."
>
> ○ 요한 크루이프

공 소유를 중심으로 운영되는 팀들의 훈련은 공과 함께 진행된다. 공이 없는 상태의 훈련은 경기와 연관이 없다고 여기기 때문이다. 그럼에도 공이 없이 운동장을 뛰거나, 피트니스 훈련을 하는 경우는 여전히 일반적이다. 후안마 리요는 "그래도 달리기가 훈련에 도움이 되지 않느냐?"는 질문에 "당신을 더 건강하게 만들어주니까"라는 말로 그 효과가 축구의 경기력 그 자체에 도움이 되는 것인 아니라고 설명했다.

> "당신을 더 건강하게 만들어주죠. 그리고 그것이 심리적으로 도움이 된다면, 좋습니다. 아마도 여러분이 더 좋고, 더 강하고, 더 빨리 느낀다면, 여러분은 경기장에서 다른 사람들과 더 잘 어울릴 것입니다. 축구는 연상적이고, 결합적입니다. 하지만 달리기를 한다고 해서 반드시 나아지는 것은 아닙니다."
>
> ○ 후안마 리요

리요의 말은 달리기를 하는 것이 축구를 잘하는 데 도움이 될 수 있지만, 달리기를 하는 데 시간을 쓰는 것 보다 경기력 향상은 물론 체력적 향상을 동반할 수 있는 훈련 방식이 있기에 불필요하다는 것이다. 구조화된 훈련이나 전술 주기화 훈련 등은 철저히 공을 갖고 경기 상황에 대비한 훈련으로 세션이 구성된다.

물론 이러한 훈련 방식에 필요에 따라 공이 없이 진행되는 훈련이 있을 때도 있지만 공 없이 진행되는 훈련인 실전 경기의 판단력과 움직임에 도움이 안 된다는 것이다. 더불어 공이 없는 상태에서 만든 운동 능력이, 공과 함께 플레이하면서 적재적소의 타이밍을 포착하고, 판단해 움직이는 사고력을 향상하는 데 도움이 안 된다는 점도 지적한다. 리요는 신체적 스피드보다 지능적 스피드가 중요하다고 강조했다. 2011년 영국 축구지 블리자드가 공개한 인터뷰에서 스페인 축구 전문 영국 기자 시드 로우와 리요의 대담을 읽어보자.

Q  확실히 빠른 선수는 여전히 유용합니다. 하지만 그가 빠르지 않았다면 그렇지 못했을까요?

"만약 그가 그 스피드를 활용할줄 안다면요. 축구에서 스피드는 무엇입니까? 사람들이 축구에 대해 갖고 있는 속도의 개념은 사실 개인 종목 스포츠에서 온 것이에요. 축구의 경우 스피드는 일종의 전환 개념으로 생각해야 합니다. 이곳에서 저곳으로 이동하는 것이죠. 빠른 선수가 중요하다면 우사인 볼트가 축구 천재가 될 수 있겠죠."

Q  볼트를 비교한 것은 억지스럽지 않나요? 물론 그는 축구 재능이 없죠. 하지만 축구 영역 안에서 빠른 선수는 유용할 수 있습니다. 예를들면 당신도 알메리아에서 알베르트 크루사트를 카를라스 푸욜과 붙여 놓고 공을 향해 스프린트 하도록 한 적이 있잖아요. 크루사트가 더 빨리 공에 도달할 수 있었죠.

"물론이죠. 하지만 크루사트가 공을 향해 적절한 시기에 뛰어야 하는지 알고 있나요? 패스 이전의 움직임이 있었습니다. 단순히 두 선수 사이의 레이스라고 따로 볼 수 없는 문제죠. 크루사트에겐 푸욜을 제칠 퀄리티가 있습니다. 하지만 어떻게 활용할 수 있는지를 알아야 합니다. 그가 활용할 수 있도록 해줄 동료 선수도 필요합니다. 혼자서는, 그는 아무 것도 할 수 없습니다. 우리는 모두가 필요합니다. 볼트를 비유한 것은 억지가 아닙니다. 사람 한 명이 이 곳에서 저곳으로 이동하는 것의 속도, 그런 독립적인 스피드는 가치가 없습니다. 존재하지 않습니다. 여기에는 수많은 전술적 매개변수가 있습니다. 경기 콘셉트와 가지고 있는 자질에 대한 인식, 조건, 선수들의 상호작용, 상대 팀과의 상호 작용이 모두 포함됩니다."

크루이프도 생각의 속도의 중요성을 말하며 빨리 뛰는 것보다 먼저 뛰는 것이 중요하다고 했다. 경기 흐름을 읽고 판단하는 능력, 전술적 이해력이 축구를 잘하는 데 있어서는 더 중요하다는 것이다. 물론 신체 능력과 운동 능력이 뛰어난 것이 축구를 잘하는 데 도움이 되고, 그 역시 발전시켜야 하지만 그 보다 중요한 것이 축구를 이해하는 능력이며, 그를 위해 필요한 것은 공과 함께 훈련하는 것이라는 게 주장의 본질이다.

"가장 빠른 선수는 빨리 달릴 수 있는 선수가 아니라 경기의 문제를 가장 빨리 풀어갈 수 있는 선수이다."
                                                                    ○ 세사르 루이스 메노티

과르디올라 감독은 바이에른을 지휘하던 시절 훈련이 끝난 뒤 구보를 하겠다고 자청한 선수들에 대해 이렇게 말했다. "운동 역학에 대해 아는 게 뭐가 있겠어요? 그렇게 오래달리기를 하면 허리를 다치는 것 말고는 얻을 수 있는 게 뭐가 있겠어요? 선수들은 돌아오면서 15분 달리기를 했으니까 진짜 열심히 훈련한 거라고 생각할 테지만, 그건 플라시보 효과일 뿐입니다. 위치 선정이나 수비를 연습하는 건 진짜 운동이 아니라고 생각할 거예요."

"스피드 그 자체는 방향성을 가지고 있지 않은데 이것이 축구경기에서의 스피드와 다른 점이다. 축구경기에서의 스피드는 경기의 상황을 분석하고 특정 상황에 대응하며 적절한 반응을 판단하는 능력이 종합적으로 관련이 있기 때문이다."

○ 주제 무리뉴

공을 소유해야 한다는 철학과 공을 잘 다루는 선수, 경기를 잘 이해하는 선수가 중요하다는 원칙을 설정한 것은 축구 선수들에게 무한한 가능성을 제공했다. 과르디올라는 그런 점에서 "크루이프는 이 세상 누구보다도 축구에 큰 영향을 미친 사람"이라고 했다. 바르셀로나 유소년 팀에서 과르디올라와 같은 시기에 뛰었고, 현재는 스페인 축구 전문 기자로 일하고 있는 오리올 도메네크(Oriol Domenech)는 다른 무엇보다 이 점에서 크루이프라는 '거장'이 축구계에 존재했던 것에 대한 의미를 설명했다.

"체력이 축구에서 중요하게 작용하고 있지만, 공이 주인공으로 바뀌었다. 나 같은 작은 선수들에게 기회가 생긴 것이다. 내가 라마시아에 있을 때 과르디올라는 정말 말랐었다. 크루이프가 그에게 계속 플레이하라고 했다. 결국 자랄 것이라고 믿었던 것이다. 크루이프가 없었다면, 차비, 이니에스타, 티아고 같은 선수들은 존재할 수 없었을 것이다."

○ 오리올 도메네크

공 소유를 중시하는 것은 경기를 하는 선수들의 즐거움을 위해서이기도 하다. 애초에 축구는 공을 차고 노는 게 즐거워서 시작한 것이다.

"난 대부분의 선수들이 피치로 나갈 때 스프린트로 시작하지 않는다고 생각해요. 뭘 하냐고요? 터치죠. 공이 욕망입니다. 공에 대한 욕망으로 축구를 하는 것이죠."

○ 차비 에르난데스

**토탈풋볼 ①**
**골키퍼는 첫 번째 공격수이고,**
**스트라이커는 첫 번째 수비수다**

토털 풋볼(Total Voetbaal)을 내세운 1970년대 네덜란드 대표팀의 요한 크루이프는 "골키퍼가 첫 번째 공격수이고, 스트라이커는 첫 번째 수비수"라고 말한다. 이 말은 현대 축구에서 '빌드업'을 강조하는 대부분의 지도자가 표어로 삼고 있다.

2018년 12월 한국을 찾아 KFA(대한축구협회) 컨퍼런스에 강사로 나선 에릭 루트묄러(Erik Rutemoller) 포르투나 뒤셀도르프 기술이사는 21세기 축구를 지배하고 있는 트렌드 11개를 설명하며 "좋은 빌드업은 골키퍼로부터 나와야 한다."를 첫 번째 주제로 꺼내어 설명했다. 나아가 "조금은 앞서간 주장이라고 할 수 있다."라는 단서를 달고 후방의 중앙 수비를 담당해온 센터백 포지션의 선수들을 '새로운 플레이메이커'라고 규정했다. 빌드업의 출발지가 수비지역이고, 이 지역에서 어떻게 공을 전개하느냐가 중요하다는 이야기다.

루트묄러는 "골키퍼의 가장 중요한 능력, 주요 임무는 골을 막는 것이고, 경기를 무실점으로 마치는 것이다. 하지만 현대 축구에서 추가적으로 요구되는 것이 공격의 출발점이 되는 것이다. 필드 플레이어와 따로 훈련하기도 하고, 골키퍼 코치가 따로 있지만 이제는 필드 플레이어와 어울릴 수 있는 골키퍼를 육성해야 한다."고 했다.

그런데 이러한 기조는 이미 크루이프가 1980년대 말부터 1990년대 초반 FC 바르셀로나의 감독으로 일하던 시기에 시행됐다. 크루이프 감독은 골키퍼 안도니 수비사레타를 수비라인도 아니고 왼쪽 측면 미드필더로 기용해 연습 경기를 치르기도 했다고 설명했다. "나는 수비사레타가 나머지 선수들과 커넥션을 발전시키기 바랐다."라며 이유를 구체적으로 짚었다. 골키퍼가 볼을 잘 다뤄야 하는 이유, 빌드업의 출발점이 되어야 하는 이유는 선수간의 유기성과 유기적 움직임의 민첩성과 능동성을 향상할 수 있기 때문이다.

"빌드업의 시작은 골키퍼가 공을 가지고 있는 순간이라는 점을 이해해야 한다. 즉, 골키퍼가 첫 번째 공격수다. 이러한 상황에서는 대체로 수비수들이 공격수들보다 빠르게 반응하게 된다. 풀백 한 명은 벌써 전진하면서 공을 받을 준비를 하고, 그에게 공에 패스되면서 공격이 시작된다."

ㅇ 요한 크루이프

빌드업을 중시하는 축구를 '좋은 축구'라고 평가하는데, 어떻게 보면 빌드업은 축구의 팀 플레이 그 자체다. 빌드업의 수준이 높고, 빌드업의 형태가 다양한 팀이라면 좋은 팀, 좋은 축구를 하는 팀이라고 할 수 있다. 좋은 빌드업, 좋은 축구는 추상적이고 주관적인 개념이다. 경기를 해석하고 평가하는 데 있어서 100% 객관적인 기준은 만들기 어렵다.

특히 통계 수치는 참고가 될 수 있지만 절대적으로 기능하기 어렵다. 축구의 경우 야구와 달리 통계 기록이 경기 내용을 반영하지 못한다는 지적을 오래부터 받아왔다. 11명이 한 팀으로 뛰는 축구 경기에서 전력과 경기 내용을 온전하기 읽기 위해선 통찰력을 담보한 해석이 필요하다. 경기력 평가에서 중요한 요소는 경기 형태다. 득점으로 가는 길은 팀 플레이와 개인 플레이가 결합되는데, 기반이 되는 것은 감독이 설계하는 '경기 콘셉트'다. 경기 콘셉트가 바로 '빌드업(Build-up)' 방식으로 드러난다.

팀 플레이를 기반으로, 공을 소유하고, 공격적인 축구, 주도적인 축구를 선호하는 지도자들은 보통 '빌드업'을 강조하고, '빌드업이 좋은' 골키퍼와 수비수를 선호한다. 빌드업은 단어가 가진 뜻(만들다) 그대로 '플레이를 만드는 방식'이다.

축구 경기는 우리 진영에 있는 공을 상대 진영에 있는 골대에 넣는 것이 목적이다. 상대 골문으로 향하는 슈팅은 어디에서나 가능하다. 성공 확률은 상대 골문과 거리가 가까울수록 높아진다. 조금 더 구체화하면, 빌드업은 우리 진영에서 (킥오프를 하면 하프라인 지역에서 경기가 시작되고, 우리 진영에서 상대 진영으로 달려든다) 상대 진영, 상대 골문으로 공을 '이동시키는 과정'이다.

통상 수비 라인부터 중원을 거쳐 전방으로 공을 이동시키는 상황은 상대가 수비 지역에 자리를 잡고 있는 지공 상황일 때다. 상대가 없앤 공간을 만들기 위해선 공을 이동시키고, 사람도 움직이면서 상대가 지키고 있는 영역에 빈틈이 생기게 해야 한다. 이에 대해 크루이프는 자신의 자서전을 통해 '다섯 개의 라인'을 강조하며 빌드업의 표본을 제시했다.

"모든 선수가 가장 쉽게 움직이는 방법은 최대한 많은 라인을 형성하는 것

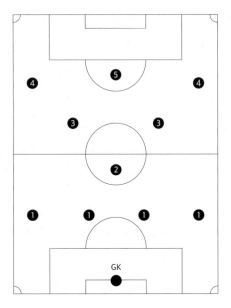

**크루이프가 강조한 5개의 라인**

이다. 그러면 공을 가진 선수의 전방과 측면에 항상 동료 선수가 있다. 나는 골키퍼 외에 다섯 개의 라인을 즐겨 쓴다. 수비수 넷이 한 라인, 그 앞에 중앙 미드필더를 후방으로 깊숙이 내려서 또 하나의 라인, 그 좌우에서 전진하는 미드필더 둘이 한 라인, 뒤쪽이나 최전방에서 뛰는 스트라이커가 한 라인, 마지막으로 좌우 윙어가 한 라인을 이루는 것이다. 이 라인들은 조밀하게 유지되어야 한다. 그래야 공을 소유한 공격수가 공격을 시도할 때 예닐곱 명이 동시에 그를 커버할 수 있다. 의미 없이 옆 사람에게 공을 패스해서는 안 된다. 이 다섯 개의 라인을 올바르게 활용하고 각 선수가 맡은 역할을 잘 해내면 피치 위에 여러 개의 삼각형이 형성될 것이다. 그것이 이 전술의 핵심이다. 한 선수는 공을 패스하는 데 집중하고, 다른 한 선수는 그 공을 받고, 세 번째 선수는 그 다음 패스를 받기 위한 공간으로 이동한다." ○ 요한 크루이프

## 토탈풋볼 ②
## 깊어지기 위해선 넓어져야 한다

"공을 소유했을 때는 필드를 크게 만들고, 공을 잃으면 다시 작게 만들어야 한다. 그것이 어린 시절 배운 기본 원칙이다." 크루이프의 이 말은 아르헨티나 축구의 거장 세사르 루이스 메노티가 "깊어지기 위해서는 넓어져야 한다."고 말한 것과 일맥상통한다. 축구 전술의 기본 개념이다. 크루이프는 이 개념을 유년기에 깨우치지 못한다면 기능적으로 뛰어나도 전술적으로 뛰어난 선수가 되기 어렵다고 했다.

비엘사도 메노티의 아이디어를 받아들여 자신의 경기 모델을 만들었다. 상대 진영 깊숙이 침투하기 위해선 중앙 핵심 지역에 틈을 만들어야 한다. 그러기 위해선 측면을 활용해 상대의 수비 간격이 벌어지게 만들어야 한다. 중앙 공격을 잘하기 위해선 측면 공격이 강해야 한다. 비엘사는 "공격 (방식)은 무한하지만 측면을 통해 상대 아크 지역에 도달하는 것이 플레이의 기본이다. 숫자로 증명된다. 수많은 경기를 분석하고 통계로 보면 10골 중 한 골은 중거리 슛, 세 골은 공이 멈춰있는 상황, 두 골은 중앙 지역에서 공이 전환되는 상황에서 나온다. 가장 많은 네 골이 측면 플레이로 나왔다."고 설명했다.

공을 소유한 팀이 원활하게 경기하기 위해선 공간을 최대한 넓혀야 한다. 수비하는 팀이 밀집해 공간을 없애 공과 상대가 통과하지 못하도록 조직될 때 틈을 만들 수 있어야 한다. 이 틈을 활용하고, 넓히기 위해선 정교해야 한다. 기술적 숙련도와 동료와의 호흡이 필요하다. 공격하는 선수들은 한 자리에 모여서 동선이 겹쳐선 안 된다. 상대 수비 한 두 명을 상대로 공을 지키고 운반할 수 있는 기술이 필요하다. 상대 수비 전원을 홀로 제칠 수 없기에 동료에 패스하고, 다시 받고 움직이는 콤비네이션이 필요하다. 이 콤비네이션은 훈련을 통해 만든 기계적 패턴과 경기 중 돌발상황에 대응할 수 있는 창조성과 임기응변을 동시에 갖춰야 한다. 고난이도의 플레이다.

"창조성을 중시하고 잠재력을 원하는 팀은 경기장의 각 공간에 적은 선수를 배치해야 한다. 공간이 좁으면 많은 선수들의 수비적 가능성이 높아지기 때문이다. 공간을 줄이는 아이디어는 인구밀도를 높이고자 하는 의도로 공을 되찾기가 훨씬 쉬워 진다. 공을 소유했을 때는 필요한 공간이 있다. 유명한 개념으로 '라인 사이의 거리'라는 것이 있다. 짧은 라인의 팀은 수비하기 위해 압축한다. 하지만 공격으로 전개할 때는 확장한다. 위대한 팀들은 공간을 확장하고, 좁히고 직선적이고, 가로지르고, 깊이를 갖는 플레이를 쉽게 할 수 있는 능력이 있다."                    ○ 마르셀로 비엘사

공을 소유하는 그 자체가 목적이 아니라는 점에서 과감성과 전진성을 가져야 한다. 빌드업 축구, 점유율 축구가 지루하다는 말을 듣는 이유는

제대로 수행하지 못하기 때문이다.

"잘하는 팀은 수비 라인과 공격 라인 사이로 공을 오고 가게 한다. 중앙 영
역을 거치면서 말이다. 이런 팀들이 상대 지역의 높은 곳에서 공격을 마무
리한다. 경기를 잘하는 팀이다. 또 다른 팀은 수비와 공격을 공을 쥐고 40m
영역에서 한다. 정밀하게 플레이한다면 상대 지역으로 갈 수 있다. 하지만
그 영역으로 가지 못한다면 좋은 플레이를 한 팀이 아니다. 경기 내내 뒤에
머무는 팀이 경기를 잘하기는 어렵다."                              ○ 마르셀로 비엘사

잘 조직된 상대 수비를 무너트리는 일은 축구에서 가장 어려운 플레이
이다. 공을 소유한 팀은 공을 소유하지 않은 선수의 움직임을 어떻게 만
드느냐가 중요하다.

크루이프는 그의 자서전 '마이 턴'에서 수비 라인부터 공격 라인으로
이동하는 빌드업 패턴을 보다 구체적으로 설명했다. 후방에서 빌드업하
며 전진하면 상대는 서서히 자기 진영으로 물러서며 문전 근처 위험 지
역을 잠근다. 서서히 전개하면서 상대 수비의 팀을 공략하기 위해선 철
저히 계획된 플레이 패턴이 필요하다.

크루이프는 빌드업을 통해 라인을 높이며 공격 하면서도 상대 팀의
역습에 대응할 수 있는 방법과 그 점이 효과적인 이유도 설명했다. 여기
에 주체적인 축구, 능동적인 축구가 유리한 이유도 담겨있다.

"이 공격 방법에서는 팀의 4분의 3이 슈팅이 이루어지는 공간보다 후방에
위치하게 되고 모든 선수가 골문을 바라보는 방향이 된다. 이 덕분에 역습
의 위험이 줄고, 적절한 위치에서 흘러나오는 공을 탈취하며 전방으로 압
박을 가하면서 수비할 수 있다. 왼쪽 풀백이 공을 가졌을 때는 골키퍼와 다

른 수비수들이 팀을 조직하고 있어야 한다. 공격이 시작되면 수비수와 미드필더는 소유권을 잃는 상황에 대비한다."

ㅇ 요한 크루이프

"여기서 좀 더 깊이 들어가면 스트라이커가 공을 가진 골키퍼를 압박하는 방법이 있다. 골키퍼를 압박하면 템포가 빨라지고, 골키퍼가 어쩔 수 없이 더 빨리 공을 차게 된다. 이때 우리 팀 수비수와 미드필더가 제 위치를 잡고 있으면, 상대는 공격을 전개하기가 한층 더 어려워진다. 이것이 바로 공격수가 첫 번째 수비수가 되고 골키퍼가 첫 번째 공격수가 되는 상황이다. 팀은 전체로서도, 선수 개개인으로서도 항상 한발 먼저 생각할 수 있어야 한다."

ㅇ 요한 크루이프

크루이프는 현재까지도 스페인 라리가에서 네 시즌 연속 우승을 달성한 유일한 감독으로 남아있다.

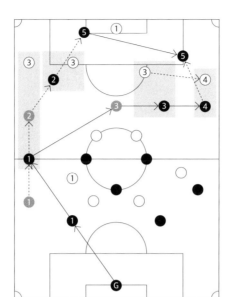

**크루이프의 기본 빌드업**

① 빌드업의 시작은 골키퍼가 공을 가지고 있는 순간이라는 것을 이해하는 것이 중요하다. 즉, 골키퍼가 첫 번째 공격수다. 이러한 상황에서는 대체로 수비수들이 공격수들보다 빠르게 반응하게 된다. 풀백 한 명은 벌써 전진하면서 공을 받을 준비를 하고 그에게 공이 패스되면 공격이 시작된다.

② 그때 풀백 앞쪽 윙어는 앞으로 뛰어서 풀백에게 공간을 내주어야 한다. 그사이에 수비수 첫 라인, 바꿔 말해 상대팀 공격수들은 아직 우리 수비 진영에서 숫자적으로 부족한 상태에서 풀백의 전진을 막을 것인지를 결정해야 한다. 물론 우리 팀은 그것을 예상하고 뛴다.

③ 라인이 언제 협력해야 하는지 두 가지로 간단하게 설명하겠다. 첫째, 우리 팀 스트라이커가 오른쪽으로 움직일 때 상대방 중앙 수비수 둘 중 한 명은 그를 따라가야 하고 나머지 한 명은 전진하고 있는 우리 팀 풀백들로 인해 수비해야 할 상대 선수가 추가된 상황에 맞춰 커버 동작을 취해야 한다. 이 전술에서 우리의 왼쪽 윙어와 스트라이커는 일대일 상황을 맞게 된다.

④ 둘째, 왼쪽 풀백이 전방의 스트라이커에게 롱패스를 한다. 그러면 그 공을 받은 스트라이커가 오른쪽 미드필더에게 패스를 하고, 미드필더가 제 타이밍에 움직였다면 그는 상대 수비보다 유리한 상황, 즉 피치 오른편에서 일대일 상황을 맞게 된다.

⑤ 이 전술은 기본적으로 상대의 허를 찔러서 틈을 만들어 내는 것이다. 예를 들면 왼쪽 풀백이 미드필더를 통해 왼쪽 윙어에게 공을 패스하고 그가 드리블로 상대 선수를 제치면 곧 득점 기회를 만들 수 있다. 이 상황에서 그가 크로스를 하면 스트라이커가 오른편에서 니어포스트 쪽으로 움직이면서 오른쪽 미드필더에게 공간을 만들어 준다. 이 방식으로 많은 골을 넣었다.

## 라볼피아나 ①
## 변형 스리백, 빌드업의 기본

　21세기 축구 전술을 선도한 지도자들의 이력을 보면 흥미로운 공통점
이 있다. 바로 멕시코 리그를 경험했다는 것이다. 아르헨티나 출신 마르
셀로 비엘사는 첫 지휘 팀 뉴웰스 올드보이스에서 대성공을 거둔 뒤 멕
시코 클럽 아틀라스(1992~1994), 클럽 아메리카(1995~1996)를 연이어 지휘
하며 약 4년의 시간을 멕시코에서 보냈다. 멕시코에서 일하기 위해 축
구광이면서 독서광이기도 한 비엘사 감독은 멕시코의 모든 것을 알고자
했는데, 당시 비엘사 감독의 친구로 이웃에 살던 지도자 에르네스토 우
레아는 "그가 나보다 멕시코 역사에 대해 더 많이 알고 있었다."고 말할
정도였다.

　만 16세부터 축구 지도자로 일하며 라리가에 4-2-3-1 포메이션을 정
착시킨 후안마 리요는 2005년 멕시코 클럽 도라도스 시날로아에 부임
했고, 은퇴 전 리요 감독 아래서 선수로 뛰어보고 싶었던 주제프 과르디

올라가 도라도스에 입단해 멕시코 생활을 함께했다. 리요와 과르디올라는 5개월 간 멕시코 생활을 함께하며 일반적인 감독과 선수의 관계가 아닌 축구 탐구자로 매일 치열하게 토론하고 연구하는 시간을 보냈다. 뉴욕타임즈의 로이 스미스 기자는 아예 과르디올라 감독의 성공을 탐구한 기사의 제목을 '멕시코에서 보낸 다섯 달이 과르디올라의 철학을 만들었다'고 쓰기도 했다.

과르디올라 감독이 바이에른 뮌헨을 지휘하던 시절을 세세하게 기록한 책의 저자 마르티 페라르나우는 두 명의 센터백 사이로 수비형 미드필더가 내려와 빌드업 기점 역할을 하는 패턴 플레이의 기원이 멕시코라고 했다. 멕시코 대표팀 감독으로 성공적인 업적을 이룬 리카르도 라볼페 감독의 이름을 따 '살리다 라 볼피아나(Salida la Volpiana, 라 볼페의 전개)'라 부르는 플레이 형태다.

> "스페인에서는 주제프 과르디올라 감독의 FC 바르셀로나와 함께 2009-10시즌에 보편화되었지만, 이 개념이 가장 많이 사용된 곳은 멕시코다. 라볼페는 1990년대부터 멕시코 대표팀을 이끌던 때까지 이 방식을 단련했다. 과르디올라 감독은 도라도스에서 뛰던 시기에 라볼피즘에 접근할 수 있었다."
> ○ 마르티 페라르나우

비엘사 감독이 아틀라스와 아메리카를 이끌던 때 라볼페 감독은 아탈란테의 감독이었고, 1992-93시즌 멕시코 리그 우승을 차지했다. 라볼페 감독은 이후 아메리카, 아틀라스, 톨루카를 지휘했고, 2002년부터 2006년 사이 멕시코 대표팀을 이끌고 2연속 월드컵 16강 진출 및 2003년 북중미 골드컵 우승의 성과를 냈다. 라볼페 감독의 활동 무대는 멕시코였으나, 그는 1978년 FIFA 아르헨티나 월드컵 우승을 경험한 아르헨티나 대표 골키퍼 출신이다. 반피엘드와 산로렌소에서 전성기를 보낸 라볼페는 멕시코에서 프로 경력의 마지막을 보낸 뒤 정착해 멕시코에서 축구 지도자로 자리잡았다.

메노티 감독 체제의 월드컵 우승을 경험한 라볼페 감독이 고안한 '살리다 라볼피아나'는 미드필더가 센터백으로 내려와 후방 빌드업을 운영하는 흔히 말하는 '변형 스리백'의 원류다. 상대 팀이 두 명의 공격수로 센터백을 압박할 때, 수비수를 추가 투입하지 않고 첫 번째 빌드업 라인에서 수적 우위를 확보할 수 있는 방법이다.

단지 미드필더의 후진으로 세 명의 선수가 배후에 있는 것뿐 아니라, 골키퍼까지 빌드업에 가담해 다이아몬드 형태를 이뤄 상대 전방 압박 가담 수가 늘어도 수적 우위를 유지하며 공을 안정적으로 내보낼 수 있다. 골키퍼의 발 기술이 요구되는 이유다. 상대가 무리해서 압박하면 그 뒤에 생긴 공간으로 공을 전개해 유리하게 빌드업을 전개할 수 있다.

"후방에서 세 명으로 플레이를 전개하는 것은 매우 유용합니다. 상대방의 반응에 따라 움직일 수 있거든요. 그들이 압박하더라도, 센터 포워드와 두 번째 공격수일 것이고, 상대가 부득이하게 4-4-2 형태가 되면, 우리가 우위를 차지하면서 돌파할 수 있게 되는 거죠."　　　　　ㅇ 주제프 과르디올라

살리다 라볼피아나는 수비수를 더 공격적으로 기용할 수 있는 패턴이기도 하다. 센터백의 본 영역으로 중앙 미드필더가 내려와 채우면서 두 센터백이 풀백의 영역까지 넓게 벌리고, 풀백은 미드필더 내지 윙어 영역으로 전진해 빌드업이 전개됨에 따라 중원과 전방까지 빌드업 단계마다 수적 우위를 점할 수 있는 패턴이 연속된다. 이는 후에 설명할 '포지션 플레이(Juego de Posicion)'에서 강조하는 세 가지 우위(수적, 질적, 위치적 우

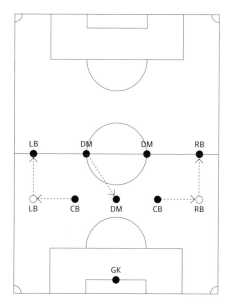

**살리다 라볼피아나의 기본 형태**

위) 중 하나인 수적 우위를 차지하는 방법 중 기본이 된다.

　라볼페 감독의 영향으로 멕시코 대표팀은 스리백과 포백을 경기 중 자유자재로 혼용해왔다. 멕시코 선수들은 체구는 작지만 활동력과 기술이 좋아 공을 소유하고 적극적으로 압박하는 축구를 통해 개인보다 팀으로 강했다. 특히 유럽이나 브라질, 아르헨티나 등 다른 남미 지역 강호와 비교했을 때 힘과 높이를 갖춘 유형의 센터백 자원이 부족한 멕시코는 그들만의 전술적 생존법이 필요했다. 살리다 라 볼피아나는 그러한 멕시코 축구의 특성을 잘 반영해 정착했고, 이제는 전 세계로 퍼져 현대 축구 전술의 기본이 되었다. 멕시코와 유사한 특성을 가진 칠레 선수들이 비엘사 감독의 전술을 궁극적으로 완성하게 된 것도 이러한 신체적 특성과 전술적 아이디어가 조화를 이룬 결과다.

## 라볼피아나 ②
## 센터백이 새로운 플레이메이커가 될 것이다

    에릭 루트뮐러는 2020년대 축구 트렌드를 전망하며 "센터백이 새로운 플레이메이커가 될 것"이라고 했다. 1990년대까지만 해도 플레이메이커로 불리는 선수들의 위치는 득점이 주 임무인 스트라이커의 바로 뒤였다. 원톱 뒤의 처진 스트라이커 자리나 투톱 뒤의 공격형 미드필더 자리에서 뛰는 선수가 공을 오래 만지고 골로 가는 패스를 뿌리는 플레이메이커였다. 빌드업의 마침표이자 꽃에 해당하는 선수가 등번호 10번을 달고 가장 큰 스포트라이트를 받았다. 하지만 플레이메이커는 터프한 센터백이 스트라이커를 밀착 방어하고, 견고한 수비형 미드필더가 에워싸 수비 라인과 미드필더 라인을 틀어막을 때 고전했다.

    이 과정에서 스트라이커가 최전방 영역을 비우는 가짜 9번이라는 해법이 등장하기도 했다. 미드필드 지역에서는 공격형 미드필더 포지션이 아닌 수비형 미드필더 포지션에서 볼 배급의 리더 역할을 하는 선수가 많이 등장하기 시작했다. 4-2-3-1 포메이션 내지 4-3-3 포메이션이 유행하면서 중앙 미드필더 두 명 내지 세 명 중 한 명은 수비형 미드필더가 아닌 볼 배급 능력이 뛰어난 선수로 배치됐다. 이들은 '빌드업 미드필더'라는 신조어로 불렸다.

20세기 들어 프리미어리그가 부흥기를 맞았고, 건장한 체구에 스피드를 갖춘 기동성 있는 박스 투 박스형 미드필더가 대세로 떠올랐다. 경기는 더욱 더 체력전이 되었고, 서유럽과 남부유럽 라틴 아메리카 지역에서 많이 배출해온 10번형 선수들이 힘을 잃었다. 신체적 특징상으로나 축구 철학, 문화적 관점에서 기술 축구를 추구해온 나라에서는 플레이메이커를 중앙 미드필더 영역에 기용하기 시작했고, 아예 수비형 미드필더보다 내려간 위치를 기반으로 오르내리는 '딥라잉 플레이메이커'가 유행하기 시작했다. 레지스타로 불린 이탈리아의 안드레아 피를로가 대표적이다. 스페인에는 사비 알론소와 세르히오 부스케츠, 차비 에르난데스와 같은 선수들이 중원 후방 영역에서 패스 플레이를 설계했다. 한국에는 기성용, 일본에는 엔도 야스히토가 이러한 유형의 대표격이다.

플레이메이커의 위치가 점점 내려간 것은 두 줄 수비가 위험 지역의 공간을 없애고, 중앙 지역에서도 라인 사이의 여력이 떨어지면서 아예 상대 압박 블록 바깥에서 공을 소유하는 시간을 늘려 경기 템포를 조율하거나, 공격 전개의 흐름을 만들기 위한 기점 패스를 노리기 위해서다. 리오넬 메시는 가짜 9번 영역에서 뛰다가 상대가 자기 진영에 자리를 잡고 전면 압박 수비를 펴면 아예 후방 플레이메이커 영역까지 내려가 공을 전개하고 다시 전진하는 플레이 패턴을 보이기도 한다.

전방 압박이 강해지면서 공을 잃은 상황에는 원톱이 아닌 투톱 대형으로 서고, 풀백이 전진해 중원 수비에 나서고 윙어 내지 측면 미드필더가 전방 압박 그물에 가담하는 형태가 일반화됐다. 이제는 공격형 미드필더도 창조성은 물론 상대를 잡아먹을 듯한 전방 압박을 펴는 경우가 늘었는데, 이로 인해 수비형 미드필더 포지션에서도 공을 소유한 채 기점 패스를 만들 수 있는 여유가 사라졌다. 중앙 미드필더가 두 센터백이 좌우로 벌린 공간으로 내려가 빌드업을 전개하는 '라 볼피아나'의 효과가 커졌다. 중원의 과밀한 압박에서 벗어나 공을 확보하고, 좌우로 센터백이 벌리고, 풀백이 앞으로 전진해 형성하는 빌드업 라인의 효과로 이어진다.

루트 묄러는 수비수들이 내려오는 미드필더의 도움을 받은 필요 없이, 플레이메이커 수준의 기술과 시야, 패스 능력을 갖춰야 하는 시대가 올 것이라고 내다봤다.

"수비수는 일대일 대결과 헤딩에 코칭과 패싱까지 잘해야 한다. 경기의 시작 역할을 잘해야 한다. 물론 수비수이니 공을 따내고, 헤딩하고, 일대일 수비를 잘하는 선수가 필요하지만, 그럼에도 공을 잡으면 공격할 수 있어야 한다. 과거에는 마라도나 같은 10번 선수가 플레이메이커였다. 이후에는 피를로의 위치까지 내려왔다. 아마 미래에는 더 내려올 것이다. 중앙 수비수가 플레이메이커의 유형이 될 것이다."　　　　○ 루트 묄러

최후방 수비수들의 볼을 다루는 기술이 더 중요해졌고, 이 지역에서 뿌리는 기점 패스의 밀도와 영향력이 더 커지고 있다. 독일의 마츠 후멜스, 스페인의 제라르드 피케와 같은 '현대판' 베켄바우어가 늘어날 것이다. 이는 루트묄러 혼자 만의 전망이 아니다. 유럽 축구 최고의 감독들이 모이는 UEFA 엘리트 코치 포럼에서도 2015-16시즌 보고서를 통해 중앙 수비수들의 더 빈번한 공격 가담과 전통적인 수비형 미드필더의 종말 가능성을 예고했다.

UEFA 엘리트 코치 포럼 기술 보고서는 '미드필드에서의 대인 방어를 무효화하거나, 미드필드에서의 높은 압박을 우회하기 위해 중앙 수비수가 더 정기적으로 수비에서 이탈하기 시작할 수 있을 것'이라며 '중앙 스위퍼의 재림은 수비형 미드필더의 필요성을 부정할 수 있으며, 높은 압박을 피할 수 있는 센터백과 풀백이 뒤에서부터 공격하게 될 것'이라고 전망했다. 세르히오 부스케츠의 등장을 공을 잘 다루는 센터백과 수비형 미드필더의 경계를 무너트린 징후로 꼽으며 포지션의 경계는 이미 흐려지고 있다고 설명했다.

## 티키타카
### : 경기를 지루하게 만드는 점유 축구, '티키나초' 논란

"패스를 위한 패스는 딱 질색이에요. 그놈의 티키타카. 쓸데없는 짓이죠.
분명한 의도를 갖고, 상대방의 골문을 향해 전진한다는 목표를 갖고 패스
해야 해요."

○ 주제프 과르디올라

유로 2008과 2010년 FIFA 남아공 월드컵에서 스페인 대표팀이 우승
하고, FC 바르셀로나가 2008-09시즌 트레블을 달성하면서 차비 에르난
데스와 안드레스 이니에스타를 필두로 현란하고 짧은 패스 플레이로 압
박 축구를 무너트린 플레이 방식이 '티키타카'라는 별명을 얻으며 신드
롬이 됐다. 스페인에서는 2006년 FIFA 독일 월드컵 당시 이 표현이 처
음 생겨난 것으로 알려져 있지만, 세계적으로 알려지게 된 계기는 스페
인의 유로 챔피언, 그리고 월드컵 챔피언 등극 이후다.

티키타카는 스페인 코멘테이터가 경쾌하고 빠르게 공이 이동하는 모

습이 탁구 경기의 렐리를 연상케 한다며 탁구공이 오가는 소리를 묘사한 것이 어원이다. 티키타카는 애초에 전술이 아니라 현상을 묘사한 단어인데, 워낙 강렬하고 직관적인 표현이라 스페인 대표팀과 바르셀로나의 축구 스타일을 수식하는 표현으로 널리 전파됐다.

좀처럼 공을 빼앗기지 않는 경기 형태로 인해 스페인 대표팀과 바르셀로나는 경기마다 60~70%에 육박하는 높은 볼 점유율을 기록했고, 이 수치가 경기를 주도한 통계적 증거로 사용됐다. 그러면서 경기의 본 목적이 전도되는 형상이 일어났다. 상대보다 압도적으로 높은 패스 숫자와 볼 점유율이 경기 스타일의 본질로 여겨지고, 이러한 통계 수치에도 불구하고 골을 넣지 못하고 역습으로 패배한 경기가 연출되면 '점유율 축구의 패배' 내지 '티키타카의 몰락'이라는 표현이 등장했다.

과르디올라 감독은 바이에른 뮌헨으로 옮긴 뒤 마르티 페라르나우의 책 집필을 위한 인터뷰에서 티키타카라는 표현에 대한 그의 생각을 욕설까지 섞어 가며 과하게 드러냈다. 소유를 위한 소유, 패스를 위한 패스는 의미 없다는 생각을 전하면서 티키타카 그 자체를 환멸의 대상으로 뒀다. 짧은 패스로 공을 유지하는 것은 결정적인 기회를 포착하기 위한 과정이며, 공을 소유하는 것 자체가 상대에게 공견권을 내주지 않는 것으로 수비해 체력 소모를 최소화하는 효과를 가짐에도, 단지 그를 위해 시도한다는 편견에 휩싸였기 때문이다.

과르디올라 감독은 승리를 위해 경기를 지루하게 만들고 싶은 생각이 없다. 과르디올라 감독이 티키타카를 혐오한다고 말한 것은, 실제로 티키타카가 상기에 열거한 경기를 지루하게 만들 수 있는 목적에 따라 운영될 수 있는 여지가 존재하며, 실제로 압도적인 볼 소유에도 불구하고 비효율적인 경기 운영으로 내용과 결과 두 마리의 토끼를 모두 놓치는 경기가 나타났기 때문이다. 공을 쥐고 있지만 경기를 주도하지 못하는 상황. 그런 상황을 개선할 의지 없이 시간을 흘려 보내는 플레이를 두고 '티키나초(티키타카와 카테나초의 합성어)'라는 신조어가 비판의 뉘앙스를 담아 생겨났다.

차비 에르난데스는 스페인 신문 엘파이스와 인터뷰에서 현대 축구 전술에서 도전적인 팀들이 택하는 전방 압박이, 신체 조건에서 우위를 점하지 못하는 팀들이 택할 수 있는 가장 실용적인 선택이 아니냐고 묻자, 수비를 하느니 공을 돌리는 쪽이 더 유리하다고 설명했다. 즉, 공을 갖고 있는 것 자체가 최선의 수비라는 것이다.

"내가 묻겠습니다. 최고의 수비는 어떤 건가요? 공을 내게 주세요. 상대는 공격할 수 없습니다. 먼저 공을 빼앗아야 합니다. 그리고 공을 빼앗으면 70~80m까지 우리 골문이 멀어요. 그러면 결론은 명확합니다. 가장 안전한 것은 상대 지역에서 공을 갖고 있는 것입니다. 그래서 감독들이 '우리는 우리 지역에서 플레이하겠다'고 말하는 것을 이해하지 못하겠어요."

○ 차비 에르난데스

이러한 생각의 기반으로 수비를 위한 공 소유 상황만 이어지는 것을 '티키나초'라 부를 수 있다. 물론, 차비가 티키나초의 목적으로 상대 지역에서의 지속적 공 소유를 말했다는 것은 아니다. 상대 지역에서 공을 소유하는 플레이의 기본 목적이 사상적인 이유뿐 아니라 승리를 위한 실리적 이유에서도 근거가 있다는 얘기다.

티키타카를 혐오한다고 했던 과르디올라는 바이에른을 이끌던 2013-14시즌 아스널과 UEFA 챔피언스리그 16강 1차전 원정 경기에 아스널의 사기를 꺾어 놓기 위해 의도적으로 장시간 공을 돌리는 티키타카를 주문한 적이 있다.

"처음 10분에서 12분 동안 너희가 경기를 완전히 죽여 놓으면서 아스널의 자신감을 무너트려. 녀석들은 총공격을 펼칠 거야. 너희들은 경기를 완전히 죽여 놓아야 한다. 계속 공을 패스해. 이번에는 한 번만, 내가 제일 싫어하는 것을 해줘. 이번에는 티키타카야. 목적 없는 패스를 하는 거지. 패스를 위한 패스를 하는 거야. 너희도 지루할 테고 아무런 의미가 없다는 걸 알겠지만, 여기에는 이유가 있어. 공을 계속 돌리면서 아스널을 미치도록 지루하게 만들어야 해. 녀석들이 공을 가져가지 못하게 하는 거야. 그러면 곧 녀석들은 공격이 의미없다는 걸 알게 될 거야. 공을 뺏으려고 해봐야 소용없을 테니까. 내가 언제 너희들에게 움직이기 시작할 필요도 없어. 10분 후면 상대의 연료가 떨어지고, 지루해 하고, 열정을 잃어가는 게 보일 거야. 상대가 더 이상 공을 열심히 쫓지 않게 되면, 바로 그때 진짜 축구를 시작해. 그때부터 티카타카를 멈추고 급소를 찌르는 거지." ○ **주제프 과르디올라**

실제로는 과르디올라의 지시가 먹히지 않았고 아스널이 쉽게 공을 빼앗아 경기를 흔들었다. 결과적으로 실패지만 티카타카가 하나의 전술적 효용이 존재한다는 것을 증명하는 예다.

## 포워드 패스
### : 소유는 전진 패스가 있어야 의미가 있다

    티키타카가 '티키나초'가 아닌 속도감 있고 경쾌한 공격에 성공하기
위해선 포워드 패스의 빈도가 높아야 한다. 유럽축구연맹은 유럽 최고
의 감독을 한 자리에 모아 UEFA 엘리트 클럽 코치 포럼을 열어 축구 전
술 트렌드를 연구하고 교류하고 있다. 2014-15시즌을 마친 뒤 열린 포
럼은 볼을 소유하는 축구든, 이에 대응해 역습하는 축구든 결국 '포워드
패스'가 경기의 질을 좌우하는 핵심이라는 결론을 냈다.
    UEFA 엘리트 코치 포럼의 앰버서더인 알렉스 퍼거슨 전 맨체스터 유
나이티드 감독은 볼 소유와 빌드업을 중시하는 축구가 현학적으로 흐르
고 있다고 지적했다. 이론에 집착하면서 효과적으로 실행하지 못해 축
구 팬들을 지루하게 만들고 있다고 우려했다. 자기 진영에서 공을 돌리
는 경우가 너무 많아 졌기 때문이다. 퍼거슨 전 감독은 공격적인 전진
패스가 필요하다고 주장했다.

"우리는 너무 많은 팀들이 자기 진영에서 공을 소유하는 모습을 목격하고 있습니다. 이것은 팬들에게는 전혀 즐겁지 않은 일이에요. 첫 번째 전진 패스, 정확한 전진 패스, 선수들이 공을 지지하면서 앞으로 전력질주 하도록 이끌어내는 패스를 하는 것이 중요합니다."

ㅇ 알렉스 퍼거슨

요안 루페스쿠 UEFA 기술이사는 영국 일간지 인디펜던트와 인터뷰를 통해 "점유율은 진전(progression)이 있거나, 침투(penetration)가 있거나, 마지막 행동으로 귀결될 때에만 중요하다."고 설명했다. 소유를 위한 소유는 의미가 없으며, 경기를 운영하는 잘못된 방식이라는 것이다.

주제프 과르디올라 감독이 떠난 뒤 FC 바르셀로나에 침체기가 찾아왔고, 스페인 대표팀도 2014년 FIFA 브라질 월드컵 조별리그에서 탈락하며 티키타카가 몰락했다는 진단이 나왔다. 두 팀에서 모두 뛴 수비수 제라르드 피케가 티키타카를 비판하는 발언을 하기까지 했다. 바르셀로나가 기존 철학을 아예 폐기한 것은 아니지만, 루이스 엔리케 감독 체제로 치른 2014-15시즌에 다시 트레블을 달성하면서 더 효율적이고, 직선적인 팀으로 변모했다. 여기에는 네이마르, 루이스 수아레스, 리오넬 메시로 이어지는 MSN 트리오의 뒤를 직선적인 포워드 패스로 지원한 이반 라키티치의 활약이 있었다.

현란한 드리블러 네이마르와 중앙 공격수로 배치되지만 좌우 측면으로 빠져나가는 커트아웃 움직임을 통해 상대 수비를 흔들고 공간을 만드는 수아레스의 플레이는 경기를 더 역동적이고 빠르게 만들었다. 이들의 활약은 결정적으로 빠르고 정확한 포워드 패스를 배달하면서 그 뒤 공간의 압박 역할까지 떠맡은 라키티치의 활약이 있었다.

"바르셀로나는 그들의 사전에 카운터 어택을 추가했다. 전방에 세 개의 화

살(MSN 트리오)을 두고, 이반 라키티치가 그들이 수비 서드 지역에서 공을 되찾았을 때 통제하며 점유하기 보다 빠르게 전환했다."

○ 히네스 멜렌데스, UEFA 테크니컬 옵저버

UEFA 엘리트 클럽 코치 포럼도 바르셀로나의 두 번째 트레블 달성은 라마시아에서 키우지 않은 외부 영입 선수들의 활약이 결정적이었다고 분석했다. 수아레스와 라키티치가 기존의 바르셀로나에 없던 색채를 가미했고, 엔리케 감독은 역습 공격 패턴과 개인 능력을 통한 전진 패턴 비중을 높였다. 구체적으로 수아레스의 전술적 역할에 대해 "안전한 점유 상태를 유지하고자 하는 유혹을 피하고 공격적인 플레이의 목적성을 담은 적극적인 러닝으로 공격에 깊이를 선사했다."고 기술했다.

"미국 메이저리그에서는 어시스트를 두 선수에게 줘요. 슈팅으로 연결된 마지막 패스뿐 아니라, 그에 앞서 전개된 패스도 결정적이었다면 어시스트로 인정해줍니다."

○ 이영표

미국 메이저리그사커(MLS) 무대에서 현역 생활을 마치고, 은퇴 이후 진로를 설계하고 있는 이영표는, 미국이 미국 만의 방식으로 축구의 상품 가치를 높이기 위해 노력하고 있다고 했다. 골과 달리 경계가 모호하고, 공식화되어 있지 않은 '어시스트'를 어떻게 규정하고, 집계할 것인지는 오랫동안 논란이 되어 왔다. 패스를 받은 뒤 3회의 터치 이내에 슈팅을 해서 득점할 경우(프리미어리그), 패스를 받은 후 2회의 터치 이내에 슈팅을 해서 득점할 경우(분데스리가), 패스를 받은 선수가 한 번의 터치로 득점할 경우(라리가), 패스를 받은 뒤 제친 수비수가 2명을 넘지 않을 경우(K리그) 등 제각각이다. (현재 PL은 터치규정 폐지)

득점에 미친 영향력을 주관적으로 평가해 인정해주거나, 페널티킥 유도도 어시스트로 인정하는 등 예외 조항도 있는데, 명확한 기준을 만들기 어려워 K리그를 제외하면 공식적으로 어시스트 부문의 개인상을 주지 않는다. 어시스트 기록이 축구 통계 사이트마다 차이를 보이는 이유다. 공통점은 골로 이어진 슈팅 전의 마지막 패스라는 것.

하지만, 어시스트를 '두 개' 준다는 것으로 개별 패스의 유효성과 가치를 매기는 것도 통계의 유의미성을 보장하지는 못한다. 경기력을 온전히 수치로 담기 위해선, 더 세밀한 분류가 필요하다. 슈팅으로 이어진 마지막 패스였다고 해도 득점 과정의 기여도가 떨어지는 어시스트도 많다. 공격수에게 밥상을 차려준 패스와, 슈팅하는 선수의 개인 능력 덕분에 '강제 어시스트'가 되는 패스는 구분해야 한다.

패스의 가치를 재정립하기 위한 연구와 시도는 유럽에서 시작했다. 이 분류는 대중적으로 이해와 전파가 쉽지 않았다. 개념은 물론 경기 중 파악하는 것도 복잡한 면이 있었다. 한국에서는 김용신 前 전북현대, 텐진 텐하이 분석관이 단국대 대학원에서 축구 통계의 새로운 틀을 연구했다. 김 분석관의 분석 틀은 모든 패스를 일반적 패스와 공격적 패스로 구분해 수치화한다.

공격적 패스가 빌드업 과정에 미치는 영향력을 보여줄 수 있다. 공격적 패스를 경기 중에 많이 기록하는 선수가, 빌드업 능력이 뛰어난, 공격전개 과정에 영향력이 높은 선수다. 어시스트 기록이 높은 선수는, 골로 가는 길을 만드는 능력이 뛰어날 수 있지만, 그게 전부는 아니다. 골을 마무리하는 선수도 문전에서 적지 않은 도움을 올릴 수 있다.

후방 빌드업이 널리 펼쳐지는 현대 축구 전술에서, 공격 전개의 디딤돌을 두는 선수들의 '값진 패스'는 기록으로 평가받지 못하고 있다. 공격적 패스를 명확히 규정하고, 수치화하면, 골에 기여하는 선수들의 가치를 객관적으로 파악하고, 이들의 활약을 '집계'할 수 있다.

공격적 패스는 흔히 말하는 '스루패스'다. 상대 수비를 '관통'하는 패스다. 공격적 패스도 두 가지로 구분할 수 있다. 공을 전진 시키는 '포워드 패스'와 뒷 공간을 무너트리는 '침투 패스'는 비슷하면서도 다르다. 경기를 보다 세밀하게 분석하기 위해선, 패스도 더 세세하게 나눠서 볼 필요가 있다.

김 분석관은 포워드 패스를 조금 더 세밀하게 정의했다. 공을 전진시키는 모든 패스를 빌드업 과정에 영향을 미친 좋은 패스로 볼 수는 없기 때문이다. 축구 경기를 오랫동안 분석한 김 분석관은 "한 라인, 두 선수 사이를 관통해 12m이상(축구장 세로 줄무늬 3칸 크기) 전진적으로 연결되는 패스"로 포워드 패스를 명확히 했다. 허공을 갈라 상대 수비를 통과하는 '롱 볼'과 구분하기 위해 2m 높이 이하로 지면 방향으로 연결되어야 한다는 조건도 달았다.

하지만 12m라는 거리가 꼭 절대적이지는 않다. 11m 내지 10m를 전진시켰더라도 치명적인 패스를 무시할 수는 없다. 그래서 12m 이하의 거리로 연결된 전진 패스 중 명백하게 공격을 전진시키는 데 중요한 역할을 한 패스는 포워드 패스로 인정한다.

1___가까운 거리에서 연결되거나 위협도가 떨어지는 포워드 패스는 포함하지 않는다.

2___가까운 거리에서도 확실히 라인을 관통하여 공격이 전개되면 공격적 패스에 포함한다.

3___확실하게 라인을 관통하여 연결되는 패스만 포함한다.

포워드 패스는 미드필더뿐 아니라 풀백들에게도 매우 중요한 능력이다. 측면에서 얼리 크로스 혹은 돌파 후 크로스만 올리는 패턴은 간파당하기도 쉽고, 상대 수비수가 공과 사람을 파악하고 대비하기도 쉽다. 측면에서 중앙 지역으로, 상대 풀백과 센터백 사이를 노려 압박의 틈을 노리는 대각선 포워드 패스는, 빌드업 과정에서의 치명성이 높다.

이렇게 '한 라인을 건너서' 연결 되는 포워드 패스는 위협적인 찬스를 만드는 데 많은 영향을 미친다. 포워드 패스를 규정하고 수치화하면 공격을 전진시키는 선수들의 능력을 객관화할 수 있고, '빌드업 능력이 좋은' 수비수들의 능력도 객관적으로 파악할 수 있다. 수비수들은 빌드업 능력을, 그 외의 선수들은 공격을 전진 시키는 능력을 파악하는 데 용이하다.

침투패스는 '상대 수비 뒷 공간으로 연결되는 패스'다. 슈팅상황으로 직결될 수 있는 가장 공격적인 패스로, 득점이 되면 상당수가 어시스트로 인정받게 되는 패스다. 침투 패스가 선수의 '기회 창출 능력'을 수치화하는 데 큰 지분을 차지한다.

어시스트 기록은 공격수의 결정력 문제, 상대 수비수나 골키퍼의 선방 능력으로 인해 기록되지 않을 수 있다. 골이 되지 않았더라도, 골이 될 수 있는 패스를 보낸 선수의 플레이는, 그 가치를 기록으로 인정 받아야 한다. 슈팅으로 연결된 '키 패스'도 최근 축구통계사이트에서 볼 수 있는 지표인데, 슈팅이 되지 않았더라도 의미 있는 패스를 집계하지 못한다. 하지만 골문 방향이 아니라 사이드로 연결된 침투 패스는 스루패스로, 사이드 지역에서 가까운 거리로 연결된 침투 패스는 일반 패스로 간주한다. 패스의 치명성을 분리해 구분하는 것이다.

'스코어러'가 아닌 선수의 능력은 어시스트보다 '기회창출'로 평가 받아야 한다. 기회창출은 1대1 상황을 만들어주는 연결이 이루어 졌을 때 기록한다. 볼을 소유한 선수가 볼을 소유하지 않은 선수에게 1대1 상황에 준하는 상황을 만들어줄 때도 기록한다. 꼭 골키퍼와 마주하는 기회여야 하는 것은 아니다. 1대1 상황은 아니지만 완벽한 슈팅을 할 수 있도록 상황을 만들어줄 때도 기회창출로 볼 수 있다. 선수 평가의 '기회창출' 항목은 결국 침투패스 기록과 연결된다고 할 수 있다. 볼을 소유한 선수가 직접 드리블 돌파로 1대1 상황을 만든 것은 포함하지 않고, 별도로 파악해야 패스로 기회를 만든 선수, 빌드업 과정 속에 기회 창출 능력이 높은 선수를 수치로 가려낼 수 있다.

## 포지션 플레이
## : 득점으로 가기 위한 세 가지 우위에 대하여

"목표는 공이 아니라 상대를 움직이는 것이다. 상대방을 압박하도록 초대하라. 한쪽에서 공을 갖고 있다면, 다른 한쪽에서 마무리하라."

○ 주제프 과르디올라

지금까지 열거한 공 소유를 중심으로 한 모든 현대 축구 전술 요소를 집대성해 하나의 시스템으로 만든 것이 포지션 플레이다. 주제프 과르디올라 감독이 최종적으로 진화시켜 성공적으로 적용하고 있다는 점에서, 전술을 논하는 영어권 매체도 스페인어 후에고 데 포시시온으로 그대로 소개하기도 한다. 요한 크루이프가 토털 풋볼의 유일한 창안자가 아니듯, 포지션 플레이 역시 과르디올라 감독 혼자 만의 발명품은 아니다.

육상 선수 출신의 카탈루냐 스포츠 언론인인 마르티 페라르나우는 과르디올라 감독이 바이에른 뮌헨을 이끌던 시절, 구단 내부에서 과르디올라의 모든 것을 지켜보고, 소통하며 두 권의 책을 썼고, 이 기간 후에 고 데 포시시온 이론의 정립 및 설파에 기여했다. 축구 전술 사이트 마르티 페라르나우닷컴과 축구 전술 웹진 택티컬룸을 운영하는 페라르나우에 따르면, 후에고 데 포시시온은 FC 바르셀로나를 거친 여러 축구 명장의 영향을 통해 완성되었다.

원형이 되는 것은 물론 토탈 풋볼로 현대 축구 전술의 혁명을 일으킨 크루이프다. 포지션 플레이의 기본 원칙은 토탈 풋볼의 원칙으로 설정된 공간 지렛대, 공격적인 압박, 절대적인 볼 소유를 추구하고 있기 때문이다. 21세기형 토탈 풋볼은 선수들의 포지션 교환범위를 넓히고, 경기장 전역을 과거 토탈 풋볼 시대의 미드필드처럼 활용하며, 공간을 축소해 경기장 전체를 통제할 수 있는 축구로 나아갔다.

스페인 대표팀이 유로 2012에서 우승할 때 적용한 제로톱 4-6-0 시스템은 전문 스트라이커가 없고, 미드필더처럼 뛸 수 있는 수비수들로 선수들의 포지션 구분이 사실상 사라지고, 경기장 전역에서 함께 플레이하는 형태로 구현됐다. 이것은 충분히 토탈 풋볼의 다른 형태라 말할 수 있다. 공간을 창조하고, 공간을 지배하며, 선수 전원이 플레이를 함께 만드는 바르셀로나식 스페인 축구는 결국 토탈 풋볼에서 태어나 포지션 플레이로 진화하고 있는 것이다.

크루이프가 떠난 뒤 아약스와 바르셀로나를 차례로 맡아 전술의 실용성을 가미한 루이 판할은 토탈 풋볼이 포지션 플레이로 넘어가는 데 결정적 역할을 했다. 후안마 리요는 "후에고 데 포시시온을 그리는 데 가장 기여한 이는 판할"이라고 말한 바 있다. 방향성이 비슷하지만 경기를 전개하는 과정에서 선수들의 개별 창조성을 강조한 크루이프, 팀으로 사전에 철저히 계획된 플레이를 강조한 판할의 철학에는 차이가 있지만, 경기의 해법을 찾는 방식은 유사했다.

의견 대립이 있었던 크루이프와 판할의 이상을 바르셀로나에서 경험하며 하나로 담은 이가 과르디올라 감독이다. 그리고 과르디올라 감독이 자신의 방법론을 완성하는 과정에서 '최고의 스승'이었다고 공개한 이가 후안마 리요다. 리요는 멕시코 클럽 도라도스에서 선수 과르디올라와 함께 5개월을 보내며 축구 전술 연구의 나날을 보냈다. 둘은 멕시코에서 "선수들이 보지 못하는 것을 의식하고 경기하는 것"을 가능하게 하는 법을 고민했다.

팀원 전체가 참여하는 플레이에서 선수들의 독단적이고 변칙적인 플레이가 빈번하면 구조화된 경기는 어렵다. 골을 넣는 마지막 과정의 한두 변주 정도가 최고의 선수에게 허용될 뿐이다. 팀 전체가 가담해 계획한 포지션 플레이는 철저히 기본 원칙과 준비된 플레이를 통해 구현해야 한다. 그런 점에서 크루이프의 이상이 기반이 되지만 판할의 운영법의 지분이 더 크다고 할 수 있다.

리요는 과르디올라 감독이 바르사 B팀 그리고 1군 감독을 맡았을 때 공식 직책을 맡지는 않았으나 비공식적으로 과르디올라의 조력자 역할을 했다. 리요는 이후 호르헤 삼파올리 감독과 일하기 위해 자신의 길을 떠났고, 삼파올리 감독과도 칠레와 세비야에서 인상적인 전술적 성취를 낳는다. 하지만 위대한 성공을 펼쳐낸 쪽은 결국 '포지션 플레이'의 창안자로 불리게 되는 과르디올라이다. 후에고 데 포시시온은 과르디올라의 바르셀로나에서 본격적으로 정립되어 펼쳐졌고, 바이에른 뮌헨과 맨체스터 시티를 거치며 널리 알려졌다.

과르디올라의 축구는 바르셀로나 시절에 공을 소유하고 짧은 패스를 주고 받으며 경기를 만들어가는 방식이 두드러져 '티키타카'나 '점유율 축구'로 통칭되었다. 실제로 이런 방식으로 상대 수비를 요리한 작은 선수 리오넬 메시, 차비 에르난데스, 안드레스 이니에스타의 영향력이 컸기 때문이다. 과르디올라 감독 스스로 배움과 진화를 위해 바르셀로나를 떠나면서 이 굴레를 벗어날 수 있었다. 과르디올라 감독은 스스로 "티키타카는 쓰레기다. 나는 포지션 플레이의 신봉자"라고 '과르디올라 컨피덴셜'에서 고백했다.

"다음 라인에서 플레이하기 위해 패스 하라."　　　　　ㅇ 후안마 리요

그렇다면 포지션 플레이란 무엇인가?

　포지션 플레이는 축구를 보는 방법, 이해하는 방법이자 정체성, 아이디로, 경기를 전개하는 방식으로 규정되는데, 특정 플레이 스타일을 지칭하는 것이 아니라 시스템이나 방법론이라는 더 큰 범주로 설명된다. 포지션 플레이를 수행하기 위해 특정한 스타일이나 포메이션만이 가능한 것은 아니기 때문이다. 포지션 플레이는 점유 플레이를 수반하지만 점유 플레이 자체가 포지션 플레이는 아니다. 티키타카와 같은 짧게 주고 받는 패스도 포지션 플레이의 일부가 될 수 있지만 수직적 패스나 롱패스도 포지션 플레이에 포함될 수 있다.
　후안마 리요는 "포지션 플레이의 기본 원칙은 자유로워진 선수를 향해 롱패스를 할 수 있도록 짧은 패스를 만드는 것"이라고 했다. 결국 골로 가는 길을 열기 위한 플레이의 과정을 만드는 것이라고 할 수 있는데, 이것은 빌드업의 정의와 비슷하다. 포지션 플레이에는 더 구체적이고 세세한 원칙들이 있다. 포지션 플레이에서 중요한 것은, 공을 중심으로 플레이가 펼쳐지는 각각의 국면에서 우리 팀이 상대 팀을 상대로 '우위'를 의도적으로 만들고, 이를 이용해 골로 가는 길을 여는 것이다.

"포지션 게임은 팀 내 선수들 간의 관계를 강화시켜주기 때문에 저는 포지션 게임을 믿습니다. 즉, 예를 들어, 상대 선수들의 포지션을 고치고, 경기장 내 핵심 공간에서 수치적 우위를 개발하려고 하고, 특정 영역을 없애고, 특정 행동을 촉진하고, 해결책과 대안을 가지고 있는 자신을 동일시합니다. 저는 선수들이 가장 멀리 떨어진 발에서 받는 것과, 공을 열거나, 패스 라인을 찾는 것을 좋아합니다."
○ 후안마 리요

포지션 플레이는 공을 소유하고, 수비 라인부터 미들 라인, 공격 라인으로 넘어서는 과정에서 팀 전체가 혼연일체가 되어 상대를 공략하는 것이다. 스페인어로 공과 함께 여행하는 것(el balon viajen juntos)이라는 표현을 쓰는 것은, 리요가 결과가 아닌 여정이 중요하다고 표현하는 것과 맥을 같이 한다. 득점으로 가는 여정을 세밀하게 만들고, 계획적으로 우세하게 만드는 것이 포지션 플레이다.

포지션 플레이에는 상기에 서술해온 토탈 풋볼, 살리다 라 볼피아나, 티키타카, 포워드 패스가 모두 구현되는데, 활발한 사이드 체인지와 유기적인 교차 플레이, 1대1 돌파 등 축구 경기에서 득점을 위해 필요한 모든 요소를 포지션 플레이의 체계 안에서 구현한 우위를 통해 적용하는 것이다. 포지션 플레이의 목적은 소유나 패스, 기술이 아닌 '골'이다.

"모든 행동은 공을 받기 위한 후속 행동을 암시한다."
○ 오스카 카노

포지션 플레이를 통해 득점하기 위해선 골로 가는 슈팅의 순간 시간과 공간적 자유를 얻는 선수를 만들어야 하고, 이를 위해선 지속적으로 공을 소유해야 한다. 소유 상태에서 상대의 조직된 수비를 흔들려면 원터치 패스와 빠른 패스가 필요하다. 패스 연결은 삼각형 내지 다이아몬드 형태를 구축해 옵션을 늘려 진행한다. 이를 위해선 선수단 전체가 상대 압박을 피해 공을 받고, 다시 연결할 수 있는 위치로 이동해야 한다. 공과 사람이 지속적으로 움직여야 하는데, 결국은 상대 수비가 움직여 골로 가는 길을 여는 것이 목적이다.

이 과정이 티키타카로 보이기도 하고, 점유 축구로 보이기도 하지만, 소유는 그 자체가 철학이 아니라 '후에고 데 포시시온'의 도구로 기능한다. 결국 목적은 상대 압박 라인을 넘어 상대 골문을 향해 자유롭게 슈팅할 수 있는 공간을 선점하는 것이다.

"포지션 플레이는 사전에 구조화된 플레이의 모델로 계획되고, 생각하고, 연구하고, 세세하게 풀린다. 이러한 형태의 플레이의 해석자들은 게임 중에 발생할 수 있는 다양한 가능성과 그들의 역할이 항상 무엇이 되어야 하는지를 알고 있다. 당연히, 더 나은 해석과 더 나쁜 해석들이 있다."

ㅇ 마르티 페라르나우

체계없이 마냥 움직이는 것이 아니다. 포지션 플레이에서 공의 이동과 선수의 이동은 수적 우위, 위치적 우위, 질적 우위 등 세 가지 우위를 확보해 상대를 무너트린다는 명확한 전술적 목표를 갖고 훈련되며, 구현된다.

"이 플레이는 압박을 가하는 라인 뒤에서 지속적으로 우위를 구현하는 것이다."

ㅇ 후안마 리요

첫 번째 우위는 수적 우위다. 수적 우위란 공 주변으로 플레이가 진행되는 상황에서 자유로운 선수 한 명을 만드는 것이다. 공을 운반하는 선수 근처에 상대보다 더 많은 선수가 근접하도록 하여 과부하를 야기하고, 이를 통해 상대 압박 라인을 통과하는 것이다. 간단하게 말하면 우리 팀에 노마크 상황의 선수가 발생하도록 플레이를 계획하는 것이다.

> "세 번째 선수, 자유인을 찾고, 그가 돌아서서 마주한 채 플레이 할 수 있도록 하라."
>
> ○ 후안마 리요

살리다 라볼피아나는 미드필더가 수비 라인으로 내려와 수적 우위를 만들고, 가짜 9번 전술도 공격수가 미드필더로 내려와 수적 우위를 만드는 것이다. 풀백이 미드필드로 들어와 플레이하는 패턴 플레이도 중원에서의 수적 우위를 끌어내는 방법이다. 공의 위치에 따라 선수들의 포지션 이동을 통해 수적 우위를 만들고 이를 통해 패스를 성공시키고 다른 영역으로 전진해 상대 골문에 근접한 뒤 득점 기회를 만드는 플레이의 시퀀스다.

> "축구는 미식 축구와 비슷한 점이 있고, 그렇게 변했어요. 더 이상 무엇도 우연이 아닙니다. 비야레알의 예를 들어 보죠. 중원은 마름모꼴로 구성합니다. 항상 미드필드에 한 명을 더 두죠. 두 명의 공격수로 플레이하고, 알베스가 미드필드로 내려옵니다. 왜냐하면 바캄부와 바카의 뒤에 세 명을 두는 것이 득점에 충분하지 않기 때문입니다. 왜 뒤에 4명의 수비를 둬야 하냐고요? 최소한 수적 동위를 위해서 입니다. 메시에 대해 말하자면, 레오는 중원에 배치됩니다. 중원으로 플레이하러 옵니다."
>
> ○ 차비 에르난데스

수적 우위를 만들기 위한 과부하를 생성할 때 주의해야 하는 점이 있다. 포지션 플레이에서 선수들의 배치는 단지 공을 중심으로 한 무정형이 아니라, 과르디올라 감독이 그의 방식으로 그린 구획 안에서 적절히 배분되어야 한다.

같은 수평 라인에 3명 이상의 선수가 있어선 안 된다. 동시에 2명 이상의 선수가 수직으로 같은 라인에 있어서는 안 된다. 수직과 수평 공간에서 선수들인 적절히 떨어져서 각기 다른 공간을 점유하고 있어야 한다. 선수들이 경기 중 상황에 따라 유연하게 포지션을 바꿀 수 있지만 원칙을 지키며 구조를 지켜야 한다.

선수들이 자기 자리를 비우고 이동할 수 있는 것은, 그가 비운 자리를 다른 누군가 반드시 차지해 팀 전체가 구조적 균형을 잃지 않으리란 약속과 믿음이 있고, 이를 위해 훈련 받았기 때문이다. 그 점을 경기 내내 한 시도 놓치지 않고 인지하고 있어야 한다는 점에서 훈련 과정이 매우 치밀하고 치열하다. 그래서 이 과정이 자동화되는 데에는 한 시즌 이상의 시간이 걸린다. 선수들이 인지하지 못하는 것을 인지한 듯 플레이하게 만드는 과정은 지난하다.

"쉽진 않을 겁니다. 처음부터 어려울 거예요. 엄청난 집중력을 갖고 뛰면서도, 동시에 새로운 개념에 대해 생각해야 하거든요. 플레이와 생각을 동시에 하는 건 쉽지 않아요. 90분 동안 집중해서 플레이하는 것도 어려운데, 움직임이나 위치까지 생각하며 뛰어야 하는 거죠." ○ 주제프 과르디올라

바르셀로나와 바이에른에서 부임 첫 시즌부터 성과를 낸 과르디올라 감독은 맨체스터 시티 부임 첫 시즌에 무관에 그쳤다. 공을 소유하고, 팀 전체가 공을 운반하는 문화가 스페인과 독일에 비해 잉글랜드에서는 선수들에게 더 생소했기 때문이다. 프리미어리그는 경기 템포가 가장 빠른 무대이며, 이 속도감을 90분 내내 통제하는 것도 불가능하다. 첫 시

**과르디올라 맨시티 2017-18 시즌 기본 포메이션**

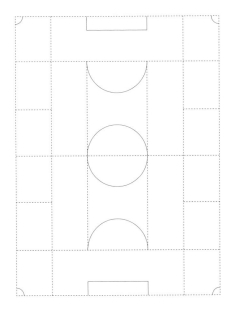

**과르디올라식 피치 구분**

즌이 이후 '펩 시티'는 내리 두 시즌은 압도적으로 프리미어리그 우승을 이뤘고, 2018-19시즌에는 잉글랜드 국내 대회 전관왕을 차지했다.

과르디올라 감독은 맨시티의 골키퍼가 스위퍼처럼 플레이하도록 만들었고, 두 센터백은 깊은 곳의 플레이메이커가 됐으며, 좌우 풀백은 안으로 들어와 미드필더가 되었다. 측면 공격을 이끌던 더 브라위너는 다비드 실바와 함께 인사이드하프로 2선에서 경기를 만들었고, 자네와 스털링, 아구에로가 빠른 속도로 문전에서 패스하고, 크로스하고 마무리하며 득점했다. 맨시티 선수들은 과르디올라의 피치 안에서 적절한 포지션과 영역을 차지하고 늘 우위를 만들었다.

"바르사에서 제가 그 당시에 구상하던 전술적 진화는 레프트백을 끌어올려서 두 번째 피보테로 활용하는 거였어요. 우리는 풀백이 뒤에서 공을 갖고 나올 때 피보테만큼 멀리 나올 수 있고, 공을 더 앞으로 보내기 전에 위치가 겹치지 않도록 해야 한다는 걸 이미 알고 있었어요. 레프트백을 피보테와 함께 남겨 필요할 때 미드필드에서 '도블레 피보테' 시스템으로 수비할 수 있도록 하기 위한 아이디어였죠. 원래 라인업이 그렇지 않았더라도요."

ㅇ 주제프 과르디올라

과르디올라는 바이에른 훈련장에 이와 같은 그만의 방식으로 나눈 구획을 바탕으로 포지션 플레이를 훈련했다.

"우리는 이 다섯 개의 통로에서 훈련합니다. 기본적인 원칙은 한쪽 측면에 있는 윙어와 풀백이 절대 같은 통로에 있어서는 안 된다는 것이죠. 센터백이 차지하는 위치에 따라, 그 선수 쪽에 있는 풀백과 윙어는 비어있는 통로에 있어야 해요. 이상적인 모습은, 만약 센터 하프가 자리를 비우고 나가

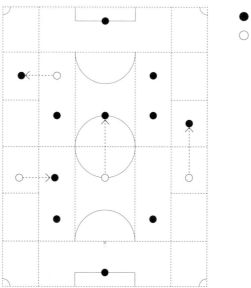

**과르디올라의 포지션 플레이 원칙**

윙어와 풀백의 각기 다른 통로 이동 예시. 윙어와 풀백은 절대 같은 통로에 있어선 안 된다.

면, 풀백은 바로 옆의 안쪽 통로에 있어야 하고, 윙어는 바깥 쪽 통로에 있어야 공이 바로 그 선수에게 연결될 수 있죠. 만약 측면의 윙어에게 바로 패스를 연결했다면 상대편 미드필드를 통째로 건너뛴 셈이죠. 그리고 공을 잃었을 때는 풀백이 안쪽에 있어서 바로 공간을 좁혀 들어갈 수 있어요. 우리의 움직임을 통해서 상대편의 계획을 강제로 바꾸려는 겁니다. 우리 풀백이 안쪽으로 들어오면서 상대방의 윙어를 함께 끌어들여요. 만약 윙어가 따라오지 않으면, 자유로운 선수가 한 명 생기는 거죠. 만약 상대방 공격형 미드필더가 그를 커버하면, 우리 공격형 미드필더를 마크하는 선수가 없게 되고, 그런 식으로 돌아가는 거예요." ○ **주제프 과르디올라**

차비 에르난데스도 맨체스터 시티에서 과르디올라 축구의 중요한 특징을 안으로 좁혀 들어오는 풀백이라고 설명했다.

"연합적인 축구입니다. 과르디올라는 온종일 자유로운 공간이 어디있는지 꾀합니다. 예를 들어 레반테의 경기를 보면 윙어가 풀백을 대인방어하는 모습을 볼 수 있어요. 비엘사가 그랬던 것처럼 풀백을 안쪽으로 당기면 됩니다. 센터백이 윙에게 직접 패스하고, 상대 윙어가 따라가게 만든 뒤에 공간을 만듭니다. 대부분 피케의 패스가 바로 메시에게 갈 때 풀백들이 괴로워하거든요. 상대 윙어가 처리할 수 있는 영역이 아니기 때문이죠. 그들이 개개인을 마크한다면 사발레타나 워커를 안으로 들어오게 하면 됩니다. 따라오지 않으면 자유롭게 되고, 따라오면 윙어에게 바로 패스하면 되죠. 공간과 시간의 문제입니다. 상대팀이 통제할 수 없는 것이죠. 한 명을 마크하면 한 명은 자유가 되니까요. 그렇게 우위를 만드는 것입니다."

ㅇ 차비 에르난데스

과르디올라 감독은 선수들이 포지션 영역별 우위를 위한 팀의 원칙을 잊고 잘못된 위치에 있을 때 불같이 화낸다. 이 원칙을 위배한 변칙적인 움직임도 용납하지 않는다. 설사 그 변칙적 움직임이 골로 이어지더라도 말이다. 티에리 앙리는 바르셀로나에서 뛰던 시절 과르디올라 감독이 자신을 전술적 지시 불이행으로 교체했던 당시의 일화를 소개한 바 있다.

앙리는 2007년 스포르팅 리스본과 UEFA 챔피언스리그 경기에서 갑자기 사이드 체인지를 시도한 변칙 플레이로 득점했으나 과르디올라는 불같이 화냈고, 전반전이 끝난 뒤 앙리를 교체했다. 현역 생활을 마친 뒤 영국 방송 분석 패널로 활동한 앙리는 당시 무슨 일이 있었는지를 설명하며 과르디올라의 축구 철학, 포지션 플레이의 원리를 설명했다.

"바르셀로나에서는 자기 포지션을 지키고, 동료를 믿고 공을 기다려야 합니다. 내가 어디 있는지 보세요(왼쪽 터치라인에 자리한 상황). 그 포지션은 (중원 지역) 이니에스타가 공을 받도록 허용된 곳이에요. 난 라이트백과 있어야 했죠. 자유는 파이널 서드 지역에만 허용됩니다. 높은 곳에서 시작하고 넓게 벌리고. 그런 다음에 원하는 걸 할 수 있죠."

"기본적으로 훈련은 경기로 이어집니다. 파이널 서드 지역까지는요. 과르디올라는 세 개의 P를 자주 말했어요. 플레이, 포제션, 그리고 포지션. 그리고 가장 중요한 것은 포지션이라고요. 각자 자기 포지션을 지켜야 한다. 팀과 동료를 믿고, 공이 내게 올 거라고 믿어야 한다. 훈련 중에 이해시키기 위해서, 특히 차비와 이니에스타는 파이널 서드까지 콘을 뒀어요. 오른쪽 사이드에 있는 선수들은 왼쪽 사이드로 넘어가는 게 허용되지 않았죠. 왼쪽에 있는 선수들은 오른쪽으로 넘어가선 안 됐고요. 하지만 파이널 서드에서는 우리 모두에게 자유를 줬어요."

"그는 계획이 있습니다. 그가 요구한 것은 제대로 하지 못하면, 문제가 생깁니다. 난 '나'이고 싶었고, 오른쪽 날개로 이동해 메시와 함께 플레이했죠. 난 벤치가 있는 사이드에 있지 않았기 때문에 화난 소리를 듣지는 못했고, 신경 쓰지도 않았죠. 난 골을 넣었고, 우리가 스포르팅 리스본을 상대로 하프타임에 1-0으로 앞서게 되었습니다. 모든 게 좋았다고 생각했는데 그는 날 교체했어요. 난 '내가 뭘 잘못했지?'라고 생각했죠. 판할과 매우 비슷하게, 펩은 플랜이 있습니다. 그의 플랜을 존중해야 해요."

"그는 팀을 맡은 첫날 우리에게 이렇게 말했어요. 내 일은 너희들을 파이널 서드로 데려가는 것이다. 너희들의 일은 그걸 마무리하는 거야."

"나이 서른에 과르디올라 감독을 만나서 축구를 다시 배웠죠. 만약 당신이 라이트백과 오른쪽 센터백 사이에 서 있고, 사뮈엘 에토오나 내가 같은 사이드에 있다면, 당신은 혼자 네 명의 선수를 묶을 수 있게 됩니다. 사뮈엘 에토와 내가 뒤로 달리면 차비와 이니에스타가 공을 쥐고 측면으로 벌리고, 메시가 뒤로 내려오죠. 어느 쪽이든 당신은 끝장나는 거에요. 높은 곳에서 넓게 서있으면, 다시 안으로 들어와야 합니다. 네 명을 묶어두고 있으니까 뒤로 뛰어 들어가면 위협할 수 있어요. 많은 걸 할 수 있죠. 나라면 당신에게 런던에서 만나자고 하면 주소 없이 런던이라고만 말할 거에요. 당신이 영리하다면 날 찾을 수 있겠죠. 하지만 과르디올라는 GPS도 주고, 주소도 주고, 차도 주고, 모든 걸 줍니다."
            ○ 티에리 앙리

두 번째는 질적 우위다. 선수들의 일대일 능력치는 각기 다르다. 상대 팀 선수와 기술적 우위를 점할 수 있는 영역에서 우리 팀과 상대 팀이 1대1 내지 2대2 동수로 경쟁할 수 있는 상황을 만드는 것이 목적이다. 질적 우위를 통해 상대를 돌파할 수 있기 때문이다. 이 경우 팀은 상대 팀의 가장 취약한 선수를, 우리 팀의 가장 뛰어난 선수가 1대1로 상대하는 상황을 만들도록 플레이를 계획한다.

"수치적, 위치적, 질적 우위가 있지만, 1대1이라고 다 대등한 상황은 아니다."
            ○ 파코 세이룰로

"재능은 항상 피지컬을 이깁니다. 그런 일이 일어나지 않는 날, 우리는 망할겁니다. 경기가 아주 지루할 테니까요. 제가 재능을 정말 믿는 이유는 항상 재능은 당당하다는 것입니다."
            ○ 차비 에르난데스

세 번째는 위치적 우위다. 일대일로 맞선 상황에서 질적 우위를 차지하지 못하더라도, 차지한 공간의 양과 타이밍으로 인해 우위를 점할 수 있다. 위치적 우위를 점하는 목적은 유리한 위치를 선점하고 특정 동작을 하는 것으로 상대 선수와 상대 팀의 수비 조직을 조정하는 것이다.

"목표는 공이 아니라 상대를 움직이는 것이다."  ○ 주제프 과르디올라

선수를 어느 위치에 배치하는 것만으로도 상대 선수의 움직임을 고정시킬 수도, 유도할 수도, 딸려서 이동하게 만들 수 있고, 이를 통해 생긴 공간을 활용할 수 있다. 라인 사이의 깊이와 넓이는 인위적으로 만드는 것은 위치적 우위를 점하는 것으로 가능하다.

특정 순간에 플레이어가 점유해야 하는 특정 구역이 있다. 반드시 점유해야 하는 특정 구역이나 위치는 다양한 상황에 따라 달라진다. 팀 내 특정 선수 세트가 공과 관련하여 특정 영역을 점유하지만, 역할의 유연한 교환으로 인해 이를 수행하는 선수들은 다를 수 있다. 선수는 공의 위치, 팀 동료, 상대 선수, 공간을 참고하여 어디로 이동할지를 결정한다. 위치적 우위를 점하는 축구는 토탈 풋볼의 영향을 받은 뒤 현대 축구 압박 전술의 기반을 구축한 아리고 사키의 이상과도 비슷하다.

"우리 선수들은 공, 공간, 상대, 팀 동료 등 4개의 레퍼런스 포인트를 갖고 있었다. 모든 움직임은 이러한 기준점과 관련하여 발생해야 했다. 각 선수들은 이 기준점 중 자신의 움직임을 결정해야 했다."  ○ 아리고 사키

현대 축구는 공을 잃은 순간 즉각적인 압박을 통해 공을 되찾는 수비 방식도 보편화 되었는데, 이 1차 압박에 실패하면 자기 진영으로 내려와 수비 형태를 구축한다. 포지션 플레이를 추구하는 팀의 경우 안정적으로 공을 소유한 채 세 가지 우위를 점해 득점으로 가는 길을 만드는데, 이 과정에서 상대 팀은 자연스럽게 자기 진영에서 밀집 수비 대형을 구

축하게 된다. 이러한 밀집 수비를 파훼하는 과정을 통해 포지션 플레이가 강조하는 세 가지 우위를 만드는 법의 예시를 볼 수 있다.

Q  공을 통제하고 싶은 팀들은 블록을 만듭니다. 22명이 50m 내에 모이게 되는데, 이 반론은 어떻게 해결할 수 있나요?                    ○ 엘파이스

"우리는 이미 2008년에 그런 훈련을 해봤어요. 루이스 엔리케와도 해봤죠. 4명의 2개 라인, 한 명이 피보테로 서고, 사이드를 빠르게 전환하며 공간을 차기 위해 시도했죠. 우리 첫 번째 라인이 아니라 두 번째 혹은 세 번째 라인에서 플레이를 바꾸려고 했어요. 바르사는 무엇을 찾을 수 있는지 미리 예측합니다. 우리는 9명의 수비수를 상대로 포지션 플레이를 훈련합니다. 우리 센터백은 공을 몰고 가고, 나눠주고, 항상 작은 공간에서 공과 대화하는 훈련을 해요. 2m나 3m 안에 상대를 떠나기 위해 컨트롤을 배우고 포지션 플레이를 합니다."                    ○ 차비 에르난데스

과르디올라는 경기장에 추가적인 선을 그어 영역을 세분화했다. 이 영역을 선수들이 점유하고, 해당 영역에 공이 투입되었을 때 패스 레인을 만들고, 상대 팀의 특성에 따라 세 가지 우위를 점할 수 있는 영역을 설정해 훈련하고 구현하는 것이 포지션 플레이의 실제다. 공을 소유한 채 점차 상대 골문에 근접한 영역으로 나아가고, 삼각형 내지 다이아몬드 형태의 패스 레인을 만들며, 그 안에서 자유인을 만드는 것이다. 공을 읽었을 때는 핵심 수비 영역에 과부하를 줘서 빠르게 되찾고 다시 공격을 전개하는 것이 목표다.

늘 골이 목표라는 점에서 패스는 앞으로 향하는 것이 첫 번째 원칙이다. 상대 압박 라인을 벗길 수 있는 깊숙한 전진 패스를 빠르게 성공시키면 좋다. 하지만 과르디올라 감독은 팀이 플레이를 구축하기 위해서

는 전 선수들이 관여하는 15번의 패스가 필요하다고 말했다. 신속을 위해 구조가 불안정해지도록 서두를 필요는 없다는 것이다.

그렇기 때문에 백패스를 통해 전열을 정비하고, 상대 허점을 다시 살피는 과정도 용인된다. 백패스 금지 원칙 같은 것은 없다. 후안마 리요도 "지켜보기 위해서 내려오고, 올라가기 위해서 내려오는 것이다."라고 했다. 과르디올라도 뒤에서부터 경기를 푸는 이유, 다시 뒤로 돌아가서 경기를 재구성해도 되는 이유를 '시야 확보'의 측면으로 설명한다.

"멀리 보라. 요한 크루이스가 우리에게 먼저 요구했던 것은 늘 멀리 보라는 것이었다."                                                  ○ 주제프 과르디올라

"골대에 가까워 질수록 골과는 멀어진다."                           ○ 후안마 리요

수적 우위는 공을 가진 선수 주변으로 빠르게 근접해 패스 코스를 늘리고, 상대 수비를 밀집 시켜 반대편 공간을 여는 효과를 갖는다. 이렇게 끌어당긴 뒤 자유로운 상태에 있는 선수에게 패스하거나, 질적 우위에 있는 선수가 상대와 수적 동위 상태를 연출하게 만들어 패스해 상대 압박을 벗기고 상대 골문에 다가선다. 수적 우위와 질적 우위의 개념은 이해가 쉽다. 위치적 우위는 조금 더 실제적인 설명이 필요하다.

포메이션의 상성은 위치적 우위가 갖는 특성을 담고 있다. 수적 우위에 있는 상대의 발을 묶어 공간적 우위를 차지하게 만드는 것이다. 이는 상대 수비가 우리 공격보다 한 명 더 많아야 불리하지 않을 수 있는 상황적 측면, 그리고 상대 수비는 우리 공격의 움직임에 맞춰 수동적으로 대응하며 움직여야 하는 구조적 측면을 이용하는 것이다.

먼저 상대가 네 명의 일자 수비를 구성하고 있을 때, 중앙에 한 명의

스트라이커를 두면 두 명의 상대 센터백이 이 중앙 공격수를 마크하기 위해 묶인다. 여기에 좌우 측면 공격수를 넓게 위로 배치하면, 좌우 풀백도 이 두 명을 마크해야 하기 때문에 센터백을 지원하거나 풀백의 오버래핑에 대비해 미드필더를 지원하기 위한 전진 움직임을 할 수 없다. 우리가 배치한 세 명의 공격수를 상대 수비는 네 명이 방어하게 된다. 이것은 축구 전술의 기본이다.

과르디올라 감독이 레알 마드리드를 6-2로 격파한 엘클라시코에서 그 효과를 널리 전시한 리오넬 메시 가짜 9번 기용은, 여기서 한 발 더 나아간다. 중앙 공격수 자리에 있던 메시가 2선 공격형 미드필더 자리로 내려오면서 두 센터백은 후방에 머무를 수밖에 없지만 실질적으로 마크할 선수는 없는 상황이 된다.

가짜 9번 전술은 대개 상대 공격수를 마크하기 위해 힘과 높이를 갖추고, 수비 전문성을 가진 센터백 선수들을 잉여 전력으로 만드는 전술적 효과가 가장 크다. 가짜 9번이 2선으로 내려간다고 따라 내려가면 측면 공격수가 대각선 움직임으로 센터백이 비운 공간을 습격할 여지가 언제든 있기 때문이다.

그렇기 때문에 레알 마드리드 센터백은 섣불리 메시를 따라 자리를 비울 수 없었다. 바르셀로나가 좌우 측면 공격수로 배치한 티에리 앙리과 사뮈엘 에토오를 넓게 배치하지 않고 레알 마드리드의 풀백과 센터백 사이 공간이 배치했기 때문이다. 중앙 공격수로도 뛸 수 있는 이들은 센터백 두 명 사이 공간을 언제든 노릴 수 있고, 풀백 뒤 공간을 파고들 수도 있고 네 명의 수비수 모두가 신경쓰지 않을 수 없다.

"(그 선수는)왜 이 순간 여기에 있었을까? 왜 당신의 동료는 홀로 공을 받는 센터백이 있는데 고정되어 있을까요? 일은 그렇게 간단히 일어나지 않습

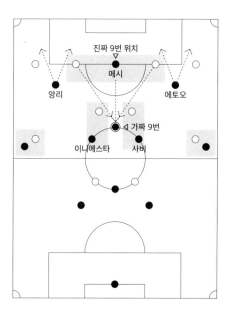

● 바르셀로나
○ 상대 팀

진짜 9번 위치
메시
앙리
에토오
가짜 9번
이니에스타
사비

**메시 가짜 9번 활용법**

가짜 9번으로 메시를 활용한 포메이션. 9번 자리의 메시가 2선으로 내려오면 두 센터백은 마크 대상이 없어진다. 앙리와 에토오가 풀백과 센터백 사이를 공략하고, 두 명의 수비형 미드필더는 이니에스타와 차비를 상대해야 한다. 메시는 자유가 된다.

니다. 바르셀로나가 레알 마드리드를 6-2로 이긴 경기를 기억해보세요. 왜 메시가 홀로 라인 사이에서 공을 받을 수 있었나요? 왜 앙리와 에토오는 센터백과 풀백 사이에서 여는 플레이를 했나요? 센터백은 나갈 수 없었어요. 왜냐하면 혼자니까요. 말합니다. '내가 나가면 그들은 내 등 뒤를 가져간다.' 가고와 라스는 나와 이니에스타를 막아야 했습니다. 메시가 홀로 공을 받았죠. 그게 우위입니다. 과르디올라와 그의 코치진은 이런 것을 아주 잘 분석합니다. 루이스 엔리케도 그렇죠. 상대팀을 분석합니다. 어디에서 우위를 점할 수 있는지, 어디에 패스를 보내면 적합한지…."

○ 차비 에르난데스

결국 바르셀로나는 중원에서 수적 우위를 점하면서 공격 지역에서는 두 명의 선수로 상대 수비 네 명을 묶어두는 위치적 우위를 점하게 됐다.

과르디올라 감독의 가짜 9번 전술은 당시 레알 마드리드를 지휘했던 주제 무리뉴 감독이 센터백 페페를 미드필더로 전진배치한 변칙 전술 대응에 공략 당했다. 2선으로 내려간 메시의 플레이를 직접 괴롭혔던 것은 물론, 과르디올라 감독의 빌드업 중심인 세르히오 부스케츠를 악착같은 대인 방어 능력을 갖춘 페페가 높은 곳에서 직접 괴롭히자 바르셀로나의 플레이가 삐걱거렸다.

굳이 수비수의 전진 배치가 아니라도, 최근 축구에서는 공격수와 미드필더의 전방 압박 능력, 수비 능력이 중시되고 개발되고 있다. 과르디올라 감독도 2018-19시즌 프리미어리그를 준비하던 당시 "상대 스트라이커 한 명이 우리의 홀딩 미드필더를 마크하고, 10명의 선수가 깊숙한 곳에서 수비하는 5-4-1 포메이션을 상대로 공격을 전개할 때 우리는 많은 문제를 발견했다."고 고백한 바 있다.

바르셀로나에서 과르디올라 감독은 상대 밀집 수비를 공략하는 원동력으로 윙어처럼 높이 배치한 풀백을 활용했다. 풀백이 윙어처럼 올라가고, 좌우 측면 공격수는 상대 풀백과 센터백 사이에 들어간 뒤, 메시와 세 명의 중앙 미드필더가 중원에서 수적 우위를 점한다. 풀백이 넓게 배치되어 상대의 간격이 벌어지고, 안으로 좁힌 두 측면 공격수의 존재로 상대 최후방 수비수가 전진할 수 없기에 이니에스타, 메시, 차비, 부스케츠가 중앙 지역에서 질적 우위를 토대로 공을 지배하며 공간을 유린할 수 있었다.

공을 쥐었을 때 개인 능력으로 너끈히 두 세 명의 선수를 제치고, 어느 위치에서든 예리하게 골문 구석을 찌를 수 있는 메시의 존재가 이 구조가 대부분의 경우 승리할 수 있었던 원동력이기도 했다.

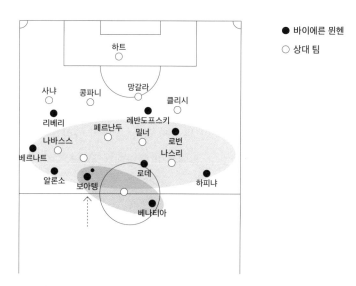

**과르디올라 체제의 바이에른 포지션 플레이 ①**

로번-레반도프스키-리베리 비대칭 스리톱, 왼쪽 센터백 보아텡의 전진을 통한 공간 과부하 창출

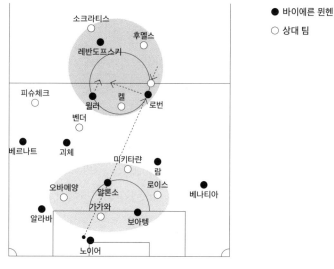

**과르디올라 체제의 바이에른 포지션 플레이 ②**

골키퍼 노이어의 롱패스를 통한 효율적인 공격 전개

포지션 플레이의 디테일은 보유한 선수에 따라서도 달라질 수밖에 없다. 바이에른 뮌헨을 맡았을 때 과르디올라 감독은 프랑크 리베리와 아르연 로번이라는 두 걸출한 윙어를 활용해 이들이 사이드 라인으로 넓게 서고, 오히려 풀백이 중앙 지역을 좁혀 들어가 중원 수적 우위를 만들고 상대 수비 간격을 벌리게 했다. 상황에 따라 로번과 리베리가 하프 스페이스로 들어오고 풀백은 비대칭으로 한 명은 사이드 점유, 한 명은 중원 가담의 형태로 변화를 줬다.

과르디올라 재임 시절 바이에른의 빌드업 형태를 보면 센터백 보아텡과 베나티아가 시작점이 된다. 센터백이 공을 전개할 때 주변에 5명의 선수가 패스 코스를 형성한다. 수비 지역에서는 노이어도 필드 플레이어와 마찬가지로 자연스럽게 공을 주고 받을 수 있고, 상대 진영으로 넘어갈 때도 센터백 파트너와 수비형 미드필더 사비 알론소, 중앙 미드필더 제바스티안 로데 혹은 필리프 람이 근거리로 내려온다. 좌우 풀백은 넓게 벌리지만 패스 사정권에 있다. 센터백 중 한 명은 상대 스트라이커의 전방 압박을 유도해 공간을 만든다.

다음은 독일 축구 전술 사이트 슈피엘베를라거룽에서 바이에른 시절 과르디올라의 포지션 플레이가 구체적으로 드러난 몇몇 경기를 분석한 것과, 과르디올라가 직접 '과르디올라 컨피덴셜'에서 경기 모델을 설명한 것을 토대로 포지션 플레이를 설명한 것이다.

바이에른 공격은 리베리, 로베르트 레반도프스키, 아르연 로번이 스리톱을 구성하는데, 레반도프스키가 최전방에서 상대 최종 수비 라인을 잡아두고, 리베리가 왼쪽 전방으로 조금 높이 올라가 투톱과 같은 형태로 상대 포백의 전진을 제어한다. 로번은 우측 뒤로 빠져 자유로운 상태에 놓여 반대 전환 시 공을 이어 받아 돌파할 수 있는 기회를 도모한다. 이를 위해 공을 운반하는 왼쪽 센터백 보아텡 부근에 많은 바이에른 선수가 모여 공간에 과부하를 만든다. 상대 수비도 공과 선수가 몰린 지역으로 몰린다.

"우리가 후방에서 빌드업해서 공격에 나설 때, 우리 윙어는 넓게 퍼져 있어야 하고, 우리 센터 포워드도 그를 마크하는 센터 하프를 유인하기 위해서 똑같이 해야 합니다. 그러면 중앙에 공간이 생기고, 우리 공격형 미드필더나 풀백이 그걸 활용할 수 있게 되죠. 만약 풀백이 넓게 퍼져서 공격을 시작하면, 공격수도 똑같이 따라서 움직여야 해요. 그럴 경우에는 우리 윙어가 가장 바깥쪽 측면 바로 안쪽의 통로에서 움직이며 빈 공간으로 파고들어서 공격하는 거죠."
○ 주제프 과르디올라

보아텡은 힘과 높이, 속도에 패스 능력을 겸비한 센터백이다. 과르디올라 체제 바이에른에서 빌드업의 핵심 역할을 했다. 보아텡은 단지 공을 운반하고 올라와 근거리의 미드필더에게 기점 패스를 보내는 것뿐 아니라 반대편 열린 공간으로 대각선 패스를 과감하게 찔러 넣을 수 있었다. 골키퍼 노이어가 아예 수비 라인과 미들 라인을 통과해 로번에게 직접 패스할 수 있는 옵션도 있었다는 점에서 과르디올라의 바이에른은 '티카타카'에 집착하지 않고 효율적으로 포지션 플레이를 구현했다. 이러한 특성은 중장거리 패스 능력이 출중한 사비 알론소를 보유했다는 점에서, 단독 돌파로 1대1 상황의 해결 능력이 세계 최정상급이라 할 수 있는 윙어 로번을 보유했다는 점에서 완성도가 더 높았다.

"우리 팀에서 막을 수 없는 선수가 누구죠? 측면에서 뛰는 리베리와 로번입니다. 우리는 그 무기를 사용해야 해요. 중원의 한가운데를 장악해야 하지만, 대각선 패스로 측면 공간도 활용해야죠. 우리 팀 전체를 끌어 올려서

**과르디올라 체제의 바이에른 포지션 플레이 ③**

중앙 미드필더 알론소가 왼쪽에 치우쳐 오른쪽에 넓게 자리한 로번을 향해 전환 패스로 공격 공략. 비대칭 공격.

**과르디올라 체제의 바이에른 포지션 플레이 ④**

리베리와 로번의 하프스페이스 배치(출처: 슈피엘베를라거룽)

로번과 리베리가 마음대로 움직일 수 있도록 해야 합니다. 뒤로 물러서면 플레이를 전개할 수 없으니까요. 그 선수들이 만약 깊은 위치에서 플레이를 전개한다면 상대방 미드필더와 풀백을 모두 제쳐야 할 겁니다. 그건 정말 어려운 거죠. 하지만 우리가 라인을 정말 높게 끌어올려서 우리 중앙 수비수들을 미드필드에 놓으면, 상대편이 우리 윙어를 이중으로 봉쇄할 공간이 줄어듭니다. 우리의 플레이를 각각 일대일 상황으로 전환할 수 있는 거죠. 그런 상황에서는 우리 선수들이 최고니까 골 사냥에 나설 수 있을 겁니다. 그들은 크로스 능력도 뛰어나기 때문에 우리 팀 최고의 골잡이들이 기회를 득점으로 연결하겠죠. 바르사에서는 메시가 중원을 파괴하는 역할을 했지만, 바이에른에서는 리베리와 로번이 측면을 파괴할 겁니다."

○ 주제프 과르디올라

AS로마를 7-1로 대파한 경기에서 바이에른은 왼쪽 측면에서 빌드업하다 알론소가 단번에 대지를 가르는 전환 패스로 로번에게 패스한 뒤, 로번이 문전을 습격하며 로마 수비를 흔들었다. 필리프 람은 로번 뒤의 왼쪽 풀백 영역과 알론소가 왼쪽으로 치우치면 중원 우측을 오가며 바이에른의 구조적 안정감에 기여했다. 바이에른 시절 과르디올라의 포지션 플레이는 이러한 비대칭 전술을 매우 효과적으로 구현했다.

"모든 팀 종목에서 이기는 비결은 한쪽에 전력을 집중시켜서 상대 수비를 그쪽으로 유인하는 거야. 한쪽으로 모여들어서 그들을 유인하면 반대쪽에 약점이 드러나게 되지. 그런 작업이 끝나면, 반대쪽을 공격해서 거기서 득점하는 거야. 그래서 패스를 해야 하는 건데, 분명한 의도를 갖고 해야지. 상대방을 유인한 다음 허점을 찌르기 위해서 하는 거야."

○ 주제프 과르디올라

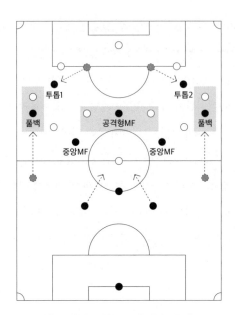

**5백 수비를 공략하기 위한 공격 전술**

투톱이 측면으로 벌려 문전 스리백을 무력화한다. 2선에 공간을 만든다.

과르디올라 감독은 마리오 괴체, 레반도프스키, 토마스 뮐러를 모두 출전시킨 상대에서 리베리와 로번을 하프스페이스에 배치하는 매우 공격적인 포메이션을 시도하기도 했다. 좌우 풀백이 측면 공간을, 스리톱이 전방 공간을 점유하며 생긴 하프스페이스에 기술과 속도를 갖춘 리베리와 로번이 자리하자 상대 수비는 속수무책으로 흔들렸다. 과르디올라는 "상대의 약점을 찾아서 그 자리에 우리의 숙련된 선수를 배치하려고 노력한다."며 경기마다 변화무쌍한 기용과 배치를 시도하는 이유를 설명했다.

맨체스터 시티에서도 미드필더를 풀백으로 두고 인사이드 풀백 형태로 기용하고, 리로이 자네와 라힘 스털링, 베르나르두 실바 등 다양한 특성을 가진 2선 공격수들을 측면에 넓게 배치하거나 하프스페이스에 배

126

치해 상대의 간격을 벌리고, 벌어진 공간 사이에 자유인을 만드는 위치적 우위를 적극 활용했다.

> "가까운 쪽 포스트로 강력한 땅볼 크로스를 올리면 절반은 득점한 거나 마찬가지예요."
>
> ○ 주제프 과르디올라

상대가 세 명의 센터백을 중앙에 배치하고, 두 명의 풀백을 둔 5백 위에 4명의 미드필더를 두면 상대 지역에서 공간을 만들기 매우 어렵다. 수적 우위, 위치적 우위를 구현하기가 더 까다로워진다. 두 명의 센터백을 지원할 자유로운 한 명의 센터백이 생기면, 좌우 풀백은 넓은 곳에서 상대 윙어와 풀백, 중원 2선 공격에 대응할 여력이 생긴다. 세 명의 센터백 앞에 두 명의 수비형 미드필더가 배치되면 풀백은 중앙 수비를 크게 신경쓰지 않아도 된다.

이러한 5백을 공략하기 위해 고려할 수 있는 위치적 우위는 스위퍼라고 부를 수 있는 스리백의 중앙 센터백을 잉여로 만들거나, 끌어 올리도록 하는 것이다. 이를 위해선 전방 공격수가 위치적 우위를 점하는 것이 중요하다. 상대가 스리백을 쓰기 때문에 고립을 피하기 위해서는 투톱이 필수다. 투톱은 스리백의 사이가 아니라 풀백과 바깥 센터백 사이 영역에 자리를 잡아야 한다.

일반적으로 스리백의 중앙 선수가 골문 앞 가장 위험한 지역을 지키고, 나머지 한 명의 센터백이 보조하면, 세 번째 센터백은 중원 혹은 측면 수비를 지원하기 위해 이동할 수 있다. 그가 자리를 비워도 포백 시 두 명의 센터백이 문전을 사수하는 효과를 낼 수 있기 때문이다. 그런데 투톱이 스리백의 중앙 센터백이 견제할 수 없는 풀백과 바깥 센터백 사이에 위치할 경우 스리백의 두 바깥 센터백이 이들의 영향력을 꾸준히 체크해야 하기 때문에 고정된다.

풀백이 이 투톱 수비에 가담할 우려는 풀백을 윙어 영역으로 높이 끌어올리는 포지셔닝을 통해 분산시킬 수 있다. 상대 풀백은 높이 올라온 풀백의 측면 돌파를 막아야 한다. 풀백을 측면으로 벌려놔도 투톱은 5백 앞에 배치된 네 명의 미드필더의 협업 수비에 묶일 수 있다. 두 명의 수비형 미드필더가 쉽게 자신들의 자리를 벗어나지 못하도록 5백과 4명의 일자 미드필더 사이 중앙 공간에 공격형 미드필더를 배치할 수 있다. 그러면 세 명의 선수로 스리백의 바깥 센터백 두 명과 두 명의 중앙 수비형 미드필더가 쉽게 그들의 자리를 벗어나지 못하게 할 수 있다.

꼭 투톱을 고수할 필요는 없다. 원톱을 두고 상황에 따라 두 명의 공격형 미드필더를 뒀다가 한 명이 전후진해서 수적 우위, 위치적 우위를 만들 수도 있다.

중앙 지역에는 이 두 명의 수비형 미드필더 외에 안쪽으로 좁혀 들어와 중원 압박 그물 형성에 가담하는 두 명의 측면 미드필더가 있다. 이들은 전진한 우리 풀백이나 공격형 미드필더를 압박해 공을 따낸 뒤 모든 선수가 전진해 비워진 우리 배후 공간을 공략할 수 있는 가장 위험한 선수들이다. 이들은 하프스페이스에 배치되는데, 우리 측 중앙 미드필더를 이 영역에 배치해 이들이 수비 지원을 위해 측면이나 중앙으로 이동하는 것, 그리고 우리 배후 공간을 노린 역습 상황을 견제하는 것이 가능하다.

즉, 상대 두 명의 수비형 미드필더와 측면 미드필더 사이 공간에 우리 중앙 미드필더 두 명을 배치하는 것이다. 이 자리는 현대 축구에서 영어로는 인사이드 하프, 스페인어로 인테리오르, 이탈리아어로 메찰라로 불리는 위치다. 이 자리의 선수들은 상대 수비형 미드필더와 측면 미드필더 사이에 머무르지 않고 공의 이동에 따라 측면 미드필더 바깥으로 이

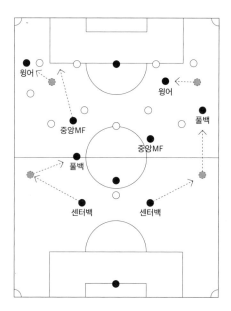

다음 범례는 그림 안에 표시되어 있다.

● 우리 팀
○ 상대 팀
● 우리 팀 원래 위치

윙어 / 윙어 / 풀백 / 중앙MF / 중앙MF / 풀백 / 센터백 / 센터백

**풀백이 안으로 오거나, 측면으로 벌리는 전형**

동해 측면에서 수적 우위를 점한 뒤 상대 압박을 공이 있는 측면으로 유인해 반대편 공간을 넓게 만들 수도 있다.

윙어와 같은 측면 공격력을 가진 풀백이 없다면 아예 윙어를 넓게 배치한 뒤 풀백을 중앙으로 끌어당겨 상대 풀백과 측면 미드필더 바깥 공간에 배치해서 활용할 수도 있다. 목적성이 손상되지 않으면 실제 구현 방식은 얼마든지 다양해질 수 있다.

바이에른과 맨체스터 시티에서 과르디올라는 풀백을 빈번하게 공격과 중원에 가담시켰고, 그로 인해 윙어가 폭을 유지하도록 배치했다. 또한 이 팀에서는 가짜 9번 없이 경기를 운영하면서 중원 지역의 수적 우위를 유지하기 위해 두 명의 피보테를 쓰는 것으로 바르사 시절과 전술적 변화가 생겼다. 과르디올라의 코치 도메네크 토렌트는 "우리가 두 번째 중앙 공격수를 사용해야 할 때, 그와 미드필더진을 연결하기 위해 두

**포지션 플레이에서 가능한 15개의 포지션**

명의 조직적인 미드필더를 중원에 포진시켜서 간격을 좁힐 수 있다. 두 명보다 한 명의 공격형 미드필더로 경기할 때 피보테가 훨씬 더 안정적이다."라고 설명했다. 과르디올라는 풀백과 윙어가 차지하는 통로가 달라야 하는 점을 지속적으로 강조했다.

"풀백들은 공격형 미드필더처럼 움직여서 공격형 미드필더가 마음대로 활동할 수 있게 해야 합니다. 하지만 풀백들은 안쪽에 있어야 하죠. 그리고 윙어들이 안쪽으로 들어오면 풀백들은 반드시 터치라인 쪽으로 넓게 퍼져야 주도권을 가져다 줄 수 있어요. 하지만 만약 윙어와 풀백이 동일 선상에서 뛰면, 풀백이 윙어 뒤에 서게 되고 그럼 다시 일대일 상황이 될 수밖에 없는 거죠. 그렇게 되면 중원에서 수적 우세를 가져갈 수 없어요."

○ 주제프 과르디올라

130

상대 원톱은 우리의 빌드업 미드필더, 수비형 미드필더를 직접 압박하는데, 이러한 상황을 피하기 위해 센터백의 공 운반 능력이 필요하다. 상대가 자기 진영에 선수 전원을 두고 공간을 없애기 위한 축구를 한다면 위치적 우위, 공 주변 영역의 수적 우위, 그리고 일대일 상황의 질적 우위로 극복해야 한다. 센터백이 미드필더 못지않은 볼 소유력과 운반 능력, 패스 능력을 갖지 못하면 이런 수비 구조를 공략하기가 어렵다.

빌드업 미드필더가 상대 스트라이커의 견제를 받고 있으면, 두 명의 센터백은 하프스페이스 영역에서 전진해 플레이에 가담한다. 스트라이커가 센터백을 따라오면 수비형 미드필더에게 공을 넘겨 공격을 전개할 수 있고, 그렇지 않으면 직접 그 앞의 풀백 혹은 미드필더 내지 전방 공격수 중 누군가가 자유인이 될 때 포워드 패스로 공격의 불꽃을 일으켜야 한다.

우리 측 중앙 측면 미드필더가 비운 공간은 1차 빌드업을 구축하는 두 명에 센터백 혹은 수비형 미드필더가 차지해 공격을 전개할 수도 있다. 아예 두 명의 수비형 미드필더를 배치하고 풀백 없는 스리백을 두거나, 스리백을 두고 빌드업 상황에 한 명씩 번갈아 수비형 미드필더 영역으로 올라가도 효과는 다르지 않다.

한 명의 선수가 하나의 포지션에 특화되어 플레이하는 시대는 지났다. 그렇다고 그의 특성과 관계 없는 전혀 다른 포지션을 소화하는 멀티플레이어를 요구하는 것은 아니다. 만약 윙어라면, 중앙 공격수, 메찰라, 풀백과 같은 영역에서 전술 수행 능력을 갖춰야 하는 것이다. 축구 계간지 '후에고'의 필진인 장영훈 전 발렌시아 유소년 아카데미 코치는 '후에고 데 포시시온'을 국내에 소개하면서 "공격 국면에 놓인 팀의 선수들이 위치할 수 있는, 혹은 점할 수 있는 포지션은 종래에는 15개로 제한된다는 것이 포지션 플레이의 기본 전제"라고 설명했다.

"1-4-3-3, 1-4-4-2, 1-3-4-3 등 기타 어떠한 시스템을 활용하더라도 예외가 없는 사항이고, 이를 감안한다면 포지션 플레이는 결국 공을 지난 공격 상황에서 11명의 선수들을 가지고 이 15개의 포지션에 대해 누가, 언제, 어느 포지션에 위치하게 하느냐의 과정이라고 할 수 있다." ○ 장영훈

우리 선수 전원이 상대 진영으로 전진했을 때 공을 빼앗기는 것은 매우 위험한데, 이 경우 근거리의 선수들이 즉시 압박해 공을 따내거나 상대 역습을 지연시켜야 한다. 실제적인 예시를 제공했으나 상대 팀의 수비 배치와 선수 구성, 우리 팀의 선수 구성에 따라 위치적 우위를 점하기 위한 선수 배치 디테일은 달라질 수 있다. 상대에 대한 철저한 분석을 통해 상대의 약한 부분을 공략하기 위한 그림을 그려야 한다.

수적 우위는 앞서 언급한대로 빌드업의 기점이 되는 첫 번째 라인, 수비 라인에서 중요하다. 이 지역에서 공을 빼앗기는 것은 곧바로 실점할 수 있는 치명타이기 때문이다. 공을 잘 다루는 센터백이나 골키퍼를 보유하지 못한 팀은 이 지역에서 무리하게 공을 소유하고 패스하기보다 공 확보 확률이 떨어지더라도 롱볼로 우선 상대 진영으로 공을 넘긴 뒤 세컨드볼을 따내 플레이를 전개하는 편이 안전할 수 있다.

그러나 이러한 방식의 축구는 공을 확보해 전개하는 확률이 낮은 것은 물론, 공이 날아가는 거리만큼 선수들이 뛰어야 하는 거리가 늘어나 공격권을 잃고 수비로 전환할 때의 체력 소모가 심해 경기가 진행되고, 시즌이 진행될수록 체력적으로 한계를 맞이할 가능성이 크다. 요한 크루이프는 "바르셀로나가 어떻게 그렇게 빨리 공을 되찾았는지 알아? 10m 이상은 절대 패스하지 않기 때문에 10m 이상은 뒤로 뛰지 않아도 되기 때문이지."라고 말했다.

"후방을 네 명의 수비수와 두 명의 수비형 미드필더들로 완전히 틀어막고, 빠른 선수들 네 명으로 역습을 노리는 게 보통이거든요. 그들이 공을 높이 띄워서 티아고나 크로스의 머리 위로 넘겼을 때, 우리가 제자리에 없다면 지는 거죠. 그래서 우리는 공을 먼저 앞으로 보내고 올라가서 지원할 수 없어요. 그러면 티아고와 크로스가 경기 내내 전방과 후방을 왔다갔다 해야 하거든요. 우리는 다 함께 조화를 이루면서 한 걸음씩 나아가야 해요. 공을 빼앗기면 '빵!' 우리의 포지션 플레이가 촘촘히 연결되어 있기 때문에 재빨리 되찾을 수 있어요."

○ 주제프 과르디올라

이러한 축구를 시도하는 팀은 롱볼이나 공중볼을 따내기 유리한 신체 조건이 좋은 선수, 잘 뛰는 선수, 지구력이 좋은 선수 등 공을 다루는 기술적 측면보다 운동 능력이 강조된 선수들로 구성되며, 이 경우 포지션 플레이나 공을 소유하는 축구를 구사하기가 더욱 어려워진다. 기술이 좋은 선수를 보유한 팀이라도 제대로 활용하기 어려워 진다. 기술을 발휘할 기회가 왔을 때 체력이 고갈되어 있다면 상대를 압도할 수 있도록 정확하게 구사할 수 없기 때문이다.

# MASTER CLASS

## — *part 1* —

# 감독의
# 전술판

# 루이 판할

## *Louis Van Gaal*

### 축구의 네 가지 국면
### : 가장 중요한 것은 전환 순간이다

"축구는 팀 스포츠이고, 팀원은 서로에게 의존한다. 특정 선수들이 피치 위에서 제대로 임무를 수행하지 못하면 동료들이 고생하게 된다. 이는 모든 선수들이 가진 능력을 최대로 발휘해 기본 임무를 수행해야 하고, 피치 위에서 절제된 접근이 요구된다는 것을 의미한다."　　　　　　　　　　　　　　ㅇ 루이 판할

1987년 AZ에서 현역 생활을 마무리한 뒤 아약스 2군 감독으로 일한 판할은 선수 시절의 크루이프, 감독이 된 크루이프의 축구를 근거리에서 지켜봤고 선망했다. 공교롭게도 판할의 감독 이력은 크루이프의 뒤를 따른다. 크루이프는 1985년 아약스 감독으로 부임해 1988년 FC 바르셀로나로 떠났고, 판할은 크루이프가 떠난 직후 레오베인하커르 감독이 부임하자 그를 보좌한 1군 코치가 됐다. 그리고 베인하커르 감독이 레알 마드리드의 제안을 받고 한 시즌만에 떠나자 뒤를 이어 1991년부터 1997년까지 아약스 감독으로 일한다.

크루이프가 감독으로 성과를 낸 것은 아약스를 떠나 FC 바르셀로나에서

라리가 4연속 우승 및 유로피언컵 우승을 이룬 것이다. 아약스에서는 감독으로 리그 우승을 하지 못했고, KNVB컵 2연속 우승과 1986-87시즌 UEFA 컵 위너스컵을 안겼다. 아약스는 크루이프의 주도 하에 유소년 선수 육성 시스템을 구축했는데, 판할 감독이 그 결실을 수확한다. 판할 감독은 1993-94시즌부터 1995-96시즌까지 에레디비시 3시즌 연속 우승을 이룬 것은 물론 부임 첫 해 1991-92시즌 UEFA컵 우승, 1992-93시즌 KNVB컵 우승, 결정적으로 1994-95시즌 UEFA 챔피언스리그 우승으로 아약스 최고의 황금기를 이끌었고, 1995년 인터컨티넨털컵 우승으로 아약스를 세계 챔피언으로 이끌었다.

"내가 본 팀 중 판할의 아약스보다 나를 매료한 팀은 없었다. 빠른 측면 선수들을 활용해 경기를 창조하고, 공간으로 패스했다. 이 아약스는 경기에 존재할 수 있는 모든 일대일 상황을 환상적으로 완벽하게 해결했다. 공격과 수비 모두 그랬다. 팀은 위험을 감수했다. 이것이 나를 놀라게 한 것이다. 포지션적 규율, 공을 소유하는 것이 기본 아이디어다. 꾸준히 움직이고 지원했다. 숭고할 정도로 간결하게 해냈다. 축구 팀이 해야한다고 믿는 플레이를 완벽하게 해냈다. 판할의 아약스는 그와 비슷한 종류의 경기를 원하는 팀들에게 레슨을 해준 것이다."

○ 주제프 과르디올라

판할의 아약스는 3시즌 연속 우승 당시 경기당 득점이 3골을 넘을 정도로 공격적이었다. 유럽 챔피언이 되었던 1994-95시즌은 리그 34경기에서 27승 7무로 무패 우승을 달성했다. 106골을 넣으며 28골밖에 내주지 않았다. 그 시즌에 두 번째로 많은 골을 넣은 팀은 리그 3위 PSV 에인트호번(85득점)으로 20골이나 더 적었다. 판할 감독이 중용한 아약스의 주역 선수들은 갓 프로로 데뷔한 어린 패트릭 클라위베르트(1976년생, 챔피언스리그 우승 당시 만 19세, 1994년 1군 데뷔)와 에드가 다비즈(당시 만 22세, 1991년 1군 데뷔), 미하엘 라이지허(당시 만 22세, 1994년 임대 후 1군 복귀), 클라런스 세이도르프(당시 만 19세,

1992년 1군 데뷔), 프랑스와 로날트 더부르 형제(당시 만 25세, 1988년 1군 데뷔) 등 1990년대 네덜란드 대표팀의 핵심이다. 당시 아약스 주력 선수들의 평균 연령은 만 23세에 불과했다. 이 선수들 중에서도 미드필더 다비즈는 판할 축구의 이상을 가장 잘 구현한 선수로 꼽을 수 있다. 중원에서 공격과 수비를 모두 수행할 수 있고, 지칠줄 모르는 활동량과 적극적이고 공격적인 움직임으로 '핏불'이라는 별명을 얻었다.

> "난 선수를 사는 유형의 감독이 아니라 선수를 발전시키는 감독이 되고 싶다."
>
> ○ 루이 판할

판할이 아약스에서 낸 놀라운 성과는 곧 전 유럽의 센세이션이 됐다. 1993-94시즌 UEFA 챔피언스리그 결승전에서 AC 밀란에 충격적인 0-4 참패 이후 흔들리기 시작한 크루이프 감독이 1995-96시즌을 끝으로 물러나자 바르셀로나가 판할 감독을 그 후임으로 선택한 이유가 된다. 판할 감독의 아약스는 크루이프에 참패를 안긴 파비오 카펠로의 AC 밀란을 결승전에서 1-0으로 꺾고 유럽 챔피언이 됐다. 아약스의 플레이를 보고 축구 심미주의자 중 한 명인 아르헨티나 레전드 호르헤발다노가 "아약스는 1990년대에 한정할 수 있는 팀이 아니다. 축구의 유토피아에 근접하고 있다. 그들의 경기 콘셉트는 정교한데, 신체 능력의 우위까지 갖고 있다. 미녀와 야수 같다."고 극찬을 하기도 했다.

당시 핵심 선수였던 로날트 더부르는 철저한 분석과 준비의 결과라고 회고했다. "판할 감독이 워낙 잘 준비했어요. 선수들은 훈련을 통해 상대 팀이 무엇을 하기 전에 이미 어떻게 할지 알고 있었습니다. 어떤 상황을 마주할지 정확히 알고 있었죠. 그는 마르크 오베르마스에게 이렇게 말하기도 했어요. '네가 상대할 선수는 센터백 쪽으로 가깝게 치고 들어올 거야. 그러니 넌 네 자리에 머무르고, 그의 뒤를 차지해.' 그의 말이 맞았죠. 그는 세세한 것에 집중했고 시도했어요. 선수들에게서 최선을 끌어냈죠."

**판할의 아약스, 1994-95 챔피언스리그 결승전 vs AC밀란 포메이션**

판할 감독은 1997-98시즌부터 FC 바르셀로나의 지휘봉을 잡았다. 판할 감독은 부임 첫 시즌 라리가와 코파델레이 더블 우승을 이뤘고, 라리가는 2연속 우승을 달성했으나 UEFA 챔피언스리그 타이틀 탈환은 실패했다. 그리고 스타 군단을 통솔하는 과정에서의 문제를 처음으로 겪게 됐다. 크루이프, 판할과 모두 일해본 네덜란드 대표 출신 공격수 데니스 베르캄프는 자신의 자서전 '고요와 속도(Stillness and Speed)'에서 "그 자신은 결코 인정하지 않을 테지만, 판할의 축구는 크루이프와 벵거의 축구를 전파한 것이었다. 방법만 달랐다. 크루이프의 코칭은 그의 선수 시절에 기반을 뒀다. 모험적이고, 화려하며, 공격적이었다. 그는 분석을 많이 하기 보다 본능적이고 기술적인 비중이 더 컸다."고 했다. 판할의 코칭에 대해선 "교훈적(didactic)"이라고 설명했다.

"그는 선수들에게 시스템이 작동하도록 지시한다. 시스템은 신성 시 된다. 모든 플레이어가 판할 감독에겐 동등하다. 그에게 빅네임은 존재하지 않는다. 모든 선수들이 팀과 시스템, 판할의 시스템에 종속된다. 크루이프는 훌륭한 선수들의 개인적인 성향을 고취시켰다. 그들이 경기를 결정할 수 있기 때문이다. 크루이프 감독은 이 선수들에 도전했고, 다른 이들이 그들을 위해 플레이 하도록 했다. 판할 감독은 그렇게 하지 않았다. 그런 것은 그가 만드는 팀에 반하는 것으로 여겼다."

○ 데니스 베르캄프

판할은 팀을 운영하는 방식이 독재적이고, 감독의 카리스마가 중심이 된다. 그래서 판할 감독의 아약스는 '철로 된 튤립(아이언 튤립)'으로 불렸다. 축구의 창조성과 자유, 아름다움을 지향한 크루이프 감독은 이러한 변화를 달갑게 여기지 않았다. 토탈풋볼을 구조화된, 계획된 시스템 안에서 실행하도록 방법론을 바꾼 판할 감독에 대해 크루이프는 "개인적으로 축구를 보는 관점에서 우리의 케미스트리는 나쁘다. 그가 선수를 훈련시키는 방식은 풋볼 피치가 아니라 사무실에서의 삶을 준비하는 것 같다."고 했다.

판할 감독은 바르셀로나 부임 초기 성과를 냈고, 바이에른에서도 2009-10시즌 트레블에 근접했다가 더블을 이뤘다. 2014년 FIFA 브라질 월드컵에서는 네덜란드 대표팀을 3위로 이끌며 2002년 FIFA 한일 월드컵 유럽 예선 탈락의 불명예를 만회했다. 당시 판할의 네덜란드를 대표한 경기는 '디펜딩 챔피언'이자 메이저 대회 3연속 우승으로 무적함대로 불리던 스페인을 조별리그에서 무려 5-1로 박살낸 경기였다. 이는 축구 역사상 최고의 이변 중 하나로 꼽힌다. 스페인은 이 충격을 이기지 못하고 조별리그에서 탈락했다.

"역습 플레이를 하기로 결정했습니다. 스페인 선수들이 우리 선수들보다 뛰어났거든요. 스페인 수비수들이 피치 높은 곳에서 플레이하도록 유도했어요. 내겐 아르연 로번이나 판 페르시 같은 높은 수준의 공격수들이 있었죠. 스네이더르와 달레이 블린트처럼 두 선수에게 패스할 수 있는 선수가 있다는 것도 알고 있었죠.

예선전과 다른 시스템으로 플레이하는 것은 아주 어렵습니다. 하지만 우리가 언제든 고전적인 스타일로 돌아가 플레이할 수 있다는 것을 알고 있었습니다. 그리고 우리는 경기마다 다른 시스템에 적응할 줄 알았죠. 예를 들면 멕시코와 경기에서 우리는 지고 있었지만 전술적 변화를 통해 두 골을 넣고 이겼습니다. 고전적인 네덜란드 스타일로 승리했죠."

〇 루이 판할

판할을 가장 빛나게 한 성과는 AZ와 함께 한 2008-09시즌 네덜란드 에레디비시 우승이다. 판할은 자신이 맡아왔던 팀에서 모두 시스템이 달랐다고 했다. 축구 철학을 묻는 인터뷰에서 "축구 철학은 시스템 이상의 것"이라고 말했다. 포메이션이 철학이 될 수 없다는 얘기다.

"시스템은 어떤 선수를 보유했는지에 따라 달라집니다. 난 아약스에서 4-3-3으로 경기했고, 바르셀로나에서는 2-3-2-3으로 경기했어요. AZ에선 4-4-2로도 플레이할 수 있었죠. 난 유연합니다. 철학은 동일해요. 가능한 모든 상황에 적응할 수 있어야 하죠. 전술적 포메이션을 준비하는 것은 이 일의 핵심입니다. 각각 선수들은 그가 어디에 있는지 알아야 합니다. 상호이해가 필요한 이유입니다. 절대적인 규율을 갖춰야 해요. 축구는 22명의 선수들이 뛰는 스포츠입니다. 11명이 한 팀으로 뛰죠. 선수 개개인이 상대를 어떻게 제압하고, 동료를 어떻게 지원해야 하는지 알아야 합니다."

〇 루이 판할

판할 감독은 2009년 여름 독일 명문클럽 바이에른 뮌헨에 부임해 2010-11시즌까지 세 시즌 동안 일했는데, 바이에른은 이 시기에 이미 과르디올라 감독이 도입한 포지션 플레이를 접했고, 판할 감독이 1군 팀에 기용하고, 중용한 선수들이 과르디올라 감독 체제까지 바이에른의 핵심 선수로 활약했다.

판할이 축구 전술을 개념화하는 데 있어 가장 큰 영향을 남긴 부분은 경기 상황을 네 가지로 구분해 설명한 것이다. 판할은 축구 경기가 공격, 수비, 공격-수비 전환, 수비-공격 전환의 네 가지 국면으로 구성된다고 정리했다.

1 ___ 공격 조직 : 기본 형태/움직임/공을 소유하거나 공격할 때의 포지셔닝.
2 ___ 공격 전환 : 공이 수비에서 공격으로 넘어갈 때 선수의 움직임과 반응,
　　　　　　　어떻게 공을 이동시킬 것인가.
3 ___ 수비 조직 : 기본 형태/상대가 공을 소유할 때의 포지셔닝.
4 ___ 수비 전환 : 공 소유권을 잃은 직후의 반응과 움직임. 어떻게 상대를 압박할 것인가.

판할은 이 네가지 국면 중에서 전환 순간이 경기에서 가장 중요하다고 여겼다. 팀의 전형이 흐트러지는 순간이기 때문이다. 공을 소유했을 때 최대한 빨리 공격해야 하는 것이 그래서다. 상대가 정비되기 전에 허점을 파고 들어 득점해야 한다. 상대가 공을 잃은 직후가 수비 조직이 가장 취약한 시점이다.

"전환이 가장 중요한 요소다. 상대의 조직이 흐트러지는 국면이기 때문이다. 그래서 우리가 이점을 얻을 수 있는 순간이다. 하지만 잘못된 패스로 공을 잃어선 안된다. 인내심을 가져야 하기도 한다. 공을 얻고 잃는 것을 반복하면 너무 많은 에너지가 소모된다."　　　　　　　　　　　　　　　○ 루이 판할

신속하게 플레이해야 한다고 해서 계획 없이 무모한 공격수로 공 소유권을 내주는 것은 더 위험하다. 판할의 언급대로 체력 소모가 큰 것은 물론 수비 전환 상황이 되면서 우리의 조직이 흐트러진 위험이 노출되기 때문이다. 공격 전환 순간이든, 수비 전환 순간이든 집단적 약속과 포지셔닝이 필요하다. 전환 순간을 훈련하고 조직하는 것이 중요하다.

"(팀은)늘 함께 해야 한다. 어느 위치에 있든 선수들끼리의 접점이 있어야 한다. 뒤로 내려가면 팀 전체가 내려가야 한다. 라인 사이 공간을 내줘선 안 된다. 상대가

이점을 얻을 수 있는 지점이다."

판할은 공격 전환 국면도 네 가지 단계로 구분했다. 첫 번째 단계는 구축이다. 판할은 후방에서 골키퍼부터 전개했다. 골키퍼가 공을 소유하는 것이 공격의 시작이다. 두 번째 단계는 선수들이 움직이며 공을 순환하는 것이다. 세번째 단계는 상대 수비를 무너트리며 기회를 창출하는 것이다. 그리고 마지막 네 번째 단계가 마무리 슈팅을 위한 움직임이다.

판할의 축구 철학은 능동적이다.

"상대가 우리가 어떻게 플레이하는지 결정하는 게 아니라 우리가 상대가 어떤 플레이를 하도록 결정해야 한다. 난 지도자로 늘 매우 공격적인 축구를 해왔다. 내가 그런 축구를 좋아하기 때문이다. 대중에 선사해야 하는 것은 이런 축구다."

판할의 팀이 공을 순환하는 데 집중하는 이유는 공간을 활용하기 위해서다. 판할은 훈련 대부분을 이러한 포지션 플레이에 썼다. 그의 시스템에서 가장 중요했던 것은 공간을 찾고, 이동하고, 최대한 빨리 볼 소유권을 확보한 뒤 공을 소유한 선수를 중심으로 삼각형을 구축해 점유 상태를 안정적으로 유지하며 득점 기회를 찾는 것이었다. 이런 축구를 위해 판할이 선호한 포메이션은 4-3-3과 4-4-2였다. 4-3-3은 8개의 라인을 만들고 최대한 많은 삼각형을 형성할 수 있는 대형이었다. 공 순환을 위한 중원 과부하 상황을 만들기 가장 용이했다.

"수학적으로, 시스템 안에 최대한 많은 삼각형을 만들면 쉬워진다. 선수들이 생각할 필요도 없이 이미 그 포지션에 위치하게 되기 때문이다."

**판할의 4-3-3 포메이션 원칙**

아약스와 바르셀로나에서 판할의 팀은 높은 지역에서 압박해 상대의 실수를 유발한 뒤 곧바로 공격하는 축구를 했지만 AZ 알크마르에서는 접근법이 달랐다. 자기 진영 깊숙한 곳으로 내려와 상대가 하프라인을 넘을 때 압박한 뒤 역습했다. 공격보다 수비에 신경 쓴 축구였다. 공을 소유할 때도 더 신중했다. 보유한 선수의 수준이 다른 팀을 이끌었기 때문이다. 앞서 말한 대로 축구 철학이 같더라도, 경기 시스템은 상황에 따라 달라야 한다. 원칙은 같다. 공격과 수비 상황에 라인을 어디에 두고, 전환 시점에는 어디서 압박 강도를 최대로 하는지가 달라진다.

"공격할 때도 수비를 생각해야 한다. 공격할 때는 늘 위험이 따른다. 뒤에 큰 공간이 생기기 때문이다. 그렇기 때문에 공격을 하고 있을 때 수비를 염두에 두고 있어야 한다."                                                      ○ 루이 판할 판할의 팀이 후진하는 것은 공격을 다시 구축하기 위해서였다. 이보 전진을 위한 일보 후퇴다. 이 점은 판할의 아약스를 분석한 비엘사의 말이 입증한다.

"외국의 경기 모델 중 내가 가장 즐겁게 본 것은 판할의 아약스였습니다. 공을 회복했을 때 상대의 요건을 근거로 라인을 구성하는 유연한 팀이었죠. 내게 그 팀에서 가장 흥미로웠던 것은 공격 전개가 깔끔하고 독립적이었던 것입니다. 계산해보니 37회의 백패스가 있었어요. 팬들은 플레이를 거부하는 것처럼 여겨졌겠지만, 의심할 여지없이 이 후진은 새로운 공격의 시작이 되었습니다." ○ 마르셀로 비엘사

구축 단계에서 골키퍼는 첫 번째 플레이메이커가 된다. 판할은 골키퍼가 짧은 패스로 경기하길 선호했고, 필드 플레이어와 함께 하도록 했다. 판할은 늘 포메이션을 설명할 때 골키퍼를 포함해 1-4-3-3이나 1-4-4-2로 불렀다. 높은 압박을 가하고, 홀딩 미드필더를 센터백 사이로 내리고, 풀백은 수직적으로 높이 배치해 변형을 가져갈 때는 3-4-2-1-이나 3-1-3-3 형태로 변화하는 게 일반적이었다. 두 명의 공격수로 앞에서 압박하고, 후방에 세 명의 선수로 빌드업하는 현대 축구의 기본 형태가 판할이 시도했던 축구다.

"늘 나는 한 명의 선수가 더 생기길 바란다. 늘 네 명의 수비수 중 한 명은 미드필드로 올라가도록 한다. 그게 누구든 상관없다. 하지만 한 명이 올라가면 나머지 셋은 밀도를 갖추고 머물러야 한다." ○ 루이 판할

이런 축구에 대응해 상대팀이 라인을 내리면 판할은 상대가 전진해서 공간을 만들도록 유도했다.

"판할의 아이디어는 연속적인 순환입니다. 한쪽 사이드에서 다른 쪽으로 이동하는 것이죠. 그 순간까지 계속해서 방향을 바꿉니다. 공간을 열고, 진입하고, 통과

하죠. 그는 상대가 공을 수평적으로 전환하도록 유도합니다. 상대는 절망에서 빠져 나오고 있다고 생각하죠. 상대가 공을 돌리게 한 뒤 도전하는 것을 믿습니다. 요즘 굉장히 수비적으로 낮은 블록 시스템을 쓰는 팀들이 있습니다. 이런 팀들이 공을 갖고 나오도록 유도하는 법을 배워야 합니다. 그들이 공을 원하게 해야 합니다. 공을 당근처럼 활용해야 합니다."
○ 안드레 빌라스 보아스

판할은 자신의 철학과 방법론에 확신이 있었고, 그의 이상이 결국 현대 축구 전술의 최전선 모델로 불리는 포지션 플레이의 등장을 이끌었다. 신체 능력과 운동 능력이 아닌 지적능력으로 상대를 제압하는 축구를 추구한 판할은 창조적인 선수들과 빚었던 여러 마찰에도 불구하고 축구의 진보를 이끈 중요한 인물임에 틀림없다.

"가장 중요한 차이는 선수를 훈련시키는 것이다. 다리가 아니라 두뇌, 지적 능력을 훈련시키는 것이다. 달리는 것은 동물을 위한 것이다. 축구는 두뇌와 볼에 관한 것이다."
○ 루이 판할

# 마르셀로 비엘사

## *Marcelo Bielsa*

**포지션마다
전술적 통역사가 필요하다**

유럽에 크루이프가 있다면 남미에는 마르셀로 비엘사(Marcelo Bielsa)가 있다. 비엘사는 남미에서 능동적 축구의 이론을 계승, 발전한 대표적인 인물이다. '비엘시스타'라는 그의 전술적 사조를 따르는 이들을 일컫는 '대명사'가 생길 정도다. 비엘사 감독은 그가 추구 하는 '주체적 축구'를 이렇게 정의했다.

"주체적인 축구란, 독창적이고, 상대 지역에서 상황을 만들도록 경기를 운영하고, 공을 소유하고, 상대의 역습을 피하는 것, 빠르게 공을 되찾고 상대가 공을 소유하는 시간을 빼앗는 것이다. 주체적인 축구란 공을 양보하는 역습 축구와 반대되는 것이다. 이를 위해 모든 노력을 다해야 한다. 나에게 노력이란, 상대가 범하는 실수를 이용하는 것이 아니라 우리가 스스로 창조하는 것이다. 그것이 내가 플레이를 해석하는, 내가 좋아하는 유일한 방법이다." ○ **마르셀로 비엘사**

비엘사 감독은 경기가 진행 중인 상황에 감독이 경기에 관여하기 어렵다는 점에서 경기장 안에 감독의 전술을 구현하는 전술적 '통역사'가 있어야 한다고 했다.

"난 각 포지션마다 (전술적) 통역사를 선발했다. 이들은 수비보다는 공격적인 성향을 우선시하는 선수들이다. 기능적인 요구를 고려하지 않는 선수는 아니다. 수비적 기능이 우세한 선수는 공을 되찾는 작업에 연결된다. 하지만 볼란치는 수비라인 앞에서 공을 잡는 것을 좋아해야 한다. 더불어 상대의 공을 빼앗을 수 있어야 한다. 이를 본능적으로 수행할 수 있어야 한다. 하지만, 공을 소유하는 시간이 가장 많은 두 명의 선수는 센터백이다. 두 선수는 경기 내내 패스의 방향을 선택할 수 있다. 다시 말해, 깊은 곳에서 두 명의 중앙 볼란치에게 패스하는 것이 훨씬 더 중요하다."                              ○ 마르셀로 비엘사

"수비에서는 두 명의 센터백이 패스를 결정한다. 볼란치는 어떤 경우에는 선택할 시간이 없다. 게다가 끊임없이 압박을 받는다. 그래서 내가 센터백을 선택하는 기준도 그렇다. 수비하고, 헤딩하고, 공을 되찾고, 사나워야 하지만 명확하게 공격을 전개하기 위해 공을 잘 다룰 줄 알아야 한다. 따라서 고유의 기능인 일부 요소(공을 되찾는 것)를 미뤄뒀다. 수비수 본연의 기능과 다른 요소를 강화하기 위해서다. 수비적인 맹렬함을 조금은 포기하고 공을 더 잘 다루며 아름답게 팀을 구축하려고 시도했다. 다른 예를 보자. 풀백은 열린 상황과 닫힌 상황 모두에서 수비한다. 볼란치처럼 올라가기도 하고, 윙처럼 돌파하기도 한다."                    ○ 마르셀로 비엘사

"일반적으로는 공격 지역에서 발생한다. 따라서 개별 포지션에 통역사를 두는 것은 수비보다 공격을 우선하지 않을 수 없고, 본질적 기능보다 우선시하는 것이 자연스럽다."                                          ○ 마르셀로 비엘사

비엘사는 중앙 미드필더 영역에서 공수를 연결하는 '볼란치'의 역할을 특히

강조했다. 스페인어와 포르투갈어 단어인 '볼란치'는 핸들을 의미한다. 위아래로 자연스럽게 이동하는 행동 패턴을 상징화했다. 스페인어에는 축이라는 뜻을 담은 피보테(pivote)로 표현하기도 한다. 비엘사는 볼란치를 '중간 정착역'이라고 설명하기도 했다. 골로 마무리되는 플레이의 종착역 전 단계다.

"플레이는 기점, 연결, 중간 정착역으로 정제된다. 중간 정착역이 볼란치다. 그래서 팀은 공을 소유하고, 전개한다. 경기장 전체를 활용해야 한다. 이 것이 위대한 팀들에게 필요한 것이다." ○ **마르셀로 비엘사**

빌드업이 좋은 팀은 대표적으로 '티카타카'의 기조를 만든 FC 바르셀로나와 스페인 대표팀이다. 이 팀들은 수십여 회의 패스가 끊기지 않고 이어지다가 골을 만드는 '팀의 예술'을 선사한다. 하지만, 앞서 빌드업이 수많은 짧은 패스가 연속되는 플레이 유형만을 의미하는 것이 아니다. 전방에 장신 공격수를 두고 롱킥을 연결해 상대 골문을 직격하는 것도, 큰 틀에서 보면 빌드업의 한 형태이자 과정으로 볼 수 있다.

그러나 이러한 형태는 공중볼이 정확하게 연결될 확률, 공격수가 헤딩에 성공하더라도 세컨드볼 경합에서 승리할 확률을 따지면 공 소유권을 잃어버리고 상대에 공격권을 내줄 위험이 커지기에 지양된다. 빌드업을 통해 상대 수비를 끌어내어 확실하게 공간이 열렸을 때 전개되는 롱 볼이라면 효과적이라고 할 수 있다. 무작정 수비 라인에서 중원을 생략하고 50%도 되지 않는 확률의 롱볼 플레이를 시도하는 것은 '전술'이라고 칭하기도 어렵다.

축구 경기에서 중요한 것은 우선 경기장이라는 제한된 공간, 그리고 그 안에 자리 잡은 총 22명의 선수들, 이들이 이동시키는 공 등 세 가지 요소다. 11명의 선수가 11명의 선수를 상대로 공간을 어떻게 사용하고, 공을 어떻게 전진시키느냐가 축구 경기의 핵심이다. 빌드업 과정에는 무수히 많은 패스가 발생한다. 하지만, 이 모든 것을 과정으로 뭉뚱그리면 빌드업의 선명함이 떨어진다. 결정적인 장면으로 이어지는 순간에는 몇 가지 패턴이 있다. 그 패턴이 시작되는 지점이 '기점 패스'다.

상대 수비 라인을 한 꺼풀씩 벗겨내는 과정의 시발점이 경기의 방향을 만든다. 공의 '전진'이 이뤄지는 시발점이 '기점 패스'다. 중앙 밀집 공간을 과감하게 파고들거나, 측면으로 우회하거나, 상대 수비 뒷 공간을 직격하거나, 롱 볼을 전개해 공중볼 경합으로 전진하는 패턴의 디딤돌을 두는 것이 기점 패스다. 그래서 킥오프 상황을 제외하면, 공이 배출되는 후방 지역에서 빌드업이 시작된다. 수비의 기점이 최전방으로 옮겨왔듯, 공격의 기점도 최후방으로 내려왔다. 골키퍼와 최후방 수비 라인의 패스 능력과 판단력, 창의력과 시야가 강조되는 이유다.

골키퍼가 공을 잘 찬다는 것, 빼어난 패스 능력을 가졌다는 것 자체가 11대 11의 축구 경기에서 수적 우위를 가져다 줄 수 있다. 일반적으로 골키퍼는 상대 진영에서 공격하는 상황에도 페널티 에어리어를 벗어나지 않는다. 골문을 비우고 나오면 상대 진영에서 공격이 차단됐을 때 곧바로 롱킥을 시도해 득점을 노릴 수 있기 때문이다. 이런 위험성으로 인해 제아무리 발 기술이 좋은 골키퍼를 보유한 패스 플레이 팀이라도 골키퍼의 활동 반경에는 제약이 있다. 하지만 수비 지역에서 후방 빌드업을 할 때 골키퍼가 적극적으로 전진해 라인 하나를 추가할 수 있다. 패스 플레이가 매끄럽게 이뤄지며 상대 수비 그물을 돌파하기 위해서는 패스 거리를 짧게 만들어 라인을 한 칸씩 높여야 한다. 골키퍼 단계에서 하나의 라인을 만들 수 있다면, 라인을 이루는 선수의 숫자는 물론 라인 자체가 늘어날 수 있어 유리하다.

즉, 볼을 다루는 데 능한 수비수나 골키퍼가 없는 경우 미드필더 중 한 명이 센터백 영역으로 내려와서 빌드업을 전개하던 패턴이, 골키퍼가 전진하거나, 수비 자원 안에서 라인을 만들어 전개하고, 중원 영역으로 전진해 패스의 갈래를 다변화하고 가담하는 선수의 숫자를 늘릴 수 있는 것이다. 이렇게 되면 전방 압박을 펴는 선수들의 동선이 넓어진다. 상대 팀이 전방 압박을 위해 배치한 선수들은 수적 열세로 이에 실패하고 뒷걸음질 쳐야 한다. 이를 막기 위해 더 많은 숫자를 전방 압박에 가담시키면 배후의 수비 커버 숫자가 줄어들어 긴 패스로 한 번에 뚫릴 수 있는 위험이 커진다. 뛰어난 기술과 패스 능력을 가진 골키퍼와 수비수의 영향력은 이토록 크다.

비엘사 감독의 방법론을 연구해 〈축구철학: 마르셀로 비엘사의 그림자〉를 저술한 웨일즈 출신 축구 코치 제드 데이비스는 비엘사 축구 시스템의 핵심을 이렇게 요약했다.

"비엘사는 공을 소유했을 때 수비 서드 지역에서 스페어 맨을 만드는 접근법을 선호한다. 파이널서드에서는 한 명의 엔간체(플레이메이커)와 세 명의 푼타(포워드)를 둔다. 또 중요한 것은 공격과 수비로 전환하는 시간을 최대한 단축하는 것이 목표다." ○ 제드 데이비스

이러한 플레이 구조는 경기의 수직성을 극대화한다. 수비와 미드필드, 공격 사이 공간을 전환하고 통과할 때 공을 소유하고, 그 중심으로 수적 우위를 점한다. 수적 우위를 만드는 방법은 수비, 미드필더, 공격수 간 수직전 포지션 이동이다. 강한 압박과 수직 라인 간 선수 이동은 공수, 수공 전환의 속도를 극도로 높이는 방법이다.

비엘사 감독이 창안한 3-3-1-3 포메이션은 이러한 플레이 수직성을 잘 드러낼 수 있는 진형이다. 비엘사는 상대가 원톱 공격수를 배치하면 4-2-1-3으로 대형을 바꿔 잉여 자원이 없도록 대응했다.

비엘사의 영향을 받은 많은 감독들이 이 전형을 적용하고 변형해 활용했다. 비엘사의 뒤를 이어 칠레를 맡은 호르헤 삼파올리 감독과, 비엘사의 제자로 알려진 마우리시오 포체티노가 사우샘프턴과 토트넘에서 이와 비슷한 축구를 선보였다.

비엘사는 뉴웰스를 이끌던 감독 경력 초기부터 빠른 윙어를 활용해 3-4-3

포메이션으로 유연하게 변형될 수 있는 4-3-3 포메이션을 기본 시스템으로 썼다. 4-3-3 포메이션이 특별한 것은 아니지만 공과 함께한 훈련, 철저한 전술 훈련과 비디오 분석을 통해 체계화했다. 선수들 전원에게 세부 전술을 철저히 숙지하게 했다. 지금은 자연스러운 운영법이지만, 선수의 개별 영상을 분석하고, 팀 영상을 분석해 선수단과 비디오 미팅을 갖고, 이를 기반으로 전술 훈련을 진행하는 것은 흔한 일이 아니었다. 비엘사의 뉴웰스가 아르헨티나 리그를 휩쓸 수 있었던 배경에는 이러한 철저한 준비가 있었다.

비엘사의 3-3-1-3은 윙백과 10번 형 플레이메이커를 활용하는 것이 중요한데, 윙백은 플레이의 폭을 제공하고, 10번은 역습 공격 상황에서 밀도를 높여준다. 수비 전환 상황에서도 높은 곳에서 압박을 용이하게 할 뿐 아니라, 수비에서 공격으로 전환하는 순간의 위력을 극대화한다. 이는 매끄러운 전환 플레이의 핵심 요소다. 그래서 비엘사의 팀에서는 가장 창조적인 능력을 가진 10번도 수비 임무에서 면제되지 않는다.

비엘사는 고향 팀 뉴웰스에서 감독으로 첫 성공기대를 연 뒤 멕시코의 아틀라스와 아메리카 감독으로 4년의 시간을 보냈다. 트로피가 없었던 멕시코 시절은 그의 다른 지도자 이력에 비해 덜 알려져 있지만, 비엘사가 멕시코에서 보낸 시간이 이후 멕시코 축구의 성공에 큰 영향을 미친다.

비엘사가 아틀라스에 부임했을 때 프로 선수로 데뷔한 멕시코 대표팀 역대 A매치 최다 득점 2위 기록 보유자(1997~2008, 89경기 46골) 하레드 보르헤티는 "비엘사는 장군이었다. 내가 과달라하라에 왔을 때, 축구에 대해서 아무 것도 몰랐다. 비엘사 감독은 내게 경기를 보는 법, 그리고 분석하는 법을 많이 가르쳐 줬다. 그는 늘 선수들에게 많은 것을 요구하는 완벽주의자였다. 하지만 그는 선수들이 축구를 배우고 경기에서 무슨 일이 일어나는지 알도록 했다. 그는 단지 내게 플레이를 가르쳐 준 것이 아니라 그보다 깊은 것을 알려줬다."고 했다.

비엘사는 300여 개의 훈련 교본을 들고 멕시코에 왔고, 멕시코를 떠날 때는

500여 개로 늘어난 훈련 세션 자료를 남기고 떠났다. 온종일 훈련장에 살며 비디오 분석을 하고, 훈련 과정도 비디오로 담아 멕시코 코치진과 토론했다. 그의 열정에 클럽에서 일한 모두가 탄복했다.

우승은 못했지만 성과는 분명했다. 공격수 보르헤티는 비엘사의 팀에서 1994-95시즌 23경기 13득점으로 처음 두각을 나타냈고, 비엘사가 떠난 뒤 산토스 라구나로 이적해 8시즌 연속 두 자릿수 득점을 기록하며 멕시코 축구 최고의 스트라이커로 성장했다. 비엘사 체제에서 아틀라스는 1993-94시즌 리그 4조 2위로 12년 만에 리그 플레이오프에 진출했다. 8강에서 산토스 라구나에 패했지만 팀을 발전시킨 공은 분명했다. 그러나 팀을 녹초로 만드는 극한의 열정은 그 자신은 물론 팀 전체를 지치게 만드는 측면이 있었다. 비엘사의 아틀라스 재임 기간은 오래가지 못했다. 성공적인 결과를 낸 뉴웰스를 떠났던 이유도 거기에 있었다.

비엘사는 이후 또 다른 멕시코 명문 클럽 아메리카의 제안을 받는데, 이 팀을 맡기 전에 최근 두 시즌의 경기 비디오를 모두 요청해 살핀 뒤 맡았다. 아메리카는 콰테목 블랑코와 프랑수아 오맘비크, 루이스 가르시아 등 출중한 능력을 가진 선수들을 보유하고 있어 아틀라스보다 전력이 높았다. 1995-96시즌 아메리카는 전반기를 1위로 마쳤으나 이 팀에서 비엘사를 견디는 시간은 더 짧았고, 32경기만에 그를 사임했다. 그리고 아틀라스의 기술 이사로 부임해 멕시코에서 선수를 육성하는 업무를 이어간다. 이 기간 비엘사가 키운 선수들이 멕시코 대표팀의 주축 선수로 성장했다.

비엘사는 1997년 3월 아르헨티나의 벨레스 사르스필드 감독을 맡기 위해 아틀라스를 떠나 고국으로 돌아갔다. 아틀라스는 그가 떠난 지 2년 뒤인 1999년 6월에 창단 후 처음으로 멕시코 1부 리그 결승전에 진출하는 쾌거를 이뤘다. 아코스타 당시 아틀라스 회장은 "비엘사는 불행하게도 직접 자신의 사업에 대한 결실을 직접 수확하지 못했다."고 했다. 아틀라스의 성공이 비엘사 덕분이라는 것을 밝힌 것이다. 멕시코 시절을 포함해 비엘사는 자신의 작업이 충분히 조명받지 못하는 것에 개의치 않았다.

"내 삶의 순간, 나의 성장 과정은 실패와 관계되어 있다. 성공은 변형되고, 긴장을 풀게 하고, 속이고, 우리를 더 나쁘게 만든다. 실패는 그 반대다. 성장하게 한다. 견고하게 만든다. 그리고 우리의 신념에 더 가까워지도록 만든다."

○ 마르셀로 비엘사

1998년 스페인 클럽 RCD 에스파뇰을 잠시 맡았던 비엘사의 유럽에서 첫 장기 프로젝트는 2011년 부임한 라리가 클럽 아틀레틱 클럽 빌바오에서다. 아틀레틱 클럽은 축구 철학을 재정립하기 위해 야심차게 비엘사 감독을 영입했고, 그 효과를 톡톡히 봤다. 이전 부임팀과 마찬가지로 아틀레틱 클럽에서 첫 훈련을 하기 전 팀의 직전 시즌 38경기를 모두 꼼꼼히 분석한 결과를 토대로 플랜을 만든 비엘사는 분석적이며, 동시에 신체적으로 최대치의 활동량을 요구한 훈련으로 팀을 무장시켰다.

비엘사 부임 첫 시즌에 아틀레틱 클럽은 UEFA 유로파리그 결승전과 코파델레이 결승전에 진출했다. 두 대회 모두 준우승에 그쳤으나 안방서 치른 준결승 1차전에 2-3으로 패하며 탈락한 알렉스 퍼거슨 맨체스터 유나이티드 감독은 비엘사가 만든 팀 조직력과 결단력에 찬사를 보냈다. 코파델레이 결승에서는 아틀레틱 클럽은 바르셀로나에 0-3 완패를 당했지만 라리가 맞대결에서 바르셀로나를 패배까지 몰아붙이는 등 인상적인 축구를 보여줬다. 지도자 경력을 준비하면서 비엘사를 찾아가 조언을 구하기도 했던 과르디올라 바르셀로나 감독은 아틀레틱 클럽에 대해 "환상적인 팀이고, 선수들은 야수 같았다."고 호평했다.

비엘사 감독의 축구는 결국 포지션 플레이다. 위치 선정과 그 위치에 따른 전술적 역할을 어떻게 유기적으로 구현하느냐가 중요하다. 공격은 패스를 하는 선수와 패스를 받는 선수, 그리고 패스를 받는 선수가 다시 패스를 넘겨줄 때 기회를 만들 수 있는 제3자의 움직임이 중요하다. 기점이 되는 선수가 패스할 때, 공을 받는 상황이 아닌 제3자가 그 뒤에 이어질 패스를 받기 위해 얼마나 적절히 움직이느냐가 상대 수비 조직을 깨는 데 결정적이다. 이 세 번째 선수에 대한 경계로 인해 패스를 받은 선수가 그대로 돌파할 수 있는 공간이 생길 수도 있고, 패스를 받은 뒤 돌파하는 선수를 막기 위한 상대 수비 그물의 움직임이 세 번째 선수에게 프리 찬스를 줄 수 있다. 비엘사 감독은 세 번째 선수가 아닌 네 번째 선수의 움직임까지 준비한다는 점에 특징이 있다.

세 번째 선수의 움직임도 변칙적이고 변수가 있는데, 그와 동시에 네 번째 선수의 플레이 패턴까지 계획하고 준비하는 것이다. 이를 통해 보다 치밀한 훈련과 준비가 필요하고, 이 플레이가 몸에 익을 경우 경기 중 마치 기계처럼 공을 이동시키며 상대 골문에 도달할 수 있게 된다. 네 번째 선수의 움직임까지 계획하는 것이 어려운 이유는 패스 플레이를 어린 시절부터 강조하는 스페인에서도 3자까지의 움직임에만 익숙하고, 4자 움직임까지 고려한 패턴 플레이를 오차 없이 수행하는 것이 복잡하기 때문이다.

경기 중 선수들은 삼각형을 이루고 수비하거나, 공격하는데, 현대 축구는 사각형 블록 압박에 이어 4인이 하나의 계획을 갖고 움직이는 더 세밀해진 공격 패턴을 만들기 시작했다. 3인의 움직임이 비교적 근거리라면, 4인의 경우 사실상 반대 측면에서 움직이는 선수이거나, 논스톱 패스가 이뤄지기 어려운 위치의 선수가 불쑥 튀어나오는 상황을 선수 개인의 기지가 아닌 팀 차원의 계획으로 만든다는 얘기다. 이를 위해선 어느 정도의 공간이 필요하다. 비엘사 감독이 맡았던 아틀레틱 클럽이나 칠레 대표팀의 경우 상대 팀이 라인을 내리고 밀집 수비를 펴는 경우가 많지 않아 속도감을 유지하며 네 번째 선수에게 공을 전달할 수 있는 패턴이 계획대로 적용될 수 있다. 더 높은 수준의 팀은 밀집 수비를 공략할 때 네 번째 선수의 움직임까지 계산해 과정이 지체되기보다 세 명의 패턴 플레이를 더 세밀하게 다듬고 구축해 슈팅 상황으로 만드는 것이 더 효율적이다. 네 번째 선수에게 공을 전달하는 공격 패턴은 속공 상황,

역습 상황에 상대의 허를 찌르기에 더욱 효과적이다.

일본 축구 잡지 월드사커킹은 비엘사 감독의 이러한 전술 경향을 분석하며 토니 그란데 전 스페인 대표팀 코치(2018년 FIFA 러시아 월드컵에 한국 대표팀 수석 코치를 맡았다)의 설명을 곁들었다.

"삼각형, 사각형을 얘기하지만, 결국 선수들이 공을 소유하고 있다가 상대 수비에게서 자유로워진 선수에게 공을 보내는 것이 목적이다. 시계 안에서는 다양한 부품이 다양한 역할을 맡고 있다. 우리는 시계바늘이 움직이는 곳을 본다. 중요한 것은 시계바늘이 바르게 작동하는 것이다."                                    ○ 토니 그란데

# 후안마 리요
## *Juan Manuel Lillo*

### 4-2-3-1의 창시자,
### 공격과 수비는 나눌 수 없다

"난 공격과 수비를 별개로 시각화하지 않아요. 그 둘이 따로 존재한다고 생각하지 않습니다. 경기는 경기 그 자체입니다."

ㅇ 후안마 리요

가장 최근인 2019시즌 도중 J1리그 클럽 빗셀 고베에 중도 부임해 성적 부진으로 중도 경질됐다. 2018년 9월 선임된 리요는 2019년 4월 사임해 1년을 채우지 못했다. 그의 감독 이력을 보면 성공한 감독이라기 보다는 실패한 감독에 가깝다. 만 17세에 이미 지역 유소년 클럽 감독으로 지도자 경력을 시작한 리요는 1986-87시즌 만 20세의 나이로 테르세라 디비시온(4부 리그) 소속 톨로사의 1군 감독이 됐고, 어느새 감독 경력만 30년이 넘는다.

30여 년 간 16개의 팀을 감독으로 이끌었고, 11개의 스페인 팀에서 일한 리요는 일했던 팀 중 절반의 경력을 성적 문제로 중도 경질됐다. 승률은 40%에 이르지 못했다. 세계 최고의 감독 중 하나로 꼽히는 주제프 과르디올라의 멘토이자 스승으로 불리는 이에 걸맞지 않은 성적표다. 아주 어린 나이에 하부

리그를 기반으로 감독 경력을 시작한 리요는 만 29세의 나이로 맡은 UD 살라망카를 1995년에 라리가로 승격시켜 1부 리그에 입성, 라리가 역사상 가장 어린 감독이 되며 스포트라이트를 받았다. 살라망카에서의 성공 이후 리요는 오비에도(1996~1997), 테네리페(1998), 사라고사(2000)를 맡아 꾸준히 라리가 무대에 도전했으나 이 세 팀에서 모두 실패했다.

리요는 2002년 FIFA 한일 월드컵 당시 스페인 지상파 방송 안테나3에서 해설가로 활동했고, 2003년에는 세군다 리가 클럽 시우다드 무르시아, 2004년 카탈루냐 지역 클럽 테라사를 맡아 무난한 시간을 보내기도 했다. 2005년에는 도라도스 감독으로 부임해 멕시코 무대에 도전했는데, 이때 오비에도 감독 시절 인연을 맺은 과르디올라가 함께 일하고 싶다며 선수로 입단해 함께 시간을 보냈다.

2008년 4월 2부 리그로 강등되었던 레알 소시에다드 지휘봉을 잡아 다시 무대의 중심에 등장하는 듯했던 리요는 재임 기간 1패밖에 당하지 않으며 준수한 성적을 냈으나 세군다 디비시온 6위로 1부 리그 승격 미션을 달성하지 못해 계약을 연장하지 못했다. 2009-10시즌이 진행 중이던 2009년 12월, 강등권에 머물러 있던 알메리아 감독으로 부임해 13위로 잔류시킨 것은 성과 중 하나다. 그러나 2010-11시즌 개막 후 과르디올라 감독이 이끈 바르셀로나에 0-8 참패를 당한 뒤 강등권으로 추락한 성적을 이유로 경질된다.

이러한 부진의 연속은 일각에서 그를 '사기꾼'이나 '현학자'로 부르며 비판하는 시선을 만들었다. 그럼에도 불구하고 과르디올라로부터 면담을 요청 받은 리요는 1990년대 중반 이후 라리가를 지배한 4-2-3-1 포메이션의 선구자이자, 과르디올라의 바르셀로나의 초기 시즌 기틀을 다지는 데 기여했고, 호르헤 삼파올리의 수석코치로 칠레 대표팀의 코파 아메리카 우승을 도운 전술가로 인정받고 있다.

리요는 1991년 쿨투랄 레오네사 감독으로 일할 때 4-2-3-1 포메이션을 창안한 것으로 알려졌다. 쿨투랄을 맡기 전 리요는 톨로사 감독으로 일한 지 1년

만에 미란데스 감독으로 선임되어 미란데스를 테르세라 디비시온에서 세군다 디비시온B로 승격시켜 지도자 경력의 첫 결실을 맺었다. 그리고 얻게 된 일자리가 쿨투랄 레오네사였다. 리요는 시드 로우와 진행한 인터뷰에서 당시 4-2-3-1의 아이디어에 대해 상대 골문에 근접한 공간을 지배하기 위해 만든 포메이션이라고 설명했다.

> "선수들이 공 앞에서 더 많이 움직이고, 골문과 더 가까워지기를 바랐다. 나는 네 명의 공격수를 원했는데, 합리적으로 공간을 차지해야 했다. 공간 분포를 만들고자 시도한 것이다."                                          ○ 후안마 리요

공격적인 선수를 전방에 다수 배치하면서도 합리적인 축구를 하기 위해 리요는 한 명의 공격수를 세 명의 공격형 미드필더 성향 선수가 지원하도록 하며, 수비 안정을 위해 이 네 명이 전방 높은 곳에서 압박하도록 지시했다.

> "당시 보유한 선수들의 성향이 영향을 미쳤다. 1년 뒤에는 모두가 이 시스템을 사용했다. 좋은 시스템이라고 생각한다. 하지만 난 시스템에 붙은 이름보다 선수들의 행동을 본다면 이미 수 천년 이전부터 이런 플레이를 시도해왔을 거라고 확신한다. 아마 4-4-2 시스템에서 한 명의 공격수를 조금 깊게 내리고, 윙어를 앞으로 올리면 비슷해질 것이다. 다만 새로운 이름을 붙이는 것에 대한 강박관념이 존재할 뿐이다. 난 4-2-3-1이라는 이름을 붙였다."                    ○ 후안마 리요

리요가 공간 분포를 만들고자 시도했다는 것은, 곧 포지션 플레이의 기조와 연결된다. 리요는 "포지션 플레이는 선수들 간의 관계를 강화해준다."며 "상대 팀의 위치를 조정하고, 피치 안의 핵심 공간에서 수적 우위를 만들고, 특정 영역은 없애고, 특정 행동을 촉진하고, 해결책과 대안을 만드는 축구"를 위해 만들어진 대형이라며 대형 그 자체보다 운영 디테일에 주목해야 한다고 설명했다.

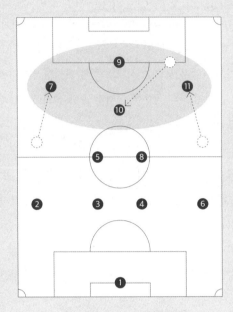

- 4-2-3-1
- 4-4-2

**리요의 4-2-3-1 포메이션**

4-2-3-1 포메이션은 4-4-2 포메이션의 변형된 형태다.

"난 가장 멀리 떨어진 선수가 발로 공을 받고, 경기장을 열어서 패스 라인을 찾는 것을 좋아한다." ○ 후안마 리요

포지션 플레이에서 설명했듯 선수와 선수의 일대일 상황이 연출되고, 이 일대일에서 질적 우위를 점해 상대를 돌파하고 득점하는 플레이도 개인이 아닌 팀 플레이의 결과다. 리요는 "사람들은 개별적인 액션을 말하지만, 축구에 개별적인 액션은 없다."고 했다.

"이미지를 파는 사람들이 거짓말을 하고 있어요. 개인 플레이를 하지 않기 때문에 팀의 맥락 안에서 플레이하게 되죠. 만약 한 선수가 자기 지역에서 공을 받고, 상대 팀 선수들이 모두 자기 진영에 머물러 있다고 가정해보죠. 그는 피치 전 영역

을 뛰고, 드리블해서 득점해야 합니다. 개별 액션은 존재할 수 없습니다. 상대가 그렇게 내려 앉아 있지 않다면 그런 플레이를 할 수가 없거든요. 다른 선수들이 하는 것은 당신이 그러한 결정을 하도록 유도하는 것입니다." ○ 후안마 리요

리요가 4-2-3-1 포메이션을 처음 들고 나왔을 때, 1992년 살라망카는 두 시즌 동안 거의 패하지 않는 경기를 하며 라리가로 승격됐다. 리요는 살라망카에서 4년을 보내며 가장 꾸준히 일했지만 결국 라리가라는 정글 안에서 살아남지 못했다. 역사는 내용이 아니라 결과만 기억한다. 하지만 1998년, 그에겐 오비에도의 감독으로 바르셀로나를 상대하면서 2-4로 진 경기에서, 거의 이길 뻔한 내용의 경기를 펼쳤던 날은 충분히 의미가 있다. 이 경기를 치른 뒤 리요의 전술에 경외감을 느낀 바르셀로나 미드필더 과르디올라가 찾아왔기 때문이다. 리요와 과르디올라의 인연인 멕시코 도라도스에서의 일화로 대표되지만, 리요는 과르디올라가 바르셀로나 B팀 감독으로 부임했을 때 비공식적으로 업무를 함께했다. 과르디올라는 요한 크루이프와 더불어 리요가 자신에게 가장 큰 영향을 준 감독이라고 공개적으로 말하기도 했다. 리요는 과르디올라가 바르사B를 맡았던 첫 한 달간 훈련 세션을 직접 가이드했고, 1군 감독이 되었을 때도 보이지 않는 곳에서 훈련 계획을 함께 짰다. 성적 부진으로 인한 연이은 경질, 그리고 이 과정에서 보인 수비적 취약점에 대한 지적에 리요는 결과론적 해석일 뿐이라며 자신이 해온 선택과 운영을 후회하지 않는다고 말했다.

"난 공격과 수비를 시각화하지 않아요. 그 둘이 따로 존재한다고 생각하지 않습니다. 경기는 경기 그 자체입니다. 경기 중 다른 일을 해야하는 것 뿐입니다. 몇몇 플레이는 공과 함께 하고, 그 외에는 공 없이 할 뿐이죠. 만약 수비가 존재한다면, 경기가 시작했을 때 뒤에서부터 정확하게 플레이하면서 자연스럽게 질서를 유지하는 것보다 더 좋은 방법은 없습니다." ○ 후안마 리요

그는 패배에 대한 복기, 그리고 분석이 크게 의미가 없다고 했다. 과정이 잘 되었는가를 점검할 뿐, 경기 결과를 두고 원인을 역추적하는 것은 논리적인 해석이 아니라고 주장했다.

"모든 세세한 것을 다 알 수도 없고 결정적으로 답할 수도 없습니다. 어떤 것도 완전히 감지할 수 없어요. 현실은 어떤 것도 사실이 아니라는 것입니다."

◦ 후안마 리요

리요는 자신의 축구 역시 철저히 승리를 추구한다고 말했다. "저는 승리에 가장 근접한 게임을 옹호합니다." 그는 승리를 향한 옳은 방식과 가치를 지키는 것에 대해 굽힐 수 없다고 했다. 시드 로우와의 대담에서 리요의 생각을 읽을 수 있다.

Q  승리를 원한다지만, 당신은 공을 중심으로 만들어진 스타일로 이기려고 노력합니다.

"물론이에요. 공이 없으면 게임이 없습니다. 이건 축구입니다."

Q  하지만 공을 별로 중요시하지 않는 감독들도 많습니다.

"맞아요. 그들은 공 주변에 팀을 구축하죠. 우리 모두 공에 따라 모든 것을 해야 합니다. 공이 주인공이에요. 공 없이는 아무 것도 없습니다. 공은 어머니이고, 축구에서 생명의 원천입니다. 골이 무엇인가요? 공을 넣는 것입니다. 공이 없으면 아무 것도 의미가 없습니다. 하지만, 맞아요. 공을 갖는 것을 목표로 팀을 만들지 않은 감독들이 있죠."

Q  슈팅 하나 없이 1-0으로 승리하는 축구를 말하셨죠. 그게 정당하지 않다는 것인가요?

"정의는 제 삶의 거의 모든 영역에서 사용하고자 애쓰는 단어입니다. 합당하지 않다? 맞아요. 불가능하고, 개연성도 낮습니다. 하지만 일어나고 있죠. 정의는 너무 강한 표현입니다."

Q  축구는 결과 이상의 무언가를 가져야 하는 것인가요? 도덕적인 요소가 있나요?

"인간의 어떤 활동이든 도덕적인 요소를 갖고 있습니다. 우리가 중요한 것은 결과라고 말할 때, 그것은 거짓말입니다. 이기지 못했을 때 결과의 중요성을 변명으로 언급하는 게 바로 그런 감독들입니다. 쉽게 최고의 변명을 찾을 수 있죠. 결과를 파는 사람들은, 이미지를 파는 사람들이죠."

리요는 축구가 골과 승리를 추구하지만, 골로 가는 길과 승리를 이룬 방식이 중요한 이유를 우리네 삶의 가치와 연결해서 이야기 했다. 그래서 리요는 "골은 최고의 거짓말이다(El Goles la mayor de lasmentiras)."라는 말도 남겼다. 골 그 자체는 그들이 어떤 축구를 했는지를 제대로 보여주지 못한다. 축구는 골과 결과만을 위해 존재하는 것이 아니라 90분 경기 전체를 위해 존재한다. 90분의 노력이 온전히 결과로 이어지는 것은 아니지만, 그 90분이 없다면 골도 결과도 의미가 없다.

"우리를 자극하는 것은 경기이지 결과가 아닙니다. 결과는 데이터의 한 조각일 뿐이죠. 출산율이 높아지고 있는데, 그게 삶을 풍요롭게 만드나요? 아니죠. 하지만 그렇게 된 과정을 본다면? 출산으로 삶이 풍요로워지고 있다고 말할 수 있습니다. 결실은 과정에서 오는 것입니다. 우리는 결과를 두고 토론하지 않습니다. 결과는 논쟁의 여지가 없죠. 당신은 월요일에 신문을 살 때 결과 목록만 보기 위해 1유로를 지불하나요? 경기장에 가서 마지막 순간에 스코어 보드만 보고 나오나요? 90분 경기를 보겠죠. 과정을 보는 것입니다."                          ○ 후안마 리요

# 주제프 과르디올라

*Josep Guardiola*

**완벽한 지배를 꿈꾸는 남자**

"내가 원하는 것은 100%의 소유다. 물론, 완성은 존재하지 않는다. 언제나 개선해야 하는 것은 존재한다."                                    ○ 주제프 과르디올라

주제프 과르디올라 감독의 지도자 경력은 거짓말 같은 이야기다. FC 바르셀로나 B팀 감독으로 2007-08시즌 처음으로 감독 지휘봉을 잡은 과르디올라는 테르세라 디비시온(4부 리그) 우승으로 팀을 세군다 디비시온B(3부 리그)에 올려놓는 미션을 달성했다. 2군 선수들이 더 높은 수준의 무대에서 경쟁할 수 있는 기회를 열었다. 프랑크 레이카르트 감독이 물러나면서 생각보다 일찍 1군 감독을 맡을 기회가 왔다. 과르디올라는 2008-09시즌 개막전에서 약체 누만시아에 충격패를 당했고, 경험 없는 선수 출신을 섣불리 선임했다는 비판을 받았으나 그 뒤로 승승장구했다.

2008-09시즌이 절정에 달할 무렵 라리가와 코파델레이 결승, UEFA 챔피언스리그 4강에 올라 트레블 가능성이 제기되자 과르디올라는 기자의 질문

에 웃으며 "만약 트레블을 달성한다면 바로 은퇴해야 되겠다."고 농담을 했는데, 정말로 스페인 클럽 역사상 첫 트레블의 주인공이 됐다. 물론 과르디올라는 은퇴하지 않았고 우승 행진은 이어졌다. 2009년 여름 유럽 챔피언 자격으로 치른 UEFA 슈퍼컵과 라리가 챔피언 자격으로 치른 수페르코파 데 에스파냐 우승에, 연말 FIFA 클럽 월드컵 우승으로 6관왕의 전설을 썼다. 부임 후 치른 6개 대회를 내리 우승한 과르디올라는 클럽 월드컵 시상대에서 마침내 눈물을 흘렸다.

과르디올라의 우승 행진은 2009-10시즌 코파델레이 중도 탈락으로 멈췄지만, 라리가 3시즌 연속 우승, 2010-11시즌 또 한번의 UEFA 챔피언스리그 우승이 이어지며 유럽 축구를 지배했다. 과르디올라 감독은 "내 자신이 고갈된 것 같다."며 스스로 바르셀로나 지휘봉을 내려 놓은 2011-12시즌까지 총 네 시즌 동안 14개의 우승 트로피를 들었다. 2013년 여름 독일 클럽 바이에른 뮌헨에 부임했고, 세 시즌 동안 분데스리가 3연속 우승을 포함해 7개 대회에서 우승했다.

맨체스터 시티에 부임한 2016-17시즌에는 감독 경력이 시작된 이래 처음으로 무관 시즌을 보냈으나 이후 2연속 프리미어리그 우승과 리그컵 우승을 이뤘고, 2018-19시즌에는 프리미어리그와 FA컵, 리그컵과 커뮤니티실드까지 잉글랜드 국내 대회 전관왕을 달성했다. 2019년 여름 차지한 두 번째 커뮤니티실드를 포함해 과르디올라는 바르사B 시절 차지한 테르세라 디비시온 우승을 포함하면 29개 대회에서 우승했다. 하지만, 과르디올라는 정작 이러한 우승 이력에 대해 "타이틀은 지루하다."고 말했다.

> "내가 차지한 트로피보다, 나의 팀이 어떤 축구를 했는지로 기억되고 싶다. 타이틀은 숫자일 뿐이고, 숫자는 지루하다."
> ○ 주제프 과르디올라

카탈루냐에서 벽돌공으로 일했던, 바르셀로나 소시오 멤버, 과르디올라의 부친 발렌티는 "아들이 원하는 것은 단순히 이기는 것이 아니라 대중을 즐겁게 하는 특색있는 방법으로 승리하는 것"이라고 말했다.

> "훌륭한 감독이 되는 건 결국 선수들의 평가에 달려있습니다. 제가 우리 선수들에게 어떤 방식의 축구를 하도록 설득하고 그들이 훨씬 더 좋은 선수로 성장할 수 있도록 도울 수 있다면, 정말 행복할 겁니다. 전 그런 데서 가장 큰 만족을 느끼거든요. 우리는 단지 우승을 원하는 게 아니라, 제대로 된 축구를 하기 위해 노력할 겁니다."
>
> ○ 주제프 과르디올라

왜소한 체구에 특별히 빠르지도 않고, 기술이 아주 뛰어난 것도 아니었던 어린 선수 과르디올라는 경기를 꿰뚫는 천재적인 시야를 갖고 있었고, 다행히 바르셀로나의 감독을 요한 크루이프가 맡고 있었던 덕분에 어린 나이에 1군 팀의 주전 멤버로 뛸 수 있는 기회를 얻었다. 그러한 그의 역사는 그가 신체 능력이나 기술을 바탕으로 한 선수 개개인의 능력이 아닌 공을 소유하고 팀으로 경기를 지배하는 축구로 최고가 되겠다는 내적 동기가 되기 충분했을 것이다.

과르디올라의 축구 경력에 생명력을 불어넣은 이는 크루이프다. 크루이프 외에 많은 이들의 영향을 받았지만, 과르디올라는 크루이프 없이는 자신이 있을 수 없었다고 말했다. 크루이프는 과르디올라의 재능을 알아본 것뿐 아니라, 그의 부족함을 채워주고 발전시킨 인물이기도 하다. 크루이프는 겨우 만 18세였던 과르디올라를 1군 팀으로 불러들인 뒤 "너는 내 할머니보다도 느리다."고 면박을 줬다. 오른발로만 공을 차던 과르디올라에게 끊임없이 "왼발로! 왼발로!"를 외치며 결국 그를 양발로 공을 뿌릴 수 있는 선수로 만들었다. 크루이프가 자신을 단련시킨 방식을 과르디올라는 지금 팀을 운영하면서도 그대로 적용하고 있다고 말했다.

"펩은 준비 운동부터 가장 단순한 패스 훈련까지 모든 단계에서 새로운 개념을 주입하고 있어요. 오늘은 몇 가지 세부 사항을 알려주고 내일은 조금 더 가르쳐주는 식이죠. 그 다음 날에는 패스를 받을 때 몸의 각도는 어떠해야 하는지를 설명하고, 그 다음에는 움직이는 공을 차지하는 방법, 이어서 잘 사용하지 않는 발로 패스하는 연습을 하죠. 조금씩 조금씩 선수들이 이해하기 시작하면, 얼마 지나지 않아 모든 게 쉬워지고 속도가 붙게 되는 거예요."

○ 로렌소 부에나벤투라, 과르디올라의 피트니스 코치

크루이프의 팀에서 뛴 것을 시작으로 루이 판할의 지도를 받고, 후안마 리요와 마르셀로 비엘사와 토론하며 얻은 아이디어는 과르디올라의 방식으로 집대성되었고, 스타일의 독창성은 물론 압도적인 성적을 거두며 21세기 축구사에 새로운 이정표가 되었다. 지도자 과르디올라의 역사는, 사실상 축구를 공부하기 위해 멕시코 클럽 도라도스 데 시날로아에 입단하면서 시작된다. 사실 과르디올라는 이미 2005년 6월 카타르 클럽 알아흘리를 떠나며 은퇴하고 지도자 수업에 돌입한 참이었는데, 그해 겨울 갑작스레 도라도스와 계약하며 현역 선수로 복귀했다. 이로 인해 오히려 지도자 라이선스 취득이 지체되었지만 그에겐 배움의 기회가 더 중요했다. 자신이 최고의 감독으로 꼽은 후안마 리요와 함께 일하기 위해 낯선 멕시코 리그 도전을 결정한 과르디올라는, 은퇴를 앞두고 플레잉 코치의 역할을 하고 있었다. 당시 도라도스의 공격형 미드필더로 뛰고 있었던 아르헨티나 미드필더 앙헬 모랄레스는 함께 했던 과르디올라에 대해 "완벽한 축구를 목표로 삼았던 사람"이라고 회고했다.

"그는 자신의 이상적인 목표가 피치 위의 모든 선수들이 참여하는 움직임이라고 말했어요. 골키퍼부터 스트라이커까지, 모든 선수들이 공을 한 번씩 터치하고 골로 마무리되는 것이죠. 난 그에게 불가능한 일이라고 말했죠. 난 아르헨티나 사람이잖아요. 난 서너 번 이상 공을 만지고 싶고, 드리블로 상대를 제치고 싶어하는 선수예요. 하지만, 그는 그렇게 말했죠. 몇 년이 지나고 나서, 그가 바르셀로나 감

독이 되었더군요. 그가 결실을 맺은 것을 보았습니다. 펩이 말한 그대로의 축구가
펼쳐지고 있었죠."

○ 앙헬 모랄레스

　사실 과르디올라는 도라도스에 겨우 5개월밖에 있지 않았고, 성과는 미미했
다. 도라도스는 2부 리그 강등을 면하지 못했고, 과르디올라는 부상으로 인해
실제 경기에 뛴 게 10차례에 불과했다. 그럼에도 불구하고 과르디올라가 도라
도스에서 함께 뛴 선수들에 미친 영향은 작지 않았다. 모랄레스는 "이미 그때
과르디올라의 지도 경력은 시작되고 있는 셈이었죠."라며 경기에 뛰지 않더라
도 팀에 다른 방식으로 기여하고 있었다고 했다. 당시 미드필더였던 마르코
멘도사(Marco Mendoza)는 "과르디올라와 함께 뛴 것만으로도, 그를 보고, 그의
이야기를 들은 것 만으로도 더 나은 선수가 되었어요. 그에게 너무나 많은 것
을 배웠습니다. 내 경력을 돌아보면 과르디올라와 함께 뛰기 전과 후로 구분
할 수 있습니다."라고 말했다.

　당시 도라도스에서 뛰고 있던 선수 중 가장 화려한 이력의 소유자는 우루과
이 대표 공격수로 활약한 세바스티안 아브레우(Sebastian Abreu)였다. 도라도스
에서 34경기에 나서 22골을 넣은 아브레우는 팀 내 가장 영향력이 큰 선수였
다. 아브레우는 과르디올라를 만나 포지셔닝을 새로 배웠다고 ESPN 디지털
과의 인터뷰에서 털어놓았다.

　"난 과르디올라가 좋아하지 않는 방식으로 공을 받고 있었죠." 아브레우는
과르디올라로부터 공을 받는 방식을 바꿔야 한다는 조언을 받았지만 하루 아
침에 바뀌지는 않았다. 아브레우도 곧바로 자신이 고수해온 방식을 바꾸지 않
았다. 그러던 어느 날 지친 듯한 모습으로 과르디올라가 "호마리우는 바꿔도
너는 못 바꾸겠다."며 푸념한 뒤 나머지 훈련을 요청했다. 과르디올라가 직접
콘을 놓고 일대일 훈련을 시켰다.

　아브레우는 당시 전방에서 공을 받으면 수비를 등진 채 다시 공이 온 쪽으
로 리턴 패스를 하고 경기를 전개하는 방식으로 플레이하고 있었다. 과르디올

라는 공을 받고 곧바로 골문을 바라볼 수 있는 자세와 포지셔닝을 가르쳤다.

"공을 받을 때 등지고 내주는 습관이 있었어요. 하지만 과르디올라에게 배운 뒤로는 패스가 오기 전에 받을 수 있는 준비를 마치고, 곧바로 골문을 바라볼 수 있게 됐죠. 이런 움직임을 배운 게 이후 축구를 하는 데 아주 큰 도움이 됐어요. 나 자신이 더 좋은 선수가 되도록 만들어줬죠. 펩이 나를 가르쳐줬다는 걸 똑똑히 기억하고 있습니다. 그 뒤로 과르디올라가 지휘한 바르셀로나와 바이에른, 맨체스터 시티에서 공격수들이 공을 받는 방식이 내가 훈련 받았던 것과 같다는 것을 볼 수 있었습니다."
○ 세바스티안 아브레우

카탈루냐에서 태어나, 바르셀로나 유소년 선수 출신으로 성장해 바르셀로나의 주장이 되었고, 바르셀로나 B팀 감독으로 지도자 경력을 시작한 과르디올라는 바르셀로나 1군 감독 부임 직후 열정적인 연설로 선수들의 마음을 사로잡았다. 물론, 호나우지뉴와 데쿠 같은 팀 내 말썽꾼을 정리하는 일도 필요했고, 어린 리오넬 메시의 마음을 달래는 노력도 필요했다. 메시는 철저한 규율을 강조하는 과르디올라 감독에게도 예외적인 존재였고, 어쩌면 메시의 존재 덕분에 과르디올라의 축구 철학은 승리를 수반하며 대세가 될 수 있었다.

"나는 여러분이 레오 메시처럼 드리블을 시도하길 바라지 않습니다. 패스하고, 패스하고 또 패스하세요. 정확하게 패스하고, 잘 움직이고, 다시 패스하고, 패스, 패스 그리고 패스하는 겁니다. 모든 움직임이 영리하고, 모든 패스는 정확해야 합니다. 그게 우리가 다른 팀과 차이를 만들어내는 방식입니다. 그게 우리가 보고 싶은 모든 것입니다."
○ 주제프 과르디올라

파이널서드 지역을 휘젓는 메시에게만 예외적인 자유가 허용되었고, 그에게 가짜 9번이라는 새로운 전술적 역할을 부여한 과르디올라는 4-3-3 포메이션을 기반으로 2008-09시즌 트레블을 달성한다. 과르디올라는 매 경기 상대를 철저히 분석한 뒤 상대의 약점을 철저히 공략하며 자신의 이상적인 축구로 승리하는 팀을 만들었다. 과르디올라의 바르셀로나가 맨체스터 유나이티드를 꺾고 UEFA 챔피언스리그 우승을 차지하기 전까지 유럽 축구의 대세는 프리미어리그였다. 바르셀로나가 우승하기 직전 시즌인 2007-08시즌 결승전은 맨체스터 유나이티드와 첼시가 우승을 다퉜고, 크리스티아누 호날두와 웨인루니를 앞세워 팀의 새로운 황금기를 연 알렉스 퍼거슨 감독과 실용주의 축구의 선두 주자 주제 무리뉴 감독이 추앙받고 있었다. 과르디올라의 바르셀로나는 퍼거슨 감독의 맨체스터 유나이티드를 꼼짝도 못하게 했다.

사뮈엘 에토오가 넣은 전광석화와 같은 이른 선제골 이후 맨체스터 유나이티드는 170cm도 되지 않은 단신으로 중앙 공격수로 배치된 리오넬 메시를 통제하지 못했고, 바르셀로나의 전방 압박에 위축된 경기를 했다. 심지어 메시가 문전을 파고 들어 헤더로 쐐기골을 넣는 장면을 무력하게 바라봐야 했다. 결승전에서 낙담한 호날두가 레알 마드리드로 이적하는 것을 퍼거슨 감독은 더 이상 막을 수 없었다.

바르셀로나를 떠난 이후 과르디올라는 UEFA 챔피언스리그 우승을 이루지 못했으나 독일 분데스리가와 잉글랜드 프리미어리그에서 새로운 축구 문화에 적응하며 그 자신의 방법론을 심화, 발전시켰다. 그 스스로 독일과 잉글랜드 무대로 향한 것을 "정복하기 위해서가 아니라 배우기 위해서"라고 했다.

## 과르디올라의 세 가지 기본 원칙

1___공의 위치가 수비 라인의 위치를 결정한다. 풀백이나 센터 하프나 상관없이, 공에서 가장 가까이 있는 선수가 라인을 설정한다. 그게 풀백일 경우에는 가까이 있는 센터백이 뒤를 받쳐주고, 두 번째 센터백은 파트너를 커버하며, 차례로 가장 멀리 떨어진 풀백의 엄호를 받는다. 그렇게 하면 공이 멀리 떨어져 있기 때문에 위험을

최소화할 수 있다.

"수비수 네 명은 그들 사이의 공간이 너무 벌어지지 않도록 체인처럼 엮어서 계속 움직여야 합니다. 공격수가 작업하기 쉽게 되거나 공이 그들 사이로 빠져나가지 않도록 해야 하죠. 센터백 한 명이 공을 가로채러 나가면, 바로 그 순간에 다른 센터백이 빈 공간으로 들어가야 하고 피보테는 뒤로 물러서서 그를 커버해야 합니다." ○ 주제프 과르디올라

2___공격 전개는 15회의 패스로 구성하는 것이 이상적이다. 과르디올라는 15회의 패스를 연결하지 않으면 공격과 수비 전환이 불가능하다고 여겼다. 공 소유나 원터치 패스라는 행위 자체가 아니라 패스의 목적이 중요하기 때문이다. 공을 갖고 있는 게 중요한 이유는 전열을 가다듬고 상대 조직을 무너트리기 위해서다. 빠르고 촘촘하고 집중적인 패스로 15회의 움직임을 연결하면, 공을 빼앗기 위해 이리저리 움직이는 상대가 자신도 모르게 조직이 무너지는 상황이 온다고 분석했다.

"공을 빼앗기더라도 공을 가로챈 상대 선수는 아마도 혼자서 우리 선수들에게 포위당할 거예요. 그럼 공을 쉽게 되찾을 수 있고, 그게 아니더라도 최소한 상대 팀이 빨리 움직이도록 막을 수 있죠. 15회의 패스 덕분에 상대 팀이 어떤 식으로든 공수 전환을 할 수 없게 되는 거예요." ○ 주제프 과르디올라

3___프리맨을 막아야 한다. 공을 지배하고 경기의 주인공이 되고 싶은 팀은 자유롭게 돌아다니는 상대 선수를 우선적으로 막아야 한다. 골대 근처에서 돌아다니다가 패스하거나 슈팅 기회를 노리는 선수의 움직임을 사전에 차단해야 한다. 과르디올라는 이를 위한 네 가지 방법을 구체적으로 소개했다. ① 상대가 위험한 역습을 개시하기 쉬운 중원의 핵심 지역에서 공을 빼앗기지 말고, ② 선수들의 위치를 바로잡기 위해 15회의 패스를 이용하면서 움직임이 끊어지기 쉬운 지점에서는 서로

뭉쳐서 상대를 압박하고 빨리 공을 되찾을 수 있도록 하며, ③ 공을 빼앗겼을 때 그걸 처음 받은 선수(프리맨)에게 강하고 효율적인 압박을 가하고, ④ 누가 프리맨이 될지 예측하고 그보다 더 빨리 반응하는 것이다.

아이디어를 훔친다는 것은, 누군가 시행한 전술을 그대로 복사한 뒤 붙여넣는 것과는 다르다. 과르디올라는 맨체스터 시티 감독 부임 이후 가진 인터뷰에서 "내가 말할 수 있는 것은 누군가의 전술을 복사해 그대로 적용하는 것은 큰 실수가 될 것이라는 점입니다."라고 했다.

"몇몇 감독들이 나를 초대해서 그들의 훈련을 보게 하고, 그들이 가진 문제점을 물어봅니다. 난 그들에게 '당신 자신이 되어야 한다.'고 말해줍니다. 누군가가 되고 싶다는 생각을 갖는 것은 좋아요. 하지만 기억해야 하는 것은 그들도 패배한다는 것이고 그래서 실수라는 겁니다. 이것은 복사 후 붙여 넣기가 가능한 컴퓨터와 달라요. 생각을 해야 합니다. 나 역시 내 과거의 감독들에게서 같은 것을 느꼈습니다. 누군가처럼 되고 싶었고, 그들이 한 것을 하고 싶었죠."　ㅇ **주제프 과르디올라**

과르디올라가 최고의 감독으로 꼽은 비엘사는 이제 역으로 과르디올라를 절찬의 대상으로 꼽으며, 과르디올라가 누구도 흉내낼 수 없는 축구를 선사하고 있다고 말했다.

"과르디올라에 대한 내 존중과 존경심에 대해 설명하고 싶습니다. 그는 흉내낼 수 없는 플레이를 구축해 팀 플레이의 아름다움을 보여주고 있죠. 과르디올라는 알 파팀을 만들었습니다. 사람들은 '과르디올라가 바르셀로나에 있던 선수들 없이 그런 걸 해낼 수 있겠어?'라고 말합니다. 그리고 바르셀로나 선수들이 특별하다고 말할 수도 있죠. 과르디올라가 바이에른에서 지도한 선수들도 아주 뛰어나고, 맨체스터 시티에서도 그렇습니다. 하지만 스타일을 창조해내는 능력은 오직 과르디올라의 팀에서만 볼 수 있습니다. 그가 보유한 선수들이 누구냐보다 훨씬 더 중요한 점이죠. 선수들이 중요하지 않다고 말하는 게 아닙니다. 그의 창조적인 능력을 강조하고 있는 것입니다. 당신이 분석할 수 없는 것은 미스터리이고, 정확히 모른다는 것을 의미합니다. 난 과르디올라의 축구를 볼 때마다 '어떻게 한 거야?'라고 놀랍니다. 우리도 저렇게 할 수 있을까? 이 콤팩트한 수비를 해결하기 위해 어떻게 미리 준비한 것일까? 하지만 당신은 절대 찾지 못할 겁니다. 그들은 항상 해결책을 찾고 있습니다."

○ 마르셀로 비엘사

**· MASTER CLASS ·**

# 마우리시오 포체티노
## *Mauricio Pochettino*

### 손흥민을 깨운 전술가

"포체티노는 움직임에 관해 '비밀번호'를 아는 것 같았다."

○ 모르강 슈네데를랭, 전 사우샘프턴 미드필더

토트넘 홋스퍼의 전성시대, 무엇보다 한국 대표 공격수 손흥민의 전성시대를 끌어낸 마우리시오 포체티노 감독은 RCD 에스파뇰에서 지도자 경력을 시작했다. 잉글랜드 프리미어리그 클럽 사우샘프턴을 거쳐 토트넘 지휘봉을 잡게 된다. 포체티노는 에스파뇰이 라리가에서 10경기째(3무 7패) 이기지 못하고 있을 때 부임했다. 2009년 1월, 에스파뇰 1군 감독으로 부임한 첫 날 포체티노가 요구한 것은 연령별 유소년 팀 전체에 자신의 플레이 스타일을 똑같이 적용하는 것이었다. 흥미로운 것은 당시 에스파뇰 1군 팀과 B팀이 포체티노 특유의 4-2-3-1 포메이션으로 경기했지만 유소년 팀의 경우 조금 더 제한적인 4-4-2 포메이션으로 경기한 것이다. 포체티노는 4-4-2 포메이션이 어린 선수들의 성장과 발전에 더 도움이 된다고 여겨 이 시스템으로 경기하도록 했다.

"결과가 항상 훌륭한 것은 아니었지만 다들 에스파뇰의 축구를 즐겼다. 뒤에서부터 빌드업하는 점유 축구였다. 포체티노는 선수들에게 무엇을 해야 하는지 정확하게 지시했고, 자신감을 줬다. 이를 통해 보는 이들이 즐거운 축구를 구현했다."

ㅇ 기엠발라게(GuillemBalague), 스페인 축구 전문가

선수들에게 많은 활동량을 요구하는 포체티노 감독은 부임과 함께 스페인 축구계에선 흔치 않았던 하루 2회 훈련을 공지했다. 오전에 체력 훈련을 하고 오후에 공과 함께 전술 훈련을 하는 일정이 정착됐다. 나중에는 효율성을 높이기 위해 체력 훈련의 경우 짧은 시간 강도 높게 진행했다. 이러한 팀 운영 성향은 마르셀로 비엘사의 방식과 흡사했다. 포체티노는 공과 사를 엄격히 구분했고 냉정하게 팀을 운영했다. 선수로 함께 뛰며 막역하게 지냈던 에스파뇰의 베테랑 공격수 라울 타무도에게서 주장직을 내려놓게 했고, 급기야는 팀과 이별하게 이끈다. 아들의 대부였던 기존 피지컬 코치도 교체했다.

포체티노는 매우 중요한 순간 부임 후 에스파뇰이 2008년 11월 오사수나를 1-0으로 이긴 이후 4개월 만의 승리를 첫 승으로 거둔다. 2008-09시즌 트레블을 달성한 역사적인 팀, 과르디올라의 바르셀로나에 2-1로 승리한 것이다. 당시 바르셀로나는 누만시아와 개막전에서 0-1로 패한 이후 리그 22경기에서 19승 3무를 기록하며 패배를 모르는 팀으로 승승장구하고 있었다. 포체티노 감독 본인도 당시 바르셀로나를 상대로 거둔 승리에 대해 "나도 어떻게 했는지 모르겠다."고 말할 정도로 놀라운 결과였다. 에스파뇰은 정확히 20개 팀 중 꼴찌의 위치에서 1위를 달리던 바르셀로나를 만났는데, 승리한 것이다. 과르디올라 감독도 그때 1군 감독으로 첫 시즌이었고, 포체티노도 반 년 늦게 1군 감독으로 데뷔한 참이었다. 두 초보 감독에 대한 여론의 시선은 극과 극이었다. 흥미로운 것은 두 감독 모두 비엘사의 영향을 받았고, 포체티노도 2009년 2월 자신이 겪은 과르디올라 감독의 방법론에서 힌트를 얻어 자신의 축구를 더욱 발전시키는 계기로 삼았다는 것이다.

포체티노의 에스파뇰이 과르디올라의 바르셀로나를 꺾을 수 있었던 원동력은 높은 곳에서의 치열한 압박과 견고했던 수비 구조, 이를 바탕으로 한 역습이라는 기본 골격 덕분이다. 비밀스러운 열쇠는 없었다. 포체티노는 "이제 막 에스파뇰의 스타일을 다르게 설정하는 중이었다. 계획은 높은 곳에서 압박해 그들을 놀라게 하는 것이었다. 바르셀로나는 에토오와 앙리, 야야 투레, 푸욜, 이니에스타 같은 최고의 선수들을 뛰게 했고, 그들은 우리의 플레이에 놀라는 눈치였다."고 회고했다.

메시와 앙리, 차비 같은 최고의 선수들이 득점 기회를 제대로 마무리하지 못한 가운데, 에스파뇰은 당시 바르셀로나의 취약점으로 꼽힌 고공 공격으로 후반 5분 선제골을 넣었다. 네네의 패스를 받은 이반 데라페냐가 헤더로 선제골을 넣었다. 데라페냐는 바르셀로나가 정신도 차리기 전인 5분 뒤 추가골을 넣어 분위기를 가져갔다. 바르셀로나는 후반 18분 야야 투레가 한 골을 만회했고, 후반 20분 에토오를 빼고 아이두르 구드욘센을 투입하며 공격에 변화를 줬으나 끝내 동점골을 얻지 못했다.

에스파뇰이 캄노우 원정에서 승리한 것은 무려 27년만의 일이었다. 그 이후 10년의 세월이 지나기까지 에스파뇰이 바르셀로나의 안방에서 승리하는 일은 재현되지 못했다. 과르디올라는 여러 불운이 따른 패배였음에도 포체티노의 축구를 칭찬했다. 경기를 마친 뒤 "많은 팀들이 당신을 기다린다. 에스파뇰이 당신을 기대한다. 에스파뇰의 축구 스타일이 나의 스타일과도 아주 가깝다고 느꼈다."고 말했다. 스페인 축구 전문가인 영국 기자 시드 로우는 "포체티노의 팀처럼 용감하게 공을 다루는 팀은 아주 드물다."고 논평했다.

바르셀로나전 승리는 포체티노의 에스파뇰에게 찾아온 우연한 행운이 아니었다. 그 이후 에스파뇰은 레알 마드리드와 비야레알에 연패를 당했지만 2009년 4월 5일 데포르티보 라코루냐를 3-1로 이긴 뒤 누만시아 원정에서 0-0 무승부를 거두고 리그 마지막 10경기에서 8승 1무 1패를 기록한다. 라싱 산탄데르(1-0), 스포르팅 히혼(3-0), 레알 베티스(2-0), 발렌시아(3-0)를 상대로 무실점 연승을 거두며 순위가 급상승했다. 아틀레티코 마드리드와 원정 경기에서 2-3으로 석패했으나 리그 마지막 3경기도 아틀레틱 클럽(1-0), 알메리아(3-0), 말라가(3-0)를 상대로 무실점 승리를 이어가 10위로 시즌을 마쳤다. 부임 3년 차인 2010-11시즌에는 20라운드까지 5위 순위를 유지했다. UEFA 챔피언스 리그 진출권에 도전할 수 있는 흐름을 이어갔으나 후반기에 골잡이 파블로 오스발도의 부상 이탈 등 악재가 겹치며 8위로 시즌을 마쳤다.

포체티노는 2013년 1월 사우샘프턴에 중도 부임해 두 번째 지휘 팀을 맡게 된다. 사우샘프턴 회장은 에스파뇰에서 임대 선수로 뛰던 필리페 쿠치뉴를 관찰하기 위해 에스파뇰 경기를 보러 갔다가 포체티노 감독의 스타일에 호기심을 느꼈고, 그를 조사하던 중 그가 사우샘프턴을 바꿀 수 있는 적임자라는 판단을 내렸다. 젊은 선수들로 역동적이고 공격적인 축구를 구사한 포체티노의 방식은 사우샘프턴에도 그대로 적용된다.

포체티노의 경기 모델은 크게 세 가지로 정리할 수 있다. 1) 높은 라인에서의 압박 2) 철저한 볼 소유 3) 직선적인 공격 방식이다. 라인을 높여 실점 위험이 적은 상대 지역에서 공을 빼앗아야 하고, 공을 빼앗은 뒤에는 최대한 오랜 시간 볼을 소유하며 상대의 공격 기회 자체를 차단하고, 아군의 공격 기회를 최대화한다. 공격 속도를 높이기 위해 역습을 활용하고, 직선적으로 전방으로, 공간으로 공을 투입한다. 에스파뇰과 사우샘프턴, 토트넘에서 포체티노는 공히 4-2-3-1 포메이션을 사용했다. 4-2-3-1 포메이션은 라리가에서 흔히 쓰이는 전형인데, 포체티노의 방식은 속도감과 활동량을 기존 라리가 팀보다 훨씬 강조했다. 경기 템포는 EPL 팀의 경기에 가까웠다. 그래서 EPL 무대에서도 포체티노의 전술은 무리 없이 효과를 냈다.

포체티노는 "매력적인 축구, 관중들이 좋아할 만한 공격적인 축구를 선사하겠다."고 말한다. 그는 공격 숫자를 많이 두는 축구를 한다. 전통적인 9번과 10번을 필요로 한다. 전문 스트라이커 한 명을 최전방에 세우고, 그 뒤에 3명의 공격형 미드필더를 배치한다. 빠른 스피드와 예리한 크로싱 능력을 갖춘 좌우 풀백을 전진시켜 날개 역할을 맡긴다. 두 명의 중앙 미드필더 중 한 명은 공격 상황에서 3명의 공격형 미드필더와 보조를 맞추고, 한 명은 두 명의 센터백과 상대 역습에 대비한다. 두 센터백이 좌우로 벌려 넓게 공간을 커버한다. 공격 상황에서 포체티노의 팀은 스리백 형태를 취하고, 이 세 명을 제외한 7명의 필드 플레이어가 상대 진영으로 넘어간다.

포체티노의 축구는 개별적으로 중요한 능력을 요구하는데, 특히 공수 연결 전환 과정에서 두 명의 중앙 미드필더의 역할이 중요하다. 공격에 가담하는 중앙 미드필더는 볼 배급력과 템포 조율 능력에 전방 수비력을 겸비해야 하고, 뒤를 받치는 또 한 명은 속력과 지구력, 힘을 동시에 갖춰야 이 전술이 제대로 기능할 수 있다. 또한, 후방에서 빌드업이 시작되기에 패싱력도 일정 수준 이상을 갖춰야 한다. 이는 상대 역습 공격에 약할 수밖에 없는 공격 방식인데, 수비로의 전환 속도라 빠르고, 상대 지역에서 아주 강한 압박을 전개하는 것으로 그 약점을 상쇄한다. 포체티노 축구의 가장 중요한 부분은 수비에 있다. 공을 잃고 나면 곧장 수비 태세가 된다. 전방 압박이 느슨하면 광활한 배우 공간을 바로 공략 당한다. 원톱은 하프라인 아래로 내려오지 않는다. 최전방 공격수를 직접 겨냥한 롱패스 시도는 상대 최후방 수비 라인의 전진을 억제하는 역할을 한다.

"우리의 플레이 스타일은 최대한 빨리 공을 되찾은 뒤 다시 플레이하는 것이다. 우리는 라인을 전진시켰고, 더 높은 지역에서 플레이했다. 패할 때는 하루빨리 되찾는 정신력이 있어야 한다." ○ 마우리시오 포체티노

경기 중 포지션 이동과 상대 플레이를 예측해 대응하는 것은 포체티노 체재의 사우샘프턴에서 핵심적인 요소였다. 사우샘프턴은 높은 곳에서 일사불란한 압박으로 상대의 공격 전개를 시발점부터 괴롭히며 경기했다. 전방 압박의 리더는 주장 랠라나였고, 그 부근의 슈네데를랭, 스티븐 데이비스, 제이 로드

리게스가 커버하며 조직 압박으로 공을 탈취해 곧바로 공격했다.

공격을 위해서만 상대 진영에 머무는 것이 아니라, 하프라인을 배수의 진으로 여기고 강하게 압박을 나가는 것이다. 원톱 뒤의 세 명의 공격형 미드필더도 마찬가지다. 두 명의 중앙 미드필더는 하프라인 뒤로 밀려 내려올 것에 대비해 더 넓은 범위를 커버해야 한다. 슈네데르랭이나 잭 코크, 빅터 완야마 등이 중원의 2인 조합을 이뤘는데, 이 두 수비형 미드필더의 헌신과 주의력, 그리고 조직적 균형은 사우샘프턴이 뒤를 돌아보지 않고 앞으로 달려들어 경기할 수 있는 원동력이었다. 좌우 풀백 나다니엘 클라인과 칼럼 챔버스, 유소년팀에서 1군 선수로 성장시킨 루크 쇼가 파이널서드까지 전진해 공격해도 배후 지역을 안정적으로 지켰다.

현대 축구의 전술 트렌드는 전원 수비와 전원 공격이다. 포체티노의 팀도 그렇다. 공을 소유했을 때는 2선에 배치된 창조적인 선수들이 공격적인 축구를 하고, 공을 빼앗기면 언제 그랬냐는 듯이 미친 듯한 활동량으로 경기장 전역을 압박하는 노동자형 축구로 변한다. 윙처럼 기능하던 풀백은 수비 상황에 빠르게 내려와서 포백 라인을 형성해야 하기에 공격력과 속력뿐 아니라 매우 강한 지구력이 필요하다.

수비 상황의 체력 소모가 크기 때문에 볼을 최대한 소유하는 것이 중요하다. 볼을 소유해야 체력 소모를 줄이고, 공격적 장점을 활용하는 축구를 할 수 있다. 그래서 포체티노의 팀은 공 소유에 집착한다. 그렇지 않으면 그의 축구는 물리적으로 90분 동안 구현이 불가능하다. 포체티노의 사전에 선수비 후역습이 없는 이유다. 선수비를 하다 보면 너무 일찍 지쳐버린다.

스스로 많이 지칠 수 있는 축구를 하기 때문에 최대한 볼을 소유하고, 소유한 상황에서 상대의 체력을 떨어트리기 위한 공격 방식을 취한다. 많은 숫자를 배치한 2선 공격진은 전진 배치된 중앙 미드필더를 중심으로 활발하게 사이드 체인지를 시도하고, 2선 미드필더는 정신 없이 자리를 바꿔가며 상대 수비를 정신적으로 지치게 한다.

결정적으로 상대를 지치게 하는 방법은 직선적 패스의 빈번한 활용이다. 횡패스 보다는 라인과 라인 사이를 넘나드는 볼 투입을 자주 시도하고, '아름다운 축구'를 지향하는 일반적인 팀들과는 달리 롱패스도 적극적으로 혼용한다. 상대 팀의 수비 라인이 자주 오르락내리락 하게 만들며 체력을 떨어트려 놓는다. 상대를 지치게 만들며 만든 공간을 빠르게 노려 골을 만든다. 이러한 포체티노 축구가 제대로 먹힐 때, 상대 팀은 자기 진영에 갇혀서 허우적거린다. 포체티노의 훈련이 제대로 적용되었을 때, 그의 팀은 마치 12명이 뛰는 팀처럼 보인다는 이야기를 듣는다. 그 정도로 활발한 움직임을 보인다.

포체티노는 선수들에게 어마어마한 활동량을 요구하지만, 그것은 단순히 무식하게 뛰기를 강요하는 것은 아니다. 철저히 계획적이고 조직화된 움직임을 요구했고, 이를 통해 공격적인 축구를 추구했다. 실용주의와 심미주의가 결합된 축구였다. 포체티노 본인은 오히려 더 많이 뛰는 팀이라기보다 더 치열하게, 더 효율적으로, 더 적절히 뛰는 팀을 만들었을 뿐이라고 설명했다.

"우리가 더 많이 뛰는 팀처럼 보이지만, 사실 우리는 단지 더 조직적으로 뛰고 있을 뿐이다."　　　　　　　　　　　　　　　　　ㅇ 마우리시오 포체티노

포체티노의 방식은 통계 기록을 통해서 검증된다. 포체티노 재임 기간 에스파뇰은 라리가에서 가장 많은 파울과 경고를 기록한 팀이었다. 전방에서 매우 터프하게 수비를 전개했다. 사우샘프턴도 포체티노 재임기에 EPL에서 최다 태클(13/14시즌 3위, 805회)과 최다 파울(13/14시즌 4위, 442회) 상위권에 올랐다. 평균 점유율은 58%에 가까웠다. 강팀을 상대로도 볼 점유율 대결에서 밀리지 않았다. 토트넘에서는 팀 전체 활동거리가 포체티노의 부임 이후 개인당 평균 2~3km, 팀 전체로는 20~30km 가까이 늘었다.

훈련 중에는 악마처럼 보이지만, 훈련이 끝나고 나면 푸근한 형이 된다. 감독 포체티노의 모습이다.

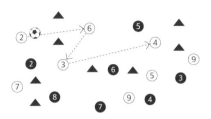

## 2m 간격의 미니 골대를 둔 8x8 훈련

미니 골대로 공과 대화하는 훈련, 8명씩 두 개 팀을 구성한다. 자유로운 터치로 공을 연결한다.
2m 크기의 작은 골대를 좁게 배치한다. 공을 소유한 팀이 미니 골대를 통과 시키면 1점을 얻는다.

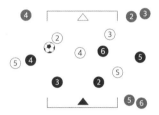

## 30x40m 공간 안에서 5인 3개 팀으로 구성한 훈련

골을 허용하면 팀이 교체되고, 공이 밖으로 나가면 공격 측에서 다시 시작한다. 2분 안에 두 팀 모
두 골을 못 넣으면 공을 소유하고 더 많은 시간을 소모한 팀이 교체 된다. 소요시간은 21분.

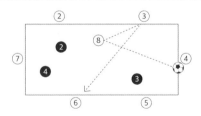

## 론도 훈련 (소요시간 6분 / 인원 6대3 + 박스 안에 공격적 피보테)

중앙 미드필더의 연결 능력에 대한 포체티노의 훈련 프로그램. 검은 동그라미인 세 명의 선수가
압박하고, 중앙 미드필더 역할인 8번이 원터치 패스로 사각형 밖의 선수들과 빠르게 공을 주고
받아야 한다.

"사우샘프턴에서 처음 훈련을 진행했을 때, 선수들이 훈련이 너무 혹독하다고들 이야기를 했다. 하지만 이 훈련이 결코 미친 일이 아니라는 것을 그들도 곧 깨달았다. 나 역시 축구 선수였다. 난 선수들에게 스스로 운동량의 최대치에 도달했다는 생각이 들 때, 거기서 그 이상을 해내야 한다고 말했다. 선수들이 두려워하지 않기를 바랐다. 가장 어려운 것은 자기 자신을 이기는 일이다. 그렇게 해야 발전할 수 있다. 축구 선수의 직업적 목표는 더 좋은 계약을 맺고, 성장하고, 마지막에는 더 행복해지는 것이다. 이를 위해 좋은 모든 방법을 동원한다."

"난 선수들 모두가 공평하게 느끼도록 같은 기준을 적용했다. 때로는 힘들지만 선수들과 거리를 뒀다가도, 애정을 갖고 대하려 했다. 이를 통해 팀의 방향이 매우 명확해졌다. 내가 선수들의 친구가 되었는지는 모르겠다. 친구라는 것은 아주 커다란 존재이기 때문이다. 선수들은 자신들이 원하는 만큼만 감독에게 준다. 선수들이 내게 줬던 것들을 잃지 않기 위해 나도 노력했다."  ○ **마우리시오 포체티노**

포체티노가 선수들에게 압박을 가할 때 그저 마구잡이로 많이 뛰라고 지시한 것은 아니다. 슈네데를랭은 "포체티노는 움직임에 관해 '비밀번호'를 아는 것 같았다."며 압박을 위한 움직임, 경기 중 선수들의 유기적인 콤비네이션에 아주 세세한 조정 지시가 있었다고 전했다.

"압박을 하면서 상대가 가장 나쁜 패스를 하도록 유도하는 움직임을 지시했다. 포체티노는 그런 앵글을 알고 있었다. 상대에게 많은 선택지를 갖지 못하도록 움직이라고 했다. 팀 전체의 움직임이 동시에 이뤄져야 하는 일이다. 포체티노의 아이디어에 따라 반년 정도 훈련을 해보니 그런 일은 더 이상 놀라운 것이 아니었다. 상대팀을 불안정하게 만들고, 괴롭히기 위한 매우 성공적인 방법이다. 즉흥적으로 반응하며 압박하는 것이 아니라 엄청난 훈련의 결과로 나온 플레이다."

○ **모르강 슈네데를랭**

앞서 언급한 최전방 공격수부터 이어진 높은 압박은, 그저 공격 선수들이 공을 빼앗겼을 때 상대 후방 빌드업을 위해 달려드는 단순한 수준이 아니다. 정말로 공을 빼앗겠다는 의지로 전진하고, 2선 미드필더와 두 명의 중앙 미드필더까지 수비 상황임에도 자신이 머물러야 하는 영역을 비우고 간격을 유지하며 전진한다. 가장 가까운 위치에 있는 선수들이 계속해서 이동하며 압박 그물을 형성하는데, 누군가가 체력적으로 버거우면 자신의 본 포지션과 관계없이 커버링이 즉각적으로 이뤄진다. 때로 슈네데를랭이 측면에 있고, 윙어가 슈네데를랭의 자리를 담당하는 상황이 나오는 것이 전혀 어색한 일이 아니었다. 두 명의 중앙 미드필더 중 한 명이 뒤를 받치면, 한 명은 측면이든 전방이든 그 사이 공간을 가리지 않고 커버한다.

"개인적으로, 만약 윙어가 자리를 이탈하면 때로는 내 구역을 벗어나 도와야 할 때가 있다. 그가 앞선 지역으로 이동하면, 풀백이 제때 그 자리를 커버할 수 없기 때문이다. 내가 공에서 가장 가까운 상황이고, 내가 지쳤다고 하더라도 개입해야 한다. 그러면 윙어가 다시 내 영역을 채워준다. 그렇게 포지션 스위칭이 이뤄진다. 이것이 기본적인 철학이다."　　　　　ㅇ 모르강 슈네데를랭

이렇게 커버하고 움직이는 위치를 포체티노는 미터 단위로 계산해 지시했다. "오른쪽 측면 공격을 시도한다고 예를 들면 상대 6m 지점에서 시도하라고 지시를 한다. 중앙 지역에서도 단 1m의 위치 차이가 해결책을 찾는 비밀번호가 된다. 우리 포지션뿐 아니라 상대의 경향까지 파악해 내리는 그런 지시들이 상대팀에 문제를 야기한다."

포체티노는 수요일까지 상대팀에 대한 분석을 모두 마치고 본격적인 전술 훈련에 임한다. 리저브팀을 상대로 한 11대11 경기를 통해 다양한 상황과 패턴에 대한 전술 훈련을 진행한다. 세밀한 단위로 위치가 정해진 공간 커버 플레이를 완벽하게 수행할 때까지 진행한다. 각각 커버해야 하는 영역과 그에 따

른 팀 전체의 움직임이 사전에 계획된다.

수비 상황은 철저하게 계획으로 진행하지만, 공격 상황에서는 선수들의 자유를 많이 존중한다. 상대팀을 놀라게 하기 위한 계획을 짜는데, 이 과정에서 선수들 스스로의 생각이 중요하기 때문이다. 물론, 포체티노가 즐기는 방식은 있다. 슈네데를랭은 "그는 사이드 체인지를 사랑한다. 풀백이 올라가고, 좌우를 바꿔 뛰고, 선수들 스스로 자유롭게 생각하고 공격하도록 유도한다. 선수들이 공격 상황에서는 자신의 정체성을 드러내도록 한다."고 설명했다.

포체티노는 수비수 출신이며, 수비적 규율을 중시하지만, 공격 없이는 축구가 즐거움을 줄 수 없다는 것을 잘 알고 있다. "축구는 똑똑하고 지적인 이들을 위한 스포츠다. 위선자가 될 필요는 없지만 결국 상대를 속이기 위한 플레이를 해야 한다. 상대를 속일 수 있어야 한다. 나는 그런 영리한 축구를 좋아한다." 포체티노의 말이다.

사우샘프턴에는 어느 영역에서든 공을 소유하고 순환시킬 수 있는 수준의 기술을 갖춘 선수가 없지 않았으나 포체티노는 공 소유 자체에 포커스를 두지는 않았다. 빠른 전환 플레이를 추구했는데, 그럼에도 불구하고 뒤에서부터 빌드업하는 그의 기본 성향으로 인해 2013-14시즌 최고 평균 점유율(56.5%, 2위는 55.7%의 맨체스터 시티)을 기록한 팀이 되었다. 볼 점유율 1위를 기록한 팀이었음에도 패스 성공률은 20개 팀 중 9위(81.1%)에 불과했는데, 모험적인 패스를 주로 시도했기 때문이며, 곧바로 공을 되찾을 수 있는 자신감과 준비가 있었기에 그럴 수 있었다.

사우샘프턴에서의 성공적인 경력 이후, 제한된 예산 안에서 젊은 재능을 보유한 토트넘이 그의 세 번째 팀이 된다. 2013-14시즌 사우샘프턴을 8위로 올려 놓은 포체티노는 이번에 경질이 아닌 영입 제안으로 팀을 옮겨 프리시즌부터 새 팀을 지휘한다. 포체티노는 부임 첫 시즌에 리그컵 준우승을 이뤘고, 2015-16시즌에는 리그 3위로 UEFA 챔피언스리그 진출권을 얻었으며, 2016-17시즌에 리그 준우승으로 1962-63시즌 이후 반 세기만에 최고의 성적을 거됐다. 그리고 2018-19시즌 토트넘을 창단 후 첫 UEFA 챔피언스리그 결승 진출로 이끌었다. 심지어 2018-19시즌의 성취는 2018년 여름 이적 시장에서 단 한 명의 선수도 영입하지 않고 낸 성과였다.

## 손흥민의 장점을 극대화한 포체티노의 포지션 플레이

포체티노 감독의 축구도 '포지션 플레이'의 틀 안에 있다. 그 자신이 뛰어난 수비형 미드필더였던 포체티노는 수비 라인 깊은 곳에서 피보테를 활용해 빌드업하는 것으로 경기를 시작하고, 풀백을 전진시켜 중원에 수적 우위를 만들어 지배적인 축구를 추구한다.

토트넘의 첫 번째 라인에 배치되는 벨기에 대표 수비수 토비 알데르베이럴트와 얀 페르통언은 공을 다루는 능력이 뛰어나고, 중장거리 패스 능력을 갖췄다. 중앙과 측면 영역까지 소화가 가능한 기술적인 센터백이다. 여기에 지금은 팀을 떠난 벨기에 대표 미드필더 무사 뎀벨레, 잉글랜드 대표 미드필더 에릭 다이어 등이 살리다 라볼피아나를 수행할 수 있는 빌드업 미드필더로 기능했다.

뎀벨레의 경우 최후방 수비 라인부터 최전방 공격 라인까지 영향력을 발휘할 수 있는 높은 수준의 기술을 갖춘 박스 투 박스 미드필더로 포체티노의 토트넘에 활기를 불어 넣었다. 다이어는 높게 배치된 풀백이 비운 측면 배후 공간과 하프 스페이스를 점유하며 센터백과 빌드업 패턴을 만들어 포체티노식 포지션 플레이를 수행했다.

속도가 빠르지 않고 공을 직접 운반할 때 강점이 있지 않은 다이어는 전진하는 센터백과 근거리에서 공을 주고 받으며, 센터백을 보호하는 역할로 토트넘의 후방 안정감에 기여한다. 토트넘은 빌드업 시 내려오는 미드필더보다 두 센터백이 직접 기점 패스를 연결해 빌드업하는데, 이 과정의 안정감을 갖추는 데 라볼피아나가 이용된다.

● 상대 팀
○ 토트넘

**토트넘 포지션 플레이 공격 패턴**

내려온 미드필더가 아닌 좌우로 벌린 두 센터백이 빌드업의 기점이자 중심
이 된다는 것은 상대의 전방 압박 라인을 더 높이 유도할 수 있는 배경이 되
고, 이를 통해 생긴 광활한 뒤 공간에 롱 패스를 뿌려 해리 케인과 따내거나,
손흥민이 이어 받아 상대 골문으로 돌진하는 직선적이고 속도감 있는 공격이
가능하다. 포체티노의 포지션 플레이는 굳이 많은 짧은 패스를 연속을 통해
중원부터 하나씩 상대 압박 라인을 벗기지 않고 신속하고, 직선적으로 상대

**포체티노 체제 토트넘 메인 포메이션**

수비를 타격한다.

토트넘의 두 센터백도 넓게 벌린 뒤 전진하지만, 이들이 직접 공을 드리블하고 운반하기보다 빠른 크로스와 전환 패스, 연계 패스로 중앙에 모인 공격 라인을 돕는다. 토트넘 공격의 핵은 일명 DESK 라인으로 불린 공격형 미드필더 델레 알리(D)와 크리스티안 에릭센(E), 윙어이자 스트라이커인 손흥민(S), 최전방 스트라이커 해리 케인(K)이다. 손흥민과 케인은 투톱으로 조합을 이루기도 하고, 알리와 에릭센은 2선에서 비대칭으로 배치되거나 서로 자리를 바꿔 가며 손흥민과 케인이 만든 공간을 활용하고, 이들에게 어시스트를 제공한다.

이 네 명의 선수는 각기 다른 장점을 바탕으로 비대칭 포지셔닝을 실시한다. 케인은 최전방에서 상대 센터백을 직접 상대하고, 손흥민은 측면으로 벌려서 커트인 돌파로 상대 수비를 공략한다. 손흥민은 전후 좌우를 활발하게 이동하고, 케인은 상하 움직임으로 상대 마크맨을 교란한다. 델레 알리는 최후방 수비 라인과 미들 라인 사이를 점유하고, 에릭센은 그 반대편 공간의 조금 아래 지역에서 자리한다.

토트넘 공격에서 중요한 것은 DESK 라인인데, 손흥민 정도가 측면을 기반으로 플레이하고, 나머지는 중앙 지향적으로 경기한다. 토트넘은 중거리 슈팅을 적극적으로 시도하는 팀이기도 한데, 에릭센과 알리, 손흥민 모두 이를 통해 득점할 수 있는 슈팅 능력을 갖췄다. 토트넘은 세트피스 공격에도 강한 특성을 보인다. 중원을 생략한 롱 패스, 직선적 패스와 중거리 슛팅, 세트피스 공격 등은 공 소유보다 공간 통제를 지향하는 팀이 득점을 위해 집중하는 패턴인데, 토트넘은 공을 소유한 포지션 플레이를 기반으로 이와 같은 공격 특성을 가미해 플레이 한다는 점에서 현대 축구의 트렌드인 '하이브리드' 성향을 담고 있다.

포체티노 감독은 장신의 타깃형 공격수를 활용해 세컨드 볼을 노리는 공격에 대해서도 거부감이 없다. 2018-19시즌 후반기에 케인이 부상으로 전열에서 이탈했을 때 스페인 공격수 페르난도 요렌테에게 포스트 플레이를 맡기고 손흥민을 투톱 파트너로 배치해 득점 기회를 창출했다. 손흥민은 오히려 케인이 빠진 기간 득점 숫자를 늘리며 최고의 컨디션을 자랑했다.

손흥민은 함부르크와 바이엘04 레버쿠젠에서 뛰던 당시 역습 상황에서는 속도와 슈팅 능력을 바탕으로 좋은 활약을 펼치나 공간이 없을 때는 침묵한다는 지적을 받았다. 토트넘 입단 초기에도 비슷한 문제를 겪었다. 포체티노 감독은 손흥민이 측면 공격수로 한정되지 않도록 세미 투톱 형태로 배치해 손흥민이 골문에서 더 가깝게 움직이도록 유도해 고립 상황에서 벗어날 수 있게 했다. 손흥민의 투톱 배치는 한국 대표팀에서 경기할 때 더욱 두드러지는 상대 수비의 집중 견제 문제도 해결할 수 있는 열쇠가 됐다.

손흥민은 21세기가 원하는 슈퍼스타의 전술적 덕목을 갖췄다. 전후좌우를 가리지 않고 공격 영역의 전 포지션을 소화할 수 있는 멀티플레이어 능력을 가졌다. 축구계의 스타들은 각기 다른 개성을 가진다. 데이비드 베컴은 오른발, 아르연 로번은 왼발이 무기다. 각각 왼발과 오른발에 약점을 갖고 있지만 자신의 장점을 극도로 단련해 세계 최고 선수의 반열에 올랐다.

최근 축구는 전술적으로 더 다양한 능력을 요구한다. 경기 중 자리 변화, 경기에 따른 전술 변화도 활발하다. 손흥민은 왼발 보다 오른발을 더 많이 쓰긴 하지만, 슈팅 상황에서 오른발과 왼발의 결정력이 거의 차이가 없을 만큼 균형을 갖췄다. 이 양발 슈팅 능력이 손흥민은 어느 자리에서든 골을 넣을 수 있는 선수로 만들었다.

"손흥민은 왼쪽에서도 뛸 수 있고, 오른쪽에서도 뛸 수 있고 중앙에서도 뛸 수 있다. 어느 자리에서든 그는 뭔가 해 준다. 손흥민은 토트넘에 많은 것을 안겨 줄 수 있는 선수가 되기 시작했다."

○ 티에리 앙리, 전 아스널, 바르셀로나 선수, 프리미어리그 득점왕 3회 수상

손흥민은 그동안 오른발을 무기로 왼쪽 측면에 배치되는 '가짜 7번' 역할에 집중해왔다. 포체티노 감독은 손흥민을 투톱의 스트라이커나 원톱 공격수, 심지어 윙백으로 세우며 다양하게 활용했다. 손흥민은 포체티노 감독 체제에서 전술 적응기를 거치며 차츰 발전했고, 2018-19시즌 완성됐다. 신태용 감독은 2018년 FIFA 러시아 월드컵을 준비하며 대표 팀에만 오면 침묵해온 손흥민 활용법을 토트넘의 경기에서 찾았다. 투톱 중 한 명으로 두고 자유롭게 움직이며 수비 견제를 덜고, 슈팅 코스를 늘리는 것이다. 사이드 라인을 두고 풀백을 제치고 센터백 사이로 잘라 들어가면 대각선 슈팅을 위한 코스가 열리지만 공간과 패턴이 제한적이다. 오히려 전방에 올라서면 상대 수비의 예측을 더 어렵게 만들 수 있다. 호날두도, 앙리도 측면 공격수로 나설 때보다 측면 혹은 전방에 배치되어 자유롭게 움직이는 권한을 부여 받았을 때 만개했다. 그래서 앙리도 "난 손흥민이 9번 자리에서 뛰는 걸 보는 게 좋다."고 했다. 손흥민이 훨씬 더 자유롭게 자신의 재능을 펼쳐보일 수 있는 자리이기 때문이다.

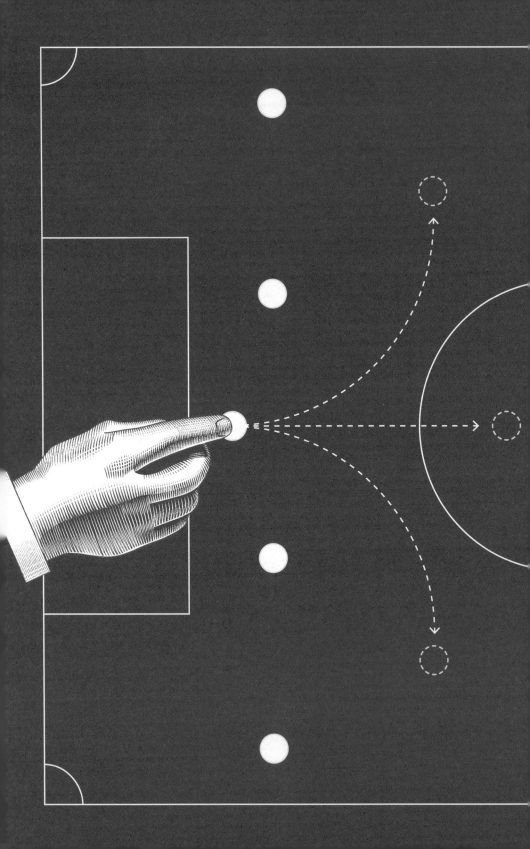

# CHAPTER

## 3

# 공간을 장악하는 축구

## : 통제, 압박, 역습

압박은
열심히 달려드는 문제가 아니다.
공간을 휘어잡는 것이다.

—

Arrigo Sacchi
아리고 사키

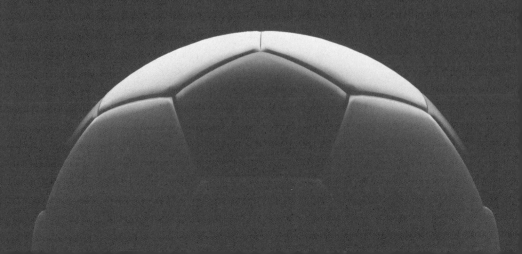

## 공을 가지면 실수한다
## 공간을 열면 기회가 생긴다

"우리의 강점으로부터 승리가 찾아오는 일은 드물다. 그 대신, 상대의 실수를 이용해 찾아오는 경우가 더 빈번하다."

○ 디에고 시메오네

승리하는 방법이 한 가지일 수는 없다. 경기의 주도권을 잡는 방법이, 꼭 공을 소유하는 것만으로 구현되는 것은 아니다. 공을 쥐고 있으면 공격 당하지 않지만, 공을 쥐고 공격을 전개하는 순간의 실수는 치명적이다. 비어있는 뒤 공간으로 전개되는 역습을 막기 위해 다급하게 뛰어 내려오는 전환의 순간, 역습 공격은 현대 축구에서 경기의 균형이 깨지고, 골이 가장 많이 나오는 상황이 된다.

미셸 플라티니는 축구를 실수의 스포츠라고 말했다. "공격하는 쪽과 수비하는 쪽 모두 실수하지 않는다면 경기 결과는 0-0이 될 것이다." 골은 어느 한쪽이 흐트러졌을 때 나온다. 공을 오래 쥐고 상대를 지치게 만들어 공략하는 것이 하나의 방법이라면, 공을 쥐고 공격을 전개하다가 상대가 범하는 실수를 틈타 역습하는 것 역시 효과적인 방법이다.

공을 소유하는 것으로 상대의 기회를 차단할 수도 있지만, 만약 공을 잘 지킬 수 있는 능력이 없다면? 축구에서 조직이 흐트러져 위험해지는 순간은 전환할 때이며, 공 소유권을 잃은 직후다. 공을 가지고 있을 때 발생할 수 있는 위협을 고려하면 기술적으로 충분하지 않을 때 공을 소유하는 축구가 가진 리스크를 감당하기 어렵다.

스페인 북부 바스크 지역은 선이 굵은 축구 스타일로 라리가 무대에서 자신들만의 영역을 구축해왔다. 이들도 최근에는 스페인 축구 특유의 매끈한 패스 플레이를 강화했다. 그러면서도 본연의 직선적인 축구 색채는 유지했다. 루키 이리아르테 레알 소시에다드 유소년 총괄 디렉터는 1차적 목표가 공을 지배하는 것이지만, 현실 경기에서 그렇지 못할 때는 공간을 장악해야 한다고 말했다. 공을 지배하지 못할 때는 공간을 지배하고 빠르고 직선적인 축구로 방향을 바꿔 승리를 추구해야 한다.

"기본적으로 우리 선수들이 공을 소유하길 바란다. 그렇지 못할 땐 공간을 내주지 않고 장악해야 한다. 빨라야 한다. 직선적인 축구를 추구한다. 특히 호전적이어야 한다."　　ㅇ 루키 이리아르테, 레알 소시에다드 유소년 총괄 디렉터

공을 소유하고 최고의 기술을 선보일 수 있는 선수를 보유하지 못한 팀이라면, 전자의 축구를 구사하는 것에 위험이 크게 따른다. 타고난 기술과 천재성, 유소년 시기의 좋은 교육을 받아야 갖출 수 있는 탁월한 기술을 갖춘 선수를 보유하지 못했을 때, 상대 팀과 비교했을 때 공을 다루는 재능이 부족한 선수단을 지휘할 때 감독이 택할 수 있는 전술적 방법론은 후자인 경우가 많다.

일대일 대결에서 밀린다면 정면승부는 패배로 가는 지름길이다. 뛰어난 한 명을 이기는 법은 두 세 명이 협력해 팀으로 상대하는 것이다. 축구는 11명이 한 팀으로 경기한다는 점에서 위대한 개인이 모인 팀을 평범한 개인이 모인 팀이 이길 수 있는 '이변'의 가능성이 작지 않다. 그것이 전 세계가 축구로 열광하는 중요한 이유 중 하나다.

공을 다루는 현란한 기술만큼이나, 상대 팀을 제압하고자 하는 승부욕과 투쟁심이 경기를 뜨겁게 만드는 핵심 요소다. 온 몸을 내던지는 선수들의 투혼도 마법 같은 기술만큼 감동을 준다. 21세기 축구 전술 발전의 중심에 있는 인물은 주제프 과르디올라 감독이다. 과르디올라 감독의 라이벌은 주제 무리뉴 감독이 대표적이지만, 현대 축구의 전술 사조에 더 큰 영향을 미친 인물은 아틀레티코 마드리드 지휘봉을 잡고 레알 마드리드와 FC 바르셀로나의 스페인 라리가 양강 구도를 깬 디에고 시메오네 감독이다. 그와 더불어 독일 분데스리가와 잉글랜드 프리미어리그에서 과르디올라의 천적으로 활약한 위르겐 클롭 전 보루시아 도르트문트, 현 리버풀 감독이 있다.

시메오네 감독은 아틀레티코를 2013-14시즌 스페인 라리가에서 우승시켰다. 과르디올라 감독이 라리가를 떠난 이후의 일이지만, 바르셀로나 아니면 레알 마드리드가 우승하던 흐름을 깼다. 시메오네 감독은 2015-16시즌 UEFFA 챔피언스리그 결승에 오르는 과정에 준결승에서 바이에른 지휘봉을 잡았던 과르디올라의 꿈을 꺾기도 했다.

"시메오네는 수비를 예술의 경지로 끌어올린 인물이다."  ○ **독일 분데스리가**

아틀레티코는 시메오네 감독은 흔히 '두 줄 수비'로 표현되는 수비 시 콤팩트한 4-4-2 포메이션을 통해 분명한 결과를 냈다. 그의 방식이 전 세계 축구계에 널리 퍼져 각종 국제 대회에서 이변을 일으키는 '약팀의 성공 방정식'이 되었다. 시메오네 감독은 이제 전 세계 모든 팀이 공을 잃었을 때 취하는 전술 접근법, 후퇴 후 속공으로 대표되는 '역습 축구(Counter Attack)'를 체계화하고, 대중화시켰다.

흔히 말하는 수비 축구는 20세기 이탈리아 축구가 성공한 '카테나초(Catenaccio)'로 대표된다. 카테나초는 대인방어를 하는 수비수 외에 이들을 지원하는 스위퍼를 한 명 더 배치해 빗장을 걸어 잠근다는 의미를 담고 있다. 시메오네 감독은 이탈리아 이민자가 많은 아르헨티나 출신이며, 이탈리아에서 프로 선수로 전성기를 보냈으며, 이탈리아에서 감독 생활을 했다. 카테나초의 영향을 받은 감독이다. 시메오네는 복고적인 4-4-2 포메이션의 부활을 이끌었는데, 이는 카테나초를 한 단계 진화시켜 이탈리아 축구를 발전시킨 아리고 사키(Arrigo Sacchi)의 방법론을 재해석한 것이라 할 수 있다.

시메오네 감독은 수비 숫자를 늘리는 것이 아니라 수비의 구조와 조직의 밀도를 높여 21세기 최고의 수비 축구를 구현했다. 21세기, 구체적으로 2010년대 이후에는 시메오네 감독의 '공간 지배' 방식이 한 획을 그었다.

"아틀레티코에 대해선 감탄스럽다는 말을 해주고 싶다. 아틀레티코가 스페인 축구에 한 방 먹였다. 이곳에선 오직 티키타카만이 가치를 인정 받는다. 지난 몇 년간 오직 티키타카 이야기만 했다. 아틀레티코의 등장으로 집중력, 호전성, 함께하는 축구가 볼 점유율만이 승리로 이어지는 방정식이 아니라는 것을 증명했다." ○ 2013년 11월, 루이스 가르시아 플라사 당시 헤타페 감독

과르디올라 감독은 공을 소유하고, 연결하기 위한 축구를 추구했다.

시메오네 감독은 정반대다. 공을 얼마나 오래, 자주 소유했느냐보다 팀이 얼마나 공간을 장악하고, 규율을 유지하느냐에 집중했다. 공을 소유한 경우에는 공을 다루는 기술적 정밀함과 공을 연결하는 동료와의 타이밍과 판단의 정밀함이 필요하다. 공을 되찾기 위한 수비 상황에서도 상대가 파고들 틈을 주지 않고, 상대가 공을 전환하기 어렵도록 제어하는 과정에 개인적, 조직적 위치 선정의 정밀함이 필요하다.

주체적인 축구를 추구하는 마르셀로 비엘사 감독은 "공을 되찾는 능력을 발전시키는 것이 소유하는 능력을 발전시키는 것보다 훨씬 쉽다. 공을 되찾기 위한 훈련은 시간이 덜 든다. 훨씬 심플하다."고 했다. 다만 이는 "공을 소유하는 법을 가르치는 것 보다 쉽다는 말"이라고 단서를 달았다. '상대적으로' 쉽다는 개념이라는 점을 간과해선 안 된다. 철저한 수비를 만드는 일도 간단한 일은 아니다. 비엘사 감독은 "선수들은 공격하는 법을 알아야 한다. 수비하는 법도 알아야 한다. 수많은 경우 공격을 하다가 상대가 역습으로 놀라게 하기 때문이다. 그래서 경기의 두 가지 측면을 모두 다 준비해야 한다."고 강조했다.

상대에 공을 쥐고 경기하는 것을 허용하지만, 시메오네 감독 역시 자신의 팀이 '수동적'이라거나 '소극적'이라는 팀으로 명명되기를 원치는 않는다. 지배하고자 하는 대상과, 경기에 임하는 접근법이 다를 뿐이다. 그라운드를 지배하는 방식이, 꼭 늘 공을 쥐고 있어야 할 필요는 없다는 것이다. 시메오네 감독은 그라운드 자체를 지배하는, 공간을 지배하는 축구에 대해 방점을 찍었다. 공간을 장악해 상대를 옴짝달싹 못하게 하는 것으로 경기 주도권을 잡는 것이다. 경기 주도권은 공이 아니라 흐름을 주도하는 것이 더 중요하다.

현역 시절 공을 소유하고 배급하는 플레이메이커로 뛴 과르디올라 감독과, 터프하게 몸과 몸을 부딪히고 태클하며 공을 끊던 시메오네 감독의 본성이 낳은 차이일 수도 있다. 시메오네 감독의 전술적 방법론을 연구한 지도자 마르코스 로페스(Marcos Lopez)는 "펩이 볼을 소유해 경기를 지배하고자 한다면, 시메오네는 포지션 혹은 공간을 지배하는 것을 추구한다."고 했다. '추장', '총통'과 같은 카리스마 넘치는 별명을 가진 시메오네 감독은 창조성보다 규율을 중시한다.

> "시메오네와 같은 감독들은 즐기기만 하는 축구를 저주한다."
>
> ○ 마르코스 로페스

그렇다고 시메오네 감독이 공을 소유하는 축구, 공격의 가치를 최우선으로 삼는 '크루이피즘'을 혐오하는 것은 아니다. 시메오네 감독 역시 축구의 미학적 가치를 존중한다. 철저한 수비 방식으로 아틀레티코를 반석에 올려놓은 뒤에는 4-3-3 포메이션으로 전환해 공격 숫자를 늘리고 공격 방식을 더욱 다채롭게 구성하기 위한 방법을 고민하기도 했다. 앙투안 그리즈만을 중심으로 사울 니게스, 코케를 중용하며 공을 소유했을 때 화려한 플레이를 추구했다. 앙헬 코레아, 니코 가이탄, 야닉 카라스코와 같은 개성 강한 공격수를 영입하기도 했다.

시메오네 감독은 현역 시절 크루이프의 바르셀로나를 상대로 경기한 뒤 "요한이 신을 만들었다."고 말하기도 했다. 다만 그런 축구를 자신이 상대하기 위한 현실적인 방법을 찾는 데 골몰했다. 시메오네 감독은 자신에게 주어진 환경 안에서 최선의 결과를 낼 수 있는 최고의 축구에 집중했을 뿐이다. 그는 철저한 현실주의자다. 결과를 포기 하지 않는 성과주의자이기도 하다. 시메오네 모델은 그렇게 완성됐다.

2011년 12월 29일, 위기에 빠진 아틀레티코의 감독으로 부임하면서 시메오네 감독은 자신이 어떤 방향으로 팀을 이끌지, 자신이 어떤 철학을 가진 감독인지 분명하게 밝혔다.

> "우리는 공격적이고, 강하며, 용감하며 역습에 강한 팀이 될 것이다. 그것
> 이 콜초네로스(아틀레티코 마드리드의 애칭)가 이 영광스러운 유니폼에 새겨온
> 정체성이다. 노력은 협상 대상이 아니다. 인내하고 순응할 대상도 아니다.
> 수동적인 자세는 나와 멀리 있다."                          ○ 디에고 시메오네

상대가 공을 쥐고 있고, 자기 진영에서 블록을 형성하고 기다리며 기회를 도모하는 축구를 '겁쟁이'의 축구가 아니라 효율적이고 실리적인 축구라고 본 것이 시메오네 감독의 생각이다. 공을 소유한 팀의 실수를 우연히 기다리는 것이 아니라 필연적으로 끌어낸다는 점에서 수비 축구에도 주체성이 있다.

> "상대가 실수를 하거나, 좋은 자리를 차지하지 못하거나, 우리 수비를 통과
> 시키지 못한 채 시간을 보내는 것은, 결국 상대가 우리를 위해 일하는 것이
> 며, 상대로 하여금 자책골을 넣도록 하는 것이다."          ○ 디에고 시메오네

동전 던지기로 선공을 정해 전후반 킥오프 시점에 공을 쥐고 시작하는 상황이 아니라면, 공은 쟁취해야 하는 것이다. 2장에서 언급한 '공 소유' 중시 축구가 공을 소유했을 때 지속적으로 점유하는 방식에 방점을 맞췄다면, 3장에서 다루는 '공간 통제' 중시 축구는 공을 되찾는 과정에 집중한다. 공을 되찾는 과정 동안 상대가 원하는 플레이를 하지 못하도록 제어하고 통제하면서, 공을 되찾는 순간 상대 배후를 습격해 득점하는 '선수비 후속공' 역습 축구다.

시메오네 감독은 공간을 통제하는 법을 중요하게 여긴다. 공 소유를

주체적 축구의 전제조건으로 삼은 크루이프와 비엘사, 과르디올라 등도 공간을 이해하고, 공을 잃은 뒤 곧바로 공을 되찾기 위한 압박 수비를 펼치는 것을 똑같이 강조했다. 공을 되찾아오기 위한 수비 전술에 대한 고민, 가장 효율적이고 신속하게 공격 기회로 전환할 수 있는 플레이 패턴을 연구하는 데 있어서는 두 부류 지도자들에게 차이가 없다. 공간을 통제하고, 상대와 대결에서 우위를 점하기 위해선 무엇보다 '수적 우위'가 중요하다. 공 주변 공간에 어느 팀의 선수가 더 많이, 효율적으로 배치되느냐가 중요하다.

"난 숫자로 축구를 생각했다. 어떻게 상대팀보다 유리할 수 있을까, 어떻게 공간을 더 잘 활용할 수 있을까? 디스테파노가 그랬던 것처럼 말이다."

○ 요한 크루이프

1대1이 아니라 1대2, 1대3으로 공을 중심으로 수적 우위를 점하는 것이 경합 상황에서 이길 수 있는 팀 스포츠, 축구의 열쇠다. 아틀레티코의 치밀한 전방 압박은 과르디올라 감독이 지휘한 팀들의 전방 압박과 큰 틀에서 차이가 없고, 아틀레틱 클럽과 칠레 대표팀을 이끌고 성과를 낸 비엘사 감독은 시메오네 감독과 과르디올라 감독에게 모두 영향을 주기도 했다.

그래서 중요한 것은 공을 잃는 순간 즉각적으로 이뤄지는 압박, 게겐프레싱(Gegenpressing)이라고도 불리는 '즉각적인 압박', '전방 압박'이다. 압박은 크게 상대 지역에서 펼치는 전방 압박과 공방이 오가는 중원 지역의 압박, 상대가 공을 완전히 소유한 상황에 자기 진영에서 벌이는 후방 압박으로 나눌 수 있다. 어느 지역에서든 성공적인 압박을 위한 첫 번째 조건은 선수단 전체가 강한 집중력과 투쟁심을 유지한 채 전심전력을 다해야 한다는 것이다.

## 게겐프레싱의 클롭, 과르디올라의 천적

게겐프레싱의 선구자는 클롭 감독이다. 클롭 축구는 과르디올라식 축구의 근간인 뒤에서부터의 빌드업을 잡아먹듯 괴롭히는 극한의 전방 압박을 바탕으로 공간을 지배한다. 아이러니한 것은, 공을 잃자마다 압박해 재공격에 나서는 방법론은 포지션 플레이를 추구한 과르디올라의 방법론과 같다는 것이다. 그래서 게겐프레싱은 과르디올라가 늘 사용하는 전략이기도 하다.

클롭과 과르디올라의 첫 대결은 과르디올라가 바이에른 감독으로 취임하고 처음 치른 공식 경기, 2013년 7월 DFB 슈퍼컵에서 이뤄졌다. 당시 클롭의 도르트문트가 과르디올라의 공식 데뷔전에 4-2 완승을 거둔다. 과르디올라는 "우리가 졌지만 도르트문트가 우리보다 나은 팀이라고 느끼지 못했다."고 말했다. 그리고 2013년 11월 리그 첫 맞대결에서 바이에른이 도르트문트에 3-0 완승을 거두며 설욕한다.

그러나 클롭은 만만한 상대가 아니었다. 후반기 재대결에서 도르트문트는 바이에른의 안방 알리안츠 아레나에서 3-0 승리로 되갚는다. 바이에른이 이미 분데스리가 우승을 확정한 상태였지만 홈 무패 리그 우승에 실패한 이유가 됐다. 2014-15시즌에도 클롭과 과르디올라의 대결은 팽팽했다. 두 팀은 다시 한번 DFB 슈퍼컵에서 격돌했고, 도르트문트가 또 한 번 2-0 승리로 트로피를 가져갔다. 리그 대결에서는 과르디올라의 바이에른이 홈에서 2-1, 원정에서 1-0 승리로 두 번 모두 승리했다. 그러나 이 시기는 바이에른과 대결을 떠나 클롭 감독이 도르트문트에서 고갈된 상태로 보낸 마지막 시즌이었다. 바이에른과 대결 외 경기에서도 고전했고, 이 시즌을 끝으로 팀을 떠나게 된다.

둘의 재대결은 프리미어리그에서 성사된다. 과르디올라 감독은 2016년 여름 바이에른을 떠나 맨체스터 시티에 취임하며 새로운 도전에 나섰다. 그에 앞서 클롭 감독은 2015년 10월 브렌던 로저스 감독을 경질한 리버풀에 부임해 먼저 프리미어리그에 입성한 상황이었다. 프리미어리그에서 둘의 첫 대결은 2016년 12월 31일에 이뤄졌고, 리버풀이 1-0으로 승리했다. 2017년 3월 맨체스터에서 치른 재대결도 1-1로 비겨 클롭이 1승 1무로 우위를 점했다.

과르디올라는 2017-18시즌 리버풀과 홈 경기에서 5-0 승리를 거둬 클롭 감독에게 리버풀 부임 후 가장 참혹한 패배를 선사한다. 클롭은 2018년 1월 안필드로 맨체스터 시티를 불러 4-3 승리로 되갚았다. 과르디올라는 이어 4월에 성사된 UEFA 챔피언스리그 8강 대결에서 더 쓰린 패배를 겪는다. 클롭의 리버풀은 8강 1, 2차전에서 3-0, 2-1 승리를 거두며 4강에 올랐다. 결승전에서 레알 마드리드에 패했지만 2018-19시즌에는 맨체스터 시티를 또 한번 8강에서 떨어트린 토트넘 홋스퍼를 결승에서 만나 기어코 빅이어 트로피를 차지했다.

2018-19시즌 리그 대결에서는 과르디올라의 맨체스터 시티가 리버풀에 1승 1무로 우세했고, 2019년 여름 커뮤니티실드 대결에서도 승부차기 승리를 거뒀지만 클롭은 과르디올라와 감독 맞대결 전적(8승 2무 7패)에서 앞서는 유일한 인물로 남아있다.

클롭 감독이 과르디올라의 극단에 있는 수비 축구 감독은 아니다. 과르디올라가 직접 "세계에서 가장 공격적인 감독"이라고 말한 바 있다. 그러나 클롭 감독의 방식은 공 소유와 후방 빌드업보다 전방에 무게 중심을 둔 강한 압박과 공간 습격 축구다.

이 장에는 이탈리아식 카테나초와 사키의 4-4-2 압박의 영향을 받은 시메오네의 두 줄 수비와 클럽의 게겐프레싱을 중심으로 공간을 통제하는 축구의 개념과 원리를 정리했다. 이탈리아에서 발생한 카테나초와 압박 축구의 역사가 시메오네의 '촐리즘'과 클럽의 헤비메탈 축구에 어떤 영향을 미쳤는지, 역사와 함께 작동법을 살펴보자.

## 카테나초
### : 자신을 위해 뛰는 것은 적을 위해 뛰는 것이다

"카테나초는 고도의 수비력과 파괴적 축구를 의미한다. 경기의 흐름을 파괴하고, 롱볼로 역습을 노린다."

○ 슈피엘베를라거룽

최종 수비 라인 뒤에 '빗장' 역할을 하는 스위퍼를 한 명 더 배치해 수비를 강조한 카테나초(Catenaccio) 전술은 축구 마니아가 아니라도 들어봤을 클리셰다. 이탈리아식 수비 축구를 대표하는 카테나초는 5명의 후방 수비수와 세 명의 수비적인 미드필더를 배치한 극도로 수비적인 전술이다.

카테나초의 발상지는 이탈리아로 알려져 있지만, 사실 오스트리아 감독 카를 라판(Karl Rappan)이 고안한 베루(Verrou, 체인) 시스템이 원조다. 다만 이 유형의 축구를 네레오 로코(Nereo Rocco)가 AC 밀란에서 완성해 유럽 챔피언에 오르며 전 세계로 퍼졌다. 엘레니오 에레라(Helenio Herrera)

는 곧바로 인터 밀란의 유러피언컵 2연속 우승을 이루며 카테나초의 시대를 지속했다. 로코가 1960년대를 닫으며 한 번 더 빅이어 트로피를 밀라노로 가져왔다. 1960년대는 카테나초가 정복했다.

*"그것은 계급 투쟁과 같다. 약하다면, 스스로 자신을 지켜야 한다."*

○ 네레오 로코

카테나초를 유명하게 만든 인물은 에레라지만, 이탈리아에 카테나초를 먼저 선보인 인물은 로코다. 트리에스테에서 태어난 로코는 지역 팀 트리에스티나(Triestina)에서 1930년부터 1937년 사이 공격수로 활동하며 많은 골을 넣었다. 당시 이탈리아는 전쟁의 상처로 가라앉아 있었고, 그러한 사회적 분위기는 이탈리아 축구가 방어적으로 운영되게 했다. 파도바에서 1945년 은퇴한 로코는 1947년 자신의 고향 팀이자 친정팀인 트리에스티나에서 감독 경력을 시작한다.

트리에스티나는 지금은 세리에C(3부 리그)에 속해있고, 오래도록 하부 리그를 전전하고 있는 팀이지만, 당시 세리에A에 속한 만만치 않은 팀이었다. 로코 감독 체제에서 1947-48시즌 세리에A 준우승으로 최고 성적을 거두기도 했다. 이 성적이 트리에스티나의 역대 최고 성과다. 지금 이탈리아 트리에스테에 소재한 트리에스티나의 홈 경기장은 스타디오 네레오 로코로 불리고 있다.

당시 로코 감독이 트리에스티나를 우승권까지 끌어올린 비결은 수비력 강화였다. 로코 감독은 1954년 파도바 감독으로 자리를 옮긴 뒤에도 규율 잡힌 수비를 기반으로 한 역습 축구로 팀이 세리에B에서 세리에C로 강등될 위기에서 구했고, 1957-58시즌에는 세리에A로 승격시키는 변화를 일으켰다.

당시 로코 감독이 시도했던 포메이션은 1-3-3-3으로 알려져 있는데, 1-4-4-1이나 1-4-3-2로 유연하게 전환됐다. 현대 축구의 5-3-2 대형과 흡사한 전술로 최종 수비 배후에 빗장을 두고 단숨에 역습하는 축구로 유연하게 변화하면서도 측면을 넓게 사용한 역습 패턴으로 상대 팀을 속수무책에 빠지게 했다. 파도바에서의 성과를 바탕으로 1961년 AC 밀란 감독으로 부임한 로코는 부임 첫 시즌(1961-62)에 세리에A 우승을 이뤘고, 두 번째 시즌인 1962-63시즌에 에우제비우가 이끌던 막강화력의 벤피카를 결승에서 만나 2-1 승리로 클럽 사상 첫 유러피언컵 우승을 안긴다.

당시 AC 밀란은 예선전에서 우니온 룩셈부르크를 합계 14-0으로 대파하고 16강에 올라 잉글랜드 입스위치 타운에 합계 4-2, 터키 갈라타사라이와 8강에 합계 8-1의 대승을 거뒀다. 준결승 상대 던디의 골망도 다섯 차례나 흔들며 대회 최고의 득점력을 뽐냈다. 당시 득점왕은 결승전에만 두 골을 넣은 밀란 공격수 주제 알타피니(6골)가 팀 동료 파올로 바리손, 벤피카의 에우제비우와 공동 수상했다. 당시 밀란에는 잔니 리베라 같은 창조적인 미드필더도 있었다.

그럼에도 불구하고 역동적이고 화려한 공격을 펼친 준우승팀 벤피카와 달리 챔피언인 AC 밀란은 냉소적인 실용주의 축구를 했다는 평가를 받았다. 제2차 세계대전에서 패배한 이탈리아의 빈곤과 정서적 우울은 그들의 축구에도 영향을 미친 것으로 진단된다. 이탈리아 파도바 출신의 정치 철학자 안토니오 네그리(Antonio Negri)는 AC 밀란의 팬으로 유명한데, 그는 당시 카테나초의 등장에 대해 이렇게 설명했다.

"수많은 인부들, 아이스크림 상인들이 벨기에와 스위스로 이주했습니다. 카테나초는 이런 강한 이민자들의 본성을 반영하고 있습니다. 거칠고, 사납고, 모두가 배고팠죠."

○ 안토니오 네그리

에레라는 카를 라판이 고안한 체인 수비 시스템을 빗장으로 운영하며 냉철한 수비 시스템을 구축했다. 빈틈 없는 수비에 정밀한 역습 공격으로 상대를 꼼짝 못하게 한 에레라의 인터 밀란은 '위대한' 팀이라는 수식어가 붙었고, 에레라는 마법사(il mago)라는 별명을 얻는다. 그가 부리는 마법은 철저히 승리에 집중됐다.

에레라는 스페인 출신이다. 안달루시아의 무정부주의자였던 부친이 아르헨티나 부에노스 아이레스로 망명한 뒤 태어났다. 에레라는 어려서 여러 곳을 전전했다. 당시 프랑스의 식민지였던 모로코 카사블랑카와 프랑스 파리에서 유년기를 보냈다. 그의 친구는 축구였다. 그는 축구 기술을 펼치는 것보다 머리를 쓰는 것을 좋아했고, 축구 전술에 탐닉했다.

프랑스에서 선수 생활을 하고, 지도자 경력을 시작한 에레라는 1948년 레알 바야돌리드 감독을 맡아 스페인 무대에 입성했고, 1949년 아틀레티코 마드리드에 부임해 전성 시대를 연다. 에레라의 아틀레티코는 1950년과 1951년 라리가 우승을 이뤘는데, 당시 에레라가 거둔 성공의 비결은 어느 팀보다 많았던 훈련 시간이었다.

"에레라는 매일 3시간씩 미친듯이 훈련을 시켰다. 하지만 이러한 훈련은 경기가 열리는 일요일이 되면 우리가 어떤 팀이든 박살낼 수 있도록 했다."

○ 알폰소 아파리시오

에레라는 1958년 FC 바르셀로나 감독을 맡았을 때도 하루에 세 차례 훈련 세션을 진행한 것으로 유명하다. 선수들만 엄격하게 다룬 것이 아니다. 그 자신도 금욕적이고 규율을 중시한 삶을 살았다. 에레라는 술도 담배도 하지 않았고, 매일 요가를 하며 건강을 관리했다. 철저히 축구와 일에 집중된 삶을 살았다. 에레라는 선수들에게 "모든 걸 쏟지 않으면 아무 것도 하지 않은 것과 같다."며 늘 최선을 강조했다.

바르셀로나에서도 1958-59시즌과 1959-60시즌 연이어 라리가 우승을 이룬 엘레라는 1960년 여름 이탈리아 클럽 인터 밀란으로 이동하며 황금기를 맞이한다. 여기서 전 유럽을 평정한 카테나초의 승리가 이뤄진다. 인터 밀란은 1962-63시즌과 1964-65시즌, 1965-66시즌 세리에A 우승을 이뤘고, 1963-64시즌과 1964-65시즌 유러피언컵을 연속 우승한다. 로코의 AC 밀란이 1962-63시즌 우승한 것에 이어 이탈리아 클럽이 세 시즌 연속 유럽 챔피언이 된 것이다.

인터 밀란은 인터컨티넨탈컵도 1964년과 1965년 연이어 제패해 세계 챔피언이 됐다. 인터 밀란은 그 이후 반 세기가 지난 2009-10시즌에 와서야 주제 무리뉴 감독 체제에서 역사상 세 번째 빅이어 트로피를 들어 올릴 수 있었다.

에레라가 인터 밀란에서 선보인 축구는 네 명의 수비수 뒤에 리베로가 상대 공격을 잘라내고, 즉각적인 역습 공격을 전개해 득점하는 것이었다. 에레라는 철저히 팀 플레이를 강조했고, 선수들에게 "자신을 위해 뛰는 것은 곧 상대 팀을 위해 뛰는 것"이라는 말로 이타적인 플레이를 끊임없이 요구했다. 이러한 팀 플레이 중심 철학은 그만의 것은 아니다. 토탈 풋볼을 추구한 리뉘스 미헐스나, AC 밀란에서 카테나초를 적용해 성공 시대를 연 네레오 로코의 생각도 같았다.

"싸울 것인가? 플레이할 것인가? 카테나초의 본성은 싸우며 플레이하는 것이다." ○ 시르쇼 다스구프타, 디즈 풋볼 타임즈 수비만 해서는 승리할 수 없다. AC 밀란이 유럽 챔피언으로 등극하며 막강한 득점력을 자랑했던 것처럼, 인터 밀란도 1963-64시즌 유럽 챔피언이 될 때 16강부터 결승전까지 무려 15골을 몰아쳤다. 8강에서 레알 마드리드에 합계 3-4로 석패한 AC 밀란도 16강과 8강 4경기에서 9골을 몰아쳤다. 인터 밀란은 1964-65시즌에 에우제비우와 주제 아우구스투 토레스가 각각 9골씩이나 대회 기간 득점한 벤피카를 다시금 준우승 팀으로 머물게 했다. 벤피카와 결승전에 견고한 1-0 승리를 거둔 인터 밀란은 디나모 부쿠레슈티와 16강에서 7골, 레인저스와 8강에서 3골, 리버풀과 4강에서 4골을 넣었다.

인터 밀란은 1966-67시즌에 유러피언컵에서 준우승했고, 1968-69시즌에는 로코의 AC 밀란이 리뉘스 미헐스와 요한 크루이프의 아약스를 결승전에서 4-1로 무너트려 카테나초의 위용을 자랑했다. 로코의 밀란은 1967-68시즌 UEFA 컵위너스컵 우승도 차지했다.

1970년대에 접어들면서 아약스를 필두로 공격적인 토탈 풋볼의 반격이 시작되지만, 인터 밀란과 AC 밀란의 카테나초 전성 시대를 두 눈으로 본 미헐스 감독의 철학도 이들의 영향을 받았다. 철저한 팀 규율은 물론, 공격 시 여러 옵션늘 통한 신속한 전개는 닮은 구석이 있었다. 카테나초는 수비 시스템으로 인해 실제 운영된 것보다 수비적인 전술로 알려졌고, 실제로 에레라는 "내 방식을 잘못 운영한 이들로 인해 카테나초가 잘못 알려졌다."고 항변하기도 했다.

마치 현란한 패스 플레이를 의미했던 티키타카가, 무의미하고 지루한 공 돌리기의 연속이라는 미완성적 운영으로 '티카나초'라는 오명을 얻은 것처럼, 카테나초가 수비 지역에 5명을 배치한 전술은 축구를 보수적이고 지루하게 만든 전술이라는 부정적 이미지가 크게 남았다. 물론, 이러한 수비 형태가 상대 공격을 말살해 경기를 지루하게 만든 요소가 없다고 할 수 없으나, 로코와 에레라 모두 철저한 수비와 동시에 확실한 공격 전술을 갖고 있었다.

"최소한의 패스, 최대한 빠른 패스로, 가능한 빠른 시간 안에 상대 골문까지 도달해야 한다. 드리블할 여유는 없다. (드리블은) 도구이지 시스템은 아니다. 뒤에 선수가 없다면, 공은 언제나 멀리 가야하고, 더 빠르게 가야 한다."

ㅇ 엘레니오 에레라

신속한 판단과 이동, 간결한 패스는 토탈 풋볼의 공격 구조에서도 요구되는 것이다. 에레라가 선수들에게 주문한 축구는 수비 지역에 내려앉아 시간을 죽이고 공간을 죽이고 있는 축구가 아니라 상대 공격을 차단하고 빠르게 역습하는 효율적인 축구였다.

에레라는 늘 선수들에게 "빠르게 생각하고, 빠르게 행동하고, 빠르게 플레이하라."고 주문했다. 이를 위해 많은 시간 훈련했다. 이러한 운용 방식은 미헐스의 토탈 풋볼은 물론, 훗날 토탈 풋볼을 보다 실용적으로 개조하고 발전시켜 포지션 플레이의 원형을 만든 루이 판할의 철학으로 전승된다.

"에레라는 이탈리아 축구가 심리학을 사용하도록 바꿨다. TV 중계가 지금 같지 않던 시절인데 에레라는 우리의 상대 팀에 대해 모든 것을 알고 있었다. 그는 24시간 내내 축구만 생각했다. 그가 가진 프로 정신을 모든 선수들에게 전수했다."

ㅇ 자친토 파케티

에레라와 로코가 이룬 성공 방정식은 단지 수비 지역에 많은 선수를 '버스 주차하듯' 내려둔 것만으로 가능했던 것은 아니다. 에레라는 철저한 상대 분석을 통해 상대의 강점을 무력화할 수 있었던 분석가였다. 아군의 공간을 허용허지 않고, 그로 인해 생긴 상대의 공간을 활용한 실리 축구의 선봉에 선 카테나초는 대외적 이미지보다 지적인 축구였다.

산드로 마촐라는, 더불어 실제 전력이 강한 인터 밀란이 카테나초식 축구를 한 것은 시즌 중 일부에 불과하다고 말하기도 했다.

"한 시즌에 카테나초로 6경기 정도를 했다면 공격 축구로는 40경기 정도를 했다. 팀 동료와 관중석에 누가 앉아서 경기를 보고 있는지 찾아볼 수 있을 정도로 수비수들은 할 일 없는 경기를 한 적이 부지기수다. 상대 지역에서만 공이 놀았다. 다만 낯선 해외 원정 경기에 나섰을 때 우리는 더 물러나서 경기를 하는 성향이 있었다. 우리는 보통 5명이 공격했고, 6명으로 늘어날 때도 있었다. 4-2-4 포메이션으로 공격적인 경기도 많이 했다."

○ 산드로 마촐라

에레라는 축구를 감독의 게임으로 만들었고, 감독이 스타 선수 못지않은 연봉을 수령하는 환경을 만들었다. 에레라는 경기 3일 전 합숙과 선수들의 체중 조절, 체력 훈련과 상대 분석 등 현대 축구의 요소를 자신이 만들었다고 주장했다.

"에레라가 오기 전에는 누구도 팀의 감독이 누군지 알지 못했다. 그리고 에레라가 그런 상황을 바꿔놓았다. 그는 우리의 다리는 물론 두뇌도 훈련시켰다."

○ 산드로 마촐라

## 프레싱
### : 언제, 어디서, 어떻게 압박할 것인가

　현대 축구는 점점 더 풋살과 비슷해지고 있다고 주장하는 이들이 있다. 선수들의 운동 능력이 강해지고, 경기장 전역을 커버하며 경기하는 팀이 늘어났다. 전원수비, 전원공격의 일상화, 현란한 패스 워크를 통해 시송간을 초월하는 공격이 오가며, 경기장 전역을 압박하는 전면 압박도 일반화되고 있기 때문이다. 경기의 속도가 빨라지고 있고, 농구와 핸드볼과 같은 요소가 축구 경기에 늘어나고 있다. 다른 구기 종목에서 전술적 힌트를 얻는 감독이 늘어나고 있다.

　현대 축구에 더 이상 죽은 공간은 없다. 빌드업을 위해 센터백이 골문의 양 사이드 라인으로 내려와 경기를 풀고, 이를 압박하기 위한 대형도 개발되고 있다. 사이드 전환이 활발하고, 중원과 사이드 라인의 하프 스페이스를 활용하는 공격과 이를 막기 위한 대응법도 나왔다. 축구는 더 역동적이 됐다. 화려한 패스 플레이가 발전한 곳도 스페인이고, 이를 막기 위한 터프한 압박도 아틀레틱 클럽 빌바오와 아틀레티코 마드리드가 있는 라리가에서 등장했다.

　FC 바르셀로나의 전성시대는 스페인 축구가 수비적으로 발전할 수 있는 기회가 되기도 했다. 특히 코파 델레이에서 강세를 보여 여러 차례 FC 바르셀로나를 상대한 아틀레틱 클럽의 경우 2009년 코파 델레이 결승전에서 호아킨 카파로스(Joaquin Caparros)가 놀라운 수준의 경기장 전역 압박으로 눈길을 끌었다. FC 바르셀로나의 플레이를 제어하기 위해선 리오넬 메시가 아니라 골키퍼 호세 핀토와 수비수 제라르드 피케, 중앙 미드필더 야야 투레를 통제해야 한다는 점을 깨닫고, 경기에서 구현한 첫 번째 사례가 이들이다.

　2008-09시즌 트레블 달성으로 주제프 과르디올라 감독의 바르셀로나는 무적의 팀처럼 여겨졌다. 메시는 세계 최고의 선수 반열에 올랐다. 카탈루냐 대표팀 감독에 선임되어 언론 앞에 등장한 요한 크루이프는 당시 어떻게 메시를 막아야 하냐고 묻자 "메시가 공을 잡지 못하도록 해야 한다."고 답했다.

　레알 마드리드에 부임했던 주제 무리뉴 감독은 페페를 공격형 미드필더 자리에 두고 메시가 아닌 차비와 부스케츠를 괴롭히게 했을 때 메시를 통제할 수 있었다. 수비의 위치가 달라졌다. 언제, 어디서, 어떻게 압박하느냐를 준비하고, 판단해야 완벽한 수비를 할 수 있다. 그리고 완벽한 수비는 곧 가장 좋은 공격의 기회가 된다.

　압박의 지역은 크게 세 단계로 분류할 수 있다. 상대 지역 압박과 중앙 지역 압박, 자기 지역 압박이다. 흔히 3분의 1로 구분해 공격 지역, 중앙 지역, 수비 지역으로도 나눌 수 있다. 각 지역은 경기장을 가로로 4등분해서 구분할 때 압박의 위치를 조금 더 세밀하게 파악할 수 있다. 10명의 필드 플레이어가 경기장 3분의 1 지역에 모여있는 상황은 많지

**압박 존**

않기 때문이다. 자기 진영에 1구역과 2구역, 상대 진영에 3구역과 4구역으로 나누어 볼 경우 상대 지역 압박은 3구역과 4구역에 걸쳐 압박을 형성할 수 있다.

이러한 세 단계의 압박을 각각 교과서적으로 수행한 팀은 두 말할 필요 없이 시메오네의 아틀레티코다. 시메오네 축구의 전술 작동 원리를 분석한 마르코스 로페스의 해설을 토대로 압박의 원리를 살펴보자.

### 전방 압박(상대 지역 압박) : 공격수의 스프린트가 열쇠다

상대 지역 압박은 골키퍼를 제외한 모든 필드 플레이어가 상대가 가진 공을 빼앗기 위해 3구역과 4구역에 배치되는 것이다. 라인을 극도로 높인 형태로, 배후를 역습으로 습격당할 수 있는 위험을 감수해야 한다.

이러한 대담한 압박을 펼치기 위해서는 신체 컨디션뿐 아니라 정신적인 컨디션도 중요하다. 사전에 철저한 훈련을 통해 공이 통과될 여지와 1차 압박 라인을 형성하는 선수들의 치밀함이 요구된다. 뒤로 공이 빠지면 모두가 공과 상대 선수의 전진에 따라 전속력으로 달려내려와야 한다. 공과 상대의 동선을 파악하면서 공이 다시 반대 반향으로 전개될 가능성까지 파악하고 차단하는 것은 불가능에 가깝다. 절대적으로 불리한 상황에 처하게 된다. 라인을 올려서 수비한다면, 확실하게 상대의 플레이를 제어해야 한다. 라인을 높여 경기하는 팀은 팽팽한 긴장감 속에 최고조의 집중력과 체력을 갖춰야 한다.

라인을 높여 상대 지역에서 압박할 경우 거리는 우리가 지켜야 하는 골문으로부터 45m 정도다. 이 넓은 뒤쪽 공간을 비워두고 경기할 경우 공을 빼앗기면 20~30m를 전력 질주로 내려와서 수비해야 한다. 상대가 전개하는 공이 넘어오기 전에 자기 진영으로 복귀해야 하는데, 단지 내려오는 것이 전부가 아니다. 공과 사람, 공간 세 가지 요소를 파악하고 수비 대형을 구축하는 것까지 고려하면서 내려와야 한다.

라인을 높인 수비를 할 때, 보통 상대는 긴 패스로 측면과 뒤 공간을 습격하려 한다. 길게 공을 차려는 신호가 보일 때 공의 방향과 공을 받을 수 있는 선수를 파악하고 달려야 한다. 차는 지점과 향하는 지점에 대해 수비 전환을 준비하는 선수들은 지속적으로 파악해야 한다. 서로 신호를 보내 소통해야 한다. 상대 공을 확보하는 시점에 몇몇 선수들 달리기 시작해야 한다.

라인을 높인 상황에서 상대 공격을 빼트릴 경우 리스크가 크지만, 성공할 경우에는 두 세 번의 터치 만으로 상대 골문을 습격할 수 있는 공격 옵션이 생긴다. 전방 압박을 시도할 경우 초반 집중력이 더더욱 중요하다. 경기 시작과 함께 상대를 강하게 몰아붙여 주도권을 빼앗아 온다면, 경기를 일찌감치 지배할 수 있다. 하지만 초반에 라인을 높였다가 일격을 당할 경우 경기 운영의 여유를 잃게 된다.

성공과 실패의 리스크가 큰 운영법인 만큼 완벽하게 준비하고, 상성이 좋은 팀을 상대로 펼쳐야 한다. 후방 빌드업을 중요시하는 팀에 효과적이다. 라인을 내리고 롱볼로 역습하는 팀을 상대로는 허점이 더 크게 드러날 수 있다.

상대 지역에서 압박할 때 가장 중요한 능력은 '스프린트'다. 최전선에서 5m 반경에 배수의 진을 쳐야 한다. 최전방 공격수들에게 수비적 임무가 부여된다. 이들은 골을 넣을 때처럼 맹렬하게 공을 빼앗기 위해 달려들어야 한다. 조금의 주저함도 실패의 이유가 된다. 확신과 정신력이 모두 필요하다. 확신은 훈련에서 온다. 정신력은 동료에 팀에 대한 믿음에서 온다. 개인의 스프린트 능력과 개개인의 움직임으로 진행되지만, 팀 전체의 약속이 있어야 가능하다.

시메오네 감독이 지휘한 아틀레티코 마드리드에서는 모든 공격수들이 이 역할을 잘 수행했다. 특히 뛰어났던 선수는 디에구 코스타다. 본래도 '짐승'처럼 질주하던 선수다. 거칠고 터프하며 수비수만큼이나 파울이 잦은 코스타는 최전방 수비수 역할로도 당대 최고의 위력을 뽐냈다. 9번 공격수가 사장되어 가던 시기에, 힘과 높이, 결정력은 물론 넓게, 많이, 빠르게 뛸 수 있는 코스타는 현대 축구의 원톱 공격수의 새로운 모델을 제시했다.

구조적으로 본다면, 전방 압박 실행은 첫 번째 라인에서 두 명의 공격수를 필요로 한다. 상대 지역에 두 명의 센터백이 풀백에게 패스할 수 있는 통로를 막아야 한다. 상대 진영에서는 골키퍼, 센터백, 풀백이 세 개의 라인을 형성해 빌드업하는데, 이를 방해하는 것이 1차 목표다. 골키퍼가 직접 공을 운반하거나, 센터백에게 전달하는 코스, 센터백이 풀

① 투톱이 두 명의 센터백을 막아서 골
키퍼의 패스 코스를 차단.
② 두 명의 측면 미드필더가 안으로 좁
혀 센터백에서 빌드업, 미드필더나
풀백을 거쳐 중원으로 오는 공의 동
선을 제어.
③ 투톱이 풀백으로 직접 올 동선까지
커버.
④ 두 명의 중앙 미드필더가 두 명의 측
면 미드필더 뒤에서 자리를 잡고, 포
백이 그 뒤에 타이트하게 배치.

### 상대 지역 압박 형태 (4-1-3-2)

2014년 4월 1일 아틀레티코 vs FC 바르셀로나

① 4-1-4-1 포메이션의 수비 형태.
② 3분의 2지역에서 수비진을 친다.
③ 9번 자리의 공격수 팔카오는 중앙 지
역에 고정되어 상대 지역으로 뛰어들
기 위해 대기한다. 역습의 첨병이다.
④ 첫 번째 라인은 상대 피보테를 압박
한다.
⑤ 2선 라인과 포백 라인의 간격은 30m
로 유지한다.
⑥ 두 번째 라인은 중앙 지역의 간격을
좁힌다.
⑦ 포백 앞의 4번 마리오 수아레스는 첫
번째 라인을 보호하는 역할이다.
⑧ 골키퍼 쿠르투아도 수비 라인을 커버
한다.

### 중원 지역 압박 형태 (4-1-4-1)

2013년 5월 17일 아틀레티코 vs 레알 마드리드

백에게 전달하는 코스를 최전선에서 막는다. 압박은 최대한 상대를 사이드 지역, 코너 지역으로 몰아 상대의 플레이 패턴을 한정적으로 만들어야 한다.

이 라인을 넘어가면 미드필더로 볼이 운반된다. 1차 압박에 실패할 경우 미드필더로 향하는 패스를 차단해야 한다. 이 역할은 중앙 지역의 미드필더에게 할당된다. 이들은 1대1로 공을 넘겨 받는 상대 미드필더를 커버해야 한다. 이들은 두 명의 공격수가 골키퍼, 센터백, 풀백의 패스 전개를 막을 때 비는 공간도 달려 들어 막을 수 있어야 한다.

좌우 측면 미드필더와 중앙 미드필더가 투톱 뒤로 붙어 압박 그물을 함께 만든다. 그 뒤를 수비형 미드필더가 커버하고, 포백 수비 라인은 오프사이드 트랩을 형성해 상대가 단 번의 긴 패스로 습격하는 플레이에 대비해야 한다. 포백은 상황에 따라 하프라인까지 전진하여 극단적으로 라인을 높이기도 한다. 이때 골키퍼는 센터백 뒤를 커버할 수 있는 유연성을 갖춰야 한다.

### 중원(중앙 지역) 압박 : 역습을 위해 남겨둔 공간

아틀레티코는 강력한 압박과 타이트한 두 줄 수비로 대표되는 팀이다. 하지만 실제로 아틀레티코가 스페인 라리가에서 수비에 중점을 두고 경기하는 경우는 일부다. FC 바르셀로나와 레알 마드리드 같은 라리가의 빅클럽 경기에 대부분 관심이 몰리고, 이들을 상대하는 아틀레티코의 경기, 유럽 대항전에 나선 아틀레티코의 경기가 널리 보여지며 아틀레티코의 유일한 특징처럼 알려진 측면이 있다.

그렇다고 하더라도 아틀레티코가 수비로 전환하는 상황에서 어떤 팀보다 강점을 가진다는 것이 틀린 얘기는 아니다. 아틀레티코는 강력한 전방 압박도 실시하지만, 이는 체력 소모가 크고 주로 2지역과 3지역으로 뽑히는 중앙 지역에서 압박을 주로 펼친다. 체력이 떨어지면 자기 진영에서 두 줄 수비를 펴며 기회를 엿본다.

통상 2지역, 3지역을 수비하고 역습하는 시메오네 감독의 수비 대형은 4-1-4-1 포메이션과 4-4-2 포메이션이다. 상대 지역의 압박 상황이 아니라도 수비 대형에서 최전선의 수비 투쟁심은 최대치다.

"여기까지다. 거기에선 마음껏 공을 만져라. 하지만 우리 지역으로 들어오면 가루로 만들겠다."

시메오네는 몇몇 특별한 경우를 제외하면 상기한 '라인을 높인 전방 압박' 보다 중원과 후방 지역에 블록을 만들고 경기를 운영하는 편을 선호했다. 역습하기 위한 공간을 만들어둬야 하기 때문이다. 자기 진영까지 상대가 올라오도록 한 뒤 공을 빼앗고 상대 배후 공간을 빠르게 습격하는 역습 공격 패턴을 주 전술로 삼았다. 신속한 전환을 중시한 축구이기도 하다. 점유가 아닌 전환 과정에 차이를 만드는 축구다.

물론, 현대 축구에서 중요성이 더 높이 강조되고 있는 공격-수비, 수비-공격 전환 과정의 범위는 더 넓다. 시메오네 감독이 추구한 전환 공격은 최대한 빠르게 상대 골문을 노리는 단방향 전환에 집중되어 있다.

시메오네의 축구가 수비만 하는 축구가 아니라, 강한 수비 이후에 빠르게 공격으로 전환해 신속하게 득점하는 축구다. 그렇기 때문에 수비에 성공하고 공격으로 전환할 때 창조성, 공을 다루는 능력, 패스하는 능력, 마무리하는 능력을 갖춘 선수를 필요로 한다. 그래서 이 위치에 수비 전문가를 두는 것이 아니라, 공격할 줄 아는 선수들에게 팀으로 수비하는 법을 단련시킨다. 시메오네의 팀에서 이 라인의 선수들은 공을 되찾고 나면 어떻게 해야 하는지 알고 있었다. 이들은 공을 되찾기 위해 노력하는 동시에 공을 소유했을 때 자신만의 개성을 갖고 있었다.

첫 번째 압박 라인이 후방 수비 라인의 위치에 영향을 미친다. 극단적인 전방 압박이 아니라도 라인 사이 간격은 40m 이내로 촘촘하게 구축한다. 후방 라인의 목적은 라인 사이의 공간을 줄이는 것이다. 상대 팀이 압박 라인의 바깥, 자기 진영에서 플레이하면, 그에 맞춰 밀고 올라간다. 배후를 습격할 우려로 물러서면 라인 간격이 벌어져 상대가 빌드업으로 전진할 여지를 준다. 라인 사이 간격을 좁히고, 상대의 공격 방향을 한정한 뒤 상대를 그들의 진영으로 밀어낸다. 압박이 성공적으로 구현되면 팀은 자신감을 갖게 되고, 전진할 수 있다. 라인의 전진은 개인 차원에서 할 수 있는 일이 아니다. 팀 전체가 조직에 대한 자신감을 가질 때 가능하다.

중앙 지역에서 블록을 만들 때는 4-4-2 대형을 4-1-4-1 대형으로 전환해야 위험을 최소화할 수 있다. 상대 지역 압박이 아니기 때문에 전방에 두 명을 둘 필요가 없고, 라인 사이 간격을 좁힌 와중에 라인을 흔들기 위해 투입될 선수를 제어할 중원의 방어수가 필요하다. 다시 공을 소유하면 두 명의 중앙 미드필더 체제로 공을 배급하고, 투톱으로 역습하도록 형태를 바꿀 수 있다. 공을 소유하고 공격하다 차단됐을 때 즉각 압박에 나설 때도 투톱이 유리하다. 그러다 중앙 지역에 블록을 형성하면 다시 4-1-4-1 형태로 전환한다.

중앙 지역에서 블록을 만들 때는 두 라인 사이에 배치된 미드필더는 포백의 보호가 아닌 2선 라인을 커버하는 역할이 우선이다. 일단 상대가 1차 라인을 넘어서지 못하게 하는 것이 미션이다. 이를 위해선 상대 빌드업이 원활하지 못하도록 수적 우위, 최소한 수적 동위를 확보해야 한다. 상대가 자기 진영에 머무르고 있을 때는, 최후방 라인에 굳이 많은 숫자가 필요하지 않다. 이 라인이 통과될 경우에 자기 진영으로 내려와 위험 지역의 공간을 없애는 '후퇴 수비(Repliegue)'로 전환하면 된다.

중앙 지역 압박에서 중요한 점은 최후방 라인의 센터백이 후퇴하지 않아야 한다는 점이다. 오프사이드 트랩을 통해 상대가 긴 패스 한 방으로 배후 라인을 공략하지 못하게 제어하면서 라인 사이 간격을 유지하고 1차 방어선을 견고하게 운영해야 한다. 오프사이드 트랩의 확실한 준비와 믿음이 1차 압박 라인에 확신을 줄 수 있다.

> "나는 오프사이드를 믿는다. 상대를 정신적으로 찌그러뜨리기 때문이다. 포워드가 다섯 번이나 오프사이드에 걸리면 그 영역으로 들어가는 것을 두려워하게 된다."
> ○ 오스발도 수벨디아

1차 압박이 강하고, 오프사이드 트랩 준비가 확실하다면 센터백이 굳이 신체 조건 면에서 키가 아주 커야 한다거나, 스피드가 아주 빠를 필요가 없다. 축구 지능이 뛰어나고, 집중력과 지구력을 갖추고 있다면 조직으로 상대 공격을 무력화하고 매끄럽게 공격으로 전환할 수 있다. 오히려 일대일 수비 능력보다 조직의 그물을 촘촘히 유지할 수 있는 기백과 좋은 위치를 선점하는 영리함이 필요하다.

라인 사이 간격, 근거리 동료와 협력 수비는 개개인이 1m만 잘못 물러나도 전체 시스템이 흔들리는 상황으로 이어질 수 있다. 블록이 무너지고 나면 대인 수비력은 상대의 조직적인 공격을 통해 쉽게 무너질 수 있다.

물론 다양한 유형의 팀과 공격수에 대응할 수 있는 다양한 유형의 센터백이 필요한 것도 사실이다. 공 소유를 중시하는 팀의 경우 단연 공을 다루는 기술과 패스 능력, 시야 등이 우선 조건이 될 수 있지만, 수비하는 상황이 많은 팀의 경우 라인을 높이는 상황에 대비해 빠른 수비수, 밀집 수비를 높이로 부수고 들어올 수 있는 상황에 대비한 키가 크고 힘이 좋은 수비수가 필요하다.

적절한 조합과 역할 분담으로 여러 변수에 대응해야 한다. 전방에 남은 1명의 공격수는 압박으로 직접 공을 따내지 못하더라도 부지런히 뛰면서 상대 후방 빌드업을 지연시키고, 공을 빼앗았을 때 역습을 위해 질주할 수 있는 역할을 해야 한다.

## 자기 진영 압박 : 두 줄 수비의 원리

시메오네의 아틀레티코를 유명하게 만든 전술은 한국에서 '두 줄 수비'라 명명한 자기 진영 압박 상황이다. '영혼의 텐백'으로 표현되기도 하는데, 실제로는 전방의 투톱을 포함한 '세 줄'이고, 10명이 일자 라인을 형성하지도 않는다. 텐백이라는 말은 세 줄이 골문 근거리까지 내려와 필드 플레이어 전원이 수비에 집중하는 형태를 비유한 것이다. 이는 시메오네 감독만의 전매특허는 아니다. 인터 밀란을 지휘하며 트레블을 달성했던 주제 무리뉴 감독도 FC 바르셀로나와 2009-10시즌 UEFA 챔피언스리그 준결승 2차전 당시 극한의 수비를 펼쳤고, 결국 결승에 올랐다. 상대보다 전력이 약한 상황, 상대가 반드시 골을 넣어야 하는 상황이 맞물릴 때 구사되는 자기 진영 압박, 소극적이거나 수동적으로 볼 수도 있지만 전략적인 선택이다.

우선 상대 지역 압박 시 구성하는 높은 블록은 팀이 배후에 45m의 공간을 비워두고 커버해야 하기 때문에 위험이 크다. 중앙 지역 압박의 경우에도 배후에 30m의 공간을 신경써야 한다. 전진해서 압박할 때는 항상 수비 라인과 공격수의 간격을 계산해야 한다. 자기 진영에서 낮은 위치에 블록을 형성할 때는 물리적으로 최후방 라인과 최전방 라인 사이 간격이 좁다. 기본적으로 간격이 좁아 라인 조정이 상대적으로 용이하다. 전방과 중원에서 압박 블록을 만들 때는 최대 40m 거리를 유지하며 상황에 따라 벌어지면 맞추고, 더 좁혔다가 라인의 위치를 바꾸는 등 더 치밀한 호흡이 필요하다.

블록을 낮게 배치했을 때는 오프사이드 트랩을 쓰면서도 골문에서 20m 정도의 거리만 신경쓰면 된다. 공위 뒤로 빠지거나 상대 공격이 전개되더라도 커버할 공간이 많지 않기 때문에 수비하기가 쉽다. 상대가 우리 골문과 더 가까운 위치까지 쉽게 올라올 수 있지만, 공간이 좁아지면서 상대 역시 더 정밀한 플레이로 공격해야 한다. 언급한대로 상대가 우리 진영까지 넘어온 상황에서 경기하기 때문에 집중력은 고도로 유지해야 한다. 어느 한 지역도 쉽게 허물어져선 안 된다. 곧바로 상대의 슈팅 사정권에 들어올 수 있다. 실제로 자기 진영 압박이 전개될 때 상대팀은 중거리슈팅으로 라인을 끌어당기거나 공간을 만들고자 한다. 골문으로 슈팅 각도가 열리지 않게, 상대가 침투할 수 없게 항상 대비해야 한다.

낮은 블록은 경기장의 1구역과 2구역으로 필드 플레이어 전원이 자기 진영에 머물러 있는 상황을 뜻한다. 전방 압박과 중앙 압박 시에도 마찬가지지만 라인 사이로 공이 들어와서 움직이는 상황을 철저하게 통제해야 한다. 자기 진영에서는 더 철저하게 라인 안으로 상대 플레이가 전개되는 것을 제어해야 한다. 전방과 중앙에서 압박할 측면으로 공이 빠지는 것도 대열을 움직이며 커버한다. 자기 진영에서는 바로 골문을 노릴 수 있기 때문에 측면 보다는 철저히 중앙 지역, 라인 안으로 공이 오는 것을 막는 것에 집중해야 한다. 측면에서는 어느 정도 공이 움직일 수 있도록 허용할 수 있다.

그런 점에서 압박 라인의 설정은 상대 팀의 공격 플레이 성향을 따져가며 전개해야 한다. 아틀레티코는 측면과 고공 플레이에 강점이 없는 FC 바르셀로나를 상대할 때 주로 자기 진영 압박을 펼쳤다. 측면 크로스와 중앙 고공 공격 능력을 갖춘 레알 마드리드와 경기할 때는 쉽게 라인을 내리지 않았다. 레알 마드리드의 경우 중거리 슈팅에 능한 선수도 많아 중앙 지역부터 막고자 최후방 수비 라인을 전진시키는 경우가 많았다. 팀마다 다른 스타일에 맞춰 대응해야 한다.

자기 진영 압박 시에는 대인 방어보다 지역 방어가 중시된다. 풀백의 전진은 허용되지 않는다. 상대 공격수가 센터백을 끌어내기 위해 유인하는 움직임을 가질 때 풀백이 공간을 닫아줘야 한다. 물론 상대 공격과 일대일로 부딪힐 때 싸움을 피해선 안 되지만 영역을 이탈해선 안 된다. 한 명만 대열에서 이탈해도 자기 진영 블록 전체가 흐트러질 수 있다. 이 상황에서는 골키퍼도 짧게 패스를 전개하기보다 길게 공을 차내야 한다. 바로 상대 지역 역습으로 갈 수 있게 멀리 공을 보내야 한다. 공격이 성공되지 않더라도 상대가 다시 먼 곳부터 공격해서 올라올 수 있도록 시간을 벌어야 한다. 상대 공격을 버텨내는 것이 1차 목표라는 점을 잊어선 안 된다.

스페인 축구 용어는 흔히 두 줄 수비로 표현되는 자기 진영 압박 상황을 '치밀한 후퇴(repliegue intensivo)'라고 명명했다. 이 상황에서 전체를 조율하는 임무는 두 센터백의 몫이다. 라인 전체를 보고 개별 선수들의 위치를 조종하며 소통한다. 절제하고, 통제한다. 절제의 측면에서는 공격 본능을 가진 좌우 풀백의 정신적 어려움이 더 크다. 상대 측면 뒤 편에 침투하기 좋은 공간이 열려도 자기 진영 압박이 본격적으로 전개될 때는 달려가선 안 된다. 상대가 배후에 남겨두는 공간은 순간적으로 자기 진영 압박을 펴는 팀이 역습을 위해 움직여 틈을 만드는 상황을 유도하

① 수비 형태 1-4-4-2, 치밀한 후퇴
1-4-4-2
② 9명의 선수가 안쪽에 모여서 세 개의
사각형을 만든다.
③ 브라질식 4-2-2-2 대형으로 측면 풀
백만이 넓이를 갖고 경기한다.
④ 중앙 지역에서 수적 우위를 점할 수
있다.

① 안으로 좁힌 수비. 협력하고 머무르
며 공간을 줄인다.
② 아틀레티코는 측면 공간을 내준다.
라인 사이 공간은 없앤다.
③ 자기 진영에 전원 배치.

**측면을 비우고 중앙을 제어하는 4-4-2 형태**

는 미끼다.

이들이 잠시 이탈할 때 중앙 공격수로 측면으로 빠지며 센터백 내지 수비형 미드필더의 이탈을 유도하고, 중앙 미드필더나 수비수가 순간적으로 전진하며 프리 상황으로 공격할 수 있다. 풀백과 센터백 사이 공간은 밀집 수비 상황에 균열을 낼 수 있는 가장 좋은 위치다. 윙이 측면으로 벌리고, 공격수가 센터백과 풀백 사이로 이동할 때 위험 지역 수비 배치는 혼란스러워진다. 풀백이 움직일 때 공격의 동선은 극적으로 바뀐다. 측면 공격수의 커트인만큼이나 중앙 공격수의 커트아웃 플레이가 수비 조직을 흔드는 데 치명적이다. 수비 시 풀백의 전술적 판단력은 점점 더 중요해지고 있다.

센터백만 절제심이 요구되는 것은 아니다. 자기 진영 압박 시에는 공을 소유했을 때 자신의 개성을 뽐내고 싶은 미드필더들도 냉철하게 경기해야 한다. 미드필더는 스페인서 '손수건 게임(juego de pañuelo)'으로 불리는 역할을 해야 한다. 두 팀이 나뉘어 서로 먼저 물건을 가져오는 게임으로, 판단력과 순발력을 키우기 위해 축구 훈련에도 흔히 응용된다. 자기 지역에서 나갈 수도 있지만, 기본적으로 자신이 담당한 자리에 대해 주의하고 있어야 한다. 자리만 지키는 것이 아니라 공을 중심으로 계속해서 압박해야 한다. 공이 없는 상대 팀의 '이동하는 선수'를 마크하기 위해 요동치듯 움직여선 안 된다.

무엇보다 등 뒤의 공간을 내줘선 안 된다. 라인 사이를 파고드는 상대 선수가 자신의 등 위에서, 라인 사이 지역에서 공을 받을 수 있다는 가능성을 염두에 두고 플레이 해야 한다. 이 경우에는 마주보고 플레이하기 위해 빠르게 돌아서야 한다. 다만 자기 진영이라는 점에서 프리킥 내지 페널티킥을 내줄 수 있고, 최고한 경고를 받을 수 있는 민감한 지역이라는 점에서 위험한 수비를 하지 말아야 한다. 미드필더는 이 모든 것을 헤아리며 플레이해야 하고, 매 상황을 읽어야 한다.

아틀레티코의 주장으로 오랫동안 활약했던 가비는 호리호리한 체구에 일대일 수비에 힘을 낼 수 있는 선수는 아니다. 그럼에도 아틀레티코의 포백 앞 지역의 리더로 성공적인 활약을 한 배경은 이러한 상황 이해력과 판단력이 뛰어나기 때문이다. 그는 최후방 수비 라인과 일차 압박 라인 사이에서 어떻게 이동하고, 어떤 자리를 지켜야 하는지를 잘 판단했다. 중앙 라인은 후방 라인과 전방 라인을 적절히 도와야 한다. 공을 소유한 선수와 최대한 근거리를 유지하며 경계해야 한다. 이 복잡한 세 가지 기능을 해야 하는데, 그러기 위해선 높은 수준의 공간 이해력을 갖춰야 한다. 이러한 이해력을 갖춘 선수 곁에 실제 몸으로 수비해야 하는 터프한 수비 전문가도 필요하다.

아틀레티코는 티아구 멘데스에게 어두운 역할을 시켰다. 직접 치명적인 공격을 커트하는 센터백이나, 공격수임에도 적극적으로 수비하는 공격수들과 비교하면 두 중앙 미드필더의 수비적 헌신은 덜 주목 받는다. 하지만 이들이 제대로 기능하지 못하면 공격수의 수비 가담은 공염불이고, 최후방 수비수는 허무하게 상대 공격에 무너지는 장면이 연출될 수 있다. 감독은 이런 선수들의 헌신을 잘 알고 있고, 독려한다. "팀의 견고함은 보이지 않는 곳에서도 묵묵히 자기 일을 수행하는 모든 이들을 통해 완성된다."

자기 진영 압박 상황에는 전 선수들의 지속적인 헌신이 필요하다. 공격수들도 포기해서는 안 된다. 그들 중 한 명은 미드필더를 커버해야 하고, 다른 한 명은 공이 있는 지역을 도와서 기능해야 한다. 이들은 동시에 역습으로 전환할 때 질주해야 하는 핵심적 역할을 갖고 있다. 일단 공을 되찾은 뒤에는 모두가 자세를 바꿔야 한다.

> "해독제가 때로는 진짜 바이러스가 되는 법이다. 축구에선 그 점을 잘 헤아려야 한다."
> ○ 마르코스 로페스

카테나초의 법칙은 공이 없을 때 강해져야 한다는 것이다. 하지만 공을 가지게 됐을 때 수준이 모자라면 골이 필요한 축구 경기에서 결국 승

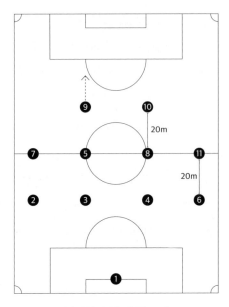

**치밀한 후퇴, 두줄 수비**

수비 블록, 1-4-4-1-1/ 포백 수비는 오프사이드 트랩을 형성. 4명의 미드필더와 그 앞의 1명 공격수까지 거리는 20m로 간격 유지. 라인 사이 공간을 좁힌 아주 치밀한 라인. 아드리안(10번)이 수적 우위를 위해 가세. 팔카오(9번)는 최전선에서 1차 압박.

자가 될 수 없다. 수비에 집중하던 팀은 수비에 성공해 공을 되찾았을 때 긴장감을 잃고 느슨해질 수 있다. 그래선 안 된다. 공을 가지면 신속하게 공격으로 전환해 일거에 득점할 수 있는 기회를 쟁취해야 한다. 우리 진영에서 펼친 수비를 공략하고자 전진한 상대 팀의 수비 조직은 굉장히 흐트러진 상태다. 광활한 공간이 있다. 이 공간을 최대한 빨리 잠식해 득점 기회를 만들어야 한다. 그래야 자기 진영 압박 전략은 비로소 완성될 수 있다.

## 측면은 내주고 중원은 통제하라

　사실 4-4-2 포메이션은 시메오네가 아틀레티코에서 부활시키기 전까지 공격의 융통성이 부족하며, 날개가 고립되는 전술이라는 지적 속에 사장되었다. 공격형 미드필더를 두지 않는 일자형 4-4-2 포메이션은 이를 주로 사용했던 잉글랜드 대표팀의 국제 무대 실패와 맞물려 창조성이 부족하다는 지적을 받았다.

　10번 공간을 버리고 경기한 4-4-2 포메이션은 아틀레티코가 두 명의 측면 미드필더를 안쪽으로 끌어당겨, 10번 영역을 채우거나, 아예 두 명의 선수가 2선에서 경기를 창조하게 만드는 형태, 혹은 투톱 중 한 명이 내려와 10번 역할을 하는 방식으로 유연하게 조정되어 이 문제를 해결했다. 그리고 4-4-2 포메이션이 갖는 수비적 이점을 적극 활용했다.

　특히 가운데로 끌어당긴 두 명의 측면 미드필더는 현대 축구에서 공간적 화두가 된 하프스페이스를 기반으로 공격을 전개해 효과가 배가 되었고, 측면은 높이 전진한 풀백이 점유해 공격 시 상대 지역에 많은 숫자를 투입할 수 있게 했다. 투톱과 두 명의 안으로 좁힌 미드필더, 두 명의 풀백 등 6명이 동시에 공격을 전개할 수 있는 유연성이 가능해진 것이다. 물론 이를 위해선 투톱과 측면 미드필더, 좌우 풀백 모두 공격과 수비를 동시에 수행할 수 있는 전술 이해력과 기술력에 체력을 갖춰야 한다는 고급 능력을 갖춰야 한다.

이러한 공격 상황은 수비에서 공격으로 전환할 때 일시적으로 수행되고, 공격 전개가 차단되었을 때의 즉각적인 압박 시 그물망을 만드는 데에도 활용된다. 하지만 이 4-4-2 포메이션은 즉각적 압박이 실패했을 때 빠르게 자기 진영으로 내려와 중앙 지역을 확실히 통제하는 본래의 기능에 집중한다.

4-4-2 포메이션은 수비 시 미드필드 체인을 수비 포백라인보다 좁게 형성해 측면은 내주고 중앙 지역 공간은 최소화해 상대 미드필더나 공격수가 수비 라인과 미드필더 라인 사이로 침투하거나 통과하지 못하게 하는 데 집중한다. 그리고 앞의 두 공격수가 이를 위한 기점 패스까지 제어한다.

이 4-4-2 포메이션에서 수비 그물의 열쇠는 중앙 미드필더로 배치되는 두 명의 선수다. 이 둘은 공의 이동에 따라 한 명이 투톱 중 한 명을 지원하거나 측면 미드필더를 지원해 늘 3명의 선수가 공을 가진 선수 주변을 에워싸고, 나머지 한 명이 패스 레인까지 차단해 중앙 지역 안으로 들어오지 못하게 철저하게 한다. 상대가 철저히 측면에서만 플레이하도록 밀어낸다. 중앙 공간을 극소로 좁힌 아틀레티코는 투톱과 최후방 수비 라인 간격을 20m까지 좁혀 상대가 진입할 여지를 주지 않았다. 이렇게 중앙에 좁게 배치되면 수비를 흔들기 위한 상대의 대각선 패스나 전환 패스까지 커트할 수 있는 범위를 갖추게 된다.

또 하나 중요한 것은 기점을 압박하는 투톱은 좌우로 넓게 벌려 상대 빌드업이 측면으로 전환하는 속도를 지체시키는 것이다. 센터백이 풀백으로 전환하는 패스를 괴롭혀 중앙 지역으로 공을 전진하게 하면, 중앙 지역에는 전혀 공간이 없고, 다시 측면으로 전개하게 된다. 한 번에 측면으로 빼서 비워둔 측면 공간으로 공격 속도를 높이지 못하게 하는 것이다.

상대 공격이 측면으로 전개되면 플레이의 범위가 한정된다. 사이드라인을 등지고 필드를 바라봐야 한다. 상대가 등진 상황에서 네 명이 압박해 달려들면, 전후좌우로 빠져나갈 수 있는 중앙 지역에서보다 공을 빼앗기 쉽다. 그래서 아틀레티코는 상대가 측면으로 공격하게 유도하고, 이 공격을 지체시키고, 그물을 쳐서 공을 빼앗는다.

아틀레티코의 최대 강점은 중원 압박이다. 신속한 공 운반 능력을 가진 아틀레티코는 역습을 위한 배후 공간을 필요로 하고, 공격적인 풀백을 운영하며, 신체 조건을 강조한 센터백과 중앙 미드필더를 보유하지 않았다는 점에서 아예 내려 앉아서 수비하는 것도 리스크가 크다. 결국 하프라인 부근부터 진을 치고 상대를 끌어들여 공을 탈취한 뒤 빠르게 역습하는 축구를 택했다. 상대가 측면으로 공격하게 하지만 결국 중앙으로 들어올 때 공을 빼앗고, 상대의 측면을 다시 노려 득점하는 것이다.

아틀레티코는 공을 가지지 않았을 때 더 좋은 플레이를 했고, 이에 더해 세트피스 공격을 정밀하게 가다듬어 공을 오래 갖고 있지 않으면서도 경기를 자신들이 원하는 데로 주도할 수 있었다.

## 비엘사의 3-4-3도 수직적 중원 통제를 목표로 한다

흔히 브라질식이라고 표현하는 4-2-2-2가 아니라도 중앙 지역을 통제하는 포메이션은 있다. 3-4-3 포메이션은 윙백과 윙어를 두는 전술로 상대적으로 중원이 약해지고, 측면을 강화한 축구로 읽힐 수 있으나 운영법에 따라 다르게 구현될 수 있다. 마르셀로 비엘사 감독은 3-4-3 포메이션과 3-3-1-3 포메이션으로 중앙을 통제하고 공을 소유하며 속도감 있는 축구를 구사해 축구 전술의 발전에 큰 반향을 일으켰다.

전방에 세 명, 중원에 네 명 등 총 7명의 선수가 전방에 진을 치는 구조로 운영하는 비엘사식 3-4-3 포메이션의 특징은 상대가 측면을 공격하는 것은 허용하되, 중앙 지역으로 진입하는 것을 철저히 막는 것에 집중한다. 측면 수비는 철저히 공의 움직임에 따른 밀착 방어로 이뤄진다.

앞서 압박 지역을 상대 지역, 중앙 지역, 자기 지역 등 크게 세 부분으로 나누었는데, 비엘사 감독은 이를 더 세분화해 경기장을 세로로 두고 왼쪽 측면 지역, 중앙 지역, 오른쪽 측면 지역으로 나눠 선수들에게 수비 역할을 배분했다. 중앙 지역을 철저하게 통제하기 위해 왼쪽 측면 지역 수비는 왼쪽 날개와 왼쪽 윙백 혹은 왼쪽 측면 미드필더가 협업하고, 중앙 지역 선수를 딸려 나가지 않는다.

오른쪽 측면도 오른쪽 측면에 배치된 선수들이 상하로 협업해서 담당한다. 만약 근거리 선수가 측면으로 수비 지원을 나가야 한다면 배후에 있는 측면에서 잉여 인력이 된 선수가 중앙 지역으로 이동해 틈을 없앤다. 직접 골문을 바라보고 슈팅할 수 있는 중앙 지역과 핵심 지역을 철저하게 통제하겠다는 의지가 담겨 있다.

스리백 수비의 경우에도 상하 움직임을 통해 압박하고 지원할 수 있지만 측면으로 딸려 나가서 문전 근거리에 위험한 상황을 노출하지 않는다. 측면이 무너지는 것보다 중앙이 무너지는 것이 더 치명적이다. 물론, 이것이 측면에서는 상대가 마음껏 공격하게 두라는 의미는 아니다. 수비 영역을 철저히 지켜 규율과 안정성을 확보하는 것이다.

측면 선수가 중앙으로 지원하지 못한다는 것은 중앙 영역의 선수들,

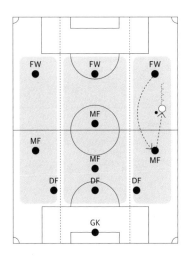

세로로 삼등분한 영역에 맞춰 수비한다. 스리백 세 명은 중앙 지역을 지킨다. 측면 수비는 측면 공격수와 측면 미드필더가 협업한다.

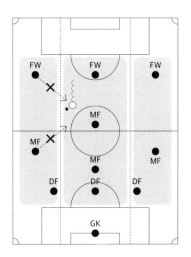

중앙이 중요하지만 측면 선수들도 중앙 수비로 들어와서 가담하지 않는다. 각 영역에서 최대치로 움직이기 위한 체력을 비축한다.

그림 출처 : 일본 축구전문지 월드사커킹

특히 중앙 공격수나 공격형 미드필더 역할을 맡는 선수들이 더 많이 뛰고, 더 열심히 수비해야 한다는 것을 의미한다. 비엘사 감독 시절 칠레 대표팀이 확립한 전방 공격수들의 엄청난 활동량과 수비 가담은 이러한 전술 구조 안에서 발휘된 것이다. 세로로 경기장을 삼등분해 영역별 수비를 시킨 것은 이러한 전방 수비력과 활동량을 유지하기 위한 구조적 지원책이기도 하다.

중앙 선수들도 측면으로 나가지 않기 때문에 활동 범위 자체는 제한적이라는 점에서 수비에 적극 가담하며 많이 뛰지만 생각보다 체력 소모가 덜하다. 그래서 훈련이 중요하다. 훈련을 통해 가담하고 지원해야 할 타이밍과 영역을 철저히 해야 경기 중 체력이 방전되고 수비 조직이 흐트러지는 일을 막을 수 있다. 그래서 비엘사 감독의 훈련은 포지셔닝에 대해 매우 구체적이고 세밀하게 진행됐다.

## 4-4-2의 부활
### : 날개 없는 투톱, 마법의 사각형

시메오네 감독의 아틀레티코가 갖는 전술적 특징은 전통적인 플레이
메이커를 두지 않는 4-4-2 포메이션이다. 클래식(전통적) 4-4-2라고도
불리고 플랫(flat, 평평한) 4-4-2 포메이션이라고도 표현한다. 이 전술에서
중요한 점은 경기장을 크게 세로로 3등분했을 때 중앙 지역에 연속적으
로 형성되는 사각형이다. 과거 전통적인 일자형 4-4-2 포메이션이 투톱
과 좌우 측면 미드필더를 통해 공격하는 4-2-4 포메이션 성향을 띄었다
면, 두 명의 풀백이 전진해 측면 공격을 담당하고, 두 명의 측면 미드필
더가 안으로 좁혀 4명의 중앙 미드필더가 앞 뒤로 사각형을 형성한다는
점에서 큰 차이가 있다.

마르코스 로페스는 시메오네 감독의 아틀레티코 전술을 분석하면서
'마법의 사각형'을 포인트로 짚었다. 투톱과 두 명의 (전방) 중앙 미드필
더, 전방 중앙 미드필더와 후방 수비형 미드필더, 두 명의 수비형 미드필

더와 두 센터백으로 사각형이 이어진다. 물론 아틀레티코는 두 명의 수비형 미드필더 중 한 명이 포백 앞에 배치되고, 투톱 중 한 명이 측면으로 빠지는 4-1-4-1 포메이션으로 변화하거나, 수비적인 경기를 하는 한 수 아래의 팀을 상대로는 화력을 높인 4-3-3 포메이션으로 경기하기도 했다. 그러나 가장 뚜렷한 전술적 개성은 '날개 없는 4-4-2 포메이션'이라고도 표현하는 측면에 중앙 지향적 선수를 배치한 전술이다.

시메오네는 현역 선수 시절 상대 공격을 중앙 지역에서 차단하는 수비형 미드필더였다. 어려서부터 후방 꼭지점에서 주로 플레이를 했고, 그런 이유로 중앙 지역에서 상대 공격을 차단하는 매커니즘을 본능적으로 알고 있다. 시메오네는 항상 대각선으로 움직이고 크로스를 주의했고 동료들을 커버하는 일에 집중했다. 그 역시 수비에서 공격으로 전환될 때는 기점 패스를 해야 했다. 한 두 번의 간결한 플레이로 공격 지역으로 전개되는 영역에 패스를 보내야 한다.

시메오네는 현역 시절 빌라르도 감독의 지휘를 직접 받았다. 주로 수비형 미드필더를 의미하는 5번 포지션, 중앙 미드필더로 보다 중원 플레이에 가담하는 8번 포지션을 봤는데, 빌라르도 감독이 그에게 처음으로 왼쪽 중앙 미드필더, 지금은 메찰라로 불리는 포지션에 배치해 영역을 넓혀주었다. 중원 지역에서 활동력이 넓어진 시메오네는 은퇴 전 골키퍼와 최전방 9번 공격수 포지션을 제외하고는 모두 소화했고, 이를 통해 포지션의 경계를 허무는 전술 구조에 대한 아이디어를 얻을 수 있었다. 한 선수가 특정 포지션에 매몰되지 않고 전술적으로 위치에 따라 기능할 수 있어야 좋은 팀을 만들 수 있다는 아이디어다.

시메오네 감독이 아틀레티코 지휘봉을 잡은 뒤 가장 중요했던 업무는 세 명의 선수들의 포지션을 변경하는 일이었다. 그는 전술적으로 이해시키기 위해 해당되는 선수들과 개인 면담을 가졌다. 그 주인공은 브라질 플레이메이커 디에구 히바스와 터키 공격수 아르다 튀란, 스페인 윙어 후안프란이었다. 그 전까지 오른쪽 측면 공격수로 뛰어온 후안프란은 시메오네 감독의 첫 경기에서도 날개로 기용됐지만 두 번째 경기부터 라이트백 자리를 봤고, 이후 쭉 이 포지션에서 뛰게 된다. 2012년 1월 15일 비야레알과 라리가 경기에 아틀레티코는 후안프란, 주앙 미란다, 디에고 고딘, 필리페 루이스로 포백 라인을 구성했고, 이 포백 라인이 시메오네 감독의 성공시대에 첫 기반이 됐다.

윙어 후안프란을 라이트백으로 내리고, 공격형 미드필더인 디에구를 오른쪽 측면 미드필더로 배치한 것은 실제 공격 상황에는 디에구가 여전히 중앙에서 공격을 풀고 후안프란이 활발하게 오버래핑하도록 의도한 것이다. 투란은 4-4-2 포메이션의 왼쪽 측면 미드필더로 배치됐으나 본래 기용되던 왼쪽 날개처럼 치고 올라갈 영역을 마련해주었다. 다만 이러한 배치를 통해 공이 없는 상황의 수비 임무가 늘었다.

시메오네 감독 부임 전 그레고리오 만사노 감독은 4-2-3-1 포메이션을 주로 썼는데, 팔카오 원톱에 투란, 디에구, 살비오 또는 아드리안이 2선에 배치된 형태로 전방 수비 구조가 취약했다. 풀백의 견고함도 부족했다. 시메오네 감독은 선수들이 자신의 이름에 익숙하던 플레이에만 집중해서는 상황을 반전시킬 수 없다고 생각했다. 아틀레티코의 전통인 빠른 전환과 역습, 직선적인 축구를 강화하기 위해 선수 배치 구조를 단순화했다. 볼 점유율이 떨어지기 시작했으나 팀 플레이는 간결해졌다. 볼 점유율이 줄어들며 부족해진 기회 창출은 세트피스 전술을 세밀하게 준비해 또 다른 득점 루트를 확보했다.

디에구와 아르다는 모두 중앙으로 좁혀 플레이했지만 역할은 달랐다. 초기 아틀레티코는 가비와 티아구 멘데스가 두 명의 중앙 미드필더로 배치됐고, 디에구와 아르다가 좌우에 자리했다. 아르다는 측면에 벌려

선 채 경기를 시작했지만 경기가 진행되면 공을 쥐고 풀백이 전진할 수 있도록 시간을 벌어줬다. 그리고 안으로 들어와 필리페 루이스가 들어올 공간을 만들어 줬다. 라인 사이를 오르내리기 보다 전방으로 올라가는 필리페 루이스나 전방에 자리를 잡고 있는 투톱을 지원했다. 디에구는 조금 더 익숙하고 편안하게 적응했다. 후안프란이 측면 공격을 담당할 때 자신이 뛰어온 중앙 지역에서 공을 쥐고 뿌리는 레지스타로 기능했다. 디에구의 백업 자원으로 아틀레티코 유소년 팀에서 성장한 코케가 기용됐고, 디에구가 떠나면서 코케가 주전으로 성장했다.

디에구나 코케, 아르다는 안쪽으로 움직인다. 시메오네 감독이 이를 통해 얻고자 하는 효과는 수적 우위다. 당시 아틀레티코는 공격 기반을 '마법의 사각형(cuadrado magico)'에 뒀다. 네 개의 교차점이 생기도록 선수들을 배치하는 것이다. 안쪽에는 가비와 티아고가 서고 앞쪽에 아르다와 디에구나 코케가 자리한다. 이들 중 누구도 중앙 지역을 벗어나지 않는다. 이 배치를 통한 팀의 미션은 지속적으로 중원에서 4대3의 수적 우위 또는 수적 동위를 구현하고, 전방에서는 2대2로 아군의 공격수와 상대의 수비수가 맞서게 하는 것이다. 투톱은 아드리안과 팔카오로 시작해서 디에고 코스타와 팔카오가 이어받았다. 팔카오가 떠난 뒤에는 비야가 합류해 디에고 코스타와 투톱을 이뤘다. 대안 선수로 미드필더 라울 가르시아가 기용됐다.

이 포메이션은 중앙에 탑을 세운 것과 같은 형태다. 4-2-2-2 포메이션이 일상화된 브라질 스타일이다. 공격적인 성향을 가진 풀백, 윙백을 기용하는 브라질 리그나 남미 클럽 대회에서 당시 흔히 볼 수 있던 전술이다. 측면 영역을 기관차형 풀백으로 불리는 빠르고 많이 뛸 수 있는 선수들이 담당하고, 상황에 따라 최대 9명의 선수가 중앙 영역에 배치되는 전술이다. 공을 중심으로 늘 4명의 선수가 블록을 형성한다. 풀백이

**탑에서 공격하기**
**2011-12 시즌 아틀레티코 공격 전형 1-4-2-2-2**

유일하게 폭을 갖고 플레이하고, 중앙 지역의 지속적인 수적 우위를 추구한다.

스페인 라리가에서는 반델레이 룩셈부르구가 레알 마드리드에 부임했을 때 적용했으나 성공적으로 작동하지 못했다. 수비적 허점을 상쇄하는 데 실패했기 때문이다. 라리가에서 유럽 경력을 시작한 마누엘 펠레그리니 감독이 맨체스터 시티 지휘봉을 잡고 마법의 사각형을 활용한 전술로 효과를 봤다. 시메오네 감독의 방식보다 훨씬 공격적으로 적용했다. 공격 능력이 풍부한 선수를 다수 보유했기에 가능했다.

비엘사 감독이 칠레 대표팀에서 각 소속팀에서는 공격에만 집중하면 역할이 끝나던 선수들을 공이 없을 때 무자비한 압박을 펼치며 전방에서 수비하도록 만든 것처럼, 시메오네 감독도 공격 창조성을 갖춘 선수들에게 수비 임무를 맡겼다. 조직 수비와 팀 플레이의 규율은 훈련을 통해 단기간에 효율을 낼 수 있으나, 창조성과 기술력은 그렇지 못하기 때문이다.

디에구와 아르다 내지 중앙 지역에서 경기를 풀어갈 수 있는 코케, 사울과 같은 선수들을 측면 미드필더로 기용한 것은 공격으로 전환하는 상황에 이들의 창조성을 활용하기 위해서다. 투톱에 좌우 측면 미드필더를 배치하는 일자형 4-4-2 포메이션은 2선 지역의 창조성 부족과 투톱의 고립 문제가 단점으로 지적되어 왔는데, 투톱에게 키패스를 보낼 수 있는 측면 미드필더의 플레이가 이를 상쇄해준다. 디에구, 아르다, 코케 등은 마지막 패스를 할 수 있는 선수들로 아틀레티코의 공격적 정밀함을 책임진 '어시스트 전문가'다. 단지 슈팅으로 가는 마지막 패스를 보내는 것뿐 아니라 공격 전개 상황의 나침반 역할을 하는 빌드업의 중심이다.

측면 미드필더에게 이 역할을 맡기는 것은 수비적 강점 외에 플레이메이커가 한 명으로 고정되어 상대 수비형 미드필더나 센터백의 집중 견제를 받는 상황을 피할 수 있다는 효과도 있다. 두 명이 측면과 중앙으로 벌렸다 오므리며 플레이하면서 상대가 두 명으로 배치한 수비형 미드필더나 센터백의 간격을 벌어지게 만들 수 있다. 상대 피보테를 갈라지게 만드는 것이 이 전술의 주요 목표이기도 하다. 이들이 유기성을 잃게 되면 투톱 뒤의 공간이 빈다. 이 공간을 투톱의 변형된 움직임이나 가짜 7번 전술 활용, 풀백 내지 수비형 미드필더의 진입으로 활용할 여지가 생긴다.

어떻게 보면 공격 상황에서는 투톱 뒤에 두 명의 플레이메이커가 배치되어 상대 풀백과 수비형 미드필더로 하여금 동선에 혼란을 줄 수 있다. 풀백이 윙어처럼 전진해 상대 풀백을 잡아주는 것은 물론, 측면 미드필더의 움직임에 따른 좌우 커버 범위 확대로 수비형 미드필더의 하중이 커진다. 이들이 한 번만 타이밍을 놓쳐도 좋은 공격 기회로 연결된다.

마법의 사각형을 활용한 전술은 수비와 빌드업 과정에 중앙의 네 명의 미드필더와 풀백의 영향력이 높다. 공 소유를 중시한 전술에서는 골키퍼와 센터백의 빌드업과 경계 설계 관여도가 높지만, 이 형태에선 센터백의 경우 수비 본연의 임무에 더 집중한다. 수비 지역에서 공격을 풀기보다 우선 신속하게 중앙의 네 명의 선수를 통해 공격을 전개하거나, 곧바로 투톱을 향해 공을 찔러주고 공격을 풀어가야 한다.

두 명의 수비형 미드필더 중 한 명은 수비력뿐 아니라 공을 다루는 능력, 패싱력을 갖춰야 한다. 풀백 두 명 중 한 명은 수비 상황에 수비 영역을 지켜야 하고, 압박의 위치에 따라 중앙 지역으로 좁혀 기여하거나, 센터백 영역까지 좁혀서 상대 공격의 침투 공간을 커버하는 역할도 요구된다. 마법의 사각형이 교차되어 움직일 때 수적 우위를 유지하기 위해 풀백의 기민한 움직임과 지원, 판단이 필요하다. 이게 잘 이뤄지지 않을 경우 공수 전환 상황에 허점이 생길 수 있다.

## 게겐프레싱
### : 5초 안에 공을 되찾아라

"게겐프레싱은 세계 최고의 플레이메이커다."

○ 위르겐 클롭

독일어 접두사 gegen은 대항한다는 뜻을 담고 있고, 게겐프레싱은 영어 표현으로 옮기면 '역압박'이라 해석할 수 있는 '카운터 프레싱'으로 쓸 수 있다. 공을 빼앗기는 즉시 상대를 압박해 상대의 역습 공격을 막는 것은 물론 우리가 역습을 펼치는 전략으로, 보루시아 도르트문트가 대표적으로 수행해 이 독일식 표현이 널리 퍼졌다.

이러한 카운터 프레싱을 잘 구사한 팀으로 앞서 주제프 과르디올라의 FC 바르셀로나가 있었다. 공을 잃으면 5초 안에 되찾아야 한다는 원칙 하에, 소유권을 잃은 직후 강한 전방 압박을 전개한 바르셀로나의 플레이는, 그들의 신속한 패스와 경기 내내 공을 소유하는 스타일로 인해 비교적 덜 강조되었다.

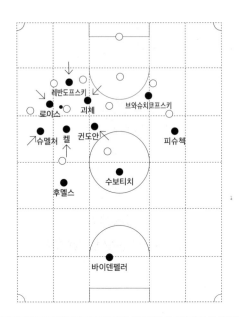

**위르겐 클롭의 도르트문트가 구사한 게겐프레싱 예시**

효과적인 게겐프레싱을 위해서는 공을 잃은 직후 주변 선수들이 적절한 위치를 나눠가지며 공을 가진 선수가 공을 전개할 수 없도록 그물을 형성해야 한다. 이를 위해선 공간 배분과 선수 간의 거리 유지를 정밀하게 수행해야 하는데, 이는 포지션 플레이의 원칙과도 같다. 게겐프레싱의 핵심 원칙은 공을 둘러싼 영역을 최소한으로 차지하면서도, 선수간 거리는 최대한으로 유지하는 것으로 공의 모든 공간을 다수의 선수가 빈틈 없이 차단하는 것이다. 공 주변의 모든 선수들이 곧바로 공을 따내기 위해 뒤를 돌아보지 않고 4면에서 압박하는 것이 특징이다.

중요한 것은 이 게겐프레싱을 얼마나 유지하고, 언제 포기해야 하느냐다. 과르디올라가 말했듯 지속 시간은 5초다. 최대 속도와 최대 강도로 공을 빼앗기 위해 달려들었다가, 5초 안에 성공하지 못하면 자기 진영으로 내려와 대형을 만들어 상대 공격을 막아야 한다.

상대 지역에서 공을 빼앗기 위해 달려들며 소모하는 에너지와 조직적 밀도는 5초 이상 유지되기 어렵고, 5초 이상 공을 소유한 팀은 결국 공 주변 공간을 잠식하면서 그 바깥 공간을 비워둔 곳으로 역습을 전개할 기회를 포착할 수 있게 된다. 물론 이 5초는 팀에 따라, 그리고 상황에 따라 조금씩은 조정될 수 있다.

게겐프레싱은 그저 선수 개개인의 의지로, 즉흥적으로 공을 에워싸는 것이 아니라 철저한 상대공격 패턴 분석을 기반으로 운영해야 한다. 라인을 높이고 상대 지역에서 전개하는 압박이라는 점에서 실패에 따르는 리스크가 크기 때문이다. 상대가 공을 확보했을 때 어느 선수로, 어떤 방향으로, 어느 지역을 공략하는지 패턴을 분석하고, 성향을 파악한 뒤 그들이 강점으로 삼는 부분을 집중적으로 봉쇄해야 한다. 이는 이전 경기에서도 드러나지만, 경기 진행 중에 선수들이 꾸준히 관찰하며 파악해야 한다.

기본적으로 게겐프레싱은 상대가 중앙 지역으로 공을 보내지 못하도록 막고, 통과되더라도 중앙을 습격해 바로 득점 기회를 만들 수 없도록 측면으로 몰아내는 형태를 취한다. 중앙 지역 진입을 철저하게 막아야 하는 것이 게겐프레싱의 원칙 중 하나다.

상대를 측면으로 모는 것뿐 아니라 공을 가진 선수를 강하게 압박해 바로 빼앗을 수도 있다. 상대 팀에서 공을 다루는 능력이 가장 미숙한 선수가 공을 확보하도록 한 뒤 빼앗아 역습에 나서는 것도 전략이 될 수 있다. 혹은 공을 가진 선수에게서 직접 빼앗지 않고 이 선수가 취약 선수에게로 패스하거나, 패스 미스의 가능성이 높은 지역으로 패스하도록 유도해서 공을 차단할 수도 있다. 반드시 공을 선수로부터 직접 따낼 필요는 없다.

게겐프레싱은 수비 전술인 동시에 공격 전술이다. 상대 공격을 끊고

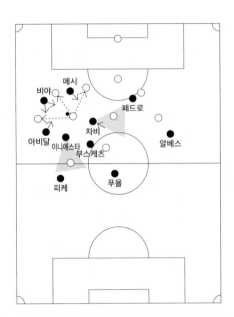

**바르셀로나 시절 과르디올라 감독이 구현한 카운터 프레싱 예시**

가장 높은 곳에서 다시 공격을 시작할 수 있는 방법이다. 위르겐 클롭이 게겐프레싱은 세계 최고의 플레이메이커라고 표현한 이유가 여기에 있다. 빌드업 과정을 생략하고 곧바로 공격 마무리 과정으로 진입할 수 있는 방법이 게겐프레싱이다. 게겐프레싱의 최대 장점은 공격 형태에서 공을 회복할 수 있다는 점이고, 즉각적 공격이 가능하다는 점이다. 게겐프레싱을 선호하는 지도자들은 상대가 공을 되찾은 직후야 말로 상대를 압박하기 가장 좋은 때라고 주장한다. 전환에 전환이 이어지는 국면에서 능동적으로 경기하는 방식이다.

게겐프레싱을 경기 내내 유지하고, 시즌 내내 유지하기에는 선수들의 체력적, 정신적 소모가 크다는 리스크가 있다. 이로 인해 클롭 감독은 도르트문트 경력 말기에 독일 팀들에게 허점을 간파당했고, 리버풀 부임 초기에는 많은 선수들이 부상을 입는 등 문제를 노출했다. 그러나 게겐

244

프레싱은 철저한 피지컬 준비와 적재적소에 사용한다면 시간과 공간을 지배할 수 있는 최고의 방법이며, 경기의 역동성과 속도감, 공격성을 표현할 수 있는 전략이다.

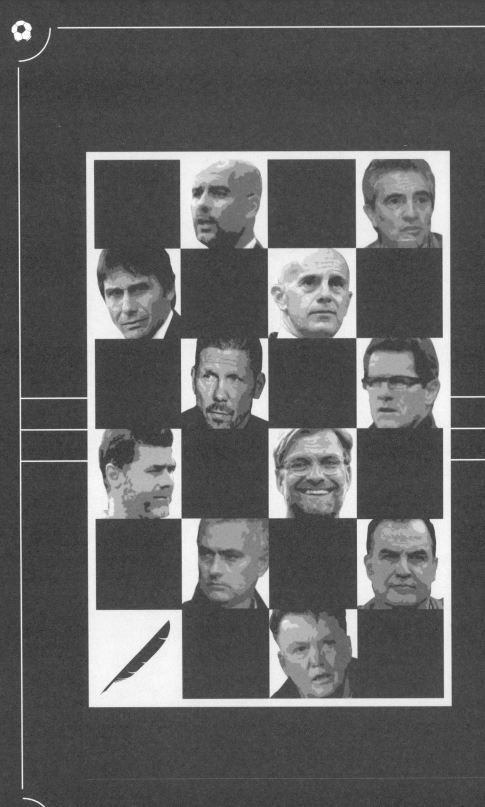

# MASTER CLASS

## — *part 2* —

# 감독의
# 전술판

# 아리고 사키
## *Arrigo Sacchi*

**공격과 수비는
25m 이상 떨어져선 안 된다**

"압박은 열심히 달려드는 문제가 아니다. 공간을 휘어잡는 것이다." ○ 아리고 사키

카테나초를 앞세운 네레오 로코의 AC 밀란은 1962-63시즌과 1968-69시즌 두 차례 유러피언컵 우승을 이뤘고, 다시 유럽 챔피언이 되기까지 20년의 시간이 필요했다. 카테나초 전성 시대 이후 20년, 수동적인 이탈리아 축구는 위기의 계절을 마치고, 아리고 사키가 제시한 압박 축구의 개념을 통해 1988-89시즌과 1989-90시즌 연이어 빅이어 트로피를 들어올린다. 또 한 번의 수비 전술의 혁명을 이끈 인물은 제대로 된 프로 선수 경력이 없었던 '이론가' 아리고 사키였다.

사키는 카테나초의 성공으로 이탈리아 축구에는 필수요소로 자리잡았던 리베로의 소멸을 부른 콤팩트한 4-4-2 포메이션을 뿌리 내리게 했다. 감독으로 사키가 보낸 전성 시대는 짧았지만, 그가 구현한 압박 축구는 1990년대 축구 전술을 지배했고, 이제는 전술의 기본 개념이 되었다. 대인 방어가 기본이던 수비 전술에 지역 방어의 개념을 완성한 이가 사키다.

　중원 압박 전술을 고안한 사키는 이탈리아 소도시 푸시냐노 출신으로, 어려서부터 축구광이었다. 그를 매혹시킨 것은 화려한 공격 축구였다. 그 스스로 헝가리의 혼베드와 레알 마드리드, 브라질 대표팀 등 위대한 팀의 경기를 보며 자랐다고 말했다. 신발공장을 운영하던 아버지의 회사에서 영업 사원으로 일하며 축구 선수로도 활동했던 사키는 그다지 실력이 뛰어나지 않아 아마추어 수준의 하부리그에서 뛰었다. 사키는 직접 경기하는 것보다 위대한 팀들의 축구를 보고, 분석하는 것을 더 즐겼고, 1970년대 네덜란드의 축구를 TV 중계로 목격한 뒤 이상향으로 삼았다. 이 네 팀(네덜란드, 혼베드, 레알 마드리드, 브라질) 모두 뛰어난 선수들을 보유했는데, 패스 플레이를 기반으로 상대를 압도했다는 공통점이 있었다. 이 팀들이 선보이는 축구가 당시 이탈리아 팀들이 선보이던 것과 전혀 다른 스타일이었다는 점에서, 사키에게 이탈리아 축구를 바꾸겠다는 의지가 잠재되어 있었던 것이다. 사키는 팀이 내는 결과도 중요하지만 결과를 내는 개성에 대해서 많이 생각했다.

> "내게 축구란 사람들이 즐기고, 깨닫게 해야 하는 스포츠고, 장관을 연출해야 하는 스포츠다. 승리할 만한 경기가 아니라면, 그 승리는 가치가 없다." ○ 아리고 사키

　사키는 공간 통제 방식, 즉 압박 축구를 고안한 전술가지만 오직 승리라는 결과만 추구한 실리주의자는 아니었다. 다만 축구 경기에서 수비가 개인적인 차원이 아니며, 팀의 예술이 될 수 있다는 점을 발전시키는 데 큰 공헌을 했다.

> "축구는 수비적인 것도, 개인적인 것도, 전문화된 것도 아니다. 포지션, 소통, 커넥션을 통해 팀을 하나의 그룹으로 전환하도록 구축하는 것이다. 모두가 개별적으로 공격과 수비 국면을 알아야 한다. 모두가 팀과 함께, 팀을 위해 일해야 한다. 피치 전역, 경기 내내 11명의 선수들이 공이 없을 때는 제 위치에 있어야 한다. 콤팩

트한 그룹을 만들수록 개인을 도울 수 있다. 기술적으로 쉬워질 수 있다."

○ 아리고 사키

사키가 이탈리아 축구를 비판적으로 바라본 배경은 1970년대 이후 이탈리아 팀들의 수비적 전술이 한계를 마주했으며, 아버지의 출장에 동행하며 앞선 축구를 구사한 프랑스, 독일, 네덜란드, 스위스 등지를 돌며 그 나라의 축구를 직접 경험할 수 있는 기회가 주어졌기 때문이다. 사키는 "이탈리아에는 축구뿐 아니라 모든 면에 걸쳐서 방어적 문화가 만연했다."며 "이탈리아 축구팀은 대부분 수비에 관심을 두고 스위퍼와 창조적인 10번으로 경기했다."고 진단했다.

"이탈리아의 진짜 문제는 게으른 사고 방식이다."

○ 아리고 사키

사키는 일찌감치 축구 전술의 정수를 꿰뚫었다.

"위대한 팀들은 공통점이 있다. 경기장을 소유하고 공을 소유했다. 공을 가지면 플레이를 지배하고, 수비를 할 때는 공간을 지배했다."

○ 아리고 사키

카테나초는 수비 지역에서 독보적인 스위퍼, 공격에 가담하는 풀백, 그리고 창조성을 책임지는 10번 선수를 성장시켰으나 경기 스타일은 단조로웠고, 나머지 포지션에서 뛰는 선수들의 재능을 낭비했다. 사키의 관점에서는 그랬다. 네덜란드의 토탈 풋볼에 매료된 사키는 팀 전체가 유기적으로 플레이하기를 바랐고, 이탈리아의 수비 라인을 높은 곳으로 끌어올려 경기장 전체를 지배하는 축구를 만들고자 했다.

"많은 곳에서 영향을 받았다. 먼저 네덜란드 축구다. 하지만 우리와 다른 점은 그들은 열정적인 플레이에 더 무게를 뒀고, 우리는 전술을 더 중요시했다. 모든 선수

가 적절한 자리에 있어야 한다."                          ◦ 아리고 사키

토탈 풋볼이 공을 소유한 상황의 변화무쌍한 움직임에 집중했다면, 사키는
공이 없는 상황에서 팀 전체가 도전적으로 플레이하면서 카테나초가 구현한
강철 같은 수비력을 유지해 새로운 개념의 축구에 도전했다.

사키는 자신의 책을 통해 네덜란드 명장 리뉘스 미헐스와 나눈 대화를 기록
하기도 했는데, 훈련 방법론에 있어서 전통적인 이탈리아식을 벗어나 네덜란
드식 통합 훈련을 적극적으로 받아들이기도 했다.

"훈련은 모두 실제 경기를 시뮬레이션하는 것으로 진행해야 한다. 그래야 선수들
의 주의 부족을 방지하고 긴장시킬 수 있다. 교정은 개선을 의미한다. 네덜란드의
명장 미헐스가 내게 이런 말을 한 적이 있다. '당신네들, 이탈리아 사람들은 이상
합니다. 기술과 경기를 구분해서 가르쳐요. 우리는 경기를 어떻게 해야 하는지 가
르칩니다. 이건 마치 선수들에게 수영하는 법을 가르친다면서 책상에 앉아서 다
리를 어떻게 써야 하는지 설명하는 것과 같아요. 우리는 물에서 뛰어 놀게 합니
다.'"                                                    ◦ 아리고 사키

브라질 대표팀과 토탈 풋볼의 성공에 영향을 받은 사키는 4-4-2 포메이션
을 바탕으로 삼았다. 확고한 4-4-2 형태를 유지하면 경기 핵심 지역에 과부하
를 걸어 압박할 수 있다고 여겼고, 풀백을 통해 공을 소유하고 경기를 통제할
수 있다고 생각했다.

이 아이디어를 구현하기 위해 작은 지역의 바라카 루고(Barracca Lugo)의 감
독이 되어 실험에 나섰다. 사키는 이때를 "경험을 통해 배웠던 시기"라고 회고
했다. 그는 겨우 만 26세의 나이로 바라카의 감독을 맡았고, 팀 내에는 그보다
나이든 선수들이 있었던 탓에 통솔이 쉽지는 않았다. 이 시기에 사키는 전술적
실험 외에 선수단을 운영하는 법에 대해서도 시행착오를 겪으며 배워나갔다.

작은 팀에서조차 존중받기 어려웠던 축구 경력의 소유자인 사키는 작은 팀에서 착실히 성과를 내며 조금씩 높은 곳으로 올라갔다. 30대가 된 사키는 벨라리아(Belaria)를 거쳐 1979년에 세리에B에 속해있던 체세나 유소년 팀에서 일했고, 세리에C1의 리미니(Rimini) 감독직을 맡게 되면서 신발 공장에서의 '투잡'을 접고 감독 일에 모든 것을 쏟기 시작한다.

리미니를 우승권으로 끌어올린 성과를 인정 받아 피오렌티나(Fiorentina)의 유소년 코치로 스카우트된 사키는 여기서 대인 방어가 기본이던 이탈리아 축구 무대에 지역 방어의 성공 가능성을 검증해 주목 받는다. 리미니와 피오렌티나에서 사키가 시도한 또 하나의 혁명은 경기마다 선수들의 포지션을 바꾸고, 여러 포지션을 경험하게 만든 것이다. 사키는 어린 선수들에게 "완전한 선수가 되어야 한다."고 강조하며 멀티 플레이어가 될 수 있도록 훈련시켰다.

이 성과를 바탕으로 1985년 마침내 그 당시 세리에C1에 머물러 있던 파르마(Parma)의 1군 감독으로 부임했다. 파르마는 세리에B와 세리에A로 돌아 가고자 하는 야망을 갖고 있었고, 이 야망은 사키와 좋은 궁합을 이뤘다. 파르마의 감독이 되면서 사키는 이탈리아 축구 무대의 중심에 등장하게 된다. 사키는 부임 첫 시즌에 34경기 14실점이라는 견고한 기록을 통해 파르마를 세리에B로 승격 시켰고, 이어진 시즌에는 세리에A 승격 직전의 순위까지 끌어올렸다.

당시 사키는 경기 운영에 명확한 원칙을 갖고 있었다. 1) 프레싱은 항상 배후에 커버 블록을 동반한 채 진행하고 2) 역습 공격은 초당 5~6m를 전진해야 하며 3) 공 소유는 상대 지역으로 가능한 빠르게 도달하도록 효율적으로 이용해야 한다는 것이다.

파르마를 이끌며 사키의 인생은 완전히 달라진다. 파르마가 1986년 코파 이탈리아 조별 예선전에서 AC 밀란에 1-0 승리를 거둔 것이다. 사키의 파르마는 토너먼트 진입 후 16강에서 이뤄진 리턴 매치에서 합계 1-0 승리로 밀란을 아예 대회에서 탈락시켰다. 그해 밀란을 인수한 실비오베를 루스코니 회장은 젊은 사키의 명민한 리더십에 매료되었고, 1987년 사키는 밀란의 감독으로 부임하게 된다. 사키의 동화 같은 스토리는 밀란을 맡는 것이 완성이 아니라, 밀란을 유럽 챔피언으로 만드는 신화로 이어진다.

일천한 선수 경력으로, 밀란을 맡기 3년 전까지 이탈리아 축구계에서 아무것도 아니었던 사키는 "기수가 되기 위해서 말이 되어볼 필요는 없다."는 유명한 말을 남기며 유럽 축구의 중심에 등장한다. 사키는 스타 선수들이 즐비한 밀란에서의 첫 훈련에서 선수들에게 이렇게 말했다.

"나는 푸시냐노라는 작은 마을에서 여기까지 왔다. 여러분은 무엇을 이뤘는가?"

ㅇ 아리고 사키

사키가 부임한 밀란은 불법 스포츠 도박 사건으로 인한 세리에B 강등 징계 이후 다시 세리에A로 돌아왔으나 1960년대의 명성을 되찾지 못하고 있었다. 사키 부임 전 리그 순위는 5위. UEFA컵 출전 티켓도 막차로 얻었다. 사키는 무명 선수 출신이자, 감독 경력으로도 세리에A를 경험한 적이 없는 자신을 향한 의심에 데뷔 시즌 세리에A 우승으로 답했다. 밀란은 무려 9년만에 스쿠데토를 얻었다.

사키는 라인을 높인 4-4-2 포메이션으로 즉각적인 효과를 봤는데, 이를 위한 선수단의 체력을 증진하기 위해 밀라넬로의 실내 훈련장에서 체력 훈련을 추가 진행한 것으로 전해진다. 사키는 선수단이 촘촘한 대형을 유지하기 위한 훈련으로 '그림자 놀이'를 사용했다. 공이 없이 진행된 조직 훈련으로, 상대의 움직임과 가상의 공 위치를 기반으로 일사분란하게 팀 전체가 이동하는 훈련을 반복했다.

"나의 밀란은 상대보다 더 많이 뛰는 게 아니다. 더 잘 뛸 뿐이다."   ㅇ 아리고 사키

그림자 플레이의 비화는 밀란의 훈련을 염탐하려던 레알 마드리드 스카우트에 의해 공개됐다. 유러피언컵 경기를 앞두고 밀란 훈련장의 덤불에 숨어들어 몰래 훈련을 엿봤는데, 사키 감독이 공을 갖지 않은 채 선수들의 대형 이동을 지시하고 조정하는 모습이 목격된 것이다. 사키는 이러한 훈련에 대해 선수들이 포메이션대로 정렬하고 선수들에게 가상의 공이 어디 있는지 말하면 그에 맞춰 패스를 하고 다른 선수들의 반응에 따라 시계장치처럼 경기장을 누비도록 한 것이라고 설명했다.

"핵심은 짧은 팀이었다. 이렇게 하면 힘을 덜 쏟고도 먼저 공을 차지하고 지치지도 않는다. 만일 우리가 마지막 수비수부터 최전방 공격수까지 25m 사이에서만 플레이를 하면 우리의 능력으로 볼 때 결코 패하지 않을 것이라고 선수들에게 말해줬다. 그러기 위해선 팀은 하나의 단위로 경기장의 아래위와 좌우를 이동해야 한다."                                                                    ○ 아리고 사키

라인을 높인 중원 압박은 필연적으로 오프사이드 트랩의 개발로 이어진다. 아르헨티나의 오스발도 수벨디아가 구현한 공격적인 오프사이드 트랩은 사키의 밀란도 잘 활용했다. 공격과 수비 간격을 25m로 타이트하게 좁혀 중원 지역에서 상대 공격을 질식 시킨 사키의 밀란은 배후를 노린 스루패스와 공격수의 침투를 적절한 오프사이드 트랩으로 제어했다.

사키는 수비 라인은 미드필드 라인과 공격 라인 사이 세로 간격이 10m에서 12m 이상 벌어져선 안 된다고 강조했다. 미드필드 라인과 수비 라인의 폭은 블록을 만들기 위해 6m에서 7m를 넘어선 안 된다.

"공이 없을 때, 상대가 공을 가질 때 뒤로 뛰며 공간을 커버하기 위한 훈련을 했다. 상대 역습에 대비해 우리는 안쪽에서 수적 우위를 만들기 위해 달렸다. 상황이 바뀌면 함께 압박했다. 높은 곳에서 수비하면 많은 공간과 시간을 확보할 수 있고,

이를 위해선 정확한 포지셔닝이 필요하다."                   ○ 아리고 사키

공을 소유한 국면의 훈련도 많이 했다. 수비 국면은 골키퍼와 4명의 수비수가 6명이나 8명 또는 11명을 상대하게 했다. 그 다음에 1-4-2 vs 11, 1-4-4 vs 11로 훈련했다. 마지막에는 11대11로 두 번째 팀과 훈련했다. 공격 전개는 항상 골키퍼를 거쳐서 시작하도록 했다.

"수비 국면과 소유 국면에서 기반은 짧고 좁은 팀이다. 공을 소유하면 내 경기 시스템은 동시성과 시간에 기반을 둔다. 공간은 내준다. 움직임을 가져가는 게 까다롭다. 하지만 상대 지역을 통제하는 것은 더 어렵다. 공을 가진 팀의 거리가 멀면 받는 선수가 우위를 점하기 어렵다. 일반적으로 12m에서 15m다. 거리가 멀면 패스 정확성은 떨어진다. 높고 느린 패스가 전개 되고 공을 받는 선수가 고립된다. 게다가 수비는 거리가 있으면 등지고 상대해야 한다. 30m에서 40m까지 벌어지면 상대가 예측하기 쉽다."                   ○ 아리고 사키

사키는 선수간 짧은 간격이 압박에도 용이하지만 공격 전개의 정확성을 높이기 위한 방법이기도 하다고 설명한다.

"10m에서 12m 거리에서 패스하는 것은 쉽다. 이런 패스를 하는 데는 기술적으로 아주 뛰어날 필요가 없다. 상대 수비를 따돌리고 타이밍을 잡고, 거리를 만들고, 정확하게 공을 받기 위한 기술이 필요하다. 즉각적인 움직임이기에 체력 소모가 많지 않다. 많은 거리를 뛸 필요가 없다. 집단적으로 움직이고 공을 받는다. 난 늘 공을 가진 선수 주변에 최소한 5명의 선수가 있기를 바란다. 상대 압박을 제어하기 위한 좋은 포지셔닝도 필요하다. 만약 상대 팀이 압박하면 선수들은 어떻게 경기를 바꿔야 하는지 알아야 한다. 훈련 때 압박을 어떻게 빠져 나오는지 전술적으로 준비하는 것도 중요하다."                   ○ 아리고 사키

사키 감독은 공이 없는 국면에서 블록을 만드는 훈련도 많이 했다.

"압박은 팀을 콤팩트하게 만들고, 조직적으로 만들며 공격 시간을 부여하며, 간격을 두고 방어하게 한다. 무리하게 진행하면 지칠 수 있다. 대각선으로 커버할 수 있어야 한다. 앞에서 뛸 때는 늘 조직을 갖춰야 한다. 언제, 어떻게 압박해야 하는지를 명확히 알고 있어야 한다. 목적은 늘 공 주변에 수적 우위를 점하는 것이다."

○ 아리고 사키

사키는 압박을 크게 세 가지로 구분했는데 1) 자리를 선점하는 부분 압박 2) 공을 따내는 전면 압박 3) 압박하는 체하며 숨을 고르는 위장 압박이라고 설명했다. 공을 갖지 않고 경기 흐름을 주도하고, 상대 팀이 흐름을 타지 못하게 하는 방법론에서 사키는 단연 진보적이었다. 사키이즘은 공 없이 능동적 축구를 할 수 있다는 증거가 됐다.

"사키가 이탈리아 축구에 정신적, 전술적 혁명을 시작했다. 우리는 스타일을 발전시켰고, 훈련장에서 아마추어 팀을 상대하든 레알 마드리드를 상대하든 똑같이 했다."

○ 로베르토 도나도니

사키가 강조한 팀 전체가 관여하는 압박은, 지역 방어 개념으로 수비를 잘하기 위해 신체 조건이나 운동 능력이 우선하지 않는다는 것을 보여준다. 토탈 풋볼의 공격 개념이 사고와 판단이 빠르고 기술이 좋은 선수가 힘 좋고 빨리 달리는 선수를 제압할 수 있다고 주장한 것과 마찬가지로, 일대일에서 힘과 속도로 상대를 제압하지 못하는 선수라도 팀으로 압박하면 상대를 무력화할 수 있다는 것이다.

"모두가 일제히 움직인다. 만약 풀백 한 명이 전진하면 11명 전체가 그에 맞춰 올라간다. 사람들은 팀에 덩치 큰 선수만 있다고 생각하는데, 우리 팀에는 에바니와 도나도니 같은 가냘픈 선수도 있다. 그들의 위치 선정과 동작 때문에 덩치가 크고 강한 선수처럼 될 수 있다. 그래서 크게 보이는 것이다."    ○ 아리고 사키

밀란이 경기장에서 구현한 모든 성과는 감독의 철저한 계획과 준비의 산물이었다. 선수가 아니라 팀이 주인공이 되는 축구였다. 이를 위해선 팀원 전체가 유대감을 가져야 했다.

"팀을 만들기 위해선 구성원 모두가 같은 언어로 말하고, 팀으로 경기해야 한다. 개인으로는 아무것도 이룰 수 없다. 한다고 하더라도 지속되지 못한다. 난 종종 미켈란젤로의 말을 인용하곤 한다. 손이 아니라 영혼(spirit)으로 그림을 그리는 것이라고."    ○ 아리고 사키

당연한 이야기지만 공을 회복한 뒤 전광석화 같은 공격이 밀란을 챔피언으로 만든 또 다른 힘이다. 사키는 공이 없을 때 좁힌 공간을, 공을 가질 때 확장하는 구조도 확립했다. 토탈 풋볼이 강조한 원칙과 일치한다.

"공을 잡으면 항상 공 앞에 5명을 두고 오른쪽과 왼쪽으로 한 명씩 넓게 벌린다. 누가 벌릴지는 미리 정해두지 않는다. 누구라도 그 자리에 갈 수 있다."    ○ 아리고 사키

이러한 원칙은 누가 어느 위치에 서느냐가 아니라, 근거리의 선수들이 필요한 영역에 나눠서 배치되는 포지션 플레이의 원칙과 같다. 개인에 의존하지 않고 팀으로 기능하는 축구이며, 팀원 모두 전술적으로 여러 역할을 소화할 수 있어야 한다. 당시 밀란 수비수로 활약한 파올로 말디니(Paolo Maldini)는 "이전까지 밀란의 축구는 선수간 일대일 대결로 펼쳐졌으나 사키가 온 이후

공과 떨어진 선수의 움직임이 중심이 되었고, 우리는 승리하기 시작했다."고
했다.

"나는 활동적인 축구를 원했다. 공이 없을 때에도. 선수들은 압박을 통해 주인공이
될 수 있다. 이탈리아 축구계에서 먼저 참고해야 하는 것은 상대다. 일대일로 싸우
는 것이다. 내 축구에선 공이 먼저다. 그 다음에 동료이고, 그 다음이 상대다. 조직
으로 수비한다. 상대 선수를 마크하고, 공간을 커버하는 것이다. 지능적으로 플레
이하고, 주의력을 갖고, 위치를 잡는 것이다. 판단 능력을 갖추는 것이 기본이다.
일대일 상황은 피한다. 대인 방어가 아니라 협력 수비다. 11명이 만들어내는 힘은
개인적으로는 절대 할 수 없는 것이다. 잘 조직된 다섯 명이 그렇지 않은 11명을
이길 수 있다."

○ 아리고 사키

## 사키가 말하는 축구는 감독의 예술

"많은 이들이 선수들이 자신을 보여주는 것이 축구라고 생각하지만 그렇지 않다.
아니, 원래부터 축구란 그런 게 아니다. 선수는 감독이 제시한 파라미터 안에서 자
신을 표현해야 한다. 그래서 감독이 최대한의 정보를 가지고 갖가지 시나리오와
수단, 움직임을 염두에 두고 있어야 한다. 그 다음에 이를 바탕으로 선수가 결정
을 내린다. 분명 축구란 선수가 어떤 플레이를 하는가라는 문제다. 그렇다고 기술
이나 체력에만 국한된 것은 아니다. 나는 로봇이나 개인기를 부리는 선수를 원하
는 게 아니다. 나를 이해할 수 있는 지능과 그 지능을 팀을 위해 쓸 수 있는 정신
을 가진 사람을 원했다. 간단히 말해서, 어떻게 축구를 할지 아는 선수를 원했다."

○ 아리고 사키

사키가 비유한 영혼은 팀 정신이고, 팀 정신에 의해 움직이는 선수들이 최
고의 성과를 낸다. 결과적으로 이러한 축구는 감독의 가치를 높인다. 사키 자

신도 감독으로 자신의 역할을 이렇게 설명했다.

"축구는 대본이다. 배우가 정말 훌륭하다면 자신의 창의성을 발휘하여 대본과 대사를 해석할 수는 있지만 그래도 대본을 따라야 한다. 감독은 선수들을 이끌어주고, 자신의 잠재력을 하나의 단위로서 극대화할 수 있는 집단적인 경기를 스스로 개발하게 할 수 있는 유일한 사람이다. 이렇게 하면 선수들은 경기장에서 모든 시나리오를 토대로 매우 빠르게 올바른 결정을 내릴 수 있게 된다." ㅇ 아리고 사키

사키의 축구가 제대로 작동할 수 있었던 배경에는 이 전술을 완벽하게 수행한 위대한 선수들이 있었기 때문이기도 하다. 특히 토탈 풋볼의 특성에 수비 조직력이 강화된 사키 축구의 화력 중심에 토탈 풋볼의 핵심 선수들이 있었다는 것은 주목해야 하는 대목이다. 이들은 사키 감독이 같은 언어를 쓰는 선수들로 팀을 구성해야 한다는 원칙에도 부합한다. 수비와 중원은 이탈리아, 공격은 네덜란드 선수들이 활약했다.

유로 1988에서 리뉘스 미헐스 감독의 지도하에 유럽 챔피언이 된 뤼트 홀리트(Ruud Gullit)와 마르코 판 바스턴(Marco Van Basten) 투톱(두 선수는 소련과 유로 1988 결승전에서 나란히 득점했고, 판 바스턴은 대회 5골로 득점왕을 차지했다.)과 미드필더 프랑크 레이카르트(Frank Rijkaard)는 밀란에서 오렌지 삼총사로 똑 같은 영향력을 발휘했다. 홀리트와 판바스턴은 1989년 5월 슈테아우아 부쿠레슈티에서 각각 두 골씩을 넣어 4-0 대승의 주인공이 됐고, 레이카르트는 1년 뒤 벤피카와 결승전에서 1-0 승리로 이어진 결승골을 넣었다.

벤피카와 결승전에서 사키는 판 바스턴으로 하여금 상대 수비를 유인하고 레이카르트가 침투해 득점하는 패턴을 단련했는데, 실제 경기에서 정확히 준비한 대로 득점을 만들었다. 물론, 바스턴은 팀의 구조적 계획뿐 아니라 자신의 창조성을 통해 많은 골을 넣어 사키의 밀란에 승리를 안겼다. 판 바스턴은 1988-89시즌과 1989-90시즌 2년 동안에만 87경기에서 57골을 넣었고, 11경

기 출전에 그친 입단 첫 시즌을 제외하면 매 시즌 두 자릿수 득점에 성공했다.

사키의 밀란은 대성공이었다. 사키는 밀란 감독으로 보낸 4시즌 동안 네 차례 세리에A 우승과 2시즌 연속 유리피언컵 우승, 두 차례 인터컨티넨탈컵 우승과 UEFA 슈퍼컵 우승, 수페르코파 이탈리아나 우승 등 8개 대회에서 우승했다. 그러나 밀란과 이별은 매끄러운 과정은 아니었다. 판 바스턴을 포함한 몇몇 선수와 관계가 악화됐고, 떠나는 쪽은 사키였다.

사키는 훈련법은 모방할 수 있지만, 그 훈련을 지휘하는 감독의 감수성은 모방이 불가능하다고 했다. 감독의 개성이 그 감수성에 기반한다면, 감독을 자신만의 철학을 갖고 팀을 운영할 수 있어야 한다고 강조했다.

"어떤 팀이 나쁜 경기를 해도 우승할 수가 있다. 2005-06시즌 레알 마드리드가 그 예다. 디스테파노는 '못나고 지루하다.'고 말했다. 훈련을 통해 교정할 수 있다. 기본 이론을 통해 훈련법을 선택해야 한다. 감독의 감수성과 명료함이 차이를 만든다. 감수성은 베낄 수 있는 게 아니다. 훈련법은 그렇다. 하지만 훈련법보다 중요한 것은 감수성이다."                                                              ○ 아리고 사키

# 파비오 카펠로

*Fabio Capello*

**발로 이기는 게 아니라
머리로 이기는 것이다**

"가장 중요한 것은 결과다. 그건 철학이 아니라 사실이다." ○ 파비오 카펠로

　무명의 아리고 사키를 AC 밀란의 감독으로 과감하게 등용했던 실비오베를
루스코니 구단주는 1991년 여름, 판 바스턴과 자신 중 한 명을 택하라는 사키
감독의 말에 판 바스턴을 택했다. 4년 간의 성공에도 AC 밀란 선수들은 팀 플
레이에 강박적으로 집착한 사키 감독의 축구에 피로를 느꼈고, 세리에A 타이
틀을 3년 연속 놓친 것에 이어 유러피언컵에서도 8강에서 탈락한 1990-91시
즌을 마친 뒤 AC 밀란은 새로운 감독을 선임했다.

　파비오 카펠로(Fabio Capello)는 사키와 달리 이탈리아 최고의 중앙 미드필
더로 활약했던 스타 출신이었다. SPAL에서 데뷔해 1964-65시즌 1부리그 승
격을 이룬 뒤 내로라하는 명문 클럽을 두루 거치며 우승 트로피를 수집했다.
AS 로마에서 1968-69시즌 코파 이탈리아 우승, 유벤투스에서 1971-72시즌,
1972-73시즌, 1974-75시즌 세리에A 우승을 이끌었고, 현역 생활 마지막 클럽

이 된 AC 밀란에서 1976-77시즌 코파 이탈리아 우승과 1978-79시즌 세리에A 우승을 이끌었다. 이탈리아 대표 미드필더로 1974년 FIFA 서독 월드컵에 참가했다.

> "카펠로의 기술은 비범했다. 그는 재능 있는 패서였다. 그가 원하는 어디로든 공을 보낼 수 있었다. 그는 경기 리듬에 대한 감각을 타고 났다. 강한 성격 또한 갖춰 타고난 리더이기도 했다. 그는 경기 전이나, 경기 중에 늘 이기고 싶다고 했다. 동료들을 불편하게 할 때도 있었지만 결국 그가 우리를 최고로 이끌 것이라는 점을 모두가 알고 있었다."　　　　　　　　　　　　　ㅇ 파우스토 란디니(Fausto Landini)

카펠로는 지적인 빌드업 미드필더로 중원에서 경기를 조율하고, 공격 기회를 창조하는 기술적인 선수였다. 현역 은퇴 후 지도자로 성장한 과정에도 엘리트 코스였다. 1980년에 은퇴한 카펠로는 곧방 AC 밀란 유소년 팀에서 지도자 경력을 시작했고, 1982년 밀란 프리마베라 감독을 맡았다. 이 시기에 파올로 말디니와 알레산드로 코스타쿠르타 등의 선수들이 육성됐다. 1984년 코베르치아노에서 지역 방어 관련 논문을 쓰기도 한 카펠로는 1986년에 지도자 라이선스를 획득하고 1987년 1군 팀에서 닐스 리드홀름 감독을 보좌하는 코치가 되는데, 리드홀름 감독이 경질된 후 임시 감독으로 잠시 일하기도 했다. 카펠로 감독의 짧은 대행 체제 이후 1987년 여름 AC 밀란은 사키 감독을 선임했고, 전성 시대를 맞이한다.

사키 감독은 이탈리아 축구 전체의 패러다임을 바꿔 놓은 전술적 혁명과 유러피언컵 연속 우승이라는 업적을 세웠으나 경기 성적으로만 보자면 카펠로 감독의 밀란이 훨씬 더 강렬했다. 카펠로 체제에서 밀란은 1991년부터 1996년 사이 네 차례 세리에A 우승과 한 차례 UEFA 챔피언스리그 우승, UEFA 슈퍼컵 우승, 두 차례 이탈리아 슈퍼컵 우승을 이뤘는데, 무엇보다 세리에A에서 1991년부터 1993년 사이 58경기 연속 무패 기록을 세워 '길 인빈치빌리(Gil

Invincibili, 천하무적)'이라는 별명을 얻었다. 부임 첫 시즌인 1991-92시즌 34경기에서 22승 12무로 무패 우승을 달성한 것이다. 어느 누구도 카펠로가 사키의 그림자를 이겨낼 수 있으리라 예상하지 못했는데, 카펠로는 아예 사키의 성과를 잊어버릴 수 있을 만큼 강렬한 승리 행진을 이어갔다. 카펠로는 이미 사키 감독 체계에서 성공을 거둔 선수들과 시스템을 이어 받았지만, 사키의 방식을 그대로 답습해 열매만 취한 것은 아니다. 카펠로는 선수들이 사키 감독 체제에서 갖고 있던 불만을 해소하기 위해 시스템에 변화를 줬다. 사키 감독의 격렬했던 훈련에 선수들은 정신적으로나 신체적으로 녹초가 되어 있었고, 철저히 감독의 계획대로 플레이하도록 지시한 것에 대해서도 피로를 느끼고 있었다.

> "사키의 축구가 혁신적이었다는 점에는 의문의 여지가 없다. 하지만 모든 것이 그렇듯 발전시킬 여지는 있다."
>
> ○ 파비오 카펠로

카펠로의 새로운 체제가 효과적이었던 또 다른 이유는 사키의 방법을 교정했을 뿐 대대적으로 개혁한 것은 아니라는 점이다. 카펠로 감독은 사키의 4-4-2 포메이션의 틀은 유지하고, 그 자신도 논문 주제로 연구한 지역 방어 방식을 유지했다. 주전 선수단 변화도 새로운 골키퍼 세바스티아 노로시와 젊은 미드필더 데메트 리오 알베르티니를 1군에 올린 것 외에 크게 주지 않았다. 새로운 경쟁이 시작되었지만, 사키의 유산도 완전히 훼손하지는 않은 것이다.

여기에 카펠로 스타일이 가미된다. 다니엘 레마사로를 미드필더에서 공격수로 전진 배치한 것은 흥미로운 아이디어였다. 결정적으로 바꾼 것은 공격 지역 선수들에게 그들이 갈망하던 자유를 준 것이다. 카펠로는 수비와 중원 플레이는 기존 체계를 유지했지만 경기를 마무리하는 과정은 선수들에게 맡겼다. 카펠로는 "어느 팀에 가더라도 축구에 대한 자신의 비전에 확신을 가져야 한다. 선수들을 가까이서 지켜보고, 그들이 각자 최고의 모습을 끌어내는 법을 알아야 한다. 플레이 스타일과 시스템은 선수의 최대치를 보여줄 수 있어야 하고, 그래야 선수들이 최선을 다하게 된다."며 선수들이 원하는 것을 파악하고, 지지해줄 필요가 있다고 했다.

사키 감독과 마찰이 있었던 네덜란드 공격수 마르코 판 바스턴은 카펠로 감독 체제에 대해 "축구에 완벽이란 존재하지 않지만, 이번 시즌에는 거의 그에 가까웠다."고 만족감을 표했다.

> "카펠로는 사키와 비교하면 우리에게 더 자유를 줬다. 물론 책임도 더 주어졌다. 우리는 경기 속도를 조절했다. 경기를 멈추고 생각할 시간이 있었다는 점이다. 여전히 압박은 했지만 조금 더 지능적으로 했다. 체력적으로 요구되는 점은 줄어들었다."
>
> ○ 마르코 판 바스턴

기록상으로도 판 바스턴은 카펠로 감독이 부임한 1991-92시즌에 리그 31경기 25골로 한 시즌 리그 최다 득점 기록을 세웠다. 직전 시즌 사키 체제에서 판 바스턴의 리그 득점은 11골로 줄어든 참이었다.

많은 변화를 준 것은 아니었지만 성적은 급격히 변했다. 1991-92시즌 무패 우승 과정에 밀란은 74골을 몰아치며 막강 화력을 자랑했다. 대량 득점 경기가 많아서 화끈했다. 라치오에 6-3으로 이긴 경기, 시즌 최종전 즈데네크 제만의 포자를 8-2로 꺾은 경기는 밀란을 실리적이라 부를 수 없는 내용을 보여줬다. 그밖에도 나폴리와 삼프도리아를 상대로 5골을 넣은 경기도 있었다. 카펠로 감독 체제에서 밀란은 더 공격적인 팀이 된 것처럼 보였다.

카펠로의 밀란이 무패 우승을 이룬 과정에 주효했던 것은 '스쿼드 로테이션'이다. 요즘 축구계에서는 여러 대회를 병행하는 과정에 소위 꾸준히 대륙 대항전에 나서는 빅클럽의 경우 더블 스쿼드를 구축해 선수를 번갈아 쓰는 것이 일반적이었지만 1990년대만 해도 그렇지 않았다. 주전 선수가 고정적이고, 나머지 선수들의 기회는 제한적이었다. 카펠로 감독은 당시 과감하게 여러 경기에 걸쳐 선수들을 바꿔 기용하는 현대적 로테이션 시스템을 통해 성과를 냈다.

당시 카펠로의 밀란은 수비력보다 공격력이 화제가 됐다. 시즌 초반 7연승을 거두던 당시 페스카라에 5-4, 라치오에 5-3, 피오렌티나에 원정 7-3 승리, 나폴리전 5-1 대승이 있었다. 카펠로 감독은 당시 이런 승리를 거둔 뒤 큰 불만을 표했는데, 실점이 많았기 때문이다. 공격수의 컨디션이 저조하거나, 마무리 과정에서 불운이 따를 경우 많은 실점을 내주는 상황이 패배로 이어질 수 있다고 우려했기 때문이다.

카펠로 감독은 수비 문제를 보완하기 위해 프랑크 레이카르트와 데메트리오 알베르티니를 스페인 시도블레피보테 형태로 수비 라인 앞에 깊숙이 배치한 포진을 시도했다. 이를 통해 렌티니, 홀리트 등을 측면에 기용하고, 이들의 수비력 문제에도 배후 안정감을 유지하며 공격력도 손상시키지 않았다. 두 중앙 미드필더는 수비 전문가가 아닌 공격 전개의 시발점 역할을 할 수 있는 선수들이었기에 공격과 수비가 분절된 축구가 되지는 않았다. 카펠로 감독은 더불어 주전 골키퍼도 안토니올리에서 세바스티아 노로시로 교체했다.

카펠로 감독의 특징은 부임 후 기존의 명성으로 출전 선수를 결정하지 않았다는 것이다. 활발한 로테이션 시스템은 팀 내 열린 주전 경쟁으로 이어졌고, 많은 선수들이 경기를 뛰면서 내부 경쟁이 치열해졌다. 스테파노 에라니오(Stefano Eranio)는 "그는 평판 따위는 신경쓰지 않았다. 훈련장에서 실력이 충분하다는 것을 증명하지 못하면 경기에 나갈 수 없었다. 누가 잘하는지, 누가 잘 맞고 누가 그렇지 않은지, 매 순간 판단을 통해 출전 선수를 결정했다. 모든 선수들이 자신에게도 기회가 있다고 느꼈다."고 카펠로 체제의 팀 분위기를 전했다.

세리에A 무패 우승을 이룬 밀란의 다음 목표는 유럽 챔피언 타이틀을 되찾는 것이었다. 밀란은 막대한 자금을 투자해 프랑스 공격수 장 피에르 파팽, 크로아티아 플레이메이커 즈보니미르 보반, 유고슬라비아 공격수 데얀 사비체 비치를 영입했고, 이탈리아 유망주 잔루이지 렌티니 영입 경쟁에서도 승리했다. 그러나 새로 영입된 선수들이 적응하는 과정은 카펠로의 밀란에 과도기가 됐다. 보반은 당시 세리에A에 존재했던 비 이탈리아 선수 3명 출전 규정에 의해 바리로 임대를 다녀와야 했다. 그럼에도 1992-93시즌 세리에A 우승을 이뤘는데, 1993년 3월 21일 안방 산시로에서 파르마에 0-1로 패하며 무패 행진이 58경기에서 멈추게 됐다. 파우스티노 아스프리야의 프리킥 한 방에 당한 패배였으나, 두 달 뒤 올랭피크 마르세유와 초대 시즌 UEFA 챔피언스리그 결승전에서 0-1로 패하며 실망은 커졌다. 1993-94시즌을 앞두고 전성기에서 내려온 뤼트 훌리트, 심각한 발목 부상에서 회복하지 못한 판 바스턴이 정리 대상이 되었고, 밀란은 세대 교체에 나섰다.

> "축구에 대한 나의 아이디어는 시간에 따라 변하는 것이 아니라 내가 가진 선수들에 따라 발전한다."
>
> ○ 파비오 카펠로

챔피언스리그 결승전의 패배로 결과가 절실해진 데다, 전방과 2선에서 토탈 풋볼식 창조성을 갖추고 있던 네덜란드 선수들이 이탈하면서 카펠로 감독은 대대적인 전술 수정을 가한다. 카펠로와 밀란이 실리주의 축구로 돌아서는 것이 이때다. 4-4-2 포메이션의 틀은 유지됐으나 새로 영입된 레프트백 크리스티안 파누치는 포백을 더 수비적으로 운영했고, 레이카르트가 빠진 자리에 영입된 프랑스 미드필더 마르셀 데사이는 포백을 소호하는 수비형 미드필더로 기능했다.

> "그는 수비 라인 앞의 스위퍼였다. 그에겐 특정한 선수에 대한 대인 방어가 주어진 것이 아니라, 공을 따내는 임무가 주어졌다. 근처에 있는 공을 모조리 확보하는 것이었는데, 그는 심지어 멀리 있는 공을 따내려고 공헌하기도 했다. 상대를 폭넓게 공격했고, 상대 선수들은 그의 주변으로 가길 꺼려할 정도였다. 우리 수비수들

은 드사이 덕분에 밤에 잠을 푹 잘 수 있었다."

○ 실바노 라마초니(Silvano Ramaccioni), 당시 밀란 스포츠 디렉터

포백 앞의 수비 리베로인 드사이의 당시 역할은 주제 무리뉴 감독이 첼시에서 클로드 마켈렐레를 전문 수비형 미드필더로 잘 활용해 생긴 '마켈렐레 롤'이라는 전술 용어가 나오기 전에 그와 같은 효과를 낸 사례다. 드사이의 영향력은, 드사이 합류 직후 알베르티니까지 부상자 명단에 오르며 더욱 커졌다. 에라니오는 당시 밀란의 미드필드 운영이 이전보다 뻣뻣해졌다고 했으나, 레이카르트가 황혼기를 맞아 밀란을 떠난 상황이기도 했다는 점에서 변화는 불가피했다. 시즌 내내 이전까지 밀란의 대부분의 득점을 책임진 판 바스턴이 부상으로 제 역할을 못하던 상황도 카펠로 감독이 더 실리적인 팀을 만들도록 한 이유였다. 판 바스턴 뿐 아니라 파팽과 렌티니도 시즌 내내 꾸준함을 보이지 못했다.

카펠로는 감독은 자신의 철학이 아닌 보유한 선수에 맞는 운영법을 가져야 한다고 주장한다. 그는 팀 사정에 맞춰 능동적으로 변했다.

"난 감독이 단지 하나의 플레이 시스템을 가져야 한다고 생각하지 않는다. 여러 상황에 맞춰 적응할 수 있어야 한다. 보유한 선수들에게 가장 적합한 시스템을 선택할 수 있어야 한다." ○ 파비오 카펠로

4-1-4-1 형태로 전환된 새로운 카펠로의 축구는 포지션별 전문가에 의존했고, 네레오 로코가 구현한 카테나치오의 복고처럼 보였다. 이 밀란에서 사키이즘은 사라졌다. 공격과 수비의 간격이 벌어지고, 분절되었다. 하지만 밀란은 이 방식으로 승리했고 세리에A 3연속 우승을 달성했다. 1993-94시즌 밀란은 34경기에서 단 15골만 실점하며 최고의 수비력을 보였고 21경기를 무실점으로 치렀다. 단 득점은 36골에 그쳤다. 1991-92시즌 밀란은 74골을 넣고 우승

했었는데 득점이 절반 가까이 줄어든 것이다.

공격수들은 답답했다. 지루한 축구로 승리한다는 지적이 따르자 파팽은 "관중석에서 보는 게 지루하다면 그 안에서 뛰는 선수들에겐 더 최악이다."라고 말했다. 카펠로는 경기 내용에 대한 지적에 대해 "가장 중요한 것은 결과"라고 일축했다. 운명적으로 1993-94시즌 UEFA 챔피언스리그 결승전 상대는 '드림 팀'으로 불리던 요한 크루이프의 FC 바르셀로나였다. 모두가 바르셀로나의 승리를 예견했다.

밀란의 상황은 좋지 않았다. 바르셀로나전을 앞두고 3-0 완승을 거둔 AS모나코와 준결승전에서 베테랑 수비수 코스타쿠르타가 전반 40분에 퇴장 당했고, 주장 프랑코 바레시는 경고를 받은 뒤 누적 징계로 뛸 수 없는 상황이 됐다. 필리포 갈리와 파올로 말디니로 센터백 조합을 구성해야 했고, 이는 바르셀로나의 압승을 점칠 수밖에 없던 배경이다. 하지만 결과는 정반대였다. 지루한 팀으로 불리던 AC 밀란이 토탈 풋볼의 완성형으로 불리던 바르셀로나를 상대로 효율적인 역습 축구를 구사해 4-0 대승을 거뒀다. 크루이프의 감독 경력에 종말을 고할 수 있을 정도로 치명적 타격을 입힌 승리에서 밀란의 중원 수비자원 드사이가 대미를 장식한 네 번째 골을 넣었다. 그에 앞서 전반전에만 마사로의 두 골로 승기를 잡은 밀란은 후반 2분 사비체 비치가 넣은 환상적인 로빙 슛으로 바르셀로나의 추격 의지를 말살한 상황이었다.

카펠로 감독은 시즌 초만하더라도 팀을 떠나려 했던 사비체 비치와 미드필더에서 공격수로 전업시킨 마사로를 챔피언스리그 결승전 투톱으로 내보냈다. 드사이와 알베르티니를 두 명의 중앙 미드필더로 두고, 보반을 도나도니와 함께 측면에 뒀다. 라이트백으로 뛰던 파누치를 레프트백으로 두고 갈리, 말디니 센터백 조합에 타소티를 오른쪽에 둔 포백으로 바르셀로나 수비에 기회를 주지 않았다. 단단한 수비와 신속한 역습으로 전반전에 마사로가 두 골, 후반전에 사비체 비치와 드사이가 각각 한 골씩을 넣었다. 카펠로의 용병술이 빛을 발한 최고의 경기가 됐다.

빅이어를 들어올린 뒤 카펠로는 의기양양하게 말했다. "선수, 팬, 언론, 클럽 직원까지. 모두가 떠드는 헛소리를 참아줄 수가 없었다. 내가 왜 나보다 똑똑하지 못한 이들의 말을 듣느라 시간을 낭비해야 하나?"

그러나 빈곤한 철학을 지적 받던 카펠로의 AC 밀란은 이어진 1994-95시즌에 그 수명을 다한다. 마르첼로 리피 감독은 알레산드로 델 피에로와 파브리치 오라바넬리, 잔루카 비알리를 앞세운 화려한 공격과 단단한 수비를 바탕으로 밀란의 연속 우승을 막았고, 라치오와 파르마도 밀란보다 높은 성적을 거뒀다. 카펠로의 밀란은 4위로 시즌을 마쳤고, UEFA 챔피언스리그 결승전에서는 루이 판할의 아약스에 0-1로 패해 토탈 풋볼에 복수를 당했다.

밀란을 떠난 뒤 카펠로는 상처를 안고 레알 마드리드 감독을 맡았다. 1996-97시즌 라리가 우승으로 자신의 실력을 입증했다. 카펠로는 레알을 챔피언으로 만들었지만 팀 운영 방식이 구단 운영진과 스페인 여론의 지지를 받지 못했다. 당시 라리가의 축구는 이탈리아보다 느렸고, 신체적인 플레이보다 기술적인 플레이를 중시했다. 그로 인해 피지컬 훈련을 강조한 카펠로의 강렬한 훈련 방식에 레알 선수들은 불만을 표했다. 수비 전술 훈련의 비중이 높은 것도 선수들에겐 달갑지 않았다. 당시 수비 중심이었던 페르난도 이에로는 "살면서 가장 힘든 훈련을 했다."고 기억했다. 카펠로는 레알 선수들에게 수비의 중요성을 설득하기 위해 아리고 사키의 방법을 따라하기도 했다. 잘 조직한 5명과 자유로운 8명이 대결하도록 한 것이다.

카펠로는 팀 훈련 외에 선수들에게 나머지 개인 훈련까지 요구했다. 카펠로는 선수가 성인이 되어서도 기술적인 면을 포함해 모든 면에서 더 성장할 수 있다고 여겼고, 끊임없는 훈련을 해야 한다고 생각했다. 클라런스 세이도르프는 카펠로 감독 체제에서 그런 성장을 경험한 대표적 사례이기도 하다. 카펠로는 성인 프로 선수들에게 기술적, 전술적 성장을 원했다.

"선수의 기술은 언제든지 발전할 수 있다. 하지만 자신의 단점이 무엇인지를 정확하게 알아야 한다. 그리고 무엇을 다르게 해야 하는지 이해해야 한다. 약점을 노출하는 게 아니라 개선하려 한다는 점을 명확하게 이해시키고 지도해야 한다. 프로 감독이 되기 전에 6년 간 유소년 지도자로 일한 것은 내게 행운이었다. 그 경험이 내게 경기의 기술적 부분에 대한 지식을 줬다. 올바른 방식으로 지도하는 법을 이해하게 해줬다. 선수는 30세에도 발전할 수 있다. 기본기만 갖춰져 있다면, 선수를 성장시키고 발전시킬 수 있다."
                                                                           ○ 파비오 카펠로

선수들은 카펠로의 방식에 어려움을 느꼈으나 그 방식대로 하자 결과가 나오기 시작했고, 결국 그를 따르게 됐다. 카펠로를 보좌한 스페인 출신 코치 토니 그란데는 선수들에게 카펠로 감독의 지시를 제대로 따르라고 독려하며 연결고리 역할을 잘했다. 그러한 융합을 통해 팀이 흔들리지 않고 라리가 챔피언이 될 수 있었다. 레알 마드리드의 장수 코치이자 훗날 스페인 대표팀 전성시대를 이끈 수석코치이자, 한국 대표팀의 수석 코치를 맡기도 한 그란데는 "카펠로는 항상 마지막에 말을 했고, 그의 말은 늘 옳았다."고 기억했다.

카펠로 감독은 카를루스를 영입해 왼쪽 측면을 지배한 것은 물론 밀란에서 함께 한 풀백 파누치를 레알에 함께 데려왔다. 카를루스가 왼편에서 윙어처럼 공격하면 파누치는 수비 균형을 맞췄다. 당시 카펠로의 레알이 펼친 전술은 롱볼이었다. 센터백 이에로가 카를루스를 향해 장거리 패스를 때려 놓고 습격하는 경기 패턴이 많았다. 카펠로 감독은 프레드락 미야토비치와 다보르 수케르를 전방에 두고 라울 곤살레스를 왼쪽 측면에, 세이도르프를 중앙에 배치해 공격을 구성했다. 카를루스 쪽으로 공격을 전개하면서 라울이 커트인, 세이도르프가 2선 지원에 나섰다. 미야토비치나 수케르가 마무리하는 형태다. 이러한 신속한 경기를 위해 카펠로 감독은 수비형 미드필더를 겸할 수 있는 볼플레잉 센터백 이에로에게 공을 두 번 이상 터치하지 말라는 지침을 내리기도 했다. 그러나 이는 단순한 롱볼 축구가 아니라 치밀하게 전술적으로 계산된 롱볼 활용 축구였다.

당시 스페인 여론은 레알의 아이콘인 라울을 측면으로 이동시키고 롱볼 위주 전술을 편 카펠로 감독을 비판했는데, 선수단 안에서는 함께 시즌을 보내 카펠로 감독을 신뢰하는 분위기가 형성됐다. 당시 공격수였던 호세 아마비스카(Jose Amavisca)는 "정확한 롱패스는 아름다운 것이다. 지단이나 베컴이 하면 괜찮다고 여기는데 이에로가 하면 언론은 그렇게 반응하지 않았다. 숏 패스나 티키타카 패스에 대한 집착을 가진 듯했다. 때론 대안도 필요하다. 상대를 끌어들이고 배후에 공간을 만들어 이에로의 패스 한방으로 타격하는 것은 눈부셨고 아름다웠다. 카펠로가 이탈리아에서 왔기 때문에 더 부정적으로 여겨졌다. 만약 그가 스페인 지도자였는데 같은 축구를 했다면 다른 이미지로 비춰지고, 영웅 대우를 받았을 것"이라고 직설했다.

카펠로는 다시 이탈리아로 돌아간다. 자신이 떠난 이후 리그 순위가 11위까지 추락했던 친정 밀란으로 돌아왔으나 그 역시 망가진 팀을 되살리지는 못했다. 리그 10위로 시즌을 마친 뒤 해고된 카펠로는 축구에서 중요한 것은 기술과 체력보다 정신과 지능이라는 말을 남겼다.

"기술적으로 우리는 다른 어떤 팀보다 나았지만, 정신이야 말로 중요한 것이다. 모두가 다리로 경기를 이긴다고 생각하지만, 승리를 이끄는 것은 머리다."

○ 파비오 카펠로

사키와 크루이프 같은 사상가들은 치명적 패배 이후 경력을 되살리지 못했으나, 철저히 승리를 위한 전략 구성에 집중했던 카펠로의 여정은 그 후로도 오랫동안 이어진다. 카펠로는 2000-01시즌 AS 로마를 1983년 이후 18년만에 우승으로 이끌었다. 공격적인 3-4-1-2 포메이션으로 자신의 전술적 유연성을 확장했다.

유벤투스 감독으로 부임해 세리에A 우승을 이뤘지만 칼초폴리로 인해 취소되었고, 팀을 떠났다. 2006년 다시 레알 마드리드의 부름을 받은 카펠로는

2006-07시즌 자신의 두 번째 라리가 우승으로 미션을 달성했으나, 10년 전과 마찬가지로 우승을 이룬 방식에 대한 논란 속에 한 시즌만에 팀을 떠났다. 카펠로의 팀 운영 원칙은 레알 두 번째 부임 기간에도 같았다.

이때 함께 한 칸나바로는 "카펠로에겐 호나우두, 바조, 칸나바로 같은 이름은 상관없다. 훈련을 잘 한 선수가 출전한다. 보통 감독과 선수가 싸우면 그 선수는 뛰지 못하는데 카펠로는 그런 것도 무관하다. 오직 이기기 위해 선수를 택한다. 열심히 하면 이전의 일들은 상관이 없다."고 말했다. 카펠로 감독은 2006-07시즌 데이비드 베컴과 초기 관계가 좋지 않았으나 후반기에 중용하며 우승의 주역으로 삼았다. 2군 팀에서 뛰던 미겔 토레스를 1군 선수로 전격 기용해 결정적 역할을 하게 이끈 것도 카펠로였다.

칸나바로는 당시 "라리가 우승은 기적이었다."고 말할 정도였고, 일각에서는 로마를 이탈리아 챔피언으로 만든 것보다 어려운 미션이었다고 했다. 그럼에도 다시금 한 시즌 만에 물러나게 된 상황에 대해 레알 선수들은 카펠로를 두둔했다. 베컴도 시즌을 마친 뒤 "카펠로는 자신이 어떤 유형의 사람인지 증명했다. 그는 마음을 바꾸는 것을 두려워하지 않는다. 난 늘 그에게 감사할 것이다. 결고 그에 대해 나쁜 말을 하지 않을 것"이라고 했다.

레알에서 맺어진 베컴과 인연에 이어 잉글랜드 대표팀을 맡은 것은 큰 사건이었으나 결국 기대한 트로피를 들지 못하며 그의 경력은 하향 곡선을 그린다. 2018년 FIFA 러시아 월드컵을 준비하던 러시아를 지휘한 국가 대표 감독 업무는 2014년 FIFA 브라질 월드컵에서의 실패로 성공적이지 못했고, 2017년 장쑤쑤닝 감독으로 중국 슈퍼리그에 도전한 일도 그의 경력에 돈 이상의 무언가를 주지 못했다. AC 밀란과 레알 마드리드에서 거둔 실용적인 승리는 사람들의 기억에 그리 오래 남지 못했다. 그러나 카펠로가 남긴 실용적인 팀 운영법이 21세기 축구사에 미친 영향은 작지 않다.

"마음을 바꾸는 능력이야 말로 지성의 징표다."     ○ 파비오 카펠로

# 주제 무리뉴
## Jose Mourinho

**영혼의 텐백,
공 없이 경기를 통제하는 법**

"나의 팀은 이기기 위해서 만들어졌다."　　　　　　　ㅇ 주제 무리뉴

　주제 무리뉴 감독은 FC 포르투를 UEFA 컵과 UEFA 챔피언스리그 우승으로 이끌며 스타가 됐다. 첼시 입성 이후에는 빅이어를 다시 들지 못했으나 압도적인 프리미어리그 챔피언이 되어 '스페셜 원'이라는 자신의 말을 현실로 만들었다. 그가 진정한 전설이 된 것은 이탈리아 세리에A 클럽 인터 밀란을 맡았을 때다. 2009-10시즌 UEFA 챔피언스리그 우승을 이뤘고, 세리에A와 코파 이탈리아까지 석권해 이탈리아 클럽 최초의 트레블을 달성했다.

　당시 무리뉴 감독은 자신의 멘토이기도 한 루이 판할이 이끈 바이에른 뮌헨을 마드리드에서 열린 결승전에서 꺾었다. 하지만 이 결승전이 열리기 전에 이미 무리뉴는 유럽 축구계의 승리자가 되어 있었다. 직전 시즌인 2008-09시즌에 트레블을 달성하며 압도적인 전력으로 유럽 축구를 휩쓴 주제프 과르디올라와 리오넬 메시의 FC 바르셀로나를 준결승에서 탈락시켰기 때문이다. 이 승리와 마드리드에서의 우승을 통해 무리뉴 감독은 시즌 종료 후 레알 마드리드로 스카우트된다.

2010년 4월 20일 이탈리아 밀라노 산시로에서 열린 바르셀로나와 준결승 1차전, 그리고 27일 바르셀로나에서 열린 캄노우에서의 2차전은 자기 진영을 지키는 수비 축구의 극한을 보여줬다는 평가를 받았다. 한국에서는 바르셀로나의 숨통을 조인 무리뉴의 인터 밀란이 펼친 축구를 '영혼의 텐백'이라고 표현했다. 영혼까지 끌어모은 수비였다는 얘기다.

2008-09시즌 모든 대회 우승은 물론, 2009년 UEFA 슈퍼컵과 FIFA 클럽 월드컵까지 우승한 과르디올라의 팀을 2010년에 무릎 꿇린 경기를, 무리뉴는 최전선의 축구인들이 직접 자신의 방법론을 설명하는 '코치스보이스'에서 직접 설명했다.

2010년 4월 20일, 인터 밀란 3-1 바르셀로나

득점자 : 30' 스네이더, 48' 마이콩, 61' 밀리토, 19' 페드로

인터 밀란의 기본 포메이션은 4-3-3이었다. 포백 앞에 두 명의 수비형 미드필더, 그리고 공격형 미드필더와 스리톱을 뒀다. 그러나 실제로는 다이아몬드 4-4-2와 같은 형태로 변환됐다. 사뮈엘 에토오가 전진해 디에고 밀리토와 투톱을 이루고, 티아고 모타가 포백 앞을 지키고, 그 앞 좌우로 베슬러이 스네이더와 에스테반 캄비아소가 중앙을 좁히는 것이다. 판데프가 가운데로 좁혀 들어와 공격형 미드필더 영역에 자리한다.

"우리는 줄리우 세자르를 골문에 두고, 백포는 마이콘 루시오 사무엘 사네티를 세웠다. 경기 중에 바르셀로나의 움직임에 따라, 우리가 분석한 것에 따라 경기 중에는 다른 포지셔닝을 가져갔다. 상대를 어렵게 만들고, 우리가 상대를 공격할 수 있는 가능성을 만들고자 했다. 1차전은 홈 경기였고, 2차전이 바르셀로나에서 열리

**인터 밀란 vs 바르셀로나 포진도**

는 원정 경기였다. 2차전이 더 어려울 것이라고 생각했다."

"1차전에는 모타와 캄비아소, 스네이더를 중원에 뒀다. 에토와 판데프를 측면에, 밀리토를 앞에 뒀다. 경기 중 몇몇 순간에 우리는 판데프를 더 안으로 좁히고 에토를 디에고에 가깝게 뒀다. (중원을)다이아몬드처럼 형성하고 에토와 밀리토 투톱을 만든 게 기본 형태였다."                     ○ 주제 무리뉴

이는 공격을 위해서가 아니라 투톱으로 상대 후방 빌드업을 견제하며 중앙 지역에 과부하를 줘 바르셀로나가 가운데로 공격하지 못하게 한 것이다. 그러면서도 공격 재능을 가진 선수를 여럿 포진시켰다. 팀으로 수비를 하다가, 누구든 역습 공격으로 나가 개인 능력을 발휘할 수 있는 구성이다.

"바르셀로나는 지금도 그때도 비슷한데, 백포에 부스케츠가 서고, 차비, 케이타

● 바르셀로나
○ 인터 밀란

세자르

마이콩　루시우　즐라탄　사무엘　사네티
페드로

메시
캄비아소
모타　　　　　　　　아우베스
케이타　스네이더　차비　판데프
막스웰
에토　부스케츠
피케
밀리토
푸욜

발데스

**바르셀로나 공격 패턴과 인터 밀란 수비 대형**

가 나왔다. 이니에스타가 그땐 스타팅이 아니었다. 그리고 이브라히모비치가 앞에 있고 페드로가 넓게 서고 메시가 오른쪽에 있었다. 우리는 상대를 분석하고 경기를 예측하고 전망했을 때 문제가 있었다. 때로 이브라가 9번으로 두 센터백 사이에 서고, 메시가 오른쪽에 서는 것은 많은 다른 영역에 자유로운 영역을 만들었다."

○ 주제 무리뉴

바르셀로나의 당시 공격 특성은 공격적인 브라질 출신 풀백을 윙어처럼 높이고, 원톱 이브라히모비치가 센터백을 묶어두면, 리오넬 메시가 2선 지역을 헤집으며 공격하는 것이다. 메시를 향해서는 차비 에르난데스와 세이두 케이타가 공을 배급한다. 빌드업은 포백 앞의 세르히오 부스케츠가 기점 역할을 했다.

"다니 아우베스가 늘 앞으로 올라오고 항상 메시와 가까이 자리하는 상황을 만들었다. 우리 결정은 기본적으로 메시가 안으로 오고 아우베스가 올라올 때 어떻게 할 것이냐였다. 사네티가 메시를 따라 안으로 가고, 아우베스가 올라가면 판데프가 따라가서 수비하게 된다. 이 상황을 해결하기 위해 명확한 것은, 메시가 안으로 들어가 라인 사이에 가면 우리는 두 명의 미드필더 중 왼쪽 선수와 레프트백의 플레이가 중요하다. 레프트백이 메시를 따라가고, 왼쪽 미드필더가 앞으로 올라가면 메시는 라인 사이에 서게 되는데, 이때 레프트백은 따라갈지 말지 결정한다. 판데프가 아우베스를 맡게 되는데, 우리는 메시가 플레이하게 내버려둬선 안 된다."

○ 주제 무리뉴

인터 밀란은 메시 봉쇄에 집중했다. 메시가 가운데로 들어오면 중원에 배치된 선수 네 명이 에워싸고 근거리 선수가 대인 방어로 대응했다. 지역 방어와 대인 방어를 동시에 펼쳤다. 아우베스의 측면 오버래핑이 메시가 중앙으로 들어올 때 수비 분산과 스위칭 플레이, 콤비 플레이의 트리거가 되는데, 무리뉴 감독은 왼쪽 측면 공격수 판데프에게 아우베스를 전담 마크시켰다.

"선수들에게 말한 것은 마치 감옥처럼 메시를 가둬라. 우리는 맨투맨으로 경기하지 않았지만 사네티, 모타, 캄비아소, 판데프 등 모두가 메시가 어디를 가든 책임을 가졌다. 심지어 메시가 더 왼쪽으로 가면 스네이더가 내려와 수비를 구성했다. 이런 포지션적 문제는 우리가 콤팩트해지고 그들에게 많은 공간을 주지 않는 것으로 해결해야 했다. 그들은 분명히 공을 우리보다 훨씬 가졌다. 우리는 정신적으로 더 강했다. 공을 내줬지만 그들이 기회는 많이 만들지 못하게 했다."

○ 주제 무리뉴

인터 밀란은 중앙 지역 과밀화를 위해 하프스페이스로 침투할 바르셀로나의 동선에 에토오와 판데프를 뒀다. 좌우 측면 공격수가 사실상 인사이드 하프 자리에서 수비한 것이다.

- ● 바르셀로나
- ○ 인터 밀란

**인터 밀란 역습 패턴**

"두 번째 계획은 1차전은 홈이고 이겨야 했으나 어떻게 그들을 공격하느냐가 중요했다. 분명한 것은 우리 전략이 공을 되찾은 순간, 공격 전환으로 상대를 공격하는 것이었다. 우리는 상대 빌드업을 알고 있었다. 아우베스와 막스웰이 아주 아주 넓게 서있었다. 이를 통해 중앙에 많은 공간을 만들었다. 그래서 우리는 판데프와 에토가 안으로 들어와 콤팩트함을 만들었다. 공이 못 들어오도록 했다. 이게 우리 압박의 트리거였다."

"그리고 포인트는 심지어 우리가 와이드 플레이어를 명확한 포지션에 공격하게 공간 뒤에 두지 못했지만, 이 포지션으로 갈 선수, 우리가 콤팩트한 블록을 갖고 있지만 공간으로 공격하는 걸 두려워하지 않았다."　　○ 주제 무리뉴

이들이 수비로 내려왔다가 다시 공격으로 전환하면 공간이 생긴다. 그래서

원톱 밀리토가 치고 올라갈 때 둘 중 한 명만 전진하고, 스네이더나 라이트백 마이콩이 공격으로 치고 올라갔다. 특히 수비 지역에 있던 마이콩이 치고 올라간 플레이는 바르셀로나 수비가 예측하지 못한 요소였다.

"우리는 마이콩이 있었다. 이 공간을 공격하는데 그는 절대적으로 그날 천재적이었다. 우리는 막스웰을 상대로 아주 잘했다. 막스웰은 공을 가질 때는 강하지만 공을 회복하는 것, 이 공간을 커버하는 데는 능하지 않다. 아우베스가 계속해서 깊게 깊게 깊게 들어왔다. 보통 메시가 안으로 들어오게 한다. 그때 푸욜과 피케가 아주 노출되어 있다. 우리는 그들이 우리 지역에서 자기 지역으로 수비로 전환하는 데 강하다는 걸 알고 있었다. 우리는 바르셀로나가 공을 잃을 때 바로 압박을 강하게 하고, 가능한 가깝게 좁히는 것을 알았다."　　　　　　　ㅇ 주제 무리뉴

무리뉴의 전략이 통할 수 있었던 배경에는 마이콩의 놀라운 스피드와 운동능력이 있었다. 번개같이 치고 올라온 그의 개인 능력이 없었다면 불가능한 작전이었다. 공격할 줄 아는 선수들이 조직으로 수비하다 습격하는 것이 핵심이다.

"하지만 우리는 공간을 공격할 수 있는 아주 빠른 선수가 있었다. 공간을 공격할 수 있는 적절한 정신력과 코칭을 갖고 있었다. 이 영역으로 오기 위해서, 우리는 기본적으로 수비적으로 낮은 블록을 만들었지만 3-4명의 강한 선수로 전환했고 작동했다. 말하기 어려운 일이 벌어졌다. 30%의 점유율로 우리에게 찬스는 많지 않았으나 3-1을 만들었다. 네 번째 골을 넣은 기회도 우리에게 더 많았다. 우리가 완전히 경기를 통제했다."
"아까 말했듯 바르셀로나는 아주 강하고, 공을 잃었을 때 압박하는 교육을 잘 받았다. 그들이 원하는 영역에서 언제나 경기하고자 하니까. 그래서 그 뒤로 공격하려면 우리는 늘 많은 선수들이 풀백 뒤 공간을 공격할 준비가 되어있어야 했다.

그렇다면 누가 갈 것인가? 누구나 갈 수 있다. 밀리토가 수비 뒤로 돌아서 오른쪽으로 간다. 그 다음에는 누가 올 것인가가 문제다. 우리가 먼저 습격할 것인지, 그들이 지키러 먼저 올 것인지. 우리는 아주 잘 적응하고 지도를 받았다. 정신적으로나 야망, 노력에서 여기로 오려고 준비되어 있었다. 밀리토가 온 다음 얼마나 많은 우리 선수가 스코어링 포지션에 오냐, 아니면 상대가 더 먼저 올 것인가."

"라이트백 마이콩이 왼쪽 전방 공간으로 왔다. 또한 판데프나 아마 스네이더가 올수도 있었다. 밀리토가 간 뒤 우리는 2-3명이 더 왔다. 스네이더나 에토, 스네이더나 판데프가 여기로 왔고, 그에 더해 믿기지 않는 런으로 마이콩이 왔다. 내 생각에 케이타 부스케츠는 이 런을 따라할 수 없다. 메시도 그렇다. 마이콩이 여기까지 올 거라고 생각하지 못했을 것이다. 첫 골과 두 번째 골 모두 비슷한 방식의 공격 전환으로 만들어냈다."　　　　　　　　　　　　　　　　　　○ 주제 무리뉴

과르디올라의 점유 축구를 막은 무리뉴는 프리미어리그에서는 리버풀의 위르겐 클롭 축구 방어법도 버스를 주차하는 방식에 이은 역습으로 해냈다.

"선수들에게 리버풀은 톱 팀이라고 이야기해줬다. 그들은 정말 강하다. 하지만 그들은 포뮬러원의 자동차 같다. 런던의 교통체증 속에 포뮬러원 자동차를 타고 나선들, 그 차가 빠르게 달릴 수는 없다."　　　　　　　　　○ 카를루스 카르발랄

리버풀을 잡았던 카를루스 카르발랄 전 스완지 시티 감독의 말이다. 리버풀은 2018년 1월 22일 스완지 시티와 프리미어리그 경기, 28일 웨스트 브롬과 FA컵 경기 연패 이후 8경기 연속 무패를 달려왔는데, 맨체스터 유나이티드를 만나 또 한 번 약점을 드러냈다. 주제 무리뉴 감독은 카르발랄 감독과 같은 방식으로 리버풀을 괴롭혔다. 리버풀 수비수 버질 판데이크는 "맨유가 홈 경기임에도 불구하고 뒤로 내려섰다."고 꼬집었지만, 무리뉴 감독은 "공 없이도 경기를 통제할 수 있다."며 전략적 접근일 뿐이었다고 설명했다.

"공 없이도 경기를 통제할 수 있다. 공을 가졌을 때 상대를 곤란하게 만들 수 있다. 전후반을 나눠서 생각했다. 전반전은 우리, 후반전은 리버풀이 주도한 것으로 보일 수 있다. 전반전의 우리가 골도 넣고 위험한 상황도 만들었다. 후반전을 보면, 내 생각은 스튜디오에서 평가하는 사람들의 의견과는 다를 것이다. 리버풀이 공을 통제했다고 보겠지만, 난 우리가 공 없이 경기를 통제했다고 생각한다. 즉, 우리 팀이 경기 내내 통제했다. 심지어 세트피스, 코너킥, 위험한 상황 모두 우리가 지배했다. 우리가 이길 자격이 있었다." ○ 주제 무리뉴

무리뉴 감독은 수비 전술의 달인으로 불린다. 단단한 수비와 치명적인 속공으로 역습 축구를 가장 잘하는 감독으로 꼽힌다. 클롭 감독의 축구는 속도감 있는 전방 압박과 전방위 공격으로 로큰롤 축구라는 별명을 얻었다. 앞서 카르발랄 감독이 '포뮬러원 자동차 같은 팀'이라고 했는데, 무리뉴 감독은 문전에 버스를 세워 리버풀이 달리지 못하게 했다. 무리뉴 감독의 축구는 공을 빼앗긴 뒤 즉각적 압박이 아닌 빠른 후퇴를 통한 자기 진영 사수다. 상대가 전진하게 만든 뒤 속공으로 그 뒷 공간을 공략하는 역습 축구다.

## 교통 체증에 갇힌 리버풀 자동차

카르발랄 감독의 스완지 시티가 사실상 5백이라 할 수 있는 스리백 전환으로 해법을 찾았다면, 무리뉴 감독은 4-2-3-1 포메이션 구조에서 두 명의 중앙 미드필더와 좌우 측면 미드필더에게 더 많은 전술적 규율과 집중력을 요구했다. 리버풀이 자랑하는 스리톱 사디오 마네, 호베르투 피르미누, 모하메드 살라는 맨유와 경기에서 전혀 번뜩이지 못했다.

가짜 9번 역할을 하는 피르미누는 부상을 털고 한 달여 만에 선발 출전한 맨유 수비수 에릭 바이의 전진 수비에 고전했다. 맨유는 바이와 스몰링을 센터백으로 두고, 그 앞에 네마냐 마티치와 스콧 맥토미나이를 나란히 배치해

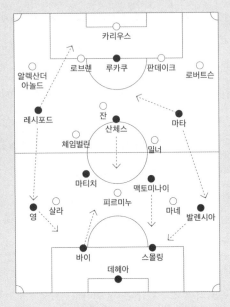

● 맨체스터
  유나이티드
○ 리버풀

**리버풀을 통제한 맨유의 4-2-3-1 포메이션 운영법**

빌드업보다 페널티 에어리어 부근 지역에 수비 블록을 구축하는 데 더 집중했다. 바이의 전진성과 스몰링의 안정적인 커버, 마티치의 견제와 맥토미나이의 끈덕진 수비 지원이 이 네 명이 버틴 공간을 죽였다. 피르미누가 즐겨 활용하는 공간을 통제했다.

이 네 명의 블록은 자연스럽게 측면에서 중앙으로 잘라 들어오는 마네와 살라를 위한 공간도 막았다. 주목할 점은 맨유의 측면 선수들이 보인 집중력과 체력이다. 좌우 풀백 애슐리 영과 안토니오 발렌시아가 사이드라인 부근을 견제한 것이 아니라 센터백 부근으로 좁혀 들어와 리버풀 윙어의 커트인 동선을 차단했다. 이게 가능했던 이유는 오른쪽 측면 미드필더 후안 마타가 라이트백의 수비 영역까지 빠르게 내려와 커버했기 때문이다. 반대편에서 마커스 래시포드도 수비에 적극 가담했다.

"리버풀을 상대할 때는 공을 가지고 있다가 나쁜 플레이를 하면 어려운 상황에 빠지게 된다. 후반전에 우리의 목표는 공을 갖는 게 아니었다. 계획이었다고 말하지는 않겠다. 리버풀이 우리를 수비적인 상황으로 몰아넣었다. 하지만 우리는 계속 통제했다. 우리에겐 서로 다른 전후반 모두 완벽한 경기를 했다고 할 수 있다."

○ 주제 무리뉴

맨유는 로멜루 루카쿠를 원톱으로 두고, 래시포드와 알렉시스 산체스, 마타를 2선에 배치했다. 중요한 것은 이들이 공을 소유하고 경기를 주도하며 공격 콤비네이션을 이룬 것이 아니라 제한된 인원으로 속공을 만드는 방식에 집중하며 수비를 지원하기 위한 움직임을 보인 것이다. 이는 상대가 공격을 전개할 때 공을 탈취해 속공으로 습격할 때 가장 위협적인 리버풀의 강점이 드러나지 않도록 구성한 경기 계획이다.

## 진짜 9번의 가치 보여준 루카쿠

루카쿠는 최전방에서 롱볼을 기다리며 리버풀 수비가 올라오지 못하게 부담을 줬다. 마타는 측면 수비 지원 외에 중앙 지역으로 들어와 공격 연결 고리 역할을 했다. 마티치와 맥토미나이가 중원 수비에 집중하면서 산체스가 중앙 미드필더 영역까지 내려와 공을 운반하고, 리버풀 수비형 미드필더를 끌어당겨 공간을 만들었다. 래시포드가 왼쪽 측면에서 중앙 전방으로 잘라 들어와 슈팅 기회를 포착했다.

맨유의 두 골은 루카쿠가 뿌리고 래시포드가 마무리하며 나왔다. 루카쿠는 맨유의 롱 볼 플레이 작동의 핵심이었다. 좋은 위치를 잡고, 수비 견제를 합법적인 몸 싸움으로 뿌리친 뒤 공을 확보하여 연결했다. 머리로 바로 내준 선제골, 직접 운반하며 전개한 두 번째 골 과정에서 루카쿠는 9번 공격수가 골 없이 발휘할 수 있는 전술적 가치를 완벽하게 보여줬다.

"루카쿠는 세계 최고의 공격수 중 한 명이다. 공중볼 경합을 하면 대부분 질 수밖에 없다. 우리는 그 주변에서 떨어지는 공을 따내야 했으나 그러지 못했다. 그런 상황에 래시포드의 두 골로 이어졌다." ○ 위르겐 클롭

물론, 승리로 가는 길에는 팀의 계획과 전술적 규율 외에 개인 능력의 힘이 필요하다. 래시포드는 전반 14분과 25분 찾아온 두 번의 기회에 단호하고 정확한 슈팅으로 득점에 성공했다. 이 두 골이 심리적으로, 전술적으로 리버풀에게 큰 부담을 줬다. 맨유는 단단한 수비와 빠른 역습으로 경기를 통제했다. 무리뉴 감독은 경기 전 마지막 훈련이 끝나기 1분 전에 폴 포그바가 부상을 당해 명단에서 빠졌다고 했다. 하지만 이날 맨유는 포그바가 그립지 않은 경기를 했다.

주지하듯, 좌우 측면 미드필더와 좌우 풀백이 수비적으로 90분 내내 집중력과 체력을 유지한 헌신이 주효했다. 측면 공격수로 전성시대를 연 영과 발렌시아가 이토록 뛰어난 풀백으로 성장한 것은 놀라운 일이다. 뒤로 물러선 팀을 깨고, 끌어내기 위해선 적극적인 중거리 슈팅, 좋은 중거리 슈팅이 필요하다.

## 마켈렐레롤

인터 밀란 시절과 맨체스터 유나이티드 시절의 대표적인 두 경기 전술을 소개했지만, 무리뉴 감독의 가장 성공적인 시기는 FC 포르투와 이룬 UEFA 챔피언스리그 우승, 첼시와 이룬 프리미어리그 역대 최소 실점 우승일 것이다. 두 팀에서 무리뉴 감독은 전문 수비형 미드필더를 배치한 역삼각형 미드필더의 4-3-3 포메이션을 썼다.

포백을 보호하는 수비형 미드필더의 역할이 중요했는데, 특히 첼시에서는 레알 마드리드에서 수비를 전담하면서도 스포트라이트를 받지 못했던 프랑스 미드필더 클로드 마켈렐레를 하나의 전술 개념으로 만들었다. 그로 인해 '마켈

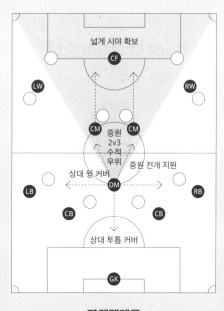

● 우리 팀
○ 상대 팀

넓게 시야 확보
CF
LW
RW
CM  CM
중원
2v3
수적
우위
중원 전개 지원
상대 윙 커버
LB  DM  RB
CB  CB
상대 투톱 커버
GK

**마켈렐레롤**

렐레롤'이라는 전술 용어가 생겼다. 특정 선수의 이름이 붙은 전술 용어 내지 기술 용어는 흔치 않다는 점에서 의미가 작지 않다.

> "내가 삼각형 미드필더를 구성하면, 마켈렐레는 앞의 두 미드필더 뒤에 세운다. 난 늘 순수한 4-4-2 포메이션을 상대할 때 중앙 지역에서 우위를 만들고자 했다. 만약 누구도 그에게 오지 않으면, 그는 피치 전체를 볼 수 있고, 시간도 갖는다. 그가 아래를 지키니 두 중앙 미드필더 중 한 명은 열린다. 상대 팀 윙어가 안으로 들어오면 도울 수 있다. 그때 우리의 윙어나 풀백에게 활용할 공간이 생긴다. 순수한 4-4-2는 이 시스템을 절대 막을 수 없다." ○ 주제 무리뉴

# 디에고 시메오네

## *Diego Pablo Simeone*

## 노력은 협상의 대상이 아니다

"시메오네의 철학은 단지 전술 시스템의 한 종류일뿐 아니라 훈련 체제와 선수들과의 소통법, 감독으로서의 원칙 등 총체적인 것을 담고 있다."

○ 콘스탄틴 에크너, 슈피엘베를라거룽

아르헨티나 실용주의 축구의 적자이자, 이탈리아 카테나초의 진화, 사키이 즘의 부활을 이끌어낸 디에고 시메오네는 단지 전술의 복고를 혁명 수준으로 구현한 21세기 축구의 한 축이다. 빅토리노 스피네토가 구성한 벨레스 사르스 필드 유소년 팀에서 육성되어 카를로스 빌라르도의 팀에서 상대 공격을 차단 하는 기술을 온 몸으로 익혔고, 그라운드 위의 감독으로 팀을 지휘했다. 그리 고 실제 감독이 되었을 때 그 자신이 홀로 경기할 때보다 무시무시한 축구를 펼쳐 보였다.

시메오네는 자신이 몸 담았던 팀과 몸 담은 팀의 철학과 정체성에 부합하는 팀을 만들었다. 마르셀로 비엘사의 격렬한 운동량과 공격성도 이어 받았고, 지지 시모네의 인터 밀란이 구축한 수비 조직, 안티치의 아틀레티코 마드리드가 형성한 4-4-2 포메이션의 장점이 모두 시메오네의 '촐리즘(Cholismo)'에 담겼다. 촐리즘은 단독적으로 존재하지 않는다. 촐리즘은 실용주의 축구 혹은 수비 축구, 그리고 안티 풋볼로 불리는 공 소유 축구의 대책점에 있는 방법론을 집대성한 축구라고 할 수 있다. 시메오네는 공간을 통제하는 축구의 정점을 구현했다.

본래 거리에서 축구하던 시메오네는 1980년대 벨레스 유소년 팀에 입단해 체계적인 축구를 배운다. 벨레스는 스피네토에 의해 유소년 시스템을 구축하는 중이었다. 당시 유소년 팀 코치 오스카네시로부터 전투적인 플레이 스타일로 인해 '촐리토(Cholito, 작은 추장)'라는 별명을 얻은 만 15세 시메오네의 플레이는 스피네토의 눈에도 띄어 2년 내에 1군에 올려야 할 선수라는 평가로 이어진다.

시메오네는 1987년 9월 13일 만 17세의 나이로 벨레스 1군 데뷔전을 치른다. 힘나시아를 2-1로 꺾은 아르헨티나 리그 경기에 나섰고, 3년만에 이탈리아 클럽 피사의 영입 제안을 받을 정도로 빠르게 실력을 인정 받았다. 시메오네는 스피네토의 벨레스 아카데미에서 배운 것이 자신을 정신적으로 강하게 만들었다고 훗날 회고했다.

"그곳에서 가치관을 배웠다. 직접 유니폼을 세탁하고, 서로를 존중하고, 삶을 사는 데 도움이 되는 질서를 배웠다. 질서가 더 나은 삶을 살도록 이끌어 준다."

○ 디에고 시메오네

시메오네는 수비형 미드필더로 뛰었던 선수 시절 자신의 장점을 묻는 질문에, 기술이 아닌 정신적 측면을 설명했고, "인내심"이라고 답했다. 기본기나 기술은 기본이다. 경기를 잘하기 위해서는 자신이 가진 능력을 제대로 펼쳐 보일 수 있는 태도와 정신이라는 게 시메오네의 생각이다.

"난 늘 나 자신에게 많은 것을 요구했다. 목표물을 정하면 산만해지지 않고 달려들었다. 난 축구 선수가 가져야 할 중요한 덕목 중 하나를 갖고 있다. 자신의 장점과 약점이 무엇인지 아는 것이다. 나는 늘 내 약점을 감추기 위해 노력했다."

ㅇ 디에고 시메오네

선수는 어떤 감독을 만나냐에 따라 가치관과 철학이 달라진다. 시메오네는 1992년 피사를 떠나 세비야로 이적하며 스페인 라리가에 입성했고, 1994년 후에 그의 운명적 팀이 되는 아틀레티코 마드리드에 입단한다. 1995년 유고슬라비아 출신 수비수 라도미르 안티치가 아틀레티코 지휘봉을 잡았고, 1995-96시즌에 아틀레티코는 라리가와 코파델레이 더블 우승을 이룬다.

안티치의 성공 방정식은 매우 좁은 간격으로 운영된 4-4-2 포메이션이다. 공을 소유하는 데 신경 쓰지 않았고, 상대가 활용할 중앙 공간을 영리한 집단적 움직임으로 압박한 뒤 신속한 공격으로 역습했다. 짧은 패스로 빠르게 상대 골문을 습격한 축구는, 당시 요한 크루이프가 이끌었던 FC 바르셀로나를 3-1로 꺾은 경기를 통해 유효성이 입증됐다. 그리고 안티치의 아틀레티코에서 전술적으로 가장 중요했던 선수가 시메오네다.

시메오네는 단지 수비만 잘하는 미드필더가 아니었다. 중앙 미드필더로 원투 패스를 활용해 공을 전지시키거나, 곧바로 공격 지역으로 배달한 직선적 패스로 역습 공격 줄기를 만들었다. 바르셀로나를 3-1로 격파한 경기에서 시메오네의 이러한 중원 플레이가 결정적이었다. 안티치의 아틀레티코에는 키코라는 걸출한 정통 9번 공격수가 해결사로 활약했다. 당시 아틀레티코의 역습은 간결했지만 투박하지 않았다. 견고한 수비를 갖췄으나 역습 공격 시에는 6명의 선수가 11번의 터치를 이어가며 마무리 슈팅까지 가져가는 현란한 원터치 패스 플레이를 구사하기도 했다.

시메오네는 아틀레티코의 주 득점원이기도 했다. 1995-96시즌 시메오네는 라리가에서만 12골을 넣었고, 이는 팀내 최다 골을 넣은 페네프에 이은 팀 최다 득점 2위에 해당하는 기록이었다. 시메오네는 안티 풋볼을 구사한 선수가 아니었다.

시메오네는 1997년 아틀레티코를 떠나 이탈리아 세리에A의 인터 밀란으로 이적하며 카테나초를 익힌다. 시메오네가 입단했을 때 인터 밀란의 감독은 선수 시절 네레오 로코가 지휘한 토리노(1964~1967)에서 전성기를 보낸 루이지 시모니(Luigi Simoni)였다. 로코에게서 전술적 영향을 받은 시모니는 1997-98시즌 UEFA컵 우승을 이룬 인터 밀란을 선수비 후역습 형태의 수동적 팀으로 단련했다.

당시 인터 밀란의 스포트라이트는 FC 바르셀로나에서 영입된 불세출의 브라질 스트라이커 호나우두가 차지하고 있었으나, 마찬가지로 스페인에서 넘어온 수비형 미드필더 시메오네의 전술적 역할도 그에 못지 않게 중요했다. 인터 밀란의 주전 수비형 미드필더 시메오네는 주세페 베르고미가 부상으로 빠질 때 센터백 영역까지 커버하며 인터 밀란 수비의 구심점 역할을 했다. 시모니 감독은 당시의 시메오네가 경기장 위의 사령관이었다며 "그때 이미 피치 위에서는 감독이었다."고 시메오네가 감독으로 성공할 것이라는 점을 예견할 수 있었다고 말했다.

두 시즌 뒤 라치오로 이적해 4시즌을 더 보낸 시메오네는 아틀레티코 마드리드에서 2년 더 뛰었고, 고국 아르헨티나의 라싱으로 돌아가 2005-06시즌을 끝으로 선수 생활을 마무리했다. 2006년 2월 라싱에서 마지막 경기를 뛴 이후 라싱의 감독이 되어 지도자로 변신한 시메오네는 3개월만에 클럽 회장이 바뀌자 팀을 떠났는데, 곧바로 에스투디안테스의 감독으로 선임됐다. 그리고 2006년 12월 13일 보카주니어스와 토르네오 아페르투라 최종전에 2-1 승리를 거두며 팀에 23년만의 리그 우승을 선사한다. 기적과 같은 출발이다. 감독이 된지 채 1년도 되지 않아 시메오네는 아르헨티나 최대 스포츠 신문 올레가 선정한 리그 최고의 감독으로 선정됐다.

2007년에 또 다른 아르헨티나 명문 클럽 리버 플레이트 감독으로 자리를 옮긴 시메오네는 2008년 토르네오 클라우수라 우승으로 또 한 번 아르헨티나 챔피언이 되지만 부진한 대회도 있었다. 성적 부진으로 2008년 11월 리버 플레이트를 떠난 시메오네는 2009년 부임한 산 로렌소에서 무관으로 1년을 보낸 뒤 경질됐다. 2011년 1월 이탈리아 클럽 카타니아의 제안을 받아 유럽 무대로 향했다. 시메오네는 철저한 역습 축구로 세리에A 잔류가 목표였던 카타니아를 13위로 이끌었으나 시즌을 마친 뒤 계약을 연장하지 않고 떠났다. 시메오네는 곧바로 자신의 첫 지휘 클럽이었던 라싱 감독으로 돌아갔는데, 2011년 12월 23일 그레고리오 만사노 감독을 경질한 아틀레티코 마드리드의 러브콜에 스페인 라리가로 향했다.

시메오네는 카타니아에서 후반기 시즌만 보냈지만 당시 세리에A 잔류라는 성과를 낸 과정에서 많은 것을 배웠고, 이를 바탕으로 아틀레티코에서 성공 방정식을 만들었다고 밝힌 바 있다. 시메오네는 카타니아 시절을 "진정한 배움"이라고 했다.

> "나는 어려움 속에서 성장했다. 용기와 아이디어의 측면에서, 나의 아틀레티코의 많은 것이 이탈리아에서 왔다."　　　　　　　　　　　○ 디에고 시메오네

시메오네는 레알 마드리드와 바르셀로나의 영향으로 화려한 축구, 공격적인 축구, 패스 축구가 득세하고 대세였던 스페인 라리가에 혁명을 가져왔다. 강등 위기까지 추락한 아틀레티코를 5위로 끌어올렸고, 부임 첫 시즌 유로파리그 우승을 이뤘다. 2013-14시즌 라리가 우승은 바르셀로나와 레알 마드리드의 양강 체제를 종식시켰는데, 공을 열망하지 않는 축구로 이룬 성취라는 점에서 파급력이 컸다. 라리가 우승 시즌 아틀레티코는 20개 팀 중 볼 점유율이 9위였는데, 최하위 레알 베티스와 차이가 0.3%에 불과했다. 반짝 성공이 아니었다. 매 시즌 우승했고, 꾸준히 3위 이내 성적을 냈다. 아틀레티코의 4-4-2를 모방한 팀들이 등장하고 성과를 냈다. 라리가의 축구는 시메오네의 등장

이후 더 견고해지고 다양해졌다.

　시메오네는 라리가의 권력구조와 패러다임을 모두 바꿨다. 그리고 전 세계 축구의 전술흐름까지 바꿨다. 시메오네의 성공이 라리가에 국한되지 않고 두 차례 UEFA 챔피언스리그 준우승으로 연결됐기 때문이다. 더불어 시메오네의 축구는 수비를 중시하면서도 지루하지 않았고, 화려한 축구가 아니면서도 보는 이들에게 감동을 선사했다. 전술과 훈련기법, 선수단 운영 철학과 기자회견을 통해 남긴 수많은 어록, 그리고 이를 성적으로 연결한 시메오네는 하나의 '이론'이 되기 충분했다.

> "노력은 협상 대상이 아니다. 인내하고 순응할 대상도 아니다. 수동적인 자세는 나와 멀리 있다."
> ○ 디에고 시메오네

　공 소유를 중시하는 팀의 지도자와, 공간 지배를 중시하며 수비 교율을 중시하는 지도자의 훈련 방식은 다를 수밖에 없다. 전자가 창조성과 공을 다루는 기술, 패스 연결 플레이를 중시하기에 대부분의 훈련이 공과 함께 이뤄지고, 활기찬 분위기 속에 짧게 진행된다. 후자의 경우에는 공이 없는 체력 훈련이 포함되고, 그렇기 때문에 전술 훈련 및 공과 함께 하는 훈련과 더불어 일과 중 훈련 횟수가 늘어날 수 있다. 전자의 경우 개인 운동으로 맡겨두거나 혹은 제한하기도 하는 피지컬 훈련이 후자의 팀에선 피지컬 전문가와 함께 집중적으로 이뤄진다. 어느 쪽이 옳고 그르다고 판단할 수는 없다. 각각의 팀이 추구하는 경기 방식에 맞춰 최고의 능력을 끌어내기 위한 끊임없이 연구와 개발이 있을 뿐이다.

　시메오네 감독이 "노력은 협상의 대상이 아니다."라고 말한 것은 선수단에 요구하는 근본적인 자세다. 아틀레티코가 창조성보다는 팀 정신을 더 중요시하며, 팀을 위해 한 발 더 뛰고, 내가 뛰어줘야 하는 상황에서 타이밍을 놓치지 않는 집중력과 체력이 필요하다는 점을 잘 알려준다. 어떤 축구를 하는 팀이든 팀과 동료를 생각하고, 선발 경쟁을 위해 끊임없이 긴장해야 하지만, 공간 통제를 중시하는 팀은 공을 소유하지 못한 상황에 언제나 상대의 공격에 대응해야 한다는 점에서 그 중요성이 더 크다. 시메오네 감독은 아틀레티코를 지휘하면서 몇몇 주전 선수들을 중용했으나 끊임 없는 경쟁과 로테이션이 존재했다. 조직적, 전술적으로 안정된 팀 중에서는 선발 출전하는 선수가 거의 바뀌지 않는 경우가 많다. 축구 지도자들은 고정적인 선발 선수가 있다면 편하다고 말한다. 매 경기 누구를 써야 할지에 대한 고민이 크지 않다면 편할 수 있다.

어떤 감독도 몇몇 특별한 재능을 가진 선수에 의존하지 않을 수 없지만, 시메오네 감독은 최소한 팀이 그 선수의 이름에 잡아 먹혀서는 안 된다고 여겼다. 시메오네 감독 역시 라다멜 팔카오, 디에구 코스타, 앙투안 그리즈만, 코케 등 선수들을 공격 상황의 축으로 삼고 중용해왔다. 하지만 전반적으로는 특정 선수의 이름으로, 몇몇 주축 선수들로 팀을 운영하는 것의 역효과를 더 경계했다. 시메오네 감독은 선수들에게 "한계까지 뛰어라."라고 지시했다.

무식하게 뛰라는 것은 아니다. "머리를 쓰면서 뛰어야 한다. 하지만 중요한 것은 끝까지 뛰어야 한다는 점이다." 시메오네 감독은 팀이 올바르게 기능하기 위해선 선수들이 남김 없이 가진 체력을 쏟아 붓고, 그 체력은 90분 안에 효과적으로 배분해야 하며, 무엇보다 승리라는 목표를 달성하기 위한 열망을 최고조로 유지해야 한다고 생각했다. 몇몇 선수들에겐 정신으로 매우 피로한 과업이었을 것이다. 이 지침 안에 경쟁에서 살아남은 선수들이 아틀레티코의 베스트11이 됐다.

매일이 마지막인 것처럼 하루 하루에 열중하는 시메오네 감독은 부임 첫 시즌 UEFA 유로파리그 우승(2011-12시즌, 2017-18시즌)으로 시작해 UEFA 슈퍼컵(2012년, 2018년), 코파델레이(2012-13시즌), 수페르코파 데 에스파냐(2014), 스페인 라리가(2013-14) 우승을 이뤘다. 2013-14시즌과 2015-16시즌에 준우승에 그친 UEFA 챔피언스리그에서 우승하는 것이 미완의 과업이다.

공간 지배를 시메오네 감독을 중심으로 한 역습 축구 사조의 지도자들만 중

시하는 것은 아니다. 맹렬한 전방 압박은 점유 축구를 추구하는 지도자들에게
도 포기할 수 없는 플레이다. 크루이프 감독은 공을 잃은 순간에 즉각적인 수
비가 필요하다고 말했다.

> "훈련 중에 이 기본을 배우지 못한 선수들을 팀에 데려왔다면 문제가 생긴다. 수
> 비수들이 공을 잃었을 때 앞으로 전진해 공을 소유한 선수를 압박하는 대신 자기
> 진영 골문으로 뛰어내려가는 모습을 보게 된다. 이는 팀 전체에 문제를 야기한다.
> 수비수가 너무 빠르게 물러서면 미드필더는 혼란에 빠지고 결국엔 공격수들도 고
> 립된다. 이러한 판단 착오가 균형을 잃게 만들고 팀의 전체 형태를 붕괴시킨다."
>
> ◦ 요한 크루이프

비엘사 감독은 "공을 소유하는 것과 되찾는 것의 중요성은 같다고 여겨야
한다."고 했다. "플레이는 공을 소유하는 파트와 되찾는 파트로 구성된다. 경기
전에 최대한 오랜 시간 공을 점유해야 한다고 설명한다. 상대가 갖지 못하게
해야 한다고 분명히 한다. 될 때도 있고 안 될 때도 있다. 그래서 팀은 소유와
되찾기를 동시에 준비해야 한다."

공 소유를 중시하는 팀은 공을 소유하지 못하는 시간을 최소화하기 위해 즉
각적인 압박으로 공을 찾아오려고 한다. 공을 되찾아오기 위한 압박 그물을
형성하는 방법은 철학과 상관 없이 일치한다. 공을 소유한 순간 골로 가는 길
을 만들기 위한 플레이 패턴도 대동소이하다. 전자의 경우 그래서 일단 공을
소유하면 효과적인 공격이 가능할 때까지 안정적으로 공을 소유하고자 한다.

시메오네 감독의 접근법이 다른 대목은, 굳이 공을 오래 갖고 있으려고 애
쓰지 않는 다는 점이다. 전자의 축구가 볼 점유 시간을 늘려 상대가 공격할 수
있는 기회 자체를 차단하는 것에 방점을 둔다면, 후자의 축구는 공을 소유하
지 못한 시간, 수비 상황에서 상대를 압도하는 것으로 충분하다는 것이다. 그
래서 점유율이나 점유 상황에 대해 크게 신경 쓰지 않았다. 실제로 시메오네

감독 부임 이후 초기 아틀레티코는 볼 점유율 수치가 상대보다 낮게 유지되면서 슈팅 숫자와 유효 슈팅 숫자, 득점이 꾸준히 상승 곡선을 그렸다. 마르코스 로페스는 "시메오네의 팀은 상대 팀이 공을 소유했을 때 더 편하게 경기했다."고 하기도 했다.

　물론 그러기 위해 팀은 전략적으로, 체력적으로, 조직적으로 매 경기를 준비하는 훈련 과정에 지속적인 노력을 해야 했다. 상대의 실수를 우리의 기회로 만들자는 경기 접근법은 요행을 바라자는 것이 아니다. 시메오네 감독은 축구 경기에서 "행운은 존재하지 않는다."고 여겼다.

　"경기가 운에 좌우된다고 생각하는 것은 패배자가 되는 것이다. 변명은 비효율적인 일이다."　　　　　　　　　　　　　　　　　○ 디에고 시메오네

　시메오네 감독이 몇몇 큰 경기에서 심판 판정 시비로 결과를 얻지 못했을 때의 발언에 그의 태도가 드러난다. 대개 시메오네 감독은 경기 후 회견에서 판정에 대한 질문을 받으면 "상대가 더 잘했기 때문에 졌을 뿐"이라고 삭힌다. 디에구 코스타가 퇴장 당했을 때 시메오네 감독은 "심판에게 쉽지 않은 경기였을 것이다. 두 팀이 매우 팽팽한 경기를 했다. 심판은 자신의 일에 최선을 다했을 뿐이다. 난 코스타가 한 좋은 점만 마음에 둘 것이다. 심판은 규정을 따랐을 뿐이다. 판정을 내릴 때 감정을 고려할 수 없다."고 했다.

　"레알 마드리드에 축하를 보내고 싶다. 그들이 이번에도 우리보다 더 뛰어났다. 언제나 더 뛰어난 팀이 우승하는 것이다. 레알 마드리드가 더 뛰어났기 때문에 우승한 것이다. 축구에 정당함이라는 것은 없다. 이겼다면 이길 만한 자격이 있었던 것이다. 핑계는 나와 어울리지 않는 것이다. 우리는 챔피언이 되기 위해 해결해야 할 문제들을 다 해결하지 못했다. 우리가 계속해야 하는 것은 발전하기 위해 훈련하는 것뿐이다."　　　　　○ 레알 마드리드에 우승을 내준 뒤 시메오네 감독의 인터뷰

거친 수비로 상대의 공격 기회를 차단하고 경기 리듬을 끊는 것이 아틀레티코의 플레이 방식이다. 그러다 보니 상황에 따라, 심판의 성향에 따라 페널티킥, 경고, 퇴장 등의 판정에 의해 경기 흐름이 좌우되는 상황을 자주 맞이한다. 시메오네 감독의 팀이 상대 공격수를 걷어차고, 밟을 밟는 장면들이 빅매치에서는 특히 자주 눈에 띈다. 이러한 수비 축구를 안티 풋볼이라 부르는 이들의 시선의 근거가 된다. 시메오네 감독의 팀은 공 소유에 능한 팀을 제압하기 위해선 공간을 제어하는 것뿐 아니라 상대가 지속적으로 공을 연결하며 자신감을 높이고 리듬을 타지 못하도록 의도적으로 파울을 통해 끊기도 한다. 그런 상황은 감수한다. 그래서 판정에 대해 크게 논란을 일으키려 하지 않는다. 다만 위험한 상황이 발생해 파울로 저지해야 하는 경우를 최대한 줄여서 수비의 완성도를 높이자는 자세로 대응한다.

"상대 팀이 우리 영역으로 오지 않는다면 애초에 페널티킥이 선언될 상황 자체가 발생할 수 없다. 행운은 스스로 찾아야 하는 것이다. 얻든 얻지 못하든 바라야 하는 것이다. 모두가 노를 젓는다면 배는 빠르게 전진할 것이다. 질 좋은 선수가 더 많다면 팀은 더 강해질 것이다. 그래서 단결해야 한다. 그룹은 어떤 개인보다 많은 것을 할 수 있다."

ㅇ 디에고 시메오네

위험을 최소화하기 위해선 최대한 높은 곳에 수비에 성공해야 한다. 두 줄 수비 안으로 상대가 진입하거나, 페널티 에어리어 안까지 상대 공격이 전개됐다면 일촉즉발의 상황 안에서 벌어지는 모든 일을 통제할 수 없다. 공을 중심으로 상대가 활용할 수 있는 공간을 최소화해야 한다.

"아름답게(lindo) 플레이하기 보다 잘(bien) 플레이하는 것을 선호한다."

ㅇ 디에고 시메오네

시메오네 감독이 거둔 수비적 성공은 4-4-2 포메이션을 기초로 하는 '두 줄 수비'로 대표된다. 프리미어리그에서 깜짝 우승을 이룬 클라우디오 라니에리 감독의 레스터 시티도 유사한 전술을 썼고, 비야레알과 발렌시아를 UEFA 챔피언스리그에 진출시킨 마르셀리노 가르시아 토랄 감독의 주 포메이션과 전통적인 4-4-2 포메이션이다.

시메오네 감독에 앞서 아틀레티코에 4-4-2 포메이션을 정착시켜 초대 유로파리그 우승을 이룬 키케산체스 플로레스 감독은 왓퍼드에서도 이 전술로 프리미어리그 무대에 큰 인상을 남겼다. 두 줄 수비는 페널티 에어리어 근방에 네 명의 수비수와 네 명의 미드필더가 라인을 좁혀 질식 수비를 통해 상대 공격을 막는다. 앞에 서는 두 명의 공격수는 1차 압박과 역습 첨병 역할을 한다. 현대 축구에 4-4-2 포메이션의 부활을 주도한 아틀레티코의 성공 방정식이다. 하지만, 그것이 전부는 아니다. 두 줄 수비는 4명으로 구성된 두 개의 라인을 의미하는데, 투톱의 전방 압박을 기반으로 네 명의 미드필더 라인이 형성하는 전방 압박 전술 역시 그 못지 않게 큰 의미를 갖는다.

"풀백에게 패스하는 것은 시간을 낭비하는 것이다."　　　　ㅇ 디에고 시메오네

수비에서 공격으로 전환하는 아틀레티코의 역습 계획을 살펴보면, 단 세 번의 터치로 수비 영역에서 공격으로 넘어가 슈팅까지 마무리하는 패턴이 있다. 중요한 특징의 풀백의 수비와 센터백의 기점 패스, 그리고 큰 방향 전환과 전진 패스다.

예를 들어 필리페 루이스가 중앙 지역으로 들어와 공을 확보하면, 고딘이 필리페 루이스가 수비 가담을 위해 움직임 왼쪽 측면 배후로 이동해 자리를 채운다. 필리페 루이스는 안전하게 다시 고딘에게 패스를 보내는데, 이때 고딘의 공을 다시 빼앗기 위해 상대가 전방 압박 자세를 취할 때 고딘이 전진패스로 이를 통과시킨다. 고딘의 패스를 왼쪽 측면 전방에 자리한 디에구가 받아

서 상대 수비 뒤 공간으로 뛰는 팔카오에게 한 번 스루패스를 보내 슈팅 기회까지 만든다. 이 과정에 다시 풀백이 전진하고 공을 받고 연결하며 경기를 지체할 이유가 없다.

풀백의 중원 가담이 낳은 효과는 한 명의 센터백, 한 명의 미드필더가 상대 견제 혹은 상대 수비 부담에서 자유로 워진다는 것이다. 그 뒤에는 센터백의 기점 패스와 측면으로 이동한 플레이메이커의 시야와 창조성, 전방 공격수의 속도와 결정력이 요구된다. 이러한 역습 축구의 경우 기회의 빈도를 떠나 기회가 왔을 때의 정확성이 생명이다. 주제 무리뉴 감독도 역습 공격 전술을 극대화한 첼시 1기 시절 디디에 드로그바 영입에 공을 들였는데, 10번의 기회에 3번 득점할 수 있는 선수가 아니라 1번의 기회가 와도 제대로 성공할 수 있는 스트라이커가 필요하다고 강조했다. 고도의 골 결정력을 말하는 것이 아니다. 역습을 전술의 중심으로 삼을 때는 다채로운 기회 창출 능력보다 제한되어 주어지는 기회를 살릴 수 있는 집중력과 냉철함, 결정력이 필요하다는 이야기다.

공을 되찾는 것이 모든 것의 기원이다. 전환의 순간은 공의 소유권이 바뀌는 순간이다. 공을 되찾는 과정에 집단 플레이의 힘이 뚜렷하다. 공격으로 전환할 때도 마찬가지다. 시메오네 감독은 4-4-2 포메이션으로 총 40m 간격을 유지하는 데 많은 공을 들였다. 공이 안으로 들어가거나 뒤로 빠지는 것을 극도로 제한하는 것이 플레이의 기반이다.

상대가 결국 측면과 풀백을 활용해 공격하도록 만든 뒤, 풀백을 강하게 압박해 공을 따낸 뒤 빠르게 공격으로 전환하는 것이 아틀레티코의 특징이다. 전환하면 곧바로 공격수를 찾았다. 되찾은 공으로 점유하면서 경기 흐름을 주도하거나, 리듬을 만들기 위해 시간을 보내지 않았다. 최대한 신속하게 최전방 공격수에게 패스하는 것이 플레이의 목적이다. 라다멜 팔카오와 함께 아틀레티코 시대를 시작한 시메오네 감독은 늘 잘 뛰고, 확실하게 마무리할 수 있는 공격수를 원했다.

"수평으로 플레이하는 것은 상대가 우리에게 골을 넣을 기회를 내주는 것이다."

○ 디에고 시메오네

아틀레티코는 공을 되찾으면 무조건 전진한다. 첫 번째 패스가 최전방 공격수에게 가야 한다. 아니면 중원에서 플레이를 전개할 수 있는 선수를 한 번 거치는 정도다. 팔카오는 당시 역습의 주춧돌이 되는 훈련을 무한히 반복했다. 슈팅을 뿌리고 싸움을 벌여 모든 가능성을 여는 선수였지만, 동시에 엄청나게 달리기도 해야 했다. 시메오네 감독은 "계속해서 달리고 리듬을 바꾸어 상대가 통제할 수 있는 공간을 빼앗아야 한다."고 강조했다. 경기 템포를 높여 역습하고 득점하는 것이다. 혼자 달리는 것이 아니다. 9번 공격수가 달리면 윙어도 달리고, 풀백도 달려 올라가야 한다. 라인을 바로 넘기는 패스가 빠르게 이어지고, 직선적인 플레이를 해야 한다. 그리고 마무리도 과감하게, 공격적으로 시도한다. 주저하는 것이 용납되지 않는다. 시메오네 감독은 "매 경기를 마지막이라는 생각"으로 준비하면 모든 것이 가능하다고 믿었다.

# 안토니오 콘테
## *Antonio Conte*

**고전적 스리백의 복원**

안토니오 콘테를 빼놓고 21세기 이탈리아 축구를 말할 수 없다. 콘테는 이 탈리아 대표팀과 유벤투스의 핵심 미드필더로, 이미 만 16세에 프로로 데뷔할 정도로 재능이 뛰어났고, 정신력과 리더십, 투쟁심을 두루 겸비한 선수였다. 현란한 기술을 자랑한 선수는 아니었지만 필드 전체를 커버하는 활동력과 날 카로운 크로스 패스 능력, 강력한 중거리 슈팅 능력을 갖춰 수비형 미드필더, 중앙 미드필더, 측면 미드필더를 두루 소화하며 빼어난 전술 이해력을 갖춘 선수였다.

콘테는 이탈리아 축구의 거장 조반니 트라파토니와 마르첼로 리피의 팀에 서 리더로 활약했다. 선수로 다섯 번의 세리에A 우승과 1995-96시즌 UEFA 챔피언스리그 우승, 1994년 FIFA 미국 월드컵과 유로 2000 준우승을 경험했 고, 감독이 된 이후에는 공격적인 4-4-2로 시작해 카테나초의 부활을 이끈 3-5-2와 3-4-3 포메이션으로 유벤투스와 첼시에서 불멸의 역사를 만들었다.

현대 축구에서 스리백의 부활은 빌드업 미드필더의 후진 배치를 통해 이뤄졌다. 풀백의 전진을 통해 폭을 확보하고 중원과 전방에 많은 수의 선수를 두기 위한 공격적인 스리백이 대세였다. 수비는 풀백의 전진을 제한한 포백과 네 명의 미드필더가 중원에서 블록 내지 일자를 구성하는 형태가 효율적으로 여겨졌다. 고전적 스리백의 복원은 카테나초의 고향 이탈리아에서 이뤄졌다. 유로2012 개막전과 결승전에서 스페인에 대적한 체사 레프란델리의 스리백은 중앙 미드필더 다니엘레 데로시를 수비 라인으로 내린 뒤 수비형 미드필더와 스위퍼의 역할을 오가는 리베로처럼 작동했다. 2011년부터 2014년 사이 유벤투스를 이끌고 스리백의 부활을 이끈 콘테가 이탈리아 대표팀의 고전적 스리백을 강화했다. 비록 우승으로 이어지지 못했지만 유로 2012 대회 결승전에서 스페인에 0-4로 참패한 복수를 유로 2016 16강에서 이뤘다.

당시 콘테의 이탈리아는 키엘리니, 보누치, 바르찰리로 이어지는 유벤투스 스리백을 그대로 기용했고, 데로시가 그 앞에서 보호하도록 했다. 스위퍼를 스리백의 뒤가 아닌 앞에 배치한 형태로, 빗장을 뒤가 아닌 앞에 둔 변형 카테나초였다. 데로시는 유로 2012에서 스위퍼 역할을 성공적으로 수행한 이후 AS 로마에서도 상황에 따라 두 센터백 사이로 내려가 수비를 진두지휘하며 수비형 미드필더 영역까지 커버하는 리베로로 기능했다. 일반적으로 공을 잘 차는 중앙 미드필더가 센터백 사이로 내려가는 라볼피아나와 다른 형태로 카테나초의 계보를 잇는 스리백이었다.

스리백과 데로시 등 배후의 네 명이 잔루이지 부폰이 지키는 골문을 사수하고, 좌우 풀백 마티아 데 실리오와 알레산드로 플로렌치가 자기 진영으로 상대 공격이 전개되면 5백을 형성해 위험 지역을 사수했다. 둘은 공격 전환 시 적극적으로 공격에 가담했다. 당시 콘테의 이탈리아는 포스트 플레이가 가능한 9번 공격수 그라치아노 펠레, 기술이 좋고 빠른 브라질 출신 귀화 공격수 에데르의 투톱을 통해 신속하고 효율적으로 전개됐다.

투톱 뒤를 에마누엘 레자케리니와 마르코 파롤로가 지원했다. 전통적인 10번 형 공격형 미드필더를 두지 않고 기동성, 효율성과 수비 조직력을 강조한 축구를 구사했다. 스페인을 제압한 이탈리아는 견고했지만 8강에서 독일과 1-1로 비긴 뒤 승부차기 패배로 아쉽게 우승의 꿈을 이루지 못했다. 데로시와 칸드레바가 부상으로 빠지고 티아고 모타가 경고 누적으로 빠진 전력 누수가 만만치 않았다.

데로시의 이탈은 중원 무게감 저하를 가져왔고, 독일은 스리백 수비로 이탈리아 투톱을 제어했다. 풀백의 기동성도 떨어졌다. 2014년 FIFA 브라질 월드컵 챔피언인 독일의 전력도 강했지만, 이탈리아에겐 여러모로 불운한 경기였다. 성적과 관계없이 콘테의 축구는 성공적이라는 평가를 받았다.

감독 콘테는 스리백 전술로 대표되지만, 감독 경력 초기에는 투톱과 공격적인 윙어를 배치한 4-2-4에 가까운 포메이션을 즐겨 썼다. 2004년 유벤투스에서 은퇴한 콘테는 피렌체에서 코치 라이선스 교육을 받았고, 2005년 여름 시에나의 코치로 지도자 경력을 시작했다. 2005-06시즌 시에나의 세리에A 잔류를 이룬 뒤 2006년 여름에 세리에B 클럽 아레초의 제안으로 감독이 된다. 아레초에서 3개월 만에 성적 부진으로 경질된 콘테는 다시 2007년 3월 아레초의 부름을 수락해 재부임한다.

세리에B에서도 강등권에 머물렀던 아레초에서 콘테는 시즌 마지막 10경기를 8승 2무의 호성적으로 이끌었다. 그럼에도 칼초폴리에 연루되어 삭감된 승점 8점의 여파를 극복하기 어려웠다. 스페치아와 승강 플레이오프에서 패하면서 세리에C1으로 강등된다. 콘테는 아레초와 재계약 협상을 벌였으나 조건이 맞지 않아 다시금 떠나게 됐다. 한 달만에 바리 감독으로 부임한 콘테는 강등권 전력의 팀을 리그 11위로 이끌며 또 한 번 감독으로 능력을 발휘했다. 이때 콘테 감독의 축구는 4-4-2 포메이션을 기반으로 했다.

"특정 플레이 방식에 대해 너무 많은 말들이 있다. 사실은 4-4-2다. 나 역시 참신함이 토론의 화제를 만든다는 것을 안다. 4-2-4라고 하지 않고 4-4-2라고 했다면 우리는 혁신을 논의하지 않았을 것이다. 그냥 일반적인 플레이라고 여겼을 것이다. 일반적인 4-4-2였다. 잉글랜드에서는 대부분의 팀들이 이런 종류의 모듈을 적용하고 있다고 생각한다. 이 방식은 내가 생각하기에 최적의 방식으로 경기 전체를 커버할 수 있다."　　　　　　　　　　　　　　　　　　ㅇ 안토니오 콘테

콘테의 4-4-2는 그가 말한대로 잉글랜드식이었다. 투톱으로 상대 골문을 노리고, 두 윙어가 빠른 스피드로 간격을 만들고, 두 중앙 미드필더는 필드 전체를 누비는 박스 투 박스 형태로 활약한다. 이탈리아 축구가 선호하는 스리백의 리베로도 없고, 판타지스타도 없다. 역동적이고 효율적인 축구를 펼쳤다. 사키의 4-4-2를 전승한 팀이었다.

선수로 뛰면서 대학교에서 스포츠 과학 공부를 이어간 콘테는 바리 감독을 수행하면서 학업을 병행했다. 2008년 10월, 10년만의 졸업에 성공했다. 스포츠 심리를 연구한 콘테는 유벤투스의 레전드였으나 자신을 이탈리아 대표팀에 전격 발탁했던 아리고 사키 감독에 대한 내용을 주로 다뤘다. 콘테는 사키에 대해 "내 머리를 열어 축구에 대한 개념을 바꾼 감독"이라고 존경을 표했다. 학위를 받은 뒤 콘테는 바리를 2008-09시즌 세리에B 우승으로 이끌며 세리에A 승격으로 인도했다. 그러나 콘테와 바리는 연장 계약 합의를 이루지 못했고, 콘테는 2009-10시즌 개막 후 4연패를 당한 아탈란타의 감독을 맡아 세리에A 무대에 섰다.

아탈란타 선수단과 관계가 좋지 않았던 콘테는 2010년 1월 사임했고, 세리에B에 있던 시에나를 세리에A로 승격 시킨 뒤 2011년 여름 유벤투스의 감독으로 선임됐다. 당시 유벤투스도 칼초폴리의 여파로 흔들리고 있었다. 징계로 인한 세리에B 강등 후 곧바로 승격에 성공했지만, 2009-10시즌 유벤투스는 세리에A를 두 시즌 연속 7위로 마친 상황이었다. 유벤투스는 콘테 부임 후 모든 것이 달라진다. 2011-12시즌 유벤투스는 세리에A 38경기에서 23승 15무로 무패 우승을 달성한다.

유벤투스에서도 초기 포메이션은 4-4-2였다. 당시 영입한 안드레아 피를로

와 아르투로 비달, 그리고 본래 팀에 자리를 잡고 있던 클라우디오 마르키시오의 특성은 콘테로 하여금 포메이션 변화의 필요성을 생각하게 했다. 이 세 선수는 성의 스펠링을 따 MVP 트리오로 불리게 된다. 1차적인 포메이션 변화는 레지스타인 피를로를 포백 앞에 두고 공을 배급하게 하는 4-1-4-1 포메이션이었다. 문제는 풀백이었다. 레프트백 파울로 데첼리에는 측면 수비의 견고함이 부족했고, 이 문제를 개선하기 위해 조르조 키엘리니를 레프트백으로 기용했다. 문제는 키엘리니가 레프트백으로 뛰면 오버래핑을 통한 측면 공격 전개가 거의 불가능했다는 것이다. 결국 유벤투스는 공격 시에 라이트백 슈테판 리히 슈타이너만 전진해 자연스럽게 후방에 키엘리니, 레오나르도 보누치, 안드레아 바르찰리 세 명이 남아 스리백을 형성했다. 당시 이탈리에 세리에A 무대에 스리백 수비를 펼치는 팀이 늘어나면서 알레산드로 마트리를 중앙에 두고 마르코 부치니치와 시모네 페페를 좌우 날개로 기용한 유벤투스는 투톱으로 공격 형태를 전환했는데, 이로 인해 오버래핑 능력이 전무한 키엘리니의 앞 자리에 왼쪽 윙백을 둔 3-5-2 포메이션을 시도하게 된다. 다시 데첼리에를 기용하고, 본래 왼쪽 측면 미드필더 영역까지 커버하던 마르키시오를 조금 더 앞쪽으로 배치해 구조적 균형을 만들었다.

"포메이션은 스토퍼와 리베로, 윙어들의 시대를 주름잡은 전략적 사고의 결과물이다. 요즘은 포메이션보다 원칙적 플레이에 관해 얘기해야 옳다. 비달이 그 예다. 경기에서 그를 눈여겨봐라. 속도의 완급을 조절하면서 수비와 공격 안 가는 곳이 없다. 그는 우리 플레이의 강도를 조정한다."　　　　　　　○ 안토니오 콘테

3-5-2 포메이션으로 무패 우승을 이룰 수 있었던 배경에는 유벤투스가 직전 시즌 리그 7위로 유럽 클럽 대항전을 병행하지 않으면서 경쟁 팀들에 비해 체력적 우위에 있었던 점도 이점이었다. 그리고 2012년 여름 이적 시장에 콰드오 아사모아와 마우리시오 이슬라를 영입해 전문 왼쪽 윙백 포지션을 채워

한층 더 강력한 3-5-2 포메이션을 구축했다. 중원에는 맨체스터 유나이티드에서 기회를 잡지 못하던 폴 포그바를 영입했고, 미드필더에 마누엘레 자케리니, 윙어 세바스티안 조빈코도 가세했다.

유벤투스는 2012-13시즌에 무패 행진을 마감했으나 승점 87점으로 또 한번 세리에A 우승을 이뤘다. 비달은 콘테 감독 체제에서 전성 시대를 맞아 10골로 팀 득점 1위를 차지했다. UEFA 챔피언스리그에서는 조별리그를 1위로 돌파했지만 16강에서 셀틱에 합계 0-5 완패를 당하며 무력하게 탈락했다.

챔피언스리그를 목표로 2013년 여름에는 카를로스 테베스, 페르난도 요렌테를 영입해 전방을 강화했다. 세리에A 역사상 최다인 승점 102점(33승 3무 2패)을 달성하며 3연속 우승을 달성했다. 그러나 챔피언스리그에서는 조별리그 탈락을 겪었고, 유로파리그에서는 4강에 올랐으나 충분한 결과는 아니었다. 콘테는 이 시즌을 끝으로 유벤투스 감독직에서 물러나 이탈리아 대표팀으로 향했다. 콘테는 유벤투스에서 구축한 BBBC수비 라인(부폰-바르찰리-보누치-키엘리니)을 그대로 이탈리아 대표팀에서도 활용한다.

이탈리아 대표팀을 이끌고 참가한 유로 2016 대회에서 성과는 분명하다. 2018년 FIFA 러시아 월드컵에서 3위를 차지한 스타군단 벨기에를 조별리그에서 2-0으로 제압했고, 스페인과 16강전 2-0 완승으로 우승 전력을 입증했다. 독일에 승부차기로 패하면서 탈락했을 뿐이다.

콘테는 유로 2016 대회를 마치기 전 이미 첼시 감독으로 부임이 결정되어 있었다. 2016-17시즌 첼시 부임 초기 콘테는 포백으로 경기했는데, 초반 성적이 좋지 않았다. 4-1-4-1 포메이션으로 개막 후 3연승을 달렸으나 스완지시티와 4라운드에 2-2로 비긴 뒤 5라운드 리버풀전 1-2 패배에 이어 6라운드 아스널전 0-3 완패로 전략 수정이 불가피했다.

세사르 아스필리쿠에타, 존 테리, 게리 케이힐, 브라니슬라브 이바노비치의 포백 앞에 은골로 캉테를 배치했던 콘테 감독은 헐시티 원정으로 치른 7라운드에 아스필리쿠에타를 오른쪽 센터백으로 두고, 다비드 루이스를 중앙에 배치해, 케이힐과 스리백 조합을 만들었다. 파리 생제르맹으로 이적했다가 재영입한 다비즈 루이스는 지나치게 공격에 가담하고, 수비적으로 불안한 선수라는 평가를 받았으나 콘테 감독이 철저히 스위퍼 역할에 집중시켰고, 새로운 첼시의 조직 안에서 그의 잠재되어 있던 수비 리더십을 발현시킨다.

스리백 앞에 네마냐 마티치와 캉테가 두 명의 중앙 미드필더로 견고하게 자리했고, 빅터 모지스가 오른쪽 윙백, 마르코스 알론소가 왼쪽 윙백으로 측면 공격과 수비를 맡았다. 캉테와 마티치 모두 혼자 있을 때 활동력, 체력, 공격 가담력 등에서 부하가 걸렸으나 나란히 서면서 캉테가 전진하고 마티치가 조율하며 균형을 잡는 형태, 캉테가 뒤를 지켜주면서 마티치가 공격 전개를 이끄는 형태에서 모두 안정성을 갖출 수 있게 됐다. 윙어로 뛸 때 한계를 보여 임대 생활을 전전하던 모지스는 한 칸 내려온 윙백 자리에서 가속력을 살려 자신의 장점이 두드러지는 경기를 할 수 있었다.

전혀 달라진 포진과 구성이 가능했던 것은 공격진의 개인 능력이 출중했기 때문이다. 21세기 가장 완벽한 9번 중 하나로 꼽히는 디에고 코스타가 최전방에 있었고, 2선에는 드리블 마스터 에덴 아자르, 브라질 대표 윙어 윌리안이 있었다. 2선 공격수로는 바르셀로나 출신 페드로 로드리게스도 건재한 상황이었다. 세스크 파브레가스는 캉테의 미드필더 파트너로 기용될 수 있었으나, 콘테 감독이 부임할 당시 4-4-2 포메이션에서는 활용도가 높을 것으로 기대했던 브라질 미드필더 오스카가 전술적 희생양이 됐다.

3-4-3 시스템으로 전환한 첼시는 파죽의 리그 13연승으로 무리뉴 감독이 세웠던 첼시의 리그 최다 연승 기록을 갈아치웠다. 아스널에 3골을 내주며 패했던 첼시는 스리백으로 6연속 무실점 승리를 했다. 토트넘에 패하며 연승이 13경기에 마감되기까지 10경기를 무실점으로 이겼다. 첼시는 무리뉴의 맨체스터 유나이티드를 4-0으로 대파했고, 스리백 전환 전 토트넘과 첫 만남도 2-1 승리, 맨체스터 시티전에 3-1 승리로 마쳐 12라운드에 1위로 올라섰고, 시즌 종료 때까지 선두 자리를 놓치지 않았다. 무리뉴가 부임한 맨체스터 유

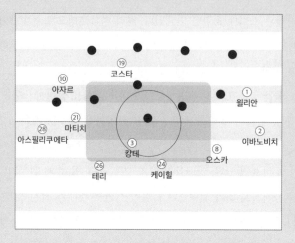

**첼시의 4-1-4-1 포메이션의 중앙 지역 구조적 문제**

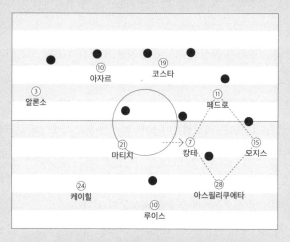

**3-4-3 포메이션 전환으로 중원과 측면의 유기성 강화**

나이티드, 주제프 과르디올라가 부임한 맨체스터 시티가 2015-16시즌의 화제였으나, 주인공은 이탈리아에서 온 전술가 콘테가 됐다.

　콘테가 첼시 부임 당시 첫 시스템으로 택한 4-1-4-1 포메이션은 실질적으로 세 명의 선수가 책임진 중원 장악력 문제가 두드러졌다. 코스타와 윌리안,

아자르가 전방에 배치됐는데, 윌리안과 아자르가 넓게 벌리고, 코스타가 원톱으로 서면서 유기성이 떨어졌고, 중앙 지역 수비 가담도 부족했다. 여기에 두 명의 중앙 미드필더로 기용된 마티치와 오스카도 수비 기동성이 부족한 선수들이었다. 심지어 포백의 좌우 풀백을 맡은 이바노비치와 아스필리쿠에타도 속도에 강점이 있는 선수들이 아니었다.

이 총체적 문제를 해결한 시스템이 3-4-3포메이션이다. 스리백이 문전 위험 지역을 사수하고, 두명의 중앙 미드필더를 앞에 세워 개인 수비력과 관계없이 중앙 지역의 짜임새가 생겼다. 기동성이 있는 모지스와 알론소가 좌우로 넓게 서니 윌리안과 아자르도 중앙으로 좁혀 플레이하면서 미드필드진과 유기성이 생겼다. 세 명의 공격수가 모여서 콤비네이션 플레이를 하면서 윙백이 자유로워지거나, 중앙 미드필더가 전방으로 침투할 때 프리맨이 되는 상황도 연출할 수 있게 됐다. 윙백의 크로스와 2선 미드필더의 스루패스는 원톱 코스타에게 다양한 공격 루트를 제공했다. 콘테 감독이 강조하는 제3자 침투 플레이가 빈번하게 시도될 수 있는 것이다.

3-4-3 포메이션으로 전환한 뒤에는 수비 상황에서 측면 공격수와 윙백, 미드필더, 바깥쪽 센터백이 연합 수비를 구축하기도 용이했다. 측면 센터백이 수비 지원을 나가도 다비드 루이스가 스리백 중앙에서 전후좌우를 커버할 수 있었다. 다비드 루이스는 본래 활동 범위가 넓은 데다 공을 갖고 플레이하는 게 익숙한 센터백이다. 더불어 스리백이 한 축인 아스필리쿠에타, 중앙 지역의 마티치나 파브레가스 등은 패스 전개 능력을 갖고 있고, 반대 전환 패스를 능숙하게 구사해 좌우 윙백으로 공을 전환시키고, 이들은 곧바로 코스타나 아자르에게 패스해 직선적 공격을 진행할 수 있었다.

첼시의 3-4-3 포메이션에서 중앙 지역은 통제의 대상이고, 공격 전개 시에는 전환과 측면 플레이, 곧바로 상대 골문 지역을 습격하는 신속한 플레이에 집중한다. 마티치와 파브레가스 등 중앙 미드필더 성향 선수는 공을 순환하고, 전환시키며 역할을 가질 수 있었으나 2선에서 공을 쥐고 풀어가는 오스카가

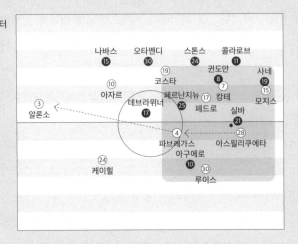

**오른쪽 측면 과부화 전략을 통한 왼쪽 윙백 알론소 공격 활용**

**에덴 아자르의 수비 부담을 덜어준 3-4-3 포메이션 공격 형태**

중용되지 못한 이유다. 페드로는 9도움, 코스타는 7도움을 했는데 각각 아자르에게 3개의 도움을 했다. 득점 과정이 스리톱에 집중된 것이다. 실제로 코스타가 20골, 아자르가 16골, 페드로가 9골, 윌리안이 8골을 넣었고, 세트피스 공격에도 신경써 수비수 게리 케이힐이 6골을 넣었다.

캉테, 마티치, 파브레가스 등은 스리백 앞 자리에서 공을 안정적으로 점유하면서 윙백이나 스리톱을 향해 전개하는 역할에 집중했다. 파브레가스는 2016-17시즌에 11개의 도움, 마티치는 7개의 도움을 기록했다. 파브레가스의 도움 중 3개가 코스타, 마티치의 도움 중 3개가 코스타에게 직접 배달됐다. 아틀레티코에서 이미 시메오네의 역습 축구에 다양한 공격의 핵심으로 기능한 코스타는 단순히 전방에 머무르지 않고 측면으로 벌려 공을 받고 돌파하거나 2선까지 내려와 경합했다. 이를 통해 아자르가 전방으로 침투해 자유롭게 득점 상황에 집중할 수 있었다.

아자르, 페드로, 윌리안 등 2선 선수들이 모두 개인 돌파로 한 두명의 선수를 제칠 수 있는 옵션이었다는 점도 첼시가 공격형 미드필더를 두지 않은 3-4-3 시스템으로 성공할 수 있는 배경이다. 첼시 스리백은 넓게 움직여 원톱으로 경기하는 팀의 방해를 거의 받지 않았고, 다비드 루이스는 때때로 중원으로 올라가 수적 우위를 유발했다. 풀백 출신인 아스필리쿠에타도 모지스의 뒤를 커버하면서 모지스가 공격에 가담한 상황의 구조적 안정성을 지원했다. 캉테가 스리백 앞을 커버했기에 윙백이 최종 수비 라인까지 내려와야 하는 상황은 거의 없었다. 알론소와 모지스는 측면 공격 역할에 집중할 수 있었다. 알론소는 크로스로, 모지스는 속도를 살린 오버래핑으로 스리톱 공격수를 공간적으로, 혹은 직접적으로 지원했다.

코스타와 페드로가 시메오네와 과르디올라의 팀에서 체계적이고 강력한 전방 압박을 구사한 선수라는 점에서 첼시는 수비 전환 상황에도 강했다. 윌리안도 이러한 헌신적인 공격수였고, 이로 인해 아자르는 상대적으로 공격지역에서 자유롭게 자신의 재능을 펼치며 공격할 수 있었다.

좌우 윙백이 전방 수비를 협업하고 스리백과 두 명의 미드필더가 중앙 공간을 채웠다. 코스타와 페드로가 전방과 하프스페이스, 측면까지 이동할 수 있다는 점과 라인 사이 그리고 하프스페이스에서 대각선 패스를 받고 공격을 전개할 수 있는 점도 이점이었다. 코스타는, 스트라이커는 늘 문전을 위협해야 한

● 상대 팀
○ 첼시

**공격 상황에서 항상 스리백의 배후 공간 지지**

**세트피스 상황에도 중앙 지역 수비 커버 중시**

**자기 진영 수비 시 5-4-1 포메이션 전환**

다는 콘테의 생각에 따라 아틀레티코 시절보다는 더 전방 지향적으로 뛰었다. 아틀레티코 시절 코스타는 윙어 역할도 소화했는데, 첼시에서는 그보다 정통 스트라이커에 가깝게 움직였다. 주지할 것은, 이 전술은 코스타라는 전술적으로 결점이 없는 9번 공격수가 컨디션 문제 없이 꾸준히 경기를 했기에 가능했다는 점이다. 콘테의 스리백은 코스타에게 문제가 생기면서 삐걱거리기 시작했다. 그 뿐 아니라, 모지스가 부상으로 이탈했을 때도 그에 필적할 오른쪽 윙백 대안이 부족해 3-4-3의 장점이 제대로 발휘되지 못했다.

콘테의 첼시는 지켜야 하는 상황에서 신중했다. 세트피스 상황에서는 아스필리쿠에타가 전진해 세 명이 1차 방어선을 구축하고 케이힐과 다비드 루이스가 뒤를 받쳤다. 리드 상황을 지킬 때는 좌우 윙백이 스리백 옆까지 내려가고, 좌우 측면 공격수가 좌우 미드필더 자리를 채워 5-4-1 대형으로 자기 진영을 잠갔다.

5백 1자 수비는 빠른 템포에 측면 공격에 이은 크로스 활용도가 높은 프리미어리그에서 좌우를 넓게 커버해 효과적이었다. 좌우 윙백 중 한 명이 한 칸 위로 올라가면 4-5-1 대형으로 중앙 지역을 더 커버할 수 있는 유연성이 있었다. 첼시가 무실점 승리를 많이 거둘 수 있었던 이유다. 콘테의 고전적 스리백으로 우승한 첼시는 프리미어리그 무대에 카테나초의 철학을 제대로 전수했다.

콘테가 첼시를 맡아 빠르게 전술적으로 정비하고, 프리미어리그 우승을 차지할 수 있었던 배경에는 유벤투스 부임 첫 시즌과 마찬가지로 유럽 대항전에 나서지 않아 주중 전술 훈련을 실시할 일정적 여유가 있었던 게 도움이 됐다.

콘테는 두 번째 시즌에 UEFA 챔피언스리그를 병행하며 체력적으로 고전했고, 상대 팀도 콘테 축구 대응법을 찾았으며, 선수들과의 불화도 발생해 어려움을 겪었다. 새 시즌을 위해 영입된 선수들도 기대에 미치지 못했다. 콘테는 결국 역대급 첫 시즌에도 불구하고 두 번째 시즌을 마치고 물러났다. 프리미어리그 타이틀 방어에 실패했지만 FA컵 결승전에서 주제 무리뉴의 맨체스터 유나이티드를 1-0으로 꺾고 우승컵을 들어 유종의 미를 거뒀다.

# 위르겐 클롭

*Jurgen Norbert Klopp*

## 더 많이 뛰면 차이를 만들 수 있다

"평화로운 축구 말고 싸우는 축구. 그게 내가 좋아하는 것이다. 난 조용한 노래보다 헤비메탈을 좋아한다."

○ 위르겐 클롭

1963-64시즌 출범한 독일 분데스리가 최다 우승 팀은 바이에른 뮌헨이다. 2018-19시즌까지 총 56시즌 중 28차례나 우승했다. 그 뒤를 잇는 팀이 보루시아 도르트문트인데, 우승 횟수가 5차례에 불과하다. 바이에른이 압도적인 지배자였다는 이야기다. 2009-10시즌부터 2018-19시즌까지 10시즌 동안 바이에른이 8번 우승했고, 도르트문트가 두 번 우승했다. 도르트문트는 21세기 들어 바이에른을 견제할 수 있었던 거의 유일한 팀이다. 도르트문트는 21세기에만 5번의 우승 중 3번의 우승을 기록했고, 이중 가장 강렬한 시기가 2010-11시즌과 2011-12시즌의 연속 우승이다. 이 시기 도르트문트의 부활을 이끌며 유럽 최고의 명장 반열에 오른 이가 위르겐 클롭이다.

도르트문트는 오트마 히츠펠트 감독이 재임한 1990년대에 첫 전성 시대를 맞는다. 1994-95시즌과 1995-96시즌 분데스리가 연속 우승을 이뤘고, 1996-97시즌에는 UEFA 챔피언스리그 우승으로 정점을 찍었다. 히츠펠트 감독이 바이에른 뮌헨으로 떠나면서 주춤했으나, 클럽 레전드이자 독일 축구 레전드 마티아스 잠머가 감독으로 부임해 2001-02시즌에 통산 세 번째 분데스리가 우승을 이루며 또 한번 좋은 시기를 맞았다.

도르트문트를 망가트린 것은 재정 위기였다. 2005년 파산 위기에 직면한 도르트문트의 성적은 급격히 하락했다. 2004-05시즌과 2005-06시즌 연이어 리그 7위를 기록한 뒤 2006-07시즌 9위, 2007-08시즌 13위까지 미끄러졌다. 위기의 도르트문트를 구원한 인물은 2008년 부임해 제한된 예산으로 잠재력 높은 선수를 영입하고, 자체 육성 선수를 활용해 게겐프레싱을 앞세워 돌풍을 일으킨 클롭이었다. 성적의 개선이 재정의 개선으로 이어진다는 점에서 클롭 은 도르트문트에 생명력을 불어넣었다고 해도 과언이 아니다.

도르트문트가 클롭을 선택한 이유는, 그가 마인츠에서 이미 자신의 방식을 입증했기 때문이다. 2001년 마인츠에서 은퇴한 클롭은 곧바로 마인츠의 감독 이 되었고, 2003-04시즌 2부리그 3위로 1부리그 승격을 이뤘다. 승격 후 3년 만인 2006-07시즌 16위로 강등을 막지 못했으나 마인츠의 1승격과 2시즌 연 속 잔류 과정에서 거둔 리그 11위의 성적은 감독 클롭을 신뢰할 이유가 되기 충분했다. 클롭의 축구는 간단히 말해 높은 곳에서부터 강하게 압박하고 신속 하게 역습해 득점하는 것이다.

> "볼프강 프랑크가 내가 가장 큰 영향을 끼친 감독이다. 그전까지와는 전혀 다른 축구관을 가르쳐줬다."　　　　　　　　　　　　　　　　　o 위르겐 클롭

선수 생활 경험 자체가 감독이 되기 위한 과정이었다고까지 표현한 바 있 는 클롭에겐 마인츠에서 프랑크 감독을 만난 것이 행운이었다. 프랑크 감독은 1995년 9월 성적 부진으로 호르스트 프란츠가 경질된 후 마인츠에 부임했는

데, 사키식 4-4-2 포메이션과 지역 방어를 적용했다. 팀 전체가 공과 상대 선수의 위치에 대응하는 훈련에 집중했는데, 당시 독일 축구계에선 흔치 않은 방식이었다.

상대가 볼을 가지고 있을 때 무엇을 해야 하는지, 독일 축구계는 이전까지 깊이 고민하지 않았다. 공격수의 교차 움직임과 오버래핑 등 공격 전개에만 관심을 뒀다. 프랑크 감독은 스위스 아라우와 베팅언, 빈터투어에서 일하며 일찌감치 선진 축구 전술을 경험했다.

마인츠 부임 후 그는 아리고 사키의 교재 비디오를 구해 마인츠 선수들에게 보여줬다. 선수들이 달릴 방향을 막대기로 표시하고, 선수들을 밧줄로 묶어 10m 간격으로 세워 4명의 선수가 50m 지역을 커버하는 콤팩트한 라인 유지를 훈련시켰다. 2부 리그에서도 하위권으로 떨어졌던 마인츠는 이 전술적 변화를 통해 상승세를 탔다. 당시 라이트백인 클롭은 프라크 감독 체제 마인츠의 주장이 되었고, 이러한 축구 철학을 온 몸으로 계승한다.

클롭은 이 시기의 경험을 통해 지도자가 된 후 공을 소유하지 못한 상황, 즉 수비를 어떻게 구축하고 공격으로 전환하는지에 관심을 가졌다. 그 자신이 우수한 선수가 아니었으며, 주도적인 축구를 할 수 있는 팀에서 뛰지 않았기 때문이다. 즉, 개별 선수의 기술이 아닌 팀 플레이, 조직력을 바탕으로 이길 수 있는 축구를 고민했다.

> "우리가 팀 정신을 피치에서 발휘하고, 선수 모두가 정해진 바를 지키면 상대를 상당히 괴롭힐 수 있다. 전술적으로 상대보다 우월함을 보이는 것이 아니라, 상대를 약하게 만드는 것이 목적이다." ○ 위르겐 클롭

축구 경기에서 승리하는 것은 우리의 강점을 강화하고 드러내는 것이기도 하지만, 상대의 강점을 제어하는 것도 방법이다. 만약 상대가 질적으로, 개별적으로 우세하다면 이를 약화하는 축구를 준비해야 하며, 이는 개별 기술이

떨어지는 팀이 필연적으로 추구해야 하는 방법론이기도 하다. 상대보다 전력이 약하다고 경기를 포기하는 것은 있을 수 없다. 클롭은 "상대를 최대한 괴롭히는 축구"를 연구했다.

선수에서 막 감독으로 전환한 클롭은 2001년 마인츠에서 공이 없는 상태에서의 움직임을 개선하는 것으로 팀 성적을 끌어올릴 수 있었다고 했다. 기술적 수준을 개선하기 위한 작업은 더디고, 선수단 전체의 동기부여를 높이기 어렵다. 공 없이 대형을 갖추고 상대 공격을 틀어막는 압박 전술을 심화시킨 배경이다.

"어딘가의 새 감독이 되었다는 것은 그 팀에 잘 풀리지 않는 무엇인가가 있다는 뜻이다. 그 상태는 팀 단위의 수비가 가능해지면 개선할 수 있다. 훈련으로 완벽하게 몸에 익힐 수 있기 때문이다. 선수의 재능과는 거의 상관이 없고, 성격이나 학습 의욕, 뛰려는 의지와 더 큰 관계가 있다."  ○ 위르겐 클롭

마인츠에서도, 도르트문트에서도 클롭 감독이 처음으로 개선한 것은 화력이 아닌 안정된 수비다. 그리고 이 수비를 바탕으로 신속한 역습을 통해 득점력을 높여 결국 팀 전체 색깔을 바꾸고 성적을 향상시킨 것이다. 결국 우선 중요한 것은 수비, 그리고 압박이었던 것이다. 수비를 잘하기 위해선, 공이 없는 상황에서 잘해야 한다. 그러려면 약속된 플레이와 대형도 중요하지만, 우선 많이 뛸 수 있어야 한다.

"감독들은 더 많이 뛰는 게 중요하지 않다고 말한다. 올바른 방식으로 경기를 하는 것을 선호한다면서 말이다. 나 역시 올바른 방식을 원한다. 그리고 상대보다 우리가 10km더 뛰길 바란다."  ○ 위르겐 클롭

보통 상대적으로 전력이 약한 팀은 뒤로 물러서서 골문 근처를 지키다 역습

했는데, 클롭은 수비 라인을 최대한 높은 곳으로 올려 상대가 플레이할 여유를 주지 않았다. 그런 점에서 속도감과 역동성을 갖고 있어 역습 축구를 하면서도 수동적으로 보이지 않았다. 다만 이러한 축구를 경기 내내, 그리고 시즌 내내 유지하기 위해선 체력 소모가 심했고, 그래서 젊은 선수들이 선호됐다.

공을 빼앗기는 즉시 높은 곳에서 총력을 다해 압박하고 곧바로 공격하는 게겐프레싱은 이미 1990년대 아리고 사키와 아르센 벵거, 주제프 과르디올라 등이 공격적인 축구를 하면서 구현한 수비 방식이다. 아리고 사키의 방법론에서 중요한 것은 일자형 4-4-2 포메이션이다. 시메오네 감독의 아틀레티코가 펼친 두 줄 수비도 이를 이어 받았는데, 초기 클롭 감독도 일자형 4-4-2 포메이션으로 수비 안정화를 이룬 뒤 공격력 향상을 위해 다이아몬드형 4-4-2를 발전시켰다.

"플랫형 4-4-2는 오프 더 볼 플레이를 연습하기에 완벽한 시스템이다. 프로세스가 가장 명쾌하기 때문에 간단히 실행할 수 있다."　　　　　**○ 위르겐 클롭**

일자형 4-4-2는 라인 간 간격을 좁혀 선수 간 거리를 일정하게 유지하며 연계 플레이를 펼치기 쉽다. 공이 없을 때 콤팩트하게 대형을 유지하며 경기할 수 있다. 그러나 공격 전개 과정에 경직성이 있어 다이아몬드형으로 전환하는 훈련이 필요하다. 클롭 감독은 일자형 4-4-2를 다이이몬드형 4-4-2와 4-2-3-1 포메이션과 유연하게 변형할 수 있도록 전술을 발전시켜 도르트문트에서 성과를 냈다. 일자형 4-4-2가 아닌 상황에서 수비 문제를 해결하기 위해 상대 지역에서의 즉각적인 강한 압박, 게겐프레싱을 발전시켰다.

클롭의 게겐프레싱은 공을 소유하는 상황이 많지 않은 가운데 수비 전선 자체를 높이 뒀으며, 단지 공격수들이 전방에서 열심히 수비해주는 것이 아니라 공격수와 미드필더 전체가 배수의 진을 치고 전후좌우 4면에서 상대 진영의 공을 가진 선수를 무자비하게 압박한 것이다. 다른 팀들의 경우 때에 따라 이러한 전방 압박을 했다면, 클롭의 팀은 이 게겐프레싱을 중심 전략으로 삼았다.

클롭은 "축구는 실수 없이 할 수 없는 스포츠"라고 말했다. 상대 실수를 유발해 기회로 삼는 것이 게겐프레싱의 원리다.

토탈 풋볼의 덕목인 전원 수비, 전원 공격에서 전원 수비가 앞쪽에서 구현된 게겐프레싱을 경험한 이영표는 클롭 감독이 늘 선수들에게 100%를 요구했다고 회고했다.

"보통 우리가 공격적인 팀이다, 수비적인 팀이다, 이런 이야기를 많이 하는데, 클롭 감독은 공격적, 수비적인 구분을 하지 않는 축구를 하거든요. 공격할 땐 모두가 100% 공격하고 수비할 땐 모두가 100% 수비하길 원해요. 훈련 때도 마찬가지고 경기 때도 마찬가지고. 그래서 다른 팀들이 공격적인 팀, 수비적인 팀으로 구분되고, 공격을 하면서도 항상 수비에 염두에 둔 축구를 한다면 클롭 감독은 100% 공격과 100% 수비를 하는 특성을 갖고 있어요. 그런 것이 먹혔을 때 공격적으로 상당히 파괴력이 있고 수비적으로도 단단한 축구를 할 수 있죠."  ○ 이영표

과르디올라 감독은 FC 바르셀로나를 지휘할 때 5초룰을 강조했다. 공을 빼앗기면 5초 안에 되찾아 와야 한다는 것이다. 클롭 감독도 과르디올라의 바르셀로나가 보인 플레이가 게겐프레싱 확립에 영감을 줬다고 고백한 바 있다.

"바르셀로나가 볼을 빼앗았을 때 위치는 매우 높은데, 이것은 모든 선수가 압박을 가하고 있기 때문이다. 리오넬 메시는 자신이 볼을 빼앗겼을 때 다시 빼앗으러 가는 횟수가 가장 많은 선수다. 메시는 볼을 빼앗기면 볼을 가진 선수에게 즉시 달려가 볼을 다시 빼앗으려 한다. 선수들은 마치 내일이 없는 듯이 달려든다. 그런 행동이 내게 최고의 플레이이고, 최고의 축구 모델이다."  ○ 위르겐 클롭

소유 시간이 길었고, 공을 소유한 플레이가 더 강점이었던 과르디올라의 팀

보다 클롭은 더 철저하고 엄격했고, 3초 이내에 볼 회수를 주문했다.

"전술적인 면을 본다고 한다면 수비를 하다가 공격으로 나가는 그 순간에 각자 볼을 빼앗는 순간, 각자 11명이 첫 번째 행동을 중요하게 생각해요. 볼을 뺏고 나서 첫 2-3초 반응이 상당히 빠르죠. 공을 갖고 있다가 뺏겼을 때 3초 안에 각자 어떤 행동할지 끊임없이 주지시키고, 바로 자기 자리로 돌아오게 만들거든요."

○ 이영표

또 하나 중요한 점은 클롭 감독이 선수들에게 많은 요구를 하게 되는 '게겐프레싱'을 기꺼이 하도록 이끄는 리더십을 가졌다는 점이다.

"클롭 감독의 장점은 선수들을 긴장시키는 능력을 가진 것입니다. 감독이 원하는 것을 선수들이 집중해서 경기장에서 수행하게 만드는 힘이 있어요. 선수들을 긴장시키는 힘이라는 것은 선수들이 경기장에 나갔을 때 수비 시 뭘 해야 하는지 알고, 공격 시 뭘 해야 하는지 알고, 집중력 잃어버리지 않고 계속 집중력을 유지하게 만드는 힘이 거든요. 전술적 부분과 선수 장악력이 절묘하게 균형을 맞추면서 감독이 원하는 대로 선수들이 움직이기 시작하는 거죠. 그게 리버풀의 가장 큰 힘이고 클롭 감독의 지도 스타일이죠."

○ 이영표

클롭 감독은 도르트문트에서 보낸 첫 시즌에 6위를 기록했고, 이는 직전 시즌 13위와 비교하면 비약적인 개선이었다. 리그를 13위로 마친 것은 1987-88시즌 이후 최악의 성적이었다. 클롭의 도르트문트는 2008-09시즌 다섯 번밖에 패하지 않았고, 리그 2라운드에 펼쳐진 바이에른 뮌헨과 홈 경기에서 1-1 무승부를 거두는 등 무난한 출발을 보였다. 자신의 스타일이 정착된 후반기 마지막 11경기에서 7연승을 포함해 8승 2무 1패의 호성적으로 2009-10시즌에 대한 기대감을 높였다.

"나는 몽상가가 아니다. 축구 로맨티시스트지."
○ 위르겐 클롭

클롭은 자신의 축구를 입히고, 원하는 선수를 영입하면서 차근차근 순위를 끌어올렸다. 유소년 팀에서 공격형 미드필더 마리오 괴체와 레프트백 마르첼 슈멜처를 끌어올렸고, 2010년 여름 폴란드 공격수 로베르트 레반도프스키, 일본 미드필더 가가와 신지, 라이트백 우카시 피슈첵 등을 영입했다. 1860 뮌헨에서 영입한 스벤 벤더는 중원의 중심을 잡았다. 2009-10시즌 리그 5위로 성적이 상승했고, 클롭의 팀이 완성된 2010-11시즌에 모두의 예상을 깬 분데스리가 우승에 성공한다.

"클롭의 도르트문트는 박스 중앙을 공격했다. 빠르고 직선적이고, 목적을 갖고 있었다. 공 앞에서 선수들이 지속적으로 배후 공간을 노리는 움직임이 위협적이었다."
○ 팀 리스(리버풀 아카데미 코치)

2010-11시즌 도르트문트는 34경기에서 67골을 몰아치며 22골밖에 내주지 않았다. 3위로 시즌을 마친 바이에른은 80골로 팀 득점은 많았으나 실점이 40골로 수비적 견고함에서 도르트문트에 크게 모자랐다. 20골대 실점을 기록한 팀은 도르트문트가 유일했다. 클롭은 마인츠05에서 맺은 인연으로 데려온 네벤 수보티치와 바이에른 뮌헨에서 출전 기회를 잡지 못하던 어린 마츠 후멜스를 영입해 수비의 중심으로 삼았다. 도르트문트 다음으로 적은 골을 실점한 팀은 클롭의 유산이 남은 마인츠05로, 39골을 실점했다. 0점대 실점률의 팀은 도르트문트뿐이었던 것이다.

수보티치와 후멜스는 수비적 견고함에 빌드업 능력을 겸비했다. 좌우 풀백 슈멜처와 피슈첵은 역동적으로 공격과 수비를 오갔고, 켈과 귄도안은 중원에서 경기를 조율하며 좋은 패스를 뿌릴 줄 알았다. 가가와 신지와 마리오 괴체는 2선에서 작지만 창조적인 플레이로 차이를 만들었고, 좌우 측면에서 케빈

그로스크로이츠와 야쿱 브와슈치코프스키 등은 파괴적인 윙 플레이로 상대를 몰아붙였다. 최전방의 레반도프스키는 우아하게 공을 지키고 냉정하게 마무리하며 정통파 9번의 부활을 이끌었다. 전 포지션에 걸쳐 빈틈이 없었고, 팀으로 뛰면서 개인 능력을 발휘했다. 클롭은 선수들이 가진 능력을 극대화하고 팀을 강하게 만드는 데 일가견이 있었다.

"사람을 바꾸는 게 아니다. 상황을 바꾸는 것이다. 선수들을 위해 더 나은 상황을 만들어주는 것이다."　　　　　　　　　　　　　　　　 ○ 위르겐 클롭

2011년 여름에는 클럽 브뤼헤에서 이반 페리시치, 뉘른베르크에서 일카이 권도안을 영입했다. 당시만 하더라도 도르트문트가 영입한 선수들은 상대적으로 덜 알려진 저렴한 선수들이었고, 도르트문트에서 활약을 바탕으로 유럽 빅클럽으로 향하는 스타 선수가 됐다. 2011-12시즌에는 80골을 넣고 25골을 내줘 득점력에서 바이에른을 제치고 최다 득점 팀으로 우승했다. 2011-12시즌에는 결승에서 만난 바이에른 뮌헨을 무려 5-2로 완파하며 DFB 포칼 우승까지 석권했다. 도르트문트 역사상 첫 더블이었다.

"평화로운 축구가 아니라 싸우는 축구. 그게 내가 좋아하는 것이다. 벵거 감독은 공과 함께 플레이하는 것을 좋아한다. 마치 오케스트라같다. 하지만 그건 조용한 음악이다. 난 헤비메탈을 좋아한다."　　　　　　　　　　 ○ 위르겐 클롭

클롭의 축구는 도르트문트에 기술적인 선수가 늘어나면서 점유율을 높이고 무작정 많이 뛰기보다 효과적으로 체력을 비축하며 영리하게 뛰는 방식으로 진화했다. 클롭이 많이 뛰는 축구를 선호한다고 해서 무작정 뛰는 거리와 양 자체를 요구한 것은 아니다.

스페인 축구가 주목받던 2012-13시즌. UEFA 챔피언스리그 준결승에 레알

마드리드와 바르셀로나, 바이에른 뮌헨과 보루시아 도르트문트가 올랐다. 화려한 스타 선수들로 무장한 두 스페인 팀이 결승전에서 엘클라시코를 펼칠 것이 기대됐으나 실제로는 독일 축구의 라이벌전 데어 클라시커가 펼쳐졌다. 클롭의 도르트문트는 주제 무리뉴의 레알 마드리드를 준결승에서 탈락시켰고, 결승전에서 바이에른 뮌헨을 만났다.

앞서 분데스리가 2연속 우승 및 직전 시즌 바이에른을 밀어내고 더블을 이뤘던 클롭은 유럽 챔피언 타이틀을 눈 앞에서 놓쳤다. 결승전에서 유프 하인케스의 바이에른에 후반 44분 아르연 로번에 내준 결승골로 1-2로 패했다. 바이에른은 분데스리가와 DFB포칼까지 석권해 독일 클럽 사상 첫 트레블까지 달성했다. 도르트문트는 앞서 2월 치른 DFB포칼 결승에서도 로번에 결승골을 내줘 0-1로 패했다. 2012-13시즌의 문을 연 DFB슈퍼컵에서도 우승한 바이에른은 2012-13시즌에 모든 것을 가졌다. 그리고 2013년 여름 이적 시장에 유소년 팀에서 키운 최고의 공격형 미드필더 괴체까지 바이에른에 내준다.

도르트문트는 헨리크 미키타리안, 피에르 에메리크 오바메양, 소크라티스 파파스타토폴로스를 영입하며 전력을 보강했으나 2014-15시즌 클롭의 축구는 분데스리가 안에서 완전히 간파됐다. 게겐프레싱은 라인을 낮추고 역습한 팀들에게 공략 당했다. 도르트문트는 리그 순위가 7위까지 떨어졌고, UEFA 챔피언스리그 16강에서 조기 탈락했다. DFB슈퍼컵에서 주제프 과르디올라가 부임한 바이에른을 2-0으로 꺾으며 시즌을 시작했고, DFB포칼 준결승에서 바이에른에 승부차기 승리를 거두었으나 분데스리가에서는 압도적으로 밀렸다. DFB포칼 결승에서 볼프스부르크에 1-3으로 패한 클롭은 도르트문트와 이별한다.

"올때가 아니라 떠날 때 사람들이 어떻게 생각하느냐가 중요하다." ○ **위르겐 클롭**

아쉬운 마무리였지만 클롭이 도르트문트에 남긴 유산은 특별하다. 도르트문트는 클럽의 후임으로 마인츠에서 그와 비슷한 성공을 거둔 토마스 투헬을 선임했다. 도르트문트 감독직을 그만둔 클롭도 여러 빅클럽과 국가 대표팀의 러브콜을 받았으나 휴식을 원한다며 거절했다. 그러다 거절할 수 없는 제안을 받았다. 그 자신과 같은 열정으로 무장한 팀 리버풀이 2015-16시즌 전반기를 넘기지 못하고 부진한 성적의 책임을 물어 브렌단 로저스 감독을 경질한 것이다. 로저스 감독의 점유 축구는 리버풀에 자리잡지 못했고, 클롭 감독의 역동적인 축구로 부활을 꿈꿨다.

클롭 감독은 리버풀 감독 선임 회견에서 "나는 노멀 원(평범한 사람)"이라고 말하며, 주제 무리뉴와는 반대되는 모습을 보였다. 그러나 리버풀은 클롭 감독의 축구가 리버풀 전성시대의 정체성을 확립한 빌 샹클리의 정신을 이어받을 수 있다고 믿었다. 실제로 그랬다. 클럽과 활발하게 소통했고, 선수들과 막역하게 지내면서도 철저한 규율과 플레이 철학을 강화했다. 무엇보다, 승리하는 팀을 만들었다.

"모든 것을 쏟아내야 하는 것이 규칙이다. 더 많이 뛰지 않으면 차이를 만들 수 없다."

○ 위르겐 클롭

시행착오가 없었던 것은 아니다. 일정이 더 타이트하고, 신체적으로 더 격렬했으며, 경기 템포가 더 빠른 프리미어리그에서 리버풀 선수들은 클롭의 게겐프레싱 축구에 적응하는 과정에 부상이 잦았다. 클롭은 2015년 10월에 부임했는데 2016년 1월에 리버풀의 부상자는 무려 11명까지 늘어났다. 선수들의 스프린트 횟수를 무리하게 요구한다며 클롭의 축구를 비판하던 축구 지도자들의 원성이 자자했다. 클롭은 게겐프레싱을 보다 효율적으로 사용하도록 전술을 조정했다. 틀을 바꾸지는 않았으나 융통성을 발휘했고, 선수단의 체력을 관리했다.

클롭은 선수들에게 최선을 요구했으나 강압적이지 않았다. 선수들과 친구처럼 이야기하며 격의없이 지냈다. 이러한 친화력은 클롭의 축구가 맹렬하면 서도 팀 분위기가 긍정적으로 이어지게 해 선수들의 심리적 피로를 낮춰주었 다. 클롭은 선수들이 감독을 위해 뛰도록 만드는 동기부여 능력을 갖고 있었 다. 그는 선수들에게 열정을 불어 넣는 사람이다. 클롭이 직접 "전술은 30%, 팀 빌딩이 70%"라고 말하기도 했다."

"우리는 감독이 말하는 것을 듣고 가슴이 쿵쾅거렸다. 그의 바이브와 감정이 느껴 졌다. 빨리 경기가 시작됐으면 좋겠다고 생각했다. 그의 열정이 말을 타고 전해져 우리를 사로 잡았다. 그를 위해서라면 죽을 수도 있다고 생각했다." ○ 애덤 랄라나

클롭이 리버풀에 적용한 게겐프레싱의 디테일은 2014년부터 리버풀 아카 데미 지도자로 일한 팀 리스(Tim Lees)가 언론 인터뷰에서 상세하게 설명한 바 있다. 리스는 "언론은 이곳 저곳은 부리는 빨간 유니폼을 보고, 게겐프레싱이 라는 말에 집착하지만 성공적인 압박이 이뤄지기 전에 무슨 일이 일어나는지 는 잘 모른다."며 클롭 축구가 리버풀에서 즉각적으로 성공되지 못하는 상황 에 대해 필요한 선수를 보강하고, 선수들의 신체적 컨디션을 준비시키기 위한 시간이 필요하다고 설명했다.

"짧게 요약하면, 카운터 프레스는 정확히 이런 것이다. 수비 전환 상황에서 가능 한 빠르게 공을 향해 압박한다. 피치 높은 곳에서 공을 따내 상대의 공격을 막는 다. 게겐프레싱은 그들의 빌드업 국면에 공을 따내는 것이다. 이는 클롭의 팀이 공 의 소유와 무관하게 상대 팀의 수비 라인을 통제할 수 있다는 것을 의미한다. 공 과 함께 할 때 공격적인 포지셔닝은 물론, 상대가 자신들의 스타일로 형태를 갖추 는 것 자체를 차단한다."                                        ○ 팀 리스

"상대 지역에서 공을 갖거나, 상대를 조정할 수 없다면 게겐프레싱을 구사할 수

없다. 티키타카 타입의 인내심이 필요한 것은 아니다. 더 공격적이고 직선적인 스타일이다. 상대의 낮은 블록까지 올라가 가능한 상대 지역에서 많이 플레이하면서 상대 공격수가 미드필더와 분리되도록 해야 한다. 이 포지션에 자리를 잡으면 공을 가질 때 이상적인 위치에 있게 된다. 선수들은 곧바로 경기에 임팩트를 가할 수 있고 공간을 찾을 수 있다. 더불어 상대 카운터 어택을 막을 수 있고 수비 지역에서 턴오버를 야기할 수 있다."                    ○ 팀 리스

리스가 지적한대로 리버풀은 차근차근 개선됐다. 부임 첫 시즌인 2015-16시즌 리그 성적은 8위에 그쳤으나 풋볼리그컵과 UEFA 유로파리그 준우승을 차지했다. 두 번의 결승전 패배는 실망스러운 일이지만 2016-17시즌에 리그 순위가 4위로 상승해 다음 시즌 UEFA 챔피언스리그 진출권을 얻었다. 이 과정에는 리버풀이 클럽의 게겐프레싱을 결과로 연결하도록 구현할 수 있는 선수를 차례로 영입하는 것이 필요했다.

"이런 축구를 하기 위해선 높은 곳에서 공을 찾을 수 있는 능력을 가진 선수가 필요하다. 단지 공을 향해 달리는 선수가 아니라 실질적으로 공을 찾아올 수 있는 선수가 필요하다. 호베르투 피르미누는 리버풀에 오기 전 분데스리가에서 공을 되찾은 기록이 가장 많은 공격수였다. 랠라나는 포체티노의 사우샘프턴에서 비슷한 역할을 했던 선수다."                    ○ 팀 리스

리버풀은 2016년 여름 사우샘프턴 공격수 사디오 마네, 뉴캐슬 유나이티드 미드필더 조르지뇨 바이날둠, 샬케04 수비수 조엘 마티프를 영입했다. 전방의 스피드와 공격성, 중원의 역동선, 수비 라인의 빌드업과 높이를 보강했다. 2017년 여름에는 모하메드 살라가 영입되어 마네, 피르미누, 살라의 삼지창이 완성되었다. 2018년 1월에는 사우샘프턴에 무려 7,000만 파운드를 지불하고 특급 센터백 버질 판데이크를 영입해 수비를 보강했다.

"배후에는 일대일 공중볼 수비를 할 수 있고 상대 공격수를 괴롭힐 수 있는 수비수가 필요하다. 리버풀이 하프라인 앞에서 수비를 하다보니 곧바로 한 명의 공격수를 향해 롱볼을 전개하는 상대팀의 공격 형태가 자주 나타나기 때문이다. 패스를 커트하거나, 영리한 움직임으로 후퇴 수비를 할 수 있는 선수가 필수적이다. 달려드는 스트라이커를 몸싸움으로 막고 빠르게 역습을 전개할 수 있는 능력의 수비수가 필요하다. 공 소유력을 높이면 수비를 덜하면서 더 효율적인 경기를 할 수 있다."
○ 팀 리스

이 시즌에 트렌트 알렉산더 아놀드와 앤드류 러버트슨으로 구성된 젊고 공격적인 좌우 풀백도 구축됐다. 견고한 포백과 역동적인 스리톱이 구축되니 클롭이 꿈꾼 축구가 제대로 작동했다.

"게겐프레싱 스타일은 전 세계 어떤 리그에서나 효과적일 것이다. 얼마나 좋은 선수를 보유했느냐와 관계없이 팀이 좋은 포지셔닝을 하고 좋은 결정을 내린다면 다시 공을 소유할 수 있다. 상대하기 매우 까다로운 축구다. 상대 지역에서 공을 지배하는 능력이 개선된다면 더 효과적일 것이다."
○ 팀 리스

팀 리스의 지적대로 공을 소유할줄 아는 능력이 수반되어야 다시 공을 빼앗고 되찾아오는 과정을 줄여 체력 소모를 줄일 수 있다. 리버풀에서 클롭의 축구는 이런 점에서 중원 플레이가 노련해졌다. 2017-18시즌 리버풀은 다시 리그 4위를 차지했고, 무엇보다 UEFA 챔피언스리그 결승 진출에 성공했다. 우승 후보로 꼽히던 잉글랜드 챔피언, 주제프 과르디올라의 맨체스터 시티를 8강에서 합계 5-1로 탈락시켰고, AS 로마와 준결승도 합계 7-6으로 제쳤다.

"리버풀의 경기 방식은 우리에겐 매우 까다롭다. 우리는 그것을 이미 알고 있다. 그들은 빠르고, 잘한다. 터프한 상대다."
○ 주제프 과르디올라

**2018-19 UEFA 챔피언스리그 결승전 리버풀 포메이션**

　드라마틱한 결승 진출 과정으로 클롭 감독은 프리미어리그 우승 경쟁은 하지 못했으나 그의 실력을 인정 받았다. 결승전에는 골키퍼 로리스 카리우스의 잇단 실수로 인해 1-3 패배를 당했다. 핵심 공격수 모하메드 살라의 경기 중 부상도 불운이었다. 이러한 아픔을 딛고 2018-19시즌에 승점 97점을 얻고 아쉬운 프리미어리그 준우승, 그리고 UEFA 챔피언스리그 우승으로 결실을 맺었다.

　리버풀 부임 후 줄곧 준우승만 해온 클롭은 비록 전반기까지 선두를 달린 프리미어리그 우승은 놓쳤으나 도르트문트 시절 이루지 못한 챔피언스리그 우승으로 유럽 축구 최고의 명장 반열에 자신의 이름을 올렸다. 리버풀은 우승으로 가는 여정에서 바이에른 뮌헨과 FC 바르셀로나와 같은 유럽 축구의 열강을 무너트렸고, 결승전에는 과르디올라의 맨체스터 시티와 돌풍의 아약스를 격침한 마우리시오 포체티노의 토트넘에 빈틈없는 2-0 완승을 거뒀다.

"상대가 아직 패스 줄기를 고민할 때 습격해야 한다."　　　ㅇ 위르겐 클롭

1년 전 레알 마드리드와 결승전에서 서두르는 모습을 보였던 리버풀은 어느 때보다 높은 집중력을 보였고 실리적으로 경기했다. 무턱대고 달려들며 공간을 열지 않았고 라인을 내리고 차분히 지킬 줄도 알았다. 게겐프레싱을 적절히 사용하며 개성보다 내구성으로 승리를 거뒀다. 수많은 준우승의 경험을 통해 단판전에서 이길 수 있는 축구를 익혔다. 그렇게 클롭은 사상가가 아닌 승리자가 됐다.

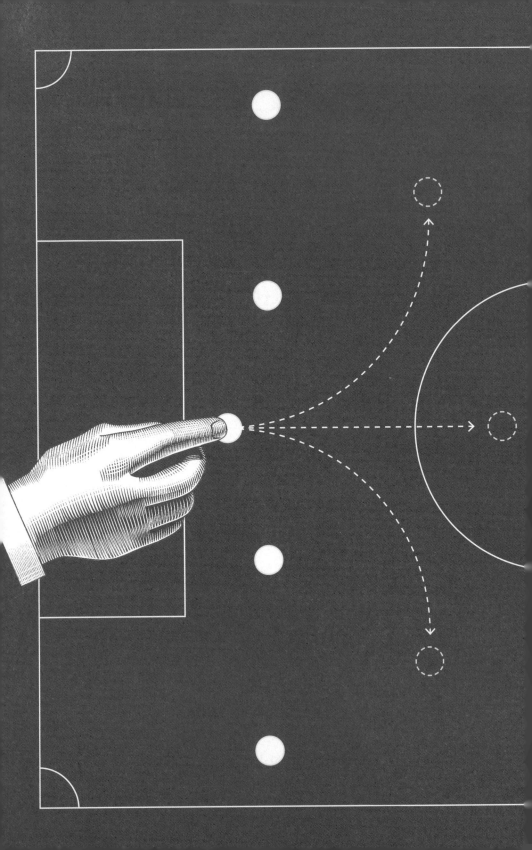

# CHAPTER

## 4

### 선수를 활용하는 축구

: 포지션, 유틸리티, 개인기

감독은 기껏해야 촉진제다.
좋은 선수들이 있으면,
모든 게 쉬워진다.
—

Juan Manuel Lillo
후안마 리요

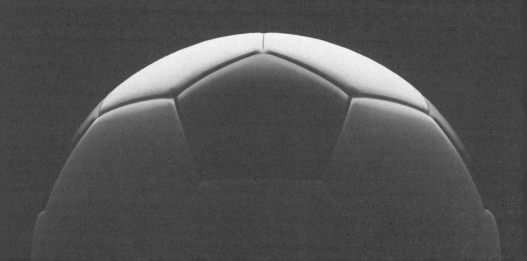

## 좋은 선수가 있으면 모든 게 쉬워진다

"축구선수는 채워야 하는 병이 아니라, 불을 붙여야 하는 불꽃이다."

○ 후안마 리요

축구는 감독 놀음이기도, 선수 놀음이기도 하다. 전술에 부합하는 선수가 필요하고, 선수의 능력을 극대화하는 전술이 필요하다. 전술과 선수가 시너지 효과를 낼 수도, 혹은 각각의 단점만 부각되는 악영향을 초래할 수도 있다. 감독은 자기 팀의 공격 전술을 어떻게 구성할지 결정해야 한다. 본인의 지도 철학에 맞는 경기 플랜을 짜고, 포메이션을 구축하지만, 본인의 팀에 가진 자원의 개성을 고려해서 구성해야 하기도 한다. 이를 무시하고 선수에게 맞지 않는 옷을 입히면 완성도를 기대하기 어렵다. 혹은 오랜 시간이 걸린다.

유럽에서 10년 넘게 선수 생활을 한 설기현 성균관대 감독은 "유럽에도 선수에게 맡기는 감독이 많다. 내가 겪어보니 감독이 해줘야 하는 일들이었다. 축구 경기에서 중요한 것은 감독"이라는 경험을 이야기 한 바 있다. 같은 선수를 데리고 팀을 만들어도, 감독이 누구냐에 따라 성적은 춤을 춘다. 구슬이 서말이라도 꿰어야 보배다.

전술을 다루고 있는 이 책은 공을 지배하든, 공간을 통제하든, 감독의 중요성을 이야기해왔다. 그러나 이러한 전술이 제대로 작동하기 위해선 좋은 선수가 필요하다. 아무리 전술이 좋아도 선수가 잘하지 않으면 진다. 특히, 공격 전개는 결국 골을 넣을 수 있는 결정력이 없으면 과정이 아무리 좋아도 무용하다. 공격 전개 과정에 선수 개개인의 임기응변과 창조성도 필수다. 주제 무리뉴 감독은 아예 공격 전술의 경우 개인 능력에 상당 부분 일임했고, 주제프 과르디올라 감독도 자신의 임무가 팀을 파이널 서드 지역까지 데려가는 것이라고 했다.

기성용은 "감독의 능력은 양 팀 모두 퀄리티 있는 선수를 갖추고 있을 때 발휘된다."고 했다. 선수가 전술을 수행할 수 있을 정도로의 기본기와 이해력을 갖추지 못하면, 감독이 아무리 좋은 철학과 전술, 전략을 준비해도 결과를 가져올 수 없다. 선수가 일대일에서 밀리면 감독이 할 수 있는 일은 제한적이 된다.

전력이 떨어지는 팀은 그래서 많이 뛰고, 수적 우위를 만드는 데 집중한다. 1대1 대결에서 뒤지는 팀이 그런 상황을 자주 마주하면 불리할 수밖에 없다. 2대1, 3대1 상황을 만드는 조직 플레이를 다듬어야 하는데, 개인 능력으로 차이를 만들 수 있는 선수를 90분 내내 철저히 무력화시키기는 어렵다. 때로는 2대1 상황도 해결하고 나오는 선수도 있다. 상대도 수적 우위를 만들기 위해 노력하지 않는 게 아니다. 좋은 계획을 짜도 실행이 불가능하면 의미가 없다.

좋은 팀, 좋은 선수가 스스로 실수 하거나, 컨디션 난조를 보여야 '이변'이 연출된다. 혹은 수비 전술을 준비한 팀도 퀄리티 있는 선수를 갖춰야 '전술 싸움'으로 포장될 수 있다. 디에고 시메오네 감독은 앙투안 그리즈만이나 디에고 코스타 같은 선수를 보유하고도 바르셀로나에 패한 뒤 "메시가 우리 팀 선수였다면 우리가 이겼을 것"이라고 말했다. 투정이 아니다. 주제프 과르디올라 감독도 2017-18시즌 UEFA 챔피언스리그 우승후보를 묻는 질문에 "메시가 지금 어느 팀에 있나?"라고 기자들에게 반문했다. '바르셀로나'라는 답이 돌아오자 "그러면 바르셀로나가 우승 후보"라고 했다.

차범근 전 수원 삼성 감독은 바이엘 04 레버쿠젠에서의 마지막 시즌에 네덜란드 토털 풋볼의 완성을 이끈 인사 중 한 명인 리누스 미헬스 감독의 지도를 받은 바 있다. 차 전 감독이 지도자의 길에 들어설 때 미헬스 감독으로부터 받은 조언은 "좋은 선수가 있는 팀을 맡으라."는 것이었다. 앞서 말했듯, 지도자의 역량이 아무리 뛰어나도 선수 능력에서 밀리면, 타이틀을 차지할 수 없다. 타이틀이 없는 철학은 공허하다. 자신감이 떨어지면 발전도 멈춘다.

"선수들의 퀄리티는 가장 중요한 요소다. 선수들이 어떤 것을 할 수 있는가. 신체적으로, 정신적으로, 기술적으로. 하지만 특별히 전술적으로. 경기 중 벌어지는 상황을 해결하기 위한 시야를 갖춰야 한다. 힘을 확장할 것인지, 정신적으로 무장할 것인지, 기술을 사용할 것인지 결정할 수 있어야 한다."
ㅇ 리뉘스 미헬스

감독의 발전도 그렇다. 자신의 전술과 방법론에 확신을 가지려면 성공의 경험이 필요하다. 같은 전술이라도 선수가 제대로 수행하고, 표현하고, 때로는 그 이상의 것을 해줘야 나아갈 수 있다. 감독의 예술로 불리는 선수 교체 용병술도 마찬가지다. 교체 투입한 선수들이 한 건 해줄 때의 쾌감. 그것도 결국 그렇게 경기를 바꿀 수 있는 능력의 선수가 있어야 가능하다. 감독이 지도하고 만들 수도 있지만, 선수가 해야할 몫도 있다. 무엇보다, 좋은 선수가 있으면 감독의 일이 쉬워진다.

선수 시절이 화려하지 않았던 감독 대부분은 선수 개인이 돋보이기보다 팀이 중심이 된 팀을 만든다. 선수 한 두명에 좌우되지 않는 균형 잡힌 팀을 만드는 게 중요하기 때문이다. 그러나 축구 이상주의자인 후안마 리요의 생각은 다르다. 그는 과르디올라 감독과 함께 최고의 축구를 꿈꿨고, 그래서 최고의 선수를 필요로 했다. 어쩌면 리요와 과르디올라가 감독으로 실적에서 차이를 보인 것은, 리요가 과르디올라에 비해 상대적으로 좋은 선수가 있는 팀을 맡지 못했기 때문일 수 있다.

리요는 "감독은 신과 같아야 한다."면서, 그것은 절대자의 의미가 아니라 "어디에나 있어야 하지만 어디에서도 보이지 않아야 한다."고 설명했다. 결국 축구가 선수들의 경기라는 점을 상기시킨 것이다. 계획을 만들되, 실행하고 주인공이 되는 것은 선수들이다.

> "감독은 기껏해야 촉진제다. 그 이상은 아니다. 선수들이야 말로 정말 중요하다. 좋은 선수들이 있으면, 모든 게 쉬워진다."　　ㅇ 후안마 리요

리요는 모든 것을 통제하고 싶은 감독들이 등장하고 있는 시대에, 선수들이 가진 창의성과 자발성의 가치를 훼손해서는 안 된다고 말했다. 기계적인 팀을 만들겠다고 정말 선수를 기계가 되도록 다뤄선 안 된다. 그런 감독들은 초기에는 성공을 거둘지 몰라도 그 성공은 오래 지속되기 어렵다. 동의하지 못하는 선수들을 만날 수 있고, 최고의 실력을 가진 선수들과는 적대적인 관계가 될 수 있다. 상대적으로 경험이 많은 선수들보다 어린 선수들은 따를 수 있지만, 그 어린 선수들의 잠재력과 능력

을 제한시켜 성장을 막는 일이 될 수도 있다. 리요는 이 점을 경계해야 한다고 했다.

"감독은 존재하기 위해 싸워야 한다고 생각한다. 그냥 있기 위해서가 아니라."

○ 후안마 리요

## 차이를 만드는 선수

영어와 스페인어로 선수를 평가할 때 '차이를 만들다'는 표현을 많이 쓴다. 게임체인저라는 용어도 있다. 팀의 계획을 개인 능력으로 무너트리거나, 혹은 이 개인 능력을 중심으로 활용하는 전술을 쓰는 팀들이 있다. 개인의 컨디션과 유무에 따라 팀 전체 경기력이 좌우된다는 점에서 불안요소가 있지만, 그 선수가 특별한 능력을 갖고 있다면 이야기가 달라진다. 과르디올라도 "메시와 같은 능력을 가진 선수가 있는데 왜 활용하지 않는가. 메시는 내 팀에서 늘 예외적 존재"라고 했다.

과르디올라는 메시와 라마시아 출신 선수들 없이도 성공적인 팀을 만들 수 있다는 도전을 위해 FC 바르셀로나를 떠났으나, 메시와 이별한 이후 8년 동안 빅이어 트로피를 다시 들지 못했다. 그 뒤로 세계 최고의 선수로 꼽힌 메시는 한 차례 더 트레블을 했고, 지네딘 지단 감독은 크리스티아누 호날두와 함께 세 시즌 연속으로 유럽 챔피언이 됐다.

호날두는 카를로 안첼로티 감독 체제에서 라 데시마를 이뤘고, 맨체스터 유나이티드 시절을 포함해 무려 다섯 번이나 챔피언스리그에서 우승했다. 챔피언스리그 우승에는 운이 따라야 한다고들 하는데, 이 정도로 많이 우승했다면 실력으로 봐야 한다. 메시도 바르셀로나에서만 뛰면서 세 번의 챔피언스리그 우승에 관여했다.

맨체스터 유나이티드의 주장이었고, 성공적인 경기 분석가이자 실패한 짧은 감독 경력을 가진 게리 네빌은 과르디올라의 성공이 그의 뛰어난 전술적 혜안도 있지만, 리오넬 메시라는 역대급 선수의 존재가 차지하는 지분도 크다고 말했다. 바르셀로나의 철학이 돋보일 수 있었던 이유는 그들의 지배적인 성적인데, 메시가 없었다면 더 많이, 더 자주 한계와 약점을 노출했을 것이라는 점이다. 득점은, 많은 문제를 가리고, 경기의 흐름과 선수들의 심리를 크게 좌우하기 때문이다.

"바르셀로나의 철학은 독특하다고 생각합니다. 그리고 당신의 축구에도 갖고 싶어하는 그들의 경기 요소에 대해 오해하지 말아야 할 부분도 있습니다. 과르디올라 체제에서 바르셀로나는 앞에서부터 압박했어요. 물론 나 역시 앞에서부터 압박하는 팀을 원해요. 하지만 끝없는 소유, 꾸준한 소유, 난 소유를 믿지만, 그런 소유는 없다고 믿습니다. 웸블리에서 열린 결승전에서 맨체스터 유나이티드를 꺾은 바르셀로나의 축구는 재창조할 수 없다고 생각합니다. 사실 이 성공은 상당부분 메시에게 의존하고 있어요."

○ 게리 네빌

부임 첫 시즌에 FC 바르셀로나에 트레블을 안긴 과르디올라와 루이스 엔리케의 공통점은, 개인 능력으로 차이를 만들 수 있는 리오넬 메시의 능력을 극대화한 전술을 찾았다는 점이다. 과르디올라는 메시를 가짜 9번으로 배치했고, 그 전까지 오른쪽 측면 공격수로 뛰던 메시의 득점력은 비약적으로 높아졌다.

가짜 9번으로 뛰던 메시를 막는 법이 연구되던 중 엔리케 감독은 네이마르를 왼쪽, 루이스 수아레스를 중앙 전방, 메시를 다시 오른쪽에 둔 MSN 트리오를 구축했다. 메시는 측면에서 중앙으로 들어와 플레이하는 성향이 유지됐으나 현란한 드리블 기술을 가진 네이마르, 파괴적 움직임과 결정력을 갖춘 수아레스의 존재로 메시에 대한 견제가 줄어들 수 있었다.

이 역대급 세 명의 남미 공격수는 경기장 안에서는 물론 밖에서도 친하게 지내며 무자비한 공격력을 뽐냈다. 엔리케의 바르셀로나는 공 소유력이나 패스를 줄이고 이 세 명을 통한 역습 공격과 부분 전술을 통해 전 대회를 휩쓸었다. 이 세 공격수의 특징은 패스 플레이로 대표되는 현대 축구 전술의 중심과 달리, 개인 능력이 요구되는 드리블 능력이 탁월했던 것이다.

패스 길을 막는 압박이 보편화된 시대에, 경기에 차이를 만들기 위해선 드리블로 한 두명의 선수와 라인을 부수는 개인 능력이 있어야 차이를 만들 수 있다. 과르디올라는 바이에른 뮌헨에서 프랑크 리베리와 아르연 로번이라는 속도감 있는 드리블러를 활용했고, 맨체스터 시티에 부임한 뒤에는 리로이 자네와 라힘 스털링, 베르나르두 실바와 리야드 마레즈 등 개인 능력으로 한 두명은 제칠 수 있는 선수를 중용했다.

"(메시는)전술적으로 모든 것을 이해하죠. 다른 누군가와 비교하는 것 자체가 부끄러운 일입니다. 메시는 모든 것을 지배해요. 공간, 시간, 동료가 어디에 있는지, 상대가 어디에 있는지. 약점과 강점을 무너트리죠. 당신을 향해 드리블하고, 끌어들이죠. 득점하고, 상대가 오는 것을 어떻게 두려워하게 만드는지 알아요. 3대1 상황에서도 지나갑니다. 르브론 제임스에게서도 이런 걸 봤어요. 마이애미의 2014년 결승전을 직접 봤죠. 르브론은 단지 선수 개인이 아니었어요. 르브론이 두 명 앞에 있을 때 빵! 지나갔고 동료가 자유롭게 있었죠. 세 명을 자유롭게 만들었어요. 이것이 메시와 이니에스타가 하는 것이죠. 한 명을 자유롭게 만들때까지 끌어들입니다. 누가 이렇게 할 수 있나요? 플레이하자. 어려서부터 우린 그렇게 훈련했죠. 어디 공간이 있고, 어디에 자유로운 사람이 있는지. 테어 슈테겐이 알때까지. 테어 슈테겐은 그걸 위해 훈련해요. 길게 차는 것을 할 수 있지만, 차지 않죠. 바이에른은 캄노우에 와서 개인 방어를 했고, 테어 슈테겐을 놔뒀어요. 테어 슈테겐이 루이스 수아레스에게 패스했고, 3대3이 됐죠." ○ **주제프 과르디올라**

역대급 팀으로 성과를 내고 찬사를 받은 팀에는 늘 혼자 힘으로 차이를 만들 수 있는 선수가 있었다. 이러한 선수들을 완벽히 통제하는 팀도 있었지만, 그런 팀을 상대로 이번의 주인공이 된 팀들에도 그런 유형의 선수들이 있었다. 수비를 중시한 주제 무리뉴 감독의 경우 극도로 빼어난 결정력, 득점 집중력을 갖춘 공격수를 원했다. "나는 10번의 기회에 두 세 골을 넣는 선수가 아니라 한 번의 기회가 와도 해결할 수 있는 공격수가 필요하다."고 했다. 그렇기 때문에 이 스트라이커에게 전술적 연계 플레이는 요구해도 전방에서 많은 활동량으로 압박하며 체력을 소진하는 것을 크게 주문하지 않았다.

"축구는 피지컬적으로나 전술적으로 개척됐습니다. 이제 개척해야 할 것은 기술, 왜 일이 일어나는가, 어떻게 공격하느냐 하는 것입니다. 그게 재능이에요! 그리고 그것은 아직 충분히 개발되지 않았습니다."

○ 차비, 엘파이스 인터뷰

공을 소유했을 때의 능력을 극대화해 정상에 오른 사례는 1970년의 브라질 대표팀이다. 리뉘스 미헐스는 당시 브라질의 성공 방정식인 4-2-4 포메이션이 널리 전파되지 못한 이유는, 브라질 대표 선수들만한 기술을 가진 선수가 세계적으로 드물었기 때문이라고 설명했다.

"브라질은 당시 획기적인 4-2-4 조직을 활용해 월드컵에서 우승했다. 이 시스템은 수비적 취약점으로 인해 아주 높은 퀄리티를 갖춘 선수가 필요했다. 그래서 다른 나라에는 거의 쓰이지 못했고, 아약스에서 4-3-3 시스템으로 변형해 사용했다. 1982년 FIFA 스페인 월드컵 당시 브라질은 4-3-3 시스템에서 4-4-2 시스템으로 바꾼 뒤 상대를 꼼짝 못하게 했다. 4-2-4, 4-3-3, 3-4-3 시스템의 수비적 취약점과 기술적 섬세함이라는 요소가 분명했기 때문이다."
〇 리뉘스 미헐스

미헐스는 브라질이 1970년 월드컵 이후 24년만에 1994년 FIFA 미국 월드컵에서 우승한 과정의 변화를 균형과 효율성에서 찾았다. 전방 수비력이 부족한 호마리우와 베베투라는 투톱이 득점 상황에 집중하도록 구성한 4-4-2 포메이션은 브라질 홈 팬들에게는 비판을 받았다. 하지만 좌우 풀백이 날개처럼 전진하고, 두 명의 센터백이 공격 기점이 되는 패스를 배급하며, 두 명의 중앙 미드필더가 풀백의 수비 부담을 나눠 갖는 형태의 공격 모델은 현대 축구 공격 전술의 모태가 됐다.

"기술자들은 체력 소모를 최소화해야 한다."
〇 요한 크루이프

이런 최고의 선수들을 제대로 활용하기 위해선 이들이 최고의 기술을 적시에 발휘할 수 있는 환경을 만들어줘야 한다. 그 환경은 전술적 환경일 수도 있고, 체력 부담을 덜어주는 방법이 될 수도 있다. 최고의 선수를 보유하는 것만으로 중요하지 않다는 것이다. 이 선수가 제대로 실력을 발휘하게 하는 것은 결국 감독의 몫이라는 이야기다.

호마리우와 베베투는 공이 없을 때 수비에 힘을 많이 쏟지 않았으나 공을 소유한 상황에서 기민하게 움직이고 공격 마무리 단계를 위해 모든 힘을 쓸 수 있었다. 작지만 영리하고 슈팅력이 좋은 두 공격수의 역량을 극대화한 전술 구조를 만든 것이 브라질의 통산 네 번째 월드컵 우승으로 이어졌다.

2002년 FIFA 한일 월드컵에서 브라질이 이룬 통산 다섯 번째 우승도 호나우두, 히바우두, 호나우지뉴라는 걸출한 세 명의 공격수를 배치하는 대신 브라질 대표팀 역사상 처음으로 스리백 수비를 배치하는 수비 전술 변형을 통한 균형이 중요했다. 전원 공격, 전원 수비의 시대지만 비범한 기술을 가진 선수들을 활용하는 과정에는 이들의 역량을 어디에 집중시켜야 하는지를 고민해야 한다. 이를 위해서도 공을 소유한 채 경기하는 것은 매주 중요한 전제다.

최고 수준의 기술을 갖춘 선수들이 수비 부담을 덜 받으면서 지속적으로 영향력을 발휘하기 위해선 수비하는 시간이 적어야 하고, 수비하는 시점에도 다른 선수들이 이 역할을 분담해줘야 한다. 요한 크루이프는 최고의 기술을 가진 선수들이 경기 중에 제대로 기능하기 위해선 수비하느라 체력을 소모하는 일이 최대한 적어야 한다고 했다.

"이니에스타와 차비는 '두 명의 빠른 미드필더'가 아니라 '두 명의 축구 선수'다. 축구 선수는 발로 공을 소유할 줄 알아야 한다. 가능한 적게 뛰어야 한다. 많이 뛸수록 지치고, 그러면 기술이 떨어지기 때문이다. 그래서 특정 선수에게는 달리는 것이 해로운 영향을 끼칠 수 있어 제한할 수 있다는 문

제를 염두에 둬야 한다."　　　　　　　　　　ㅇ 요한 크루이프

　　물론, 이들에게만 경기 중 수비 임무를 면제해줘야 한다는 얘기는 아니다. 이 점에 있어선 감독 마다 생각이 다르다. 다만 바르셀로나의 전방 압박 구조를 보면 공을 빼앗겼을 때 대형이 바뀌는 것을 볼 수 있다. 수비형 미드필더 위치의 세르히오 부스케츠가 전진해 전방 압박을 수행하고 이니에스타와 차비는 뒤로 내려와 지역 방어에 나선다. 수비 임무를 배제해줄 만큼 빼어난 기술을 가진 선수들을 배려할 수 있다. 하지만, 현대 축구는 기술자들에게도 점점 더 많은 것을 요구한다. 이러한 배려가 결정적인 경기에서 약점이 되기도 한다.

　　UEFA 챔피언스리그 3회 연속 우승을 이룬 지네딘 지단 감독 체제의 레알 마드리드는 루카 모드리치와 토니 크로스라는 걸출한 미드필더의 수비력 문제는 브라질 대표 선수 카제미루가 커버하고, 이스코, 마르셀루, 다니 카르바할, 세르히오 라모스와 같은 공격형 미드필더, 좌우 풀백, 센터백이 수비적으로 더 넓은 범위를 커버하며 보완했다. 모드리치와 크로스는 공을 소유했을 때 최고의 기량을 보였으나 공을 잃고 수비로 전환하는 상황에는 팀의 약점이 됐다. 그래서 레알 마드리드 역시 공을 소유하는 시간을 최대한 늘리고 이 선수들이 수비 상황에서 덜 위험한 영역에 자리하도록 조정했다.

　　전방 압박의 중요성이 강조되면서 원톱 공격수 내지 좌우 윙어, 공격형 미드필더 포지션의 선수들에게 수비력이 요구되고 있다. 하지만 공격 창조성과 악착 같은 수비력을 겸비한 선수를 찾기는 어렵다. 두 마리 토끼를 잡으려다 둘 다 놓칠 수 있다.

　　그래서 변칙 전술이 나오기도 한다. 알렉스 퍼거슨 감독이 AC 밀란과 챔피언스리그 경기에 박지성을 중앙 미드필더로 배치한 뒤 당시 밀란의

후방 플레이메이커 안드레아 피를로를 막게 한 일이나, 주제 무리뉴 감독이 레알 마드리드를 지휘하던 시절 FC바르셀로나와 엘 클라시코에서 차비 에르난데스와 세르히오 부스케츠의 후방 빌드업을 방해하기 위해 센터백 페페를 공격형 미드필더에 배치한 것이 대표적인 사례다. 이는 수비를 잘하는 선수를 중원과 전방에 배치해, 전방 수비력을 높이는 효과와 더불어 공격에 집중해야 하는 선수들의 부담을 덜어주는 효과를 낸다.

비엘사는 "키 작은 선수가 키 큰 선수를 막게 둔다면 성향이 맞지 않아 솔루션이 될 수 없다. 감독이 생각해야 하는 것은 물리적으로 해결할 수 있도록 훈련하는 것이다. 그런 이유로 전술 시스템을 선택하는 데 기반이 되는 것은 유연성이다. 포메이션은 유연해야 한다."고 했다.

공수 상황에 따라 경기 중 활발하고 유연한 위치 변화가 필요하다. 요즘 축구는 공수 전환 상황에 뒤로 물러나서 빌드업 기점이 됐다가 페너트레이션을 위해 다시 올라가는 플레이 패턴을 흔히 볼 수 있다. 경기 중 선수들의 포지션이 수시로 바뀐다. 비엘사는 축구 전술에 총 29개의 포메이션이 존재한다고 정리하면서, 이 포메이션이 몇몇 유형을 기반으로 쉴새 없이 변화한다고 말했다. 그래서 팀의 전술을 기본 포메이션만으로 파악하고 설명하기 어렵다고 했다.

극단적으로 축구 중계 방송 초입에 시청자를 위해 제작하는 그래픽의 요소로만 의미가 있다고 말하기도 했다. 비엘사는 흔히 역할에 따라 경직된 전술이라는 지적을 받은 4-2-3-1 포메이션이 4-4-2, 4-4-1-1, 4-3-3으로 전환하며 유연하게 운영될 여지가 충분하다고 주장하기도 했다. 물론 이러한 전술 유연성을 구현할 수 있는 선수와 평소의 훈련이 담보되어야 한다.

"감독들의 역할이 때로는 지나치다고 생각합니다. 우리는 신체적인 면에서 너무 많이 향상되어 오늘날 수비수를 향해 드리블하는 데 많은 체력이 소모됩니다. 메시나 네이마르를 제외하고, 교대인 루이스 수아레스, 심지어 크리스티아누나 베일조차도 신체적으로 타의 추종을 불허하는 수준이기 때문에 반대로 드리블하는 데 어려움을 겪죠. 가슴에 칩을 꽂고 훈련하고, 거리를 조절하고, 많은 킬로미터를 이동하며, 최고 속도를 냅니다. 신체적으로 더 잘 준비되는 것은 불가능합니다." ㅇ 차비 에르난데스

## 멀티 플레이어 육성

2002년 FIFA 한일 월드컵에 한국 대표팀을 맡은 거스 히딩크 감독이 강조한 것은 2~3개의 포지션을 소화할 수 있는 멀티 플레이어의 중요성이다. 토탈 풋볼의 나라에서 온 실리주의자 히딩크는 전술적 주문을 잘 수행하고, 규율이 좋으며, 양발을 잘 썼으며, 체력 훈련을 할 장기 소집이 가능했던 한국에서 이를 바탕으로 성과를 냈다.

그의 말대로 공격진에선 안정환이 전방과 2선, 측면을 넘나들었고, 라이트백으로 주로 기용됐던 박지성이 오른쪽 윙으로 배치됐으며, 유상철, 송종국 등은 경기 중 다양한 역할을 수행하며 멀티 플레이어의 가치를 보여줬다. 히딩크 감독은 선수 명단을 발표할 때 아예 포지션 구분을 하지 않고 필드 플레이어와 골키퍼로만 나누기도 했다.

이러한 멀티플레이어는 이제 현대 축구에서 일반적인 일이 됐다. 선수를 멀티 플레이어로 육성하는 데 있어 중요한 것은 단지 선수들이 여

| | | | | |
|---|---|---|---|---|
| 1-5-4-1 | 1-5-2-3 | 1-5-2-1-2 | 1-5-3-2 | 1-5-2-2-1 |
| 1-3-5-2 | 1-3-1-4-2 | 1-3-3-1-3 | 1-3-3-2-2 | 1-3-1-2-4* |
| 1-3-2-1-4 | 1-3-2-2-3 | 1-3-1-3-3 | 1-3-4-2-1 | 1-3-3-3-1 |
| 1-3-4-3 | 1-4-1-4-1 | 1-4-2-2-2 | 1-4-4-2 | 1-4-1-3-2 |
| 1-4-2-3-1 | 1-4-3-2-1 | 1-4-1-2-3 | 1-4-3-3 | 1-4-5-1 |
| 1-4-1-2-1-2 | 1-4-2-1-3 | 1-4-3-1-2 | 1-4-4-1-1 | / |

*자주 사용하지 않음

**비엘사가 주장한 축구에서 가능한 29가지 포메이션**

러 포지션을 경험해보는 것뿐이 아니다. 다양한 전술을 경험하고 실행하며 각 전술의 특성을 이해하고 포지션을 이해하는 게 중요하다.

마르셀로 비엘사는 현대 축구 전술에서 가능한 포메이션은 29개라고 규정했고, 수비 응용법은 17가지라고 구체화했다. 그러면서 선수가 유소년 성장의 마지막 단계인 후베닐 (18세 이하)팀에서 모든 포메이션을 경험해봐야 한다고 주장했다. 그래야 프로 선수가 되어서 전술 이해도 문제를 겪지 않을 수 있다는 것이다.

비엘사는 전술을 구성하는 것보다 선수를 선발하는 일이 더 어려운 것이라고 말하기도 했다.

"전술에 대한 의심은 선수를 선발하는 것에 대한 의심해 비하면 아무 것도 아니다. 전술은 집단 차원의 일이지만 선수를 뽑는 것은 개인 차원의 일이다."

○ 마르셀로 비엘사

346

2018년 FIFA 러시아 월드컵에 SBS 해설위원으로 나섰던 박지성은 대회 전 독일보다 멕시코가 어려운 상대가 될 수 있다고 전망했다. 그리고 멕시코가 첫 경기에서 독일을 꺾었고, 결국 16강에 올랐다. 박지성이 주목한 멕시코의 강점은 멀티플레이어가 많아 전술 유연성이 높다는 점이다.

"오소리오 감독은 우리가 어떤 전술을 들고 나올지에 따라 전술을 바꿀 것이다. 스웨덴과 경기에서 우리가 어떤 모습을 보여줄지도 전술 결정에 영향 미칠 것이다. 분명한 건 멕시코에서 포백 멤버가 나온다 하더라도, 우리팀 선발 명단 보고 스리백으로 전환할 수 있을 만큼 상당히 수비지역에서 멀티플레이어 보는 선수가 많다. 명단을 보고 전술을 바꿀 수 있는 게 멕시코의 강점이다."

○ 박지성

멀티 플레이어를 활용하기위해 필요한 것은 감독과 선수의 전술적 소통이다. 2015년, 10월 주제프 과르디올라는 스페인 대표팀 훈련장이 위치한 마드리드 인근 라스 로사스에 위치한 스페인 축구협회 트레이닝 센터에서 강사로 나섰다. 스페인 축구협회 주관 UEFA 지도자 라이선스 세미나를 위해서다. 3년마다 지도자 자격 연장을 위해 스페인 축구협회가 실시 중인 프로그램으로, 스페인 축구협회에서 지도자 라이선스를 취득한 감독들에게 서로의 생각과 노하우를 교류할 수 있는 기회의 장이기도 하다.

과르디올라 감독은 이 기간 자신의 엘리트 축구 팀을 지도하는 자신의 방법론에 대해 발표하는 시간을 가졌다. 스페인 스포츠지 '스포르트'의 보도에 따르면 과르디올라 감독은 가장 중요한 것을 전술적 이상을 팀 전체가 공유하는 것이라고 말했다.

"훈련을 통해 전술적 이상을 표출할 수 있어야 한다. 이것이 없는 팀은 큰 실패를 하게 될 것이다." ○ 주제프 과르디올라

그는 이어 "전술적 이상을 표출하기 위한 도구는 의사소통이다. 최소한 3일에 한 번씩 아이디어를 전달하는 시간을 가져야 한다."며 감독이 갖고 있는 구상을 코칭 스태프는 물론 선수단 전체와 자주 공유하고, 이야기하며 발전시켜야 한다고 강조했다.

기술적 능력이 최고조인 바르사를 떠나 신체 능력을 겸비한 바이에른으로 옮긴 과르디올라 감독은 피지컬의 중요성을 인정하면서도, 그 보다 더 중요한 것이 전술 이해력이라고 설명했다.

"난 특정 포지션에 뛰어난 전문가형 선수도 좋아하고, 다양한 포지션을 소화할 수 있는 멀티플레이어도 좋아한다. 가장 중요한 것은 피지컬보다 경기 콘셉트다. 훈련에서 잊지 말아야 할 것은 바로 그것이다. 선수들은 전술 훈련을 통해서만 실제 경기에서 어떻게 해야 하는지를 배울 수 있다. 이는 결정을 내릴 수 있는 능력을 만들기 위한 훈련이다. 전술 훈련을 통해 선수들이 콘셉트를 이해할 수 있도록 해야 한다." ○ 주제프 과르디올라

이 세미나 자리에는 과르디올라 감독의 바이에른에서 피지컬 코치로 일하고 있는 로렌소 부에나벤투라도 함께했다. 부에나벤투라도 "시즌 일정에 적응해야 한다. 그러나 선수들을 축구과 연결시킬 수 있는 가장 큰 열쇠는 전술적 개념을 전달하는 것이다. 성인 선수도 피지컬 훈련을 해야 하지만 어떻게 플레이해야 하는지 이해하지 못한다면 아무리 달리기를 잘해도 소용이 없다."며 신체 컨디션을 만드는 것은 기본이고, 그보다 중요한 것은 선수들을 전술적으로 이해시키는 것이라고 했다.

과르디올라 감독은 전술을 강조했지만, 이 전술이 감독의 독단적 이상이 되어서는 안 된다고 덧붙였다. "시스템은 나 자신만의 것이 아니다. 나도 선수들에게 적응해야 한다." 선수를 자신의 전술에 끼워 맞추는 것이 아니라, 자신의 전술도 선수단의 구성 면면에 적응해 변해야 한다고 했다.

"지난 주에 작동했던 방식이 오늘은 먹히지 않을 수 있다. 그래서 새로운 방법을 고안해야 한다. 그러므로 감독은 지속적으로 경계를 유지해야 한다."

○ 리뉘스 미헐스

## 스카우팅의 중요성, 좋은 선수 찾기

"세비야에는 프로 1군 스카우트만 16명이 있었다. 하나의 팀으로 움직이더라. 매일 4시간씩 비디오를 보며 전 세계에서 선수를 찾는다. 1,200명에서 600명, 300명까지 추린다. 그 다음에 직접 가서 선수를 체크한다. 감독이 원하는 포지션에 원하는 유형을 파악해두고 복수의 후보 리스트를 사전에 만들어두고 있다. 그래서 필요하다고 하면 바로바로 선수를 찾을 수 있다."

○ 김학범

김학범 대한민국 올림픽 대표팀 감독은 프로 감독으로 일하면서 매년 유럽을 떠나 세계 축구의 트렌드를 배우려 노력했다. 그에게 가장 인상적인 경험은 스페인을 방문해 디에고 시메오네 감독이 이끌던 아틀레티코 마드리드, 우나이 에메리 감독이 이끌던 세비야의 운영 현장을 직접 볼 수 있었던 것이다. 아틀레티코에서 시메오네의 훈련법에 놀랐고, 세비야에선 스카우트 시스템에 놀랐다. 세비야의 경우 당시 세계 최고의 선수 선발 능력을 갖췄다는 몬치의 팀이있던 시기였다.

이러한 체계화된 스카우트를 처음 실시한 인물도 이 책에서 수 차례 설명한 마르셀로 비엘사다. 비엘사는 멕시코에서 활동하던 시기 좋은 선수를 찾기 위해 어마어마한 네트워크를 구성했고, 그로 인해 감독직에서 물러난 뒤 기술이사직을 수행하기도 했다. 그리고 비엘사가 남긴 유산이 그가 멕시코를 떠난 뒤 멕시코가 수많은 재능 있는 선수를 발굴할 수 있었던 원천이 된다.

비엘사는 1992년 7월 아틀라스에서 일할 때 멕시코 92개 도시에 선수 모집 네트워크 구축을 요청했는데, 1997년 멕시코 신문과 인터뷰에서 "난 연간 2만 명의 선수를 관찰할 수 있는 구조를 만들었다."고 자부했다. 그가 이렇게 많은 선수를 볼 수 있었던 방법은 여러 지역에 작은 대회를 열고, 이 대회에 참가한 재능 있는 선수를 찾는 것이었다. 도시마다 15명의 선수를 추렸고, 거기서 모은 선수들 중에서 거르고 걸러 최고의 재능을 가진 선수를 남겼다. 그 결과는 2006년 FIFA 독일 월드컵의 멕시코 대표팀 명단에 반영된다. 주전 선수 11명 중 8명이 비엘사의 스카우트 시스템을 통해 찾을 수 있었던 선수로, 하레드 보르헤티, 오스왈도 산체스, 파벨 파르도, 라파엘 마르케스가 포함되어 있다.

비엘사는 좋은 선수를 찾아내는 시스템, 선수를 보는 눈을 가진 것뿐 아니라 이 선수들을 잘 키울 수 있는 육성 능력까지 갖고 있었다. 1990년대에 비엘사가 멕시코에서 일한 것은, 멕시코 축구에 커다란 행운이었다.

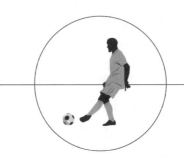

## 피지컬 관리만큼 중요한 멘탈 관리

"축구계에서는, 대부분의 감독들이 팀 빌딩을 정신적 또는 심리적 측면에서 생각하는 것이 분명하다. 예를 들어, 선수들과 멘탈리티와 팀 스피리트다. 물론 그것들은 필수적이다. 이것들을 기본으로 해야만 팀 전술을 완벽하게 구사할 수 있다. 선수들의 정신력이 좋을수록 전술적 구성과정에 코치가 일할 수 있는 환경이 좋아진다. 또한, 경기에서의 가능한 한 효율적으로 (물론 승자의 사고방식과 결합하여) 팀 전술과 훈련에 대한 선수들의 의지나 준비를 끌어낼 수 있어 필수적이다. "        o 리뉘스 미헐스

스웨덴 대표팀의 피지컬 코치이자, 레스터시티의 스포츠과학 담당자 폴 발섬 코치는 2018년 FIFA 러시아 월드컵을 마친 뒤 한국을 찾았다. 이 대회에서 한국 대표팀의 첫 승 상대로 지목됐지만, 실제로는 8강에 오르며 돌풍의 주인공이 됐다. 한국축구과학회(회장 이용수)가 2018년 8월

352

31일 개최한 스포츠와 과학 2018 콘퍼런스에 참석해 2018년 FIFA 러시아 월드컵에서 스웨덴이 8강에 오를 수 있었던 비결을 전수했는데, 가장 강조한 것이 정신적 체력이었다.

스웨덴은 한국의 첫 경기 상대이자, 한국이 가장 오랫동안 준비했고, 결과적으로 가장 아쉬움이 남는 경기 상대였기에 관심이 높았다. 발섬 코치는 2015-16시즌 레스터시티가 프리미어리그 우승을 이룬 당시 주역이며, 클라우디오 라니에리 감독이 떠난 이후에도 레스터시티의 피지컬을 책임지고 있는 인사다. 발섬의 강연은 한국 축구가 다음 월드컵을 준비하는 데 보다 폭넓은 시각을 제시했다.

한국은 스웨덴의 우월한 신체 조건을 염려했고, 그에 맞춰 김신욱을 최전방 선발 공격수로 배치하는 변칙 작전을 썼다. 하지만 정작 발섬 코치는 스웨덴의 최대 강점이 신체 능력이 아니며, 피지컬 통계에서 오히려 한국전에 열세였던 것은 물론, 전반적으로 활동량이나 몸싸움 등에서 앞선 것이 아니라 적절히 체력을 관리하고, 무엇보다 선수들의 정신적 피로를 조절할 수 있었던 것이 중요했다고 설명했다.

"피지컬이 물론 중요하지만, 그것보다 브레인이 더 중요하다."며 강의를 시작한 발섬 코치는 스웨덴의 두 센터백이 큰 키에 힘있는 플레이로 주목 받았지만 사실 "멘탈이 더 중요하다. 공과 동료, 상대가 어디에 있는지 파악하는 능력이 더 중요하다."고 했다.

물론 공중볼을 다투고, 일대일 상황에서 뒤처지지 않게 막는 것이 중요하지만, 각각의 플레이를 언제 어떻게 구사할지 택하는 '의사 결정 능력'이 가장 중요하며, 이를 위해 중요한 것은 신체의 피로보다 정신적 피로를 줄여주는 것이 중요하다는 것이다.

"정신적으로 좋아야 좋은 결정을 할 수 있다. 일본은 벨기에와 16강전에서 마지막 한 번의 잘못된 결정으로 탈락했다. 한국과 스웨덴의 경기도 아주 팽팽했다. 그런데 한국이 두 번의 잘못된 결정을 하면서 승패가 갈렸다. 한국 역시 잘못된 결정으로 진 것이다. 스웨덴이 독일에 진 것도 파울 1~2개를 잘못된 결정으로 인해 범하며 프리킥 득점을 내줘 졌다." ○ 폴 발섬

일본, 한국, 스웨덴이 예시로 든 경기에서 수비 상황의 잘못된 판단으로 범한 파울, 그리고 공격 상황을 허용한 장면을 구체적으로 설명한 발섬 코치는, 소셜 미디어에 노출된 요즘 선수들이 정신적 피로와 고통으로 경기 중 판단 능력에 지장을 받고 있다고 했다.

"콜롬비아의 카를로스 산체스는 일본전 실책으로 살해 위협을 받았다. 살라를 다치게 한 세르히오 라모스, 독일전에 실수한 두르마즈, 리버풀 골키퍼 카리우스 등도 실수 한 번으로 소셜 미디어에서 살해 위협을 받았다. 이런 정신적 피로(Mental fatigue)가 피지컬 퍼포먼스와 의사 결정에 영향을 미친다. 톱 레벨의 축구에선 신체적 피로보다 정신적 피로가 더 중요하다."

○ 폴 발섬

이는 한국 축구의 최근 상황과 일치한다. 2014년 FIFA 브라질 월드컵에 참가한 홍명보호도, 2018년 FIFA 러시아 월드컵에 참가한 신태용호도 대회 시작 전부터 비판과 의심을 눈초리를 받았다. 몇몇 선수들은 선발된 것 자체가 문제로 여겨져 '어디 잘하나 보자'는 시선에 압박감을 느꼈다.

이날 강연자로 참석했던 신태용 전 한국 대표팀 감독도 "가기 전부터 두들겨 맞아서 사기가 떨어졌다."는 점을 아쉬워했다. 2018년 열렸던 자카르타-팔렘방 아시안게임 대표 선수 중에도 과도한 비판을 받아 경기

력이 흔들렸던 선수들이 있다. 발섬 코치의 강연에 따르면 이러한 현상이 전 지구적으로 발생하고 있다.

> "경기에서 올바른 의사 결정을 내리는 것이 중요하기 때문에 스웨덴은 정신적 피로를 낮추는 데 전력을 다했다. 피지컬 준비와 더불어 정신적 피로 줄이기가 최우선 과제였다. 피지컬 준비, 전술 준비만큼 공을 들였고, 러시아에서 내내 심리전문가가 함께했다."
> ○ 폴 발섬

스웨덴 대표팀이 선수들의 정신적 피로를 낮추기 위해 제시한 것은 신체적 회복을 위한 다양한 가이드를 제시한 뒤 각자 개인이 자기 몸을 체크해 리포트하며 원하는 회복법을 언제든 받을 수 있는 환경을 만들어둔 것이다. 스웨덴은 더불어 피지컬 퍼포먼스의 통계 기록이 양적으로 우월한 것은 의미가 없다고 했다. 즉, 한국-스웨덴전에서 한국이 오히려 뛴 거리가 많았던 것은 의미가 없다고 했다.

> "피지컬 퍼포먼스는 수치가 아니라 해석이 중요하다. 스웨덴의 뛴 거리나 각종 피지컬 퍼포먼스 데이터가 상대국보다 낮았는데, 그랬기 때문에 다음 경기에 회복하기 더 용이했다. 우리는 경기 내내 불필요하게 선수들이 뛰어다니는 것을 원하지 않는다. 때로는 서 있는 게 더 나을 때가 있다. 피지컬 퍼포먼스 수치가 높아지면 다음 경기에 체력을 회복하는 것이 더 어렵다. 콤팩트하게 수비를 하면 오히려 피지컬 퍼포먼스의 통계 기록은 더 낮아진다."
> ○ 폴 발섬

발섬 코치는 선수들의 운동량 부하 관리가 중요하다며 회복의 중요성, 경기 중 양적 우위의 무의미성을 구체적으로 설명했다. 발섬 코치는

GPS를 비롯해 선수들의 퍼포먼스를 통계화하는 다양한 기술이 발전하고 있지만 "기술에만 투자하지 말고 사람에 투자해야 한다. 피트니스 코치를 교육해야 한다. 기록의 해석 능력이 중요하다."고 역설했다. "부상을 줄이고 퍼포먼스 능력을 높여야 한다. 많이 뛰었다고, 스프린트를 많이 했다고 다 좋은 게 아니다. 그런 점까지도 선수들에게 교육을 해야 한다."고 했고, 통계 수치로 선수가 좋은 경기를 했다고 해석할 수 없다고 강조했다.

"얼마나 긴 거리를 뛰었느냐, 얼마나 빠르게 뛰었느냐보다 왜 뛰었느냐가 중요하다. 데이터는 아무것도 결정하지 못한다. 기술도 중요하고 데이터도 중요하지만, 결정은 사람이 하는 것이다."　　　　　ㅇ 폴 발섬

발섬 코치는 사람마다 체형과 체질이 다르고 선수마다 포지션이 다르니 개별적으로 운동량을 조절해야 한다고 했다. 개별 특성에 맞춰 부하를 조절해야 부상 위험을 낮출 수 있다고 연구 결과를 소개했다. 스웨덴은 조별리그 3경기와 16강, 8강까지 5경기에서 선발 명단에 단 3명의 변화만 줬다. 발섬 코치는 베스트11에 해당하는 선수들의 관리에 성공한 것을 8강의 비결로 꼽았다.

"스웨덴은 부상 선수가 마지막까지 나오지 않았다. 5경기 동안 3명이 베스트11에서 바뀌었는데, 한 명은 경기 24시간 내 질병이 생겼고, 나머지 2명은 경고 누적으로 뛰지 못한 것이다. 5경기 동안 최고의 선수를 낼 수 있었던 것이 중요했다. 경기 사이에 회복이 잘 됐다."　　　　　ㅇ 폴 발섬

발섬 코치는 레스터시티가 프리미어리그에서 우승할 때 일주일에 한

경기를 치르는 일정 속에 토요일 경기를 하면 일요일 휴식, 월요일 가벼운 훈련, 화요일 고강도 훈련, 수요일, 휴식, 목요일 고강도 훈련, 금요일 가벼운 훈련의 루틴으로 무려 이틀의 휴식을 줬다고 했다.

이틀의 완전한 휴식에 대해 "보통 경기 후에 가벼운 회복 훈련을 실시하는데, 이정도 수준의 선수들에겐 그런 운동을 위해 1시간에서 1시간 30분가량을 훈련장에 오는 데 시간을 쓰느라 발생할 정신적 피로를 낮춰주는 게 더 중요하다. 그래서 그냥 집에서 쉬면서 스스로 회복하도록 하는 게 오히려 낫다."고 했다.

발섬 코치는 "장신 공격수 김신욱이 선발 출전한 것은 놀랐지만, 그 외에 한국은 예상한 대로 플레이했다."고 했다. 그는 한국이 스웨덴의 높이를 염려해 김신욱을 투입한 사실에 대해 "한국의 피지컬 퍼포먼스는 좋았지만 신체 조건이나 의사 결정 능력에서는 약점이 분명 있었다. 하지만 아시아 팀들이 피지컬에 더 신경을 써야 한다고 생각하지 않는다."고 했다.

"키가 작으면 세트피스에 문제가 될 수 있지만 높은 수준의 훈련을 하면 피지컬 레벨도 높아지고, 그보다 축구를 더 잘하는 것에 집중해야 한다. 한국이 세트피스 실점을 우려했는데, 그래서 월드컵에서 세트피스로 먹은 골이 몇 골인가? 세트피스 득점 비율에 대해 이야기하지만, 실제로는 그보다 정상적인 상황에서 나오는 득점이 더 많다. 그렇다면 어디에 신경을 써야 하는가? 스웨덴이 4-4-2 포메이션으로 넓고 좁게 수비했는데, 피지컬이 크게 요구된 것이 아니었다. 투톱이 센터 에어리어에서 콤팩트하게 수비한 것이 중요했다."

ㅇ 폴 발섬

## 포워드
## : 만능 9번과 가짜 9번

　타이트한 두 줄 수비. 강력한 전면압박. 공격 전술보다 '대응적인' 수비 전술은 갈수록 고도화되고 있다. 엇비슷한 전력으로 치고 받는 경기와 달리 한 수 접고 라인을 내리는 팀을 상대하면 제한된 공간을 공략하기 위한 고민이 깊어진다.

　타이트한 두 줄 수비는 빌드업 형태에서 필연적으로 핵심 공간 플레이를 제어하고, 측면으로 상대 공격을 몰아내거나, 부정확한 롱패스, 크로스 패스에 의존하도록 한다. 상대 공격 플레이를 예측 가능하도록 만들고 역습을 노린다. 이런 수비를 상대할 때는, 우선 상대 최후방 수비라인을 공략할 다양한 공격 패턴이 필요하다. 다양한 공격 패턴은, 선수의 특성, 선수의 배치, 공격수의 숫자 등을 통해 구현할 수 있다.

　공격 구성은 크게 공격수 배치 숫자에 따라 원톱, 투톱, 스리톱으로 구분할 수 있다. (네 명의 공격수를 배치하는 경우도 있으나 대개 경기 막판 반드시 골이 필요한 순간의 임기응변이다. 선발 전략으로 삼는 경우는 없다.) 여기에 전형적인 공격수를 두지 않은 제로톱도 하나의 전술로 자리잡고 있다.

## 원톱 : 진짜 9번과 가짜 9번, 포스트 플레이와 라인 깨기

원톱은 말 그대로 공격수를 한 명만 두는 것이다. 4-5-1, 3-6-1 등 포메이션에서 꼭지점이다. 원톱은 대개 좌우 측면에 윙어가 자리해 스리톱과 혼용된다. 수비할 때는 윙어가 측면 미드필더 역할을 하고, 공격할 때는 전진해 측면 공격수 역할을 하는 것이다.

원톱과 스리톱의 경계가 흐릿하지만 기본적으로 원톱과 스리톱은 평균 자세, 곁에 있는 선수들의 성향에 따라 달라진다. 4-4-1-1과 4-2-3-1, 4-3-3은 4-5-1로 뭉뚱그려 표현할 수 있지만, 세부적으로 따지고 들어가면 경기 운영 방식에 차이가 있다.

어떤 형태든, 원톱 자체에 부여되는 역할은 크게 다르지 않다. 최전방 공격 형태로 따지면 원톱은 꼭지점이고, 이 꼭지점에 해당하는 공격수는 스트라이커다. 공격수는 영어로 전방에 있다는 이유로 포워드로 불리지만, 슈팅하는 선수라는 점에서 스트라이커로 표기되기도 한다.

원톱은 '전통적인 9번', '진짜 9번'의 역할이다. 이 전통적인 9번은 일반적으로 포스트 플레이 능력, 문전에서의 골 결정력을 요구 받는다. 키가 크고, 힘이 좋아야 하는 것은 일반적으로 최소한 두 명의 상대 중앙 수비수가 견제하는 가운데 공을 확보해야 하기 때문이고, 전방에 홀로 있기 때문에 공중볼도 따내야 한다.

대표적인 선수가 아틀레티코 마드리드의 디에고 코스타, 바이에른 뮌헨의 로베르트 레반도프스키 등이다. 국내에서는 전북 현대의 이동국, 김신욱 등이 타깃형 스트라이커의 표본이다.

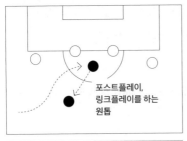

포스트플레이,
링크플레이를 하는
원톱

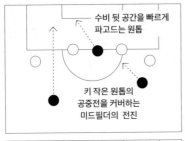

수비 뒷 공간을 빠르게
파고드는 원톱

키 작은 원톱의
공중전을 커버하는
미드필더의 전진

센터백을
끌어 내리는
제로톱

확실한 원톱 자원이 있으면 상대 최후방 수비수 두 명을 묶어둘 수 있기 때문에 미드필더 자원이 풍부한 팀이 활용하기 좋다. 원톱의 존재로 상대가 최후방 라인을 쉽게 올리는 데 부담이 생긴다.

축구계에는 오래전부터 공격수의 가치를 측정할 때, 상대 수비수의 견제 속에 등을 지고 공을 지킬 수 있는지 여부, 그리고 이 상황에서 골문 방향으로 돌아 슈팅을 할 수 있는지 여부를 척도로 삼았다. 등을 질 수 있다는 것은 우선 전술적 가치가 있고, 등을 진 상황에서 도는 플레이까지 자연스럽게 구현한다면 '월드 클래스'로 인정했다.

군이 직접 돌지 못해도, 공을 받고 지킬 수 있다면 미드필더가 다가와 지원 할 때 공을 연결해주는 스크린 플레이와 링크 플레이를 통해 공격 마침표를 찍는 과정에 제 몫을 할 수 있다. 기술이 부족하다면 전방에서 부지런히 압박을 수행하며 수비적인 기여를 할 수도 있다.

힘과 높이, 마무리를 겸비한 공격수를 찾기란 쉬운 일이 아니다. 높이가 좋으면 느리고, 발 기술이 떨어지거나, 기술이 좋으면 신체 능력이 떨어지는 등 모든 요건을 만족하기란 쉽지 않다. 모든 것을 갖춘 선수는 몸값이 비싸고, 최고의 팀에서 뛴다. 본인의 팀에 있는 원톱 자원이 부족한 점을 공격 파트너에게 채워주도록 공격진을 구성해야 한다.

만약 본인의 팀의 장신 공격수가 원톱 역할을 제대로 수행하기 어렵다면, 작지만 빠른 선수, 상대 최후방 수비 라인의 뒷 공간을 무너트리는 데 뛰어난 선수를 기용할 수 있다. 라인을 깨는 선수로 불리는, 페널티 에어리어 안의 해결사도 9번 공격수 유형 중 하나다.

바르셀로나의 루이스 수아레스는 2선과 1선을 오가며 상대 수비를 현혹하고, 번개 같이 문전에서 득점 기회를 포착하는 유형의 대표적인 선수다. 수아레스는 중앙 지역에서 사이드로 빠져나가며 공간을 만들어주는 커트아웃에도 능하다. 수아레스의 플레이로 측면 공격수의 커트인을 통한 공격 패턴 다변화가 용이해진다. 한국에서는 포항 공격수 김승대가 라인을 무너트리고 문전으로 진격해 득점하는 능력에서 높이 평가받는다.

문전에서 빼어난 슈팅 능력을 갖춘 선수를 찾기도 쉽지 않다. 훈련 만으로 끌어올릴 수 없는 킬러본능이 있다. 결정력과 스피드를 겸비한 선수를 최전방에 배치하고, 공중볼 확보를 위해 높이와 힘을 갖춘 미드필더를 상황에 따라 전방으로 올려 경합하도록 하는 보완 방식이 있다.

아틀레티코 마드리드는 과거 라울 가르시아를 측면 미드필더로 두고 수시로 중앙 전방 지역에 올라가 상황에 따라 투톱 대형을 이루도록 했다. 2017-18시즌에는 리오넬 메시와 루이스 수아레스를 투톱으로 두는 바르셀로나가 수아레스가 커트아웃, 메시가 2선으로 내려와 플레이할 때 파울리뉴를 최전방 공격수 영역으로 올려 전방 압박을 하고, 볼 경합을 하도록 한다. 기술 좋은 원톱을 보조하는 아이디어다.

전방에서 자주 고립되어온 김신욱을 활용하는 방법도, 김신욱이 오히려 2선으로 내려서 공을 받고 기술 좋은 작은 선수들이 그 뒷 공간을 침투하는 방식이 전북과 대표팀에서 모두 효과적으로 작동한 바 있다.

'가짜 9번'이라 불리는 제로톱 전술도 원톱의 영역에서 다룰 수 있다. 포스트 플레이가 가능한 9번 공격수가 없을 때, 상대의 견고한 수비를 무력화하기 위한 방법으로 고안됐다. 제로톱은 최전방에 선수가 아예 없는 것이 아니다. 미드필더를 최전방 공격수 자리에 배치하고, 상대 센터백과 직접 경합하는 것이 아니라 공격형 미드필더의 위치로 내려와 중원 지역에서 수적 우위를 점한다.

이러면 상대 팀은 중원 경합 시 숫자가 부족하고, 두 센터백은 직접 마크할 대상이 없어 위치 선정에 혼란을 겪는다. 제로톱은 1선과 2선을 오가며 수비형 미드필더와 센터백을 혼란스럽게 만들 수 있다.

원톱으로 배치된 선수가 중원에 가담하면, 센터백도 위치를 조정하고, 마크 대상을 바꿀 수밖에 없는데, 이럴 때 보통 좌우 측면 공격수가 원톱 자리로 달려들며 플레이해 센터백이 이동하면서 견제해야 하는 상황이 된다. 제로톱 자리에 기용할 선수는 민첩하고 판단력이 뛰어나야 한다. 패스 연결 능력, 패스 타이밍 파악에 민감해야 한다. 전방의 미끼이기도 하지만, 전방의 플레이메이커와 같다. 제로톱의 이동에 따라 측면과 2선의 선수들이 스위칭 플레이를 통해 상대 최후방 수비 라인을 습격한다. 신체 능력보다 창조성을 강조하는 축구를 할 때, 주로 시도된다.

### 투톱 : 빅 앤드 스몰, 트윈타워, 윙어 투톱

투톱은 공격수를 전방에 두 명 배치하는 것이다. 중원의 숫자가 줄어들기 때문에 페르난도 모리엔테스는 "강력한 미드필더가 있어야 쓸 수 있다."고 했다.

포스트 플레이에 능한 9번이든, 라인을 깨는 9번이든, 제로톱이든 상대 수비의 타이트한 그물 수비에 고전할 수 있다. 내리고 수비하는 팀을 상대로는 공간이 더 부족해 연결 플레이도 전개하기 어려울 수 있다.

투톱은 근거리에 지원군을 둬 수
비 견제를 홀로 받는 상황을 막아
준다. 이때 성대가 스리백으로 대
응할 수 있지만 이 경우 중원 지
역에서 다시 우위를 점할 수 있게
된다.

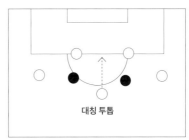

투톱은 두 공격수를 나란히, 대
칭으로 세울 수 있고, 한 명이 앞
에, 한 명이 조금 뒤에 서는 비대
칭으로도 세울 수 있다. 대칭으로
둘 때는 타깃형 선수 둘을 동시에

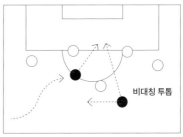

넣는 트윈 타워로 크로스 패스와 공중전에 집중한 경기를 할 수 있고,
큰 선수와 빠른 선수를 배치해 조합 플레이를 이룰 수 있다. 떨궈주고,
받아준 뒤 침투하는 콤비네이션 플레이다.

트윈타워는 중앙 지역에 창조적인 선수는 부족하지만 측면에 크로스
패스가 좋은 선수들이 있다면 시도해 볼 수 있다. 직선적인 플레이로 속
도감 있게 공격할 수 있다. 상대 수비수와 상대 골키퍼가 공중볼 방어에
취약하고, 우리 팀에 장신 선수가 충분하다면 활용해 볼 수 있다.

트윈타워가 아니라도 크로스 패스를 통해 상대 문전을 흔들어 놓고
세컨드볼을 집중공략해 공격할 수도 있다. 투톱은 두 공격수가 서로 동
선을 잘 나누고, 서로 유기성을 높이느냐가 중요하다. 물론 투톱이 모두
고립되지 않기 위해선 좋은 패스도 투입되어야 하지만, 두 선수가 적극
적이고 능동적으로 공간을 만들기 위해 움직여야 한다. 원톱일 때보다
수비를 혼란하게 만들 패턴을 다양하게 만들 수 있다.

투톱을 모두 스트라이커 유형이 아니라 윙어로 구성하는 방식도 있다.

윙어 투톱

투톱의 전방압박

유로 2016에서 우승한 포르투갈은 크리스티아누 호날두와 루이스 나니를 투톱으로 두고 두 선수가 측면으로 빠져나가며 역습 공격의 속도를 높이고, 상대 수비의 간격을 넓혔다. 윙어 투톱은 포르투갈에 앞서 알렉시스 산체스와 에두아르도 바르가스를 투톱으로 쓴 칠레가 먼저 효과를 봤다.

엄밀히 따지면 이들은 작고 빠르며, 문전 진입 후 슈팅이 장기인 가짜 7번형 선수들이지만, 투톱으로 배치된 이후 센터백을 직접 공략하기보다 센터백과 풀백 공간을 집중 공략해 상대 간격을 벌리고, 중앙 공간으로는 미드필더가 진입해 슈팅 기회를 포착해 수비를 교란했다.

윙어 투톱은 크게 보면 제로톱으로도 볼 수 있지만, 경기 평균 위치를 보면 두 공격수가 투톱의 영역을 기반으로 움직이기에 투톱 형태의 범주로 볼 수 있다.

투톱이 갖는 또 하나의 강점은 전방 압박의 밀도를 높일 수 있다는 점이다. 원톱이 상대 후방 빌드업을 제어할 때보다 압박 범위가 넓어진다. 스리톱이 전방에 더 많은 숫자를 두고 압박할 수 있다고 볼 수 있지만, 1차 압박 라인이 통과되었을 때 뒤에서 커버할 숫자는 부족해진다.

즉, 투톱이 전방 압박을 펼치면 두 명의 측면 공격수가 투톱의 뒤로 좁혀 4명이 블록을 만들고, 측면의 비는 공간은 풀백이 전진해 커버하여 전방에 6명의 선수가 전방 압박 구조를 구축할 수 있는 것이다. 전방에 세 명을 전진 시키면, 풀백이 윙어 영역까지 올라와서 커버할 경우 중앙 지역으로 빠지는 상대 전진 패스를 제어하고, 상대가 최종 수비라인을 직격할 때 따라붙을 선수의 숫자가 부족해진다.

그래서 수비 대형을 짤 때는 투톱을 쓰지 않는 팀도 4-4-2 대형으로 전방 압박 범위를 넓히고, 1차 압박에 실패하면 자기 진영에서 두 줄 수비를 펼치는 경우가 많다. 현재로서는 수비 시 가장 안정적인 대형이 4-4-2다. 전방 압박의 구조, 좌우 측면을 넓게 커버하는 구조, 라인 사이의 공간을 좁히는 구조다.

허점이라면 배후 공간인데, 오프사이드 트랩으로 커버하거나, 빠져나오는 선수에 대한 강한 집중력, 침투 패스와 크로스 패스를 차단하는 협력 수비가 필요하다. 이를 90분 내내 유지하는 것이 불가능하기 때문에 완벽한 방패는 없다.

## 스리톱 : 정통 윙어와 가짜 7번, 풀백의 전진

스리톱은 스트라이커와 두 명의 윙어를 전방에 배치한다. 스리톱은 좌우 측면 공격수의 위치에 역할에 따라 구분할 수 있다. 좌우 윙어를 넓게 배치해 측면 돌파에 이은 크로스 패스를 집중적으로 시도할 수 있다. 좌우 윙어를 중앙 지역으로 좁혀 커트인을 통해 문전을 습격하는 '가짜 7번'으로 운용할 수도 있다. 현대 축구는 후자의 유형을 더 활발하게 쓰고 있다.

스리톱을 좁게 세울 때는 측면 공격수 역할을 풀백이 한다. 풀백이 공격 시 적극적으로 전진해 공격 숫자를 늘리고, 공격 패턴을 다양하게 만들 수 있다. 수비에 더

좁은 스리톱.
가짜 7번과 윙백

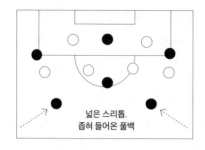

넓은 스리톱.
좁혀 들어온 풀백

신경을 쓰는 팀은 풀백을 배후에 두고 윙어가 측면 공격을 하고 미드필더가 중앙 공격수를 지원하는 형태로 경기할 수 있다. 이 방식은 원톱의 형태로 볼 수도 있지만, 두 윙어가 미드필더 영역이 아니라 확실히 전방에 자리를 잡고 있는 경우 스리톱으로 본다. 최근 맨체스터 시티가 리로이 사네와 라힘 스털링을 좌우로 넓게 전진배치한 스리톱을 잘 쓰고 있다.

넓은 스리톱의 장점은 상대 수비 간격을 넓힐 수 있다는 것이다. 사이드 라인 부근에 두 윙어가 서면 풀백이 커버하러 나올 수밖에 없고, 풀백과 센터백 사이 공간이 넓어진다.

원톱이 이 지역에서 고립되는 상황을 막을 수 있고, 미드필더가 이 사이 사이로 침투하게 할 수 있다. 풀백이 올라와 사이드 라인을 타고 경기하면서 가짜 7번들이 이 영역을 공략하기도 한다. 풀백을 전진시켜 윙 플레이를 시킬 경우 수비 전환시 타이밍이 늦으면 허점이 생기고, 체력 소모도 그만큼 크다. 다시 측면 공격수를 넓게 배치하는 것은 이러한 구조적 허점을 보완하기 위해서다. 풀백이 중앙 지역으로 좁혀 들어와 중원 플레이에 가담하고, 수비 전환시 빠르게 대처한다. 그래서 최근 중앙지향형 풀백, 패스 플레이에 능한, 빌드업 능력을 갖춘 풀백이 각광 받고 있다. 넓은 스리톱과 좁은 스리톱은 경기 중 다양하게 바뀔 수 있고 고정적인 형태라고 볼 수는 없다. 때론 풀백이 사이드로 벌리고, 벌려있던 윙어가 중앙으로 진입해 득점 기회를 포착할 수도 있다. 선수의 위치와 역할은 경기 중 시시각각 변한다.

문제는 다양한 패턴에 대한 선수의 적응력과 수행 능력이다. 축구 경기는 컴퓨터 게임과 다르다. 선수들은 생각보다 경기 중, 시즌 중 포지션 변화와 역할 변화에 적응이 쉽지 않다. 몸에 익어 자동적으로, 반사적으로 동작이 나와야 공격도 수비도 대응할 수 있다. 이것이 자연스럽게 되는 선수가 있고, 그렇지 않은 선수가 있다.

전술 이해력, 포지션 이해력, 공간 이해력이 뛰어난 선수를 보유해야 변화무쌍한 전술을 쓸 수 있다. 대응이 자동적으로 이뤄져야 속도감 있게 경기를 할 수 있는데, 축구 경기에서 동작을 몸에 익히고 자동적으로 대응하고 이해하는 능력은 개인차가 크다. 무수히 많은 훈련이 필요한데, 이미 완성된 성인 선수 중 흡수력은 제 각각이다. 한 가지 패턴과 전술을 숙지시키는 데도 적지 않은 시간이 필요하다. 두 세가지 전술이 자동적으로 이뤄지기 위해선 유소년 시기부터 실전 경기를 통해 익혀왔어야 한다.

성인 축구 단계에서 감독의 주문이 그대로 경기에 구현되기는 어렵다. 훈련을 진행했다고 해도 되는 게 있고, 안 되는 게 있다. 될 때도 있고 안 될 때가 있다. 그래서 각자 팀이 보유한 선수들의 특성에 맞게, 선수들이 가장 잘 할 수 있는 방식, 그리고 상대의 허점을 공략할 수 있는 방식을 찾아서 준비하고 단련해 경기에 임해야 한다.

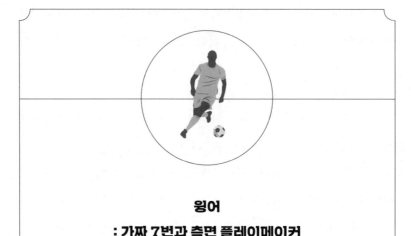

## 윙어
### : 가짜 7번과 측면 플레이메이커

미드필더 네 명을 일자로 배치하는 '플랫' 4-4-2 포메이션에는 클래식(고전적)이라는 수식어가 달린다. 플레이메이커 없이 측면을 파고드는 윙어와 두 명의 수비형 미드필더를 배치하는 4-4-2 포메이션은 중원 플레이를 생략해 4-2-4 포메이션으로 표현되기도 했다. 하지만 현대 축구에서 측면 공격수들은 이제 대부분 전통적인 윙어 역할을 하지 않고 있다. 그래서 '가짜 7번'이라는 표현이 나왔다. 측면에서 뛰는 선수들이 사실은 득점에 집중하거나, 아예 플레이메이커로 기능하는 사례가 일반화되고 있다.

2018년 FIFA 러시아 월드컵 본선 진출이 좌절된 이탈리아 대표팀에서는 잔피에로 벤투라 감독이 시도한 4-4-2 포메이션이 중원을 약화시켰다는 지적을 받았다. 스리백과 두 명의 윙백을 활용해 배후 지역에 무게중심을 둔 수비전술은 이탈리아에서 발달했는데, 공격 과정은 묵직한 공격수와 창조성을 지닌 판타지스타에 맡겼다.

이 형태를 보다 공격적으로 구현한 4-2-3-1 포메이션을 통한 공격 전술은 스페인에서 본격적으로 발전했다. 투톱 중 한 명을 2선으로 내려 공격형 미드필더를 배치하고, 고립되는 원톱을 좌우 측면 공격수로 중앙으로 진입하게 이끌어 보조했다. 이 과정에서 반대발 윙어가 탄생했고, 풀백이 윙어의 역할을 하게 됐다.

시메오네 감독 부임 전, 라리가에서 13위까지 추락했던 아틀레티코는 시메오네 감독 부임 후 7연속 무패를 달리며 회복했는데, 변화의 원동력은 포메이션 변경이었다. 4-2-3-1과 4-3-3으로 공격적인 전형을 시도했던 전임 만사노 감독의 틀을 4-4-2 포메이션 구조로 바꿨다. 두 명의 중앙 미드필더와 두 명의 스트라이커를 배치해 수비 커버 범위를 넓히고, 라인 사이 간격을 좁혀 밀집 수비, 전방 압박, 역습 속도를 보강했다.

아틀레티코 마드리드의 4-4-2 포메이션은 중앙 미드필더, 혹은 플레이메이커를 측면에 배치해 수비 시 구조저 안정성과 공격 시 창조성을 동시에 달성했다. 여기에 중요한 또 한 가지 특징이 '가짜 7번'의 개념이다. 측면 공격수, 날개의 자리에 배치되지만 실제로는 측면 돌파에 이은 크로스라는 전통적 역할보다 직접 중앙으로 커트인한 뒤 득점에 집중하는 선수들을 '가짜 7번'이라 부른다.

측면을 기반으로 경력을 시작했다가 스코어러로 입지를 굳힌 리오넬 메시, 크리스티아누 호날두와 같은 선수들이 대표적이다. 최전방 스트라이커를 미끼로 삼아 측면 선수가 주 득점원이 되는 전술이다. 왼쪽 측면에 오른발 잡이, 오른쪽 측면에 왼발 잡이를 배치해 '반대발 윙어'로 측면 공략이 아니 중앙 공략을 시키는 공격 전술도 가짜 7번 활용 전술이다. 아틀레티코는 확실한 진짜 9번을 활용하면서도 가짜 7번을 다양한 패턴으로 활용했다. 아틀레티코가 선도적으로 썼다고 말하기는 어렵지만, 아틀레티코는 여러 선수를 활용했고, 현대 축구에서 측면 선수의 역할이 다양해지는 경향과 맥을 같이 한다.

아틀레티코는 4-4-2 포메이션을 4-1-4-1 포메이션과 4-2-3-1 포메이션으로 변형해 활용했다. 경기 상황에 따라 투톱 중 한 명을 측면으로 내리거나, 원톱으로 경기를 시작했으나 측면 미드필더를 원톱 옆으로 올려 투톱 전술을 병행한 것이다. 최근 축구에는 정통 스트라이커를 한 명만 내세우고도 수비 대형을 구성할 때는 공격형 미드필더나 측면 공격수 중 한 명을 투톱으로 전진시켜 4-4-2 대형을 이루는 것을 흔히 볼 수 있다. 아틀레티코는 이를 조금 더 계획적으로, 활용했고, 아예 공격 전술의 일부이자 공격 전술의 패턴을 다양하게 만들기 위해 적극적으로 활용했다.

아틀레티코는 시메오네 감독 부임 초기 라다멜 팔카오와 아드리안 로페스, 팔카오와 디에구 코스타, 다비드 비야와 코스타, 코스타와 앙투안 그리즈만 등으로 투톱을 구성했다. 아틀레틱 클럽과 유로파리그 결승전에서 주효했던 것은 아드리안이 2선의 측면으로 내려와 중원 플레이에 가담하고, 팔카오가 상대 수비에 묶였을 때 변칙적인 플레이로 차이를 만든 것이다. 중원 지역 사각형이 유지된 채 측면으로 내려와 가짜 7번 역할로 유연하게 대처했다. 팔카오가 9번 공격수 역할에 집중한다면, 결국 세계 최고의 9번 중 한 명으로 꼽히게 되는 코스타는 가짜 7번의 역할도 함께 수행했다.

코스타는 185cm의 크고 당당한 체구에도 빠른 스피드와 힘을 겸비해 측면을 돌파하며 중앙으로 진입하는 플레이에도 능했다. 팔카오와 함께 뛸 때는 코스타가 측면에 내려가 가짜 7번으로 상대를 흔들기도 했다. 대표적인 경기가 2013년 5월 17일 레알 마드리드와 코파 델레이 결승전이다. 후안프란이 크리스티아누 호날두를 막기 위해 공격적으로 나서지 못하고, 필리페 루이스도 메수트 외질을 협력 수비하며 측면 공격이 원활할 수 없었던 아틀레티코는 투톱 중 한 명으로 나선 코스타가 수비 시 세르히오 라모스를 압박해 빌드업 기점을 괴롭혔다. 공격 시에는 측면으로 빠져 두 풀백의 수비적 리스크를 줄이며 효율적인 공격을 했다.

코스타는 그 자신이 진짜 9번으로 기용됐을 때도 측면으로 빠져서 공을 받고 운반하면서 2선과 측면의 다른 선수들이 중앙으로 진입해 득점을 마무리할 수 있게 플레이했다. 9번 포지션 영역에서 전술적으로 요구하는 거의 모든 것을 해낸 사례다. 아틀레티코는 롱볼과 공중볼을 활용했는데, 최전방의 선수에게 때려 놓기 보다 측면 전방이나 2선 지역에서 경합하게 했다. 2선 지역으로 공을 전개해 수비 배후로 헤더를 빠트려 속도감을 유지하거나, 세컨드볼 경합 상황에서 중원 라인이 무리해서 전진하지 않으면서 수적 우위를 만들어 공을 확보할 수 있기 때문이다.

코스타가 측면에서 공을 받는 경우도 있었지만 잘 활용한 선수가 라울 가르시아다. 라울 가르시아는 아틀레티코의 오른쪽 측면 미드필더로 주로 기용되면서 전술적 유연성의 핵심 역할을 했다. 2007년부터 2015년까지 아틀레티코에서 활동한 라울 가르시아는 본래 공격형 미드필더와 중앙 미드필더를 볼 수 있는 선수로, 공중볼 장악 능력이 뛰어나다. 184cm의 키와 체구에 비해 빠른 편이지만 측면 공격수로 뛸 수 있을 정도는 아니다.

시메오네 감독은 라울 가르시아를 측면에 배치해 원톱으로 경기할 때 투톱 옆으로 올라가도록 했고, 중앙 2선 지역 볼 경합을 맡겼다. 스트라이커로 뛰기엔 득점력이 아쉬웠고, 중앙 미드필더로 뛰기에는 창조성, 측면 미드필더로 뛰기엔 속도가 부족했으나 그와 반대로 자신이 가진 장점을 극대화할 수 있게 활용했다. 측면에서 압박, 전방에서 경합, 침투해서 득점하면서 아틀레티코의 공격과 수비 균형에 큰 공헌을 했다. 아틀레틱 클럽 빌바오로 2015년 여름 이적한 뒤에도 유사한 역할을 하며 세 시즌 연속 공식 경기 두 자릿수 득점을 달성했다. 시메오네 감독을 만나 전술적으로 자신의 최적의 역할을 찾은 것이다.

투톱과 측면 공격수, 처진 스트라이커와 공격형 미드필더까지 모두 소화할 수 있는 그리즈만은 가짜 7번으로 명명할 수 있는 역할의 한계를 뛰어넘은 선수다. 그리즈만과 앙헬 코레아는 시메오네 감독이 경기 중 측면 공격수와 투톱 중 한 자리를 오가며 유연한 공격을 펼칠 수 있도록 기능했다.

또 하나 주목할 점은 앞서 꾸준히 브라질 미드필더 디에구 히바스의 사례를 들어 설명한 측면 플레이메이커다. 코케를 측면에 배치하고 중앙과 측면, 그리고 하프스페이스 영역을 오가며 플레이하게 하면서 플레이메이커가 상대 압박에 집중적으로 노출되는 상황을 막고 수비 균형을 유지했다. 앙헬 디마리아와 이청용 등의 선수들도 측면에서 편하게 플레이하면서도 스루 패스나 경기 조율 능력을 바탕으로 중앙 영역에서 영향력을 발휘할 수 있는 유형의 선수들이다. 플랫 4-4-2 포메이션이 창조성과 중원 숫자 문제의 단점을 보완하는 데 가짜 7번을 효과적으로 활용하는 것이 최선의 솔루션이다.

# 미드필더
## : 메찰라와 하프스페이스

"더브라위너와 실바는 미드필더로 적응했습니다. 왜냐하면 그들은 360도
를 볼 줄 아는 선수이기 때문입니다."
○ 차비 에르난데스

하프스페이스 활용이 대세가 되면서, 메찰라, 인사이드하프, 인테리오
르 등으로 불리게 된 인사이드 미드필더가 각광 받게 됐다. 앞서 윙어가
측면 플레이메이커로 기능하고, 4-4-2 포메이션에서 두 명의 측면 미드
필더가 안으로 좁혀 내측 미드필더로 기능한다는 것과 표현은 다르지만
상통하는 이야기다.

주제프 과르디올라 감독의 맨체스터 시티가 펼치는 축구쇼의 중심에
하프스페이스를 지배하는 두 명의 인사이드 미드필더가 있다. 본래는
각각 측면 미드필더 내지 윙어로 뛰던 케빈 더브라위너와 다비드 실바
가 안쪽으로 좁혀 들어와 경기를 풀어가는 중심 역할로 자신의 장점만

을 오롯이 표현한 것이다.

실바는 플레이메이커로도 재능이 있고, 더브라위너 역시 양발을 잘 쓰는 공격형 미드필더나 중앙 미드필더로 기능할 수 있지만 두 선수 모두 측면과 중앙 사이 공간인 하프스페이스를 기반으로 나란히 맨체스터 시티의 중원 빌드업을 이끌며 최전성기를 맞았다.

측면에서 잘하는 선수는 기본적으로 빠르고, 킥력이 좋다. 속도가 느려졌을 때 안으로 좁혀 들어온 역할을 하는 것도 흔한 일이다. 폭발적인 스피드가 장점인 맨체스터 유나이티드 레전드 라이언 긱스도 말년에는 중앙으로 들어와 자신의 경험을 뽐냈다. 수원 삼성의 레전드 염기훈도 스피드가 떨어진 30대 중반이 되어서는 하프스페이스에서 공격을 이끌거나, 처진 공격수, 중앙 미드필더로 뛰며 노련미를 발산했다.

그러나 모든 윙어가 이렇게 조금 안으로 들어온 역할을 잘할 수 있는 것은 아니다. 사실 풀백의 전진이 일상화되면서 측면 공격수가 하프스페이스를 기반으로 공격하거나 문전을 직접 공략하는 경우는 흔해졌는데, 인테리오르나 메찰라는 그보다 한 칸 아래에서 빌드업 전체에 관여하는 미드필더에 가깝다는 점에서 차이가 있다. 이런 역할을 잘하는 선수는 흔치 않다.

둘의 이러한 전술적 역할에 대해 역대급 미드필더인 차비 에르난데스는 더브라위너와 실바가 시야가 남다르게 열려 있는 선수라는 점을 강조한다. 물론 이를 위해선 완벽하게 공을 통제할 수 있는 기술도 필요하다.

"더브라위너와 실바는 미드필더로 적응했습니다. 왜냐하면 그들은 360도를 볼 줄 아는 선수이기 때문입니다. 그들은 양쪽으로 방향을 틀고, 경기장을 다 봅니다. 과르디올라가 플레이하는 방식 때문에, 당신은 사네처럼 측면에 순수한 윙어를 필요로 합니다. 사네(Sané)는 안에서 거의 플레이 하기 어렵습니다. 왜냐하면 그는 드리블을 하거나 당신에게 공간을 만들어 내는 세밀한 턴을 할 능력이 없기 때문입니다. 그것은 메시, 이니에스타, 실바, 더브라위너, 또는 권도안이 만드는 턴입니다. 성급할 수도 있겠지만, 스털링도요. 사네는 아닙니다. 그는 필드가 필요해요. 베일과 같습니다. 미들에 넣으면 더 이상 작동하지 않습니다. 그들은 측면에서 드리블하는 선수들입니다. 크리스티아누 호날두처럼요. 안에 있는 크리스티아누는 플레이할 수 없습니다. 잘 보여주지 못해요. 더브라위너와 실바는 진풍경입니다."

○ 차비 에르난데스

차비의 설명대로 스프린트에 강점이 있는 선수들은 안으로 들어오기보다 사이드 라인을 타고 플레이하거나, 안으로 들어올 때도 대각선 돌파로 문전을 직접 습격하는 반대발 윙어로 골을 노리는 플레이 패턴을 활용하는 게 효과적이다.

메찰라 포지션은 폴 포그바처럼 공격 능력이 출중한 중앙 미드필더를 이동시켜 수비 부담을 줄여주며 기용할 수도 있다. 꼭 측면 선수들을 안으로 옮겨 기용할 필요가 없다. 지금까지 이 자리를 전문으로 보는 선수를 육성해오지 않았기에 해당 영역에 적합한 능력을 갖춘 선수를 이동시켜 활용하는 경우가 많이 나오고 있는 것이다.

측면에 서면 180도의 시야만 있으면 된다. 반대편은 사이드 라인 바깥으로 죽은 공간이다. 전방으로 올라가면 등을 지고 플레이하거나 골문을 겨냥하고 마무리 작업을 한다. 중원 중앙에 있을 경우 한 번에 전방의 모든 각도를 살피기 쉽지 않다. 살피더라도 좌우에서 모두 견제를 받거나 에워쌓일 수 있다. 하프스페이스에 있을 경우 조금 측면으로 옮겨 시야가 열리고, 상대의 모든 견제를 홀로 감당할 필요가 없다. 각각의 하프스페이스에 한 명씩 선수를 배치할 수도 있고, 비대칭으로 한 명은 완전히 사이드에 한 명은 하프스페이스에 배치해 틈을 만들 수도 있다.

현대 축구에서 선수의 위치는 고정되지 않는다. 하프스페이스를 기반으로 뛰는 인사이드 미드필더들은 측면으로, 전방으로 2선 중앙으로 이동하며 경기에 차이를 만든다. 이들이 비운 자리는 풀백이나 중앙 미드필더, 심지어 센터백이 올라와 커버하며 유기적인 공격을 펼치고, 공격이 끊기면 상대 역습을 지연하거나 압박한다.

## 수비수
### : 풀백은 센터백으로, 센터백은 미드필더로

측면 수비수, 풀백에 경기 상황에 따라 측면 공격수, 날개의 역할을 하게 된 것은 현대 축구 전술에서 일반적인 일이다. 중앙 미드필더 중 한 명이 두 명의 수비수 사이로 내려오고, 풀백은 윙백의 자리로 전진해 공격에 가담한다.

공격진의 좌우 측면에 자리한 선수들은 중앙으로 들어가 직접 골문을 노린다. 이로 인해 오른발 잡이가 왼쪽, 왼발 잡이가 오른쪽에 서는 반대발 윙어 기용은 흔한 일이 되었다. 왼쪽 측면 지역에서 사이드 라인을 타고 들어가 크로스를 시도하는 플레이는 이제 풀백의 임무에 더 가까워졌다.

최근 축구의 전술적 이슈는 풀백의 미드필더화다. 주제프 과르디올라 감독은 바이에른 뮌헨을 지휘하면서 러이트백 필리프 람을 중앙 미드필더로 이동시켰고, 레프트백 다비드 알라바는 센터백 자리로 옮긴 뒤 중앙 지역에서 공격 전개 역할을 하도록 했다. 맨체스터 시티에 부임한 뒤에도 공격 전개 상황에서는 좌우 측면 공격수를 사이드 라인 쪽으로 넓게 벌리고 두 명의 풀백을 가운데로 좁혀 들어와 빌드업에 관여하게 했다.

이런 모습은 FC 바르셀로나와 레알 마드리드, 그리고 스페인 대표팀에서도 목격할 수 있는 일이 됐다. 본래 중앙 미드필더였던 세르지 로베르토는 라이트백으로 자리를 바꾼 이후 중원 플레이에 가담하는 풀백으로 경기 중 다양한 전술 변화를 이끌어 내는 열쇠 역할을 했다. 레알의 다니 카르바할도 직접 측면을 타고 오버래핑 하는 플레이뿐 아니라 상황에 따라 중앙으로 들어와 패스 플레이에 빈번하게 관여한다.

## 풀백은 어떻게 미드필더를 잘할 수 있나

현역 시절, 본래 레프트백 포지션을 봤으나 라이트백은 물론이고, 수비형 미드필더까지 소화한 이영표 KBS 해설위원은 한국 축구계에서 필리프 람과 비교할 수 있는 선수다. 이영표는 '풋볼리스트'와 만났을 때 풀백의 역할이 다양해지고 있고, 전술적 영향력이 높아지고 있는 이유를 설명해줬다.

"풀백의 비중이 커진 것은 예전부터 진행되어 온 일이다. 이미 내가 현역으로 뛰던 10여 년 전부터 효율성이 뛰어난 포지션이 됐다. 현대 축구에서 상대를 무너트릴 수 있는 가장 좋은 지점은 양 사이드다. 측면을 무너트리고 크로스를 올리는 것이 쉽다. 이게 풀백 전술의 핵심이다. 예전에는 축구를 약간 못하는 선수가 뒤로 빠져서 섰다. 결국 중앙을 두텁게 세우니 사이드를 공략하는 게 중요해졌다. 반대로 우리는 사이드를 튼튼하게 하는 것이 중요해진 것이다."

ㅇ 이영표

중원 압박이 심화된 현대 축구에서 측면 공략, 그리고 측면 제어가 승패의 열쇠다. 측면에서 공격도 하고 수비도 해야하는 역할이 바로 풀백에게 있다. 이영표 위원의 설명을 더 들어보자.

"그러다 보니 사이드에 있는 선수들이 수비력도 좋아야 하고, 상대의 사이드도 공격해야 한다. 상대의 공격 타깃이 되면서도 상대를 허물어야 하는 입장이다. 윙백이 수비적으로 강하고, 공격 서포트 능력을 갖추고 있어야 경기가 된다. 수비적으로나 공격적으로 다방면에 능해야 한다. 속도도 갖추고, 패싱력, 공격력, 크로싱에 수비 커버 능력까지 갖춰야 한다. 멀티 플레이어 기능을 요구하게 되었고, 점점 그런 선수들이 나타나고 있다."

○ 이영표

조직적으로 강해진 중원 압박이 풀백 포지션의 선수에게 더 많은 능력을 요구하게 되었고, 풀백 포지션의 선수들은 그 기준에 맞춰 진화했다. 그렇게 부여된 기준과 능력은 풀백 선수들이 중앙 미드필더 지역으로 이동해 더 많은 역할을 할 수 있는 옵션이 되도록 만들었다. 우수한 풀백은 기술적으로나 운동 능력 면에서 뛰어나며 공수를 오가는 과정에서 판단력까지 갖췄다. 그런 선수라면 중앙 지역에서도 영향력을 발휘할 수 있다.

"이제 윙백은 패싱력이 좋고 볼을 소유할 수 있는 능력이 필요한데, 그런 부분에서 미드필더와 역할이 겹친다. 소유 능력이란 드리블로 볼을 빼앗기지 않는 능력도 있지만, 동료에게 안전하게 연결하는 역할로도 볼 수 있다. 나 역시 수비형 미드필더를 본 적이 있다. 볼을 연결할 수 있는 선수라면 할 수 있다는 생각이 들더라. 이 선수한테 가면 공이 연결이 되는구나라는

안정감을 준다면 전술적으로 활용할 수 있다." ○ 이영표

## 미드필더 역할은 옵션,
## 여전히 중요한 건 '측면 수비'

그러나 이영표는 모든 풀백이 수비형 미드필더로 잘할 수는 없으며, 모든 풀백이 수비형 미드필더가 해야하는 기능적 부분을 모두 수행할 줄 알아야 하는 것은 아니라고 강조했다. "전술적으로 활용할만한 부분이지만, 그것이 풀백이 해야하는 또 하나의 역할은 아니다. 전술적으로 동시에 역할이 가능한 선수라면 쓸 수 있는 것이지 꼭 해줘야 하는 부분은 아니다." 이영표는 "풀백의 첫 번째 중요한 점은 수비력이다. 상대 공격에 무너지지 않는 개인적인 수비력이 가장 중요하다."며 측면 수비수로서 포지션의 본업을 잊지 않아야 한다고 했다.

'2012 런던 올림픽'과 '2014 FIFA 브라질 월드컵'에 출전했고, 퀸즈파크 레인저스 시절 잉글리시 프리미어리그에서 세계 최고 수준의 축구를 경험한 윤석영은 풀백으로서 다양한 능력을 갖추는 것에 앞서 수비력을 기반으로 해야 한다는 점에 대해 이야기했다. 아직 세계 무대에 도전자의 입장으로 있는 한국 축구의 상황에서는 기본 내실부터 다지고 다음 단계를 봐야 할 필요도 있다.

"올림픽을 경험하고, 월드컵을 경험해본 후 느낀 점은, 세계적인 강팀과 상대를 할 때는 풀백이 수비적으로 더 강인한 모습을 보여줘야 한다는 것이다. '2014 아시안게임'에서 금메달을 땄을 때도 그렇고, '2002 FIFA 한일 월드컵' 4강에 올랐을 때도 수비가 강했다. 상대 공격수들에게 지지 않는 끈질김이 필요하다. 비슷한 팀이나 약팀을 상대할 때는 과감하게 오버래핑

을 나갈 수도 있고, 판단을 빨리 할 수 있지만 강팀과 경기를 할 때는 더 신중해야 한다. 그런 판단력이 중요하다."　　　　　　　　　　　ㅇ 윤석영

물론 강팀을 상대로 뒤에만 머물러 있는다고 수비가 잘되는 것은 아니다. 윤석영은 "공격과 수비를 자주 왔다 갔다 하면서 상대 공격수가 자유롭게 공격에 나설 수 없도록 하는 것도 방법"이라며 언제 올라가고 내려올지 잘 판단할 수 있는 능력을 키워야 한다고 했다.

윤석영은 더불어 프리미어리그를 경험하면서 "태클의 맛을 느꼈다."고 했다. 경기 전개 속도가 빠른 프리미어리그에서는 예상치 못한 타이밍에 거침 없이 들어오는 측면 공격수를 상대해야 한다. 판단의 속도가 더 빨라져야 한다. 그런 경기를 자주 하다 보면 경기를 읽는 눈이 좋아진다. 더 정밀한 크로스 패스를 요구하기 때문에 킥 역습도 추가적으로 해야 했다. 킥에 대한 꾸준한 역습, 패스의 질에 대한 고민은 미드필더의 자질 중 하나인 패싱력의 발전으로도 이어진다.

## 풀백의 미드필더 변신이 가져다 주는 또 다른 효과

보루시아 도르트문트에서 뛰고 있는 박주호 역시 풀백과 수비형 미드필더를 동시에 소화할 수 있는 한국의 대표적인 선수다. 본래 측면 공격수였다가 일본에서 중앙 미드필더로 활약했고, 결국 레프트백으로 유럽에서 성공한 뒤 다양한 역할을 할 수 있게 된 박주호는 여러 포지션을 경험한 점이 자신을 전술적으로 더 뛰어난 선수가 되도록 이끌었다고 고백했다.

박주호는 흔히 공격적인 풀백들에게 붙는 '돌아오지 않는 풀백'이라는 표현에 대해 풀백 포지션의 선수 혼자만의 책임이 될 수 없다고 했다.

"현대 축구는 사이드백에게 오버래핑을 요구한다. 오버래핑을 나갔을 때 수비형 미드필더가 자리를 조금만 지켜주면 돌아올 수 있는 시간이 분명히 있다. 그런 부분이 맞는 팀에서라면 사이드백이 많이 올라갈 수 있다. 기본적으로 일대일에서 진다면 어쩔 수 없지만, 올라간 상태에서 공간을 내주는 문제는 센터백과 수비형 미드필더가 커버해줘야 하는 부분이다. 그렇게 되지 않으면 사이드백이 올라가지 못하고 뒤에서 커버하는 플레이를 할 수밖에 없다."

○ 박주호

전술이 톱니바퀴처럼 맞물려 돌아가야 개별 선수들의 능력을 최대치로 끌어낼 수 있다. 오버래핑이 좋은 풀백들의 수비력이 지적 받는 부분에서 박주호는 다른 포지션과의 연계가 얼만큼 잘되고 있는지를 봐야 한다고 강조했다.

"공간을 (상대 역습에) 맞는 것을 무서워하게 되면 안 된다. 나 역시 그런 공간에 대해 지적을 받고 나서 수비적으로 플레이가 변하게 된 적이 있다. 올라가면 공간을 계속 내준다. 솔직히 나가긴 나가야 하는데 공간을 내준다면 어쩔 수 없다. 상대 팀도 그 부분을 노린다. 사이드 선수 만의 문제가 아니라 미드필더와 양쪽 사이드 선수가 모두 적절히 커버하고 소통하는 게 중요하다. 나는 미드필더를 볼 때 수비수의 마음을 알기 때문에 앞에서 더 뛰어줄 수 있는 것 같다."

○ 박주호

미드필더로도 빼어난 모습을 보인 바 있는 박주호는 풀백과 미드필더는 분명 다른 포지션이라고 했다. "적응이 됐다기 보다는 해야 하는 상황이라서 한 것이다. 좋은 모습을 보인 적도 있지만 전문적인 미드필더의 모습은 아니라고 생각한다. 배워가는 입장에서 하다 보니 재미를 느긴 것은 사실이다. 수비수는 (수비 상황에서) 데미지가 강하다. 그게 무섭거나 감수하지 못하는 부분은 아니지만 미드필더는 그런 점에서 편한 게 있다."

## 레프트백이 더 주목 받는 이유,
## 라이트백이 되기 어려운 이유

라이트백에 비해 상대적으로 레프트백이 주목 받는 경우가 많다. 박주호는 이런 현상에 대해서는 희소가치 때문이라는 의견을 전했다. "오른쪽에 비해 유명하거나 강한 선수가 왼쪽에는 적다. 세계적으로 그런데, 우선 왼발 잡이 선수가 많지 않기 때문인 것 같다. 특징적으로 왼발 잡이 수비수가 부족하다. 그래서 더 주목을 받는 것 같다."

본래 오른발 잡이였던 이영표는 왼쪽을 주 포지션으로 삼고 라이트백으로도 종종 뛰었다. 좌우 측면을 모두 볼 수 있는 선수라면 그 가치가 더 높아질 것이다. 그러나 왼발잡이인 박주호와 윤석영은 라이트백 포지션을 보는 것을 불가능한 일이라고 했다. 이 문제에 대해선 '왼발의 달인'으로 불리는 염기훈도 "오른발 연습을 더 해봤는데 잘 안 되더라. 차라리 왼발을 더 정확하게 만드는 쪽이 쉽더라"며 평생 굳어진 습관을 바꾸는 것이 쉽지 않은 일이라 고백한 바 있다.

"솔직히 현실적으로 아주 힘든 부분이다. 영표 형처럼 오른발 잡이는 왼발도 어느 정도 쓰는 선수가 많다. 그래서 양쪽을 볼 수 있다. 왼발잡이들은 거의 오른발 못 쓰는 경우가 많다. 그래서 왼발 잡이가 오른쪽에 서는 경우가 별로 없다. 물론 공격 부분에서는 많이 왼발잡이가 오른쪽에 서는 선수가 많다. 수비수는 오른발을 잘 못쓴다는 압박감이 있고, 사이드에서 볼 배급을 해야 하는데 상대선수가 다가왔을 때 각도를 내고 코스를 잡기가 힘든 부분이 있다. 세트피스 상황에서 가끔 오른쪽에 서게 되면 어색하다."

ㅇ 박주호

"왼쪽 라인에서 수비를 하다가 오른쪽으로 가면 자세를 바꿔서 수비해야 한다. 약간 불편하다. 자세라는 것이 완전히 반대로 뒤바뀌기 때문에 불편할 수 있다. 양쪽 다 소화할 수 있는 풀백들도 있다. 나 역시 청소년 대표 때 오른쪽을 본 적이 있다. 너무 옛날이지만, 볼 수 있기는 하다. 어려움은 있겠지만, 완전히 불가능한 것은 아니다. 예전 이영표 선배님도 오른쪽 왼쪽을 다 보셨다. 물론 그만큼 기량이 좋아야 할 것이다."

ㅇ 윤석영

희소 가치로 본다면 풀백 중에서도 레프트백의 가치가 크다. 라이트백도 볼 수 있고, 중앙 미드필더의 역할까지 할 수 있는 선수라면 가치는 천정부지로 치솟을 것이다. 축구 경기에서 이적료 혹은 연봉 신기록을 경신하는 것은 대부분 공격 포지션에 있는 선수들이었다. 이영표는 이제 풀백도 특급 대우를 받을 수 있는 시대라고 했다.

"굉장히 가치가 높아졌다. 모든 포지션 선수들이 가치가 높아지고 있다고 할 수 있다. 풀백은 옛날에는 수비만 했고, 공격도 서브만 했다. 이제 풀백도 얼마든지 팀의 '메인'이 될 수 있다. 사실 예전에는 풀백이 팀 최고 스타가 되는 게 쉽지 않았다. 내가 도르트문트에 갔을 때 수당도 제일 많이 받고 연봉도 팀내 '탑4' 안에 들었다. 도르트문트가 그때 샬케04와 경쟁해서 날 데려갔기 때문에 나에게 많은 돈을 줘야 했다. (웃음) 내가 PSV에서 토트넘으로 갈때도 히딩크 감독이 남아달라며 제시한 마지막 제안은 PSV에서 '탑3' 안에 드는 연봉이었다. 그때 판 보멀, 로번, 케즈만이 다 있던 때다. 풀백에게도 그런 제안을 할 정도로 비중이 어마어마해진 것이다. 대표팀에서도 풀백이 이슈인 적은 없었지만, 이제는 큰 이슈다. 포지션의 위상이 높아진 것이다."

○ 이영표

지금 축구계의 전술적 화두는 스리백이다. 멕시코, 칠레 등 중남미 축구의 강호들이 신체 조건의 열세를 기동성과 기술력으로 극복하는 과정에 부활한 스리백은, 라볼피아나로 불리는 빌드업 미드필더의 후진 배치, 혹은 패싱력이 뛰어난 센터백을 가운데 기용해 후방 빌드업의 밀도는 높이는 플레이가 일상화되면서 더 많은 팀들이 활용하고 있다.

물론, 전통적인 유형의 수비수 세 명을 문전에 두고 역습 중심의 경기를 하는 팀들도 있다. 어떤 방식이든 스리백 전술을 논할 때 주목할 것은 '셋' 옆의 '둘'이다. '스리백 전술'은 세 명의 수비수에 초점이 맞춰져 있지만 이 전술이 성공하기 위해 가장 중요한 역할을 담당하는 선수는 이들의 양 옆에 배치되는 풀백이라 할 수 있다. 스리백이 구조적 안정성을 갖춰도 풀백이 제 몫을 못한다면 공수 양면에서 모두 허점이 생길 수밖에 없다.

축구 경기의 포지션에서 측면 수비수의 영어 표기는 풀백(Full-Back)이다. 중앙에 위치한 센터백과 더불어 자기 진영의 맨 뒤에 머무르며 수비를 하는 역할이다. 좌우 위치에 따라 라이트백과 레프트백으로 불린다. 현대 축구에서 풀백은 더 이상 뒤(Back)에 머물러 있지 않는다. 오버래핑이 기본 임무가 됐다.

풀백은 축구 포지션의 큰 분류에서 수비수로 구분되지만, 1990년대 유행한 스리백 상황의 3-5-2 포메이션에서는 미드필더에 가깝다. 투톱 뒤에 세 명의 중앙 미드필더가 배치되는 전술에서 풀백은 '윙백(Wing-Back)'으로 불리게 된다. 스리백이 후방 지역을 커버하면서 윙백은 라인 자체가 높고, 영역이 훨씬 더 공격적이다.

포백이 주를 이루면서 스리백과 윙백은 과거의 개념이 됐다. 최근 스리백 전술이 다시 트렌드로 떠오르면서 윙과 풀백 사이, 윙백의 역량을 지닌 선수들이 각광받고 있다. 현대축구는 윙이든 풀백이든 관계없이 공격과 수비 모두 뛰어난 능력을 갖춰야 하지만, 윙백에게 요구되는 덕목은 세밀한 부분에서 차이가 있다.

5백으로 라인을 뒤로 물리는 상황이 아니라면, 윙백의 최우선 임무는 수비보다 공격이다. 과거 스리백은 세 명의 센터백 중 가운데 한 명이 스위퍼 형태로 물러나고, 배후 공간 커버의 안정성을 높이기 위한 전술이었다. 지금의 스리백은 세 명의 수비수를 제외한 나머지 선수들이 모두 상대 진영으로 전진해 점유율을 높이는 방식이 선호된다.

굳이 모든 선수가 전진하지 않더라도, 사이드라인에서 가장 가까운 곳에 위치하는 윙백은 역습 상황에서나, 지공 상황에서 모두 빠르게 전진하는 게 중요하다. 최근 축구는 측면 공격수가 반대발 윙어로 배치되어 문전으로 진입해 중앙 공격을 담당한다. 그러다 보니 측면에서의 크로스 패스는 주로 윙백의 역할이 된다.

상대 압박을 헐겁게 하기 위해 좌우로 넓게 벌리고, 반대 전환 패스로 상대 밀집 수비의 허점을 공략하는 부분도 윙백의 영역에서 해야 하는 일이다. 때로 측면 공격수가 사이드로 빠지고, 윙백이 좁혀 들어와 스위칭 플레이를 시도하고, 문전 중앙으로 침투해 수비의 허를 찌르기도 한다. 그러다 보니 윙백 포지션은 수비수보다 미드필더에 가까운 선수들이 적응하기가 수월하다.

2016-17시즌 스페인 라리가에서도 스리백 전술로 재미를 본 팀이 있다. 칠레 대표팀의 전성시대를 지휘했던 호르헤 삼파올리 감독의 세비야다. 세비야는 스리백과 포백을 혼용한다. 빌드업 미드필더 스티븐 은

존지가 두 센터백 사이로 내려가거나, 풀백과 센터백을 겸할 수 있는 가브리엘 메르카도가 스리백의 센터백으로 출발해 경기 중 측면 수비를 커버하며 변화의 열쇠가 된다.

주전 윙백은 세르히오 에스쿠데로와 마리아누다. 두 선수 모두 측면 수비 커버 보다는 날카로운 크로스 패스로 문전을 직격하거나, 정밀한 반대 전환 패스로 배후 침투를 통한 공격 전개의 기점 역할을 한다. 둘 외에 측면 공격수 비토로나 미드필더 파블로 사라비아도 윙백 역할을 맡는다. 세레소 오사카로 복귀하기 전 기요타케 히로시도 윙백 자리에 기용된 적이 있을 정도다.

K리그의 수원 삼성도 서정원 감독 시절 스리백 전술을 적극 도입했다. 서정원 전 수원 감독은 홍철이 부상에서 회복하면서 스리백을 적용했다. 홍철은 날카로운 크로스 패스 능력을 갖췄고, 대인 수비 능력도 준수한 편이다. 홍철이 군입대로 떠나자 수원은 본래 측면 미드필더로 알려진 김민우를 프리시즌 기간 이 자리에 기용했다. 수비로 돌아오는 타이밍을 간과해서는 안 되지만, 이용래와 이종성 등 중앙 미드필더가 먼저 이 자리를 커버해주고, 풀백을 볼 수 있는 선수(조원희, 곽광선, 양상민)를 스리백의 일원으로 배치해 측면 뒷공간을 커버해주면서 윙백이 부담없이 전진할 수 있는 안정감을 제공하고 있다.

축구계에서는 공격 능력은 좋지만 수비력이 좋지 않은 윙백들을 두고 '돌아오지 않는 윙백'이라고 부른다. 윙백의 측면 공격 임무가 강조되면서, 공격 가담 후 수비로 전환할 때 이들이 가장 먼저 복귀하기 위해 내달려야 하는 부담은 줄어들었다. 수원의 경우처럼 윙백이 전진하면 두 명이 중앙 미드필더 중 근거리에 있는 선수가 그 뒷공간을 1차적으로 커버한다. 이들의 커버 속도가 늦은 상황이라면 측면 공격수가 먼저 내려와 수비에 가담해줄 수도 있다.

2016-17시즌 라리가 돌풍의 팀 중 하나인 알라베스는 기본 전형이 포백이지만 큰 경기에서는 스리백을 혼용했다. 바르셀로나를 적지에서 격파할 때 스리백을 내세워 두 윙백의 측면 공격에 주력한 것이 주효했다. 알라베스는 아틀레티코 마드리드에서 임대로 영입한 테오 에르난데스를 레프트백, 바르사와 레알의 2군을 모두 거친 독특한 경력의 키코 페메니아를 라이트백으로 기용하고 있다. 빠르고, 볼 관리 능력이 뛰어나며 묵직한 크로스 패스 능력을 갖춘 선수들이다.

두 선수는 역습 상황마다 적극적으로 치고 올라간다. 이때 좌우 측면 공격수로 배치되는 이바이 고메스나 가이스카 토케로가 문전 중앙으로 진입해 콤비네이션 플레이를 펼치기도 하지만, 상대 역습에 대비해야 하는 순간에는 오히려 윙백보다 빠르게 수비 위치를 차지하면서 상대 역습에 대비하는 움직임이 좋다.

윙백과 더불어 후진해 측면 수비를 두텁게 해주는 것도 기본 임무다. 공격력에 방점이 찍힌 윙백의 수비적 약점을 보완하는 것은 개인의 노력도 필요하지만 팀 차원의 구조적 대비가 더 중요하며, 효과적이다. 오버래핑 이후 발생할 수비적 문제를 선수 개인에게 전가한다면 플레이 자체게 부담을 줄 수밖에 없다. 11명이 한 팀으로 뛰는 축구에서 문제의 원인과 대안은 언제나 조직 차원에서 찾아야 한다.

알라베스의 경우처럼 굳이 스리백을 기본 전형으로 삼지 않더라도, 풀백이 공격에 가담했을 때 측면 미드필더나 중앙 미드필더가 배후 공간을 지켜주는 플레이는 일반적인 일이다. 우나이 에메리 감독이 세비야를 이끌던 시절에는 공격 성향의 윙백 두 명을 한쪽 사이드에 나란히 배치하면서 교차 플레이로 공격과 수비의 밀도를 모두 높이기도 했다. 알레쉬 비달과 코케는 이 과정에서 좋은 시너지 효과를 냈다.

전방 압박이 강해지면서 최근에는 풀백 혹은 윙백 선수들의 볼 점유 능력, 중원 빌드업 능력이 강하게 요구되고 있다. 이 과정에서 풀백 자원이 아예 중앙 미드필더 자원으로 전업하는 경우도 나타나고 있다. 대표적인 선수가 바이에른 뮌헨의 필리프 람이다. 한국 선수 중에는 마인츠 05에서 뛰던 당시의 박주호를 꼽을 수 있다.

풀백 출신 미드필더가 중앙에 배치되면 배후 공간 커버 플레이는 더 매끄럽게 이뤄진다. 박주호는 과거 풋볼리스트와 인터뷰에서 "미드필더와 사이드백을 동시에 보면서 생각한 장점은 각각의 포지션을 하면서 필요하다고 느낀 부분을 알고 뛰게 된다는 것이다. 사이드백일 때는 미드필더가 이렇게 해줬으면 하는 플레이, 미드필더일 때는 사이드백이 이렇게 해줬으면 하는 부분을 생각해보게 되었고, 그런 부분을 의식하고 경기를 하다보니 그 안에서 좋은 점을 발견할 수 있게 됐다."고 했다.

박주호를 풀백이자 중앙 미드필더로 활용했던 토마스 투헬 감독은 보루시아 도르트문트에서 포르투갈 대표 풀백 하파엘 게레이루를 영입해 스리백에서의 윙백이나 포백에서의 중앙 미드필더로 활용하고 있다. 상대 수비의 최우선 경계 대상이 아닌 윙백 혹은 풀백은 빌드업 과정에서 차이를 만들 수 있는 열쇠다. 한 팀의 상향이 공격적이냐, 수비적이냐는 구분한다면 중앙 수비수가 둘이냐, 셋이냐를 따지기보다 사이드백이 풀백처럼 움직이느냐, 윙백으로 기능하느냐를 보고 판단하는 것이 정확할 것이다.

## 센터백으로 이동하는 풀백,
## 하프스페이스로 전진하는 센터백

속도의 강점이 부족한 풀백의 경우, 스리백의 바깥 쪽 센터백으로 기용되어 또 한 번의 전성기를 맞을 수 있다. 안토니오 콘테 체제의 세사르 아스필리쿠에타는 풀백으로는 안정적인 수비력과 볼 순환 능력 외에 짜릿한 공격 오버래핑을 펼치지 못해 수준 높은 선수이나, 최고급 선수로는 평가받지 못했다. 그러나 스리백의 오른쪽 센터백으로 기용되면서 빅터 모지스가 뛴 오른쪽 윙백 뒤를 풀백처럼 커버하면서 중원 플레이에 관여하고 스리백 수비를 안정적으로 수행하며 최고의 수비수로 거듭났다.

맨체스터 유나이티드에서 세계 최고의 래프트백으로 평가받을 정도로 측면에서 왕성한 활동력과 스피드, 기술을 선보인 파트리스 에브라도 선수 경력 말기에는 힘과 속도가 떨어졌다. 마시밀리아노 알레그리 감독의 유벤투스에서 스리백의 왼쪽 센터백으로 기용되면서 30대의 황혼기 나이에 이르러서도 최고 레벨의 팀에서 뛸 수 있는 전술적 가치를 입증했다.

유벤투스는 콘테 감독 체제에서 키엘리니, 보누치, 바르찰리의 스리백이 견고했으나, 알레그리는 상황에 따라 에브라를 왼쪽 센터백으로 두거나, 포백을 적용한 뒤 레프트백 에브라를 안으로 당겨 썼다.

에브라는 후방 빌드업의 중심이 됐다. 왼쪽 센터백 영역에서 공을 하프스페이스 지역으로 전진 운반하며 공을 뿌리고 빌드업의 기점 역할을 한 것이다. 윙어 출신이자 공격적인 풀백이었던 에브라는 공을 다루는 데 자신감이 있고, 공격 센스를 갖고 있다. 측면으로 빠져 본래 장점을 살린 플레이를 하거나, 동료를 활용해 공격 패턴에 변형을 줄 수 있다.

에브라가 센터백으로 뛰면서 공을 갖고 올라가면 상대 선수의 압박을 유도할 수 있고, 이는 유벤투스의 다른 미드필더가 자유로운 상황에 놓이며, 공간을 만들 수 있는 효과도 준다. 만약 미드필더를 그대로 방어하고 자기 진영에 머무르면 에브라가 자유롭게 더 높은 곳까지 올라올 수 있다.

과거 스리백에서 리베로는 중앙에 배치되어 중앙 미드필더 영역으로 올라가는 경우가 보통이었다. 21세기 들어 스리백을 쓰는 팀들은 바깥쪽 센터백이 하프스페이스 영역으로 전진해 공격에 가담하는 오버래핑을 시도하는 경우가 많아졌다. 2002년 FIFA 한일 월드컵에서 스리백을 쓴 브라질은 루시우와 에드미우송이 정통 센터백 출신으로 바깥 쪽에 배치되어 풀백처럼 오버래핑해 상대 수비의 허를 찌르기도 했다.

군이 풀백 출신이 아니라도 공을 잘 다루는 센터백이 바깥에 기용되어 수비 공백을 의식하지 않고 전진해 공격에 가담하는 것은 효과적인 전술로 쓰인다. 본래 오버래핑이 주 임무인 풀백 출신이라면 이러한 역할을 수행하는 것이 더 쉽다. 아예 풀백 영역으로 이동해 공격할 수도 있기 때문이다.

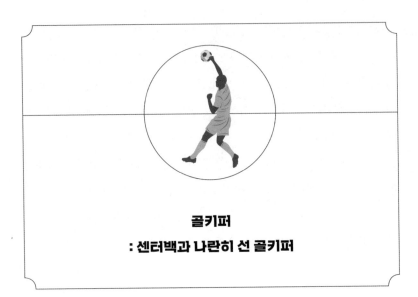

## 골키퍼
## : 센터백과 나란히 선 골키퍼

    2019-20시즌을 맞이한 유럽 축구는 규정 변화로 인한 또 하나의 중대한 전술적 변화의 가능성을 맞이한다. 국제축구평의회는 2019년 6월을 기점으로 8개의 주요 규정 변화를 실시하는데, 골킥이나 페널티 에어리어 안에서의 프리킥 시 킥이 되어 공이 이동하는 순간부터 플레이로 인정하게 했다. 이전에는 킥이 페널티 에어리어 바깥으로 나간 순간부터 플레이가 시작된 것으로 봤다. 이전 규정 때문에 골키퍼가 골킥을 처리할 때 다른 선수들은 모두 페널티 에어리어 바깥에 있었다. 프리킥을 찰 때도 그랬다. 그래서 보통 길게 처리하거나, 근거리 수비수에 패스하더라도 일정 수준의 거리가 유지됐다. 이는 상대 공격수가 전방 압박을 할 수 있는 범위로 패스가 되는 것을 의미했다. 그래서 골킥을 짧게 빌드업할 때 상대 공격수의 압박에 공을 빼앗길 위험을 피해 센터백이 좌우 페널티 에어리어 바깥으로 벌려 안정적으로 공을 받고 뒤에서부터 빌드업

하는 패턴이 흔히 보였다.

그러나 2019년 6월 규정 변화를 통해 그럴 필요가 없어졌다. 센터백이 페널티 에어리어 안으로 들어와서 공을 받고 빌드업을 전개할 수 있게 됐다. 이로 인해 상대 공격수가 후방 빌드업을 괴롭히려면 더 높은 곳까지 전진해야 하고, 그럴 경우 간격이 벌어지거나 배후 공간이 너무 넓어진다. 앞으로 많이 올라오면 긴 골킥으로 한번에 배후 공간을 노린 공격이 더 쉬워진다. 올라오지 않으면 뒤에서 편하게 공을 소유하며 전개할 수 있다. 규정 변화를 바로 전술적 아이디어로 연결한 이는 주제프 과르디올라 감독이다. 맨체스터 시티는 리버풀과 2019년 8월 4일 FA 커뮤니티 실드 경기에서 골키퍼 클라우디오 브라보와 센터백 니콜라스 오타멘디가 나란히 서서 공을 주고 받고, 좌우 풀백 올렉산다르 진첸코와 카일 워커가 내려와 존 스톤스와 스리백을 이루는 형태로 후방 빌드업 대형을 형성했다. 본래 골키퍼를 포함한 1-4-2-3-1 포메이션이 오타멘티가 내려오면서 2-3-2-3-1 형태가 된 것이다. 이제 정말로 골키퍼를 포메이션 안에 넣어 필드 플레이어 10명이 아닌 골키퍼를 포함한 11명을 포메이션 숫자가 포함해야 하는 시대가 올 수 있는 것이다.

맨체스터 시티는 웨스트햄 유나이티드와 프리미어리그 개막전에도 이런 패턴의 빌드업을 시도했다. 맨체스터 시티의 주전 골키퍼 에데르송은 과르디올라 감독이 추구하는 낮은 지역에서의 빌드업뿐만 아니라 한 번에 강하고 빠르며 정확한 롱패스로 상대 배후 공간을 습격하는 능력이 빼어나다. 이러한 능력에 후방 빌드업이 더해지니 상대 공격이 대응하기는 더 어려워졌다. 에데르송은 웨스트햄전에 골킥 중 80%를 페널티 에어리어 안으로 연결했으나, 이러다가 한번 강하게 뒤를 때리며 상대 허를 찌를 수도 있다. 규정 변화를 통해 골키퍼의 전술적 영역이 더 확장될 수 있는 여지가 생겼다.

## 에필로그
## : 축구 전술의 진화, 축구 담론의 활성화

축구 경기에 대한 내 첫 번째 생생한 기억은 1994년 FIFA 미국 월드 컵 스페인전이다. 홍명보의 시원한 중거리슛이 골망을 흔드는 장면이 아직도 눈에 선하다. 그리고 요람 세리머니를 하던 호마리우와 베베투의 투톱을 앞세운 황금빛 유니폼, 브라질의 우승이 큰 인상을 남겼다. 1997년 붉은 악마가 등장한 1998년 FIFA 프랑스 월드컵 최종예선 기간 나도 골수 축구 팬이 됐다. 대표팀 축구는 물론, 호마리우의 새로운 투톱 파트너로 등장한 불세출의 공격수 호나우두의 플레이에 매료됐다. 그로 인해 유럽 축구 경기 비디오를 따로 구입해 보며 유럽 축구 마니아가 됐다. 2002년 FIFA 한일 월드컵을 경험한 뒤 축구는 직업이 됐다.

처음 축구를 접했을 때는 선수 개개인의 플레이에 집중했다. 그러면서 점점 팀을 이끄는 감독의 전술과 전략, 팀 전체의 플레이를 보게 됐다. 박지성이 맨체스터 유나이티드에 진출하면서 유럽 축구 생중계를 보는 일이 편해졌다. 2009년부터 2010년 사이 스페인 특파원으로 일하며 1년 간 수십여 경기를 현장에서 지켜본 것은 축구를 보는 시야를 조금 더 높여줬다. 경기장 높은 위치에 기자석이 있는 바르셀로나 캄노우의 시야는 전술적 움직임을 이해할 수 있는 교재가 됐다.

세계 축구를 제패한 스페인 현지에서의 경험은, 한국으로 돌아온 뒤 축구 전술에 대한 기사를 많이 썼다. 주제프 과르디올라와 주제 무리뉴 감독이 지휘하는 팀의 경기를 현장에서 보고, 현지의 다양하 정보를 접하며 축구 전술을 분석하는 데 탐닉했다. 디에고 시메오네 감독의 등장으로 현대 축구 전술 발전이 가속화됐고, 축구 전술을 다루는 많은 책과 글이 쏟아져 나왔다. 각기 다른 시선과 방향으로 축구 전술을 논하는 글을 읽으면서, 조금 더 쉽게, 조금 더 개념적으로, 조금 더 최신 축구에 집중한 '종합적'인 책이 있으면 좋겠다는 생각을 했다. 축구에 정답은 없다. 알다가도 모르겠고, 알면 알수록 더 어려운 축구 전술에 대한 담론이 더 활발하게, 자유롭게, 쉽게 이뤄지길 고대하며 이 책을 썼다.

처음 축구 전술 관련 서적을 기획한 것은 4년 전이다. 기획과 자료 수집, 실제 집필 과정을 거치면서도 현대 축구의 트렌드는 변화를 거듭했다. 이 책은 축구 전술에 대해 논한 수많은 축구인과 언론인의 생각과 글, 자료를 모아 정리한 책이다. 휘발되는 게 아쉬웠던 저자의 기사와 컬럼에서 가치가 있는 부분도 모았다. 수정과 보완을 거치며 마감은 지체됐고, 분량은 늘어났다. 결국 완성된 원고의 상당수를 덜어내야 하는 일도 있었다. 인내를 갖고 기다려준 홍정우 브레인스토어 대표와 편집자, 그리고 곁에서 지지해주고, 버텨준 아내와 딸에게 고맙고 미안한 마음을 전한다. 학창 시절 시험기간에도 밤새 축구를 보고, 수업을 빼먹고 축구 경기장에 가는 것을 전폭적으로 지원해준 부모님이 아니었다면 축구를 업으로 삼지 못했을 것이다. 10여 년 넘게 축구 현장에서 많은 지식을 전해준 축구 감독과 코치, 선수들, 시간 가는 줄 모르고 축구로 토론한 동료 기자들, 각종 축구계 관계자들도 이 책을 쓰는 데 큰 도움을 줬다.

책의 마감 시점과 맞물려 2002년 FIFA 한일 월드컵 당시 '저승사자'라는 별명을 얻었던 레이몬드 베르하이엔 코치가 세계 축구 코칭 기법 개발과 공유에 앞장서고 있는 월드 풋볼 아카데미의 디렉터로 내한해 진행한 축구 주기화 코스를 참관할 수 있었던 것은 행운이었다. 한국의 대표적 축구싱크탱크 후에고의 주관으로 한국에서 최초로 진행된 이 세계적인 축구 코칭 코스에 앞서 베르하이엔과 가진 인터뷰에서 축구 전술 발전이 '진화'로 표현될 수 있는 이유, 그리고 미래 축구 전술의 힌트를 얻을 수 있었다. 여전히 살아 움직이는 현대 축구 전술에 대한 책을 마무리하기 좋은 이야기를 들을 수 있었다.

"축구 전술은 앞으로도 더 발전할 것이다. 방법론이 개발되기도 했고, 때로는 사고처럼 생겨나기도 했다. 마치 진화처럼 말이다. 몇몇 아주 지적인 코치가 특정한 선수들을 보유했다면, 그는 특정한 플레잉 스타일을 발전시킬 수 있다. 그리고 팀이 아주 큰 성공을 이룬다면, 새로운 스타일이 트렌드가 되고 모두가 그것을 카피하길 시작할 것이다. 아리고 사키는 이미 아이디어를 갖고 있었다. 하지만 그는 뤼트 훌리트, 마르코 판 바스턴, 프랭크 레이카르트 등 아주 좋은 선수를 보유했다. 그가 가진 생각과 좋은 선수가 있었기에 유명해질 수 있었다. 그런 선수가 없었다면 유명해지지 못했을 것이다. 이것은 자발적인 과정이기도 하고, 행운이 따르는 사고적인 일이기도 하다. 코치가 좋은 아이디어를 갖고, 좋은 선수를 보유했고, 이 선수들로 성공하면 그게 새 트렌드가 된다. 좋은 아이디어를 갖고, 좋은 선수를 보유했다면, 그리고 많이 이긴다면 당신은 새로운 과르디올라가 되고 새로운 트렌드를 만들 수 있을 것이다. 물론, 그렇게 되기 위해선 많은 가정이 필요하다. 지금 그러한 트렌드가 많이 보이지 않는 이유다. 많은 프로세스는 이미 멈췄다. 결승선을 지났다. 사고가 필요하다. 그래서 '축구 진화'라고 말하는 것이다."

ㅇ 레이몬드 베르하이엔

베르하이엔은 축구 경기를 구성하는 요소로 의사소통(communication), 의사결정(decisiom making), 판단의 실행(execution), 그리고 이러한 행위를 빈번하게, 지속적으로 수행하기 위한 축구 체력(football fitness)을 이야기했다. 전통적으로 축구의 요소로 꼽은 기술, 전술, 체력, 멘탈은 추상적이고 모호한 개념으로, 실제 축구를 설명할 수 없다고 지적했다. 기술은 패스와 볼 컨트롤 등 구체적인 플레이로 구분하고, 판단의 실행 영역에 포함한다. 축구는 팀 스포츠이고, 팀으로 작동해야 제대로 플레이할 수 있다. 그렇기 때문에 의사소통이 중요하고, 선수간 의사소통의 도구가 전술이다. 이 전술을 제대로 발휘하기 위해선 경기 통찰력과 선수들의 의사 결정 능력이 중요하다. 그리고 이렇게 내린 결정을 제대로 실행하기 위한 기술과 기능이 필요한 것이다. 마지막으로 이 요소를 90분간 구현할 수 있는 축구 체력을 갖춰야 경기가 완성된다.

현대 축구는 수 많은 자료와 분석을 통해 전술적으로 고도화되고 있다. 이제 선수들이 더 발전할 수 있는 것은 지적인 영역이다. 선수들의 좋은 판단 능력과 이를 통한 경기 중 의사소통 능력의 발전은 더 이상 몇몇 뛰어난 선수의 등장에 의존하는 것이 아닌 육성 과정에서 코칭의 목표가 되는 시대가 올 것이다. 베르하이엔은 "의사 결정 판단 능력을 발전시키는 전문 코치가 나와야 한다. 미래엔 새로운 레퍼런스로 게임 인사이트 코치가 나올 것이다. 그 결과 더 창의적인 선수가 나올 것"이라고 전망했다. 더욱더 창의적이고, 더욱더 지적인 전술로 무장한 축구가 미래가 펼쳐질 것이다. 앞으로 더 흥미로운 축구 팀과 전술의 등장을 고대한다.

2020년 1월, 한준

# ⚽ 참고문헌 ⚽

## 서적

La Pizarra de SIMEONE, Marcos Lopes [시메오네의 칠판, 마르코스 로페스]

My Turn, Johan Cruijff [마이턴, 요한 크루이프]

Marcelo Bielsa, Los 11 caminos al gol [마르셀로 비엘사 골로 가는 11가지 길]

Las Razones del LOCO [로코의 이유]

Team Building: the road to success [리뉘스 미헐스, 팀 빌딩: 성공으로 가는 길]

Arrigo Sacchi: Futbol Total [아리고 사키: 풋볼 토탈]

Capello: Portrait of a winner [카펠로: 승리자의 초상]

카를로 안첼로티: 카를레토 리더십 [카를로 안첼로티, 알렉산드로 알차토]

과르디올라 컨피덴셜 [마르티 페라르나우]

축구 철학의 역사 [조너선 윌슨]

더 믹서 [마이클 콕스]

위르겐 클롭 [엘마 네벨링]

## 잡지, 신문

축구 계간지 후에고(JUEGO) #1, #2 / 축구전문지 포포투 / Newyork times / The Guardian / Independent / El Pais / El Periodico / MARCA / AS / SPORT / Mundo Deportivo

## 웹사이트

FIFA.com / UEFA.com / Spielverlagerung.com / Coachesvoice.com / These football times / tifo football / martiperarnau.com / Defendingwiththeball. wordpress.com / Zonalmariking.com / Thefalse9.com

# TACTICS
## ─택틱스─

**초판 1쇄 펴낸 날** | 2020년 1월 10일
**초판 2쇄 펴낸 날** | 2020년 8월 14일

**지은이** | 한준
**펴낸이** | 홍정우
**펴낸곳** | 브레인스토어

**책임편집** | 이슬기
**편집진행** | 양은지
**디자인** | 참프루, 이유정
**마케팅** | 김에너벨리

**주소** | (04035) 서울특별시 마포구 양화로 7안길 31(서교동, 1층)
**전화** | (02)3275-2915~7
**팩스** | (02)3275-2918
**이메일** | brainstore@chol.com
**블로그** | https://blog.naver.com/brain_store
**페이스북** | http://www.facebook.com/brainstorebooks

**등록** | 2007년 11월 30일(제313-2007-000238호)

© 브레인스토어, 한준, 2020
ISBN 979-11-88073-44-3(03690)

이 도서의 국립중앙도서관 출판시도서목록(CIP)은 서지정보유통지원시스템 홈페이지(http://
seoji.nl.go.kr)와 국가자료공동목록시스템(http://www.nl.go.kr/kolisnet)에서 이용하실 수
있습니다.(CIP제어번호: 2019052778)